モンゴル人の民族自決と「対日協力」

いまなお続く中国文化大革命

楊海英

集広舎

モンゴル人の民族自決と「対日協力」――いまなお続く中国文化大革命――

〈目次〉

まえがき 5

第一部 文化大革命前史としての反右派闘争と社会主義教育運動

序章 反右派闘争という中国現代史 10
一 反右派闘争に関する研究 12
二 反右派闘争と民族問題 19

第一章 内モンゴル師範学院の反右派闘争 30
一 内モンゴルにおける反民族右派闘争の展開 30
二 内モンゴル師範学院の反右派闘争 40
三 「右派ども」への反撃 49
四 右派を殲滅する人民の戦争 56

第二章　社会主義教育運動と「反民族分裂主義運動」 64

一　批判された植民地研究 64
二　言語工作委員会の社会主義教育運動 69
三　言語学者の壁新聞 80
四　内モンゴル大学の「反民族分裂主義運動」 89

第二部　未完の民族自決と民族問題の表出

第三章　北京の謀略とオルドス高原の烽火 96

一　第一次資料の発掘 96
二　西部に任官した東部出身者 101
三　北京の謀略 108
四　オルドス高原から立ち上がる中国人延安派 113
五　共産党史の闇の発見 124

第四章　共産党が醸成する反「分裂主義」の世論 133

一　政府の急先鋒をつとめる自治区の中国人 133
二　中国人が民族政策を敵視するわけ 143
三　理論の面からの攻撃 151
四　西部「延安派」粛清の戦略 162

五　自治区の「司令部を砲撃せよ」　174

第五章　延安派を襲う「青い都」の赤い嵐　188
　一　打倒されるウラーンフー・ファミリー　188
　二　断罪されるモンゴルの近代的な文藝　193
　三　「毒草」たる民族自決の歴史　203
　四　「雲」一族の受難と東部出身者への波及　210

第三部　「対日協力」の清算

第六章　「二つの顔を持つ連中」（双面科）　221
　一　「遊牧民の息子」は反革命的　221
　二　剥奪された「騎士の栄誉」　230
　三　「二つの顔を持つ」政治家たち　241
　四　否定された民族自決の歴史　248

第七章　「日本刀を吊るした偽満洲国の奴ら」　257
　一　ナンバー・スリーの重要性　257
　二　ペンを持った「民族分裂主義者」　270
　三　トグスの背後のハーフンガ　279
　四　刀を手に、馬を駆ってでる紅衛兵　289

第八章 モンゴル人の祖国はどこ? 300

一 「一三世紀のミイラ」たるチンギス・ハーン 300
二 チンギス・ハーンと毛沢東の間 312
三 日本の「奴隷」たち 319

終章 内モンゴルの中国文化大革命の現代史的意義 338

一 不名誉な「名誉回復」 338
二 ジェノサイドのインターナショナルな背景 344
三 輸出された革命とモンゴル人の立場 353

あとがき 364

参考文献 巻末 12

索引 巻末 2

まえがき

二〇一六年は中国文化大革命が発動されて、五〇周年にあたる。戦後七〇周年を迎えた昨年にはさまざまな行事やイベントがおこなわれ、おおいに盛りあがったのは記憶に新しい。一方、今年はすでに半分が過ぎているが、日本の論壇は沈黙を保ったままで、不自然さを禁じ得ない。

文化大革命は全世界を巻きこんだ、「人々の魂に触れる、世界革命」だったし、日本のメディアでも二度の世界大戦と共に、「二〇世紀の一〇大歴史的出来事の一つ」に選ばれたことがある。国内では、およそ一億人が迫害を受け、犠牲者数は一〇〇〇万人にのぼる、と一九八一年六月に開かれた中国共産党第一一期第六回全体会議で提出された報告書は示していた(『中国文化大革命大事典』、一九九七年、中国書店)。この数字は日中戦争と国共内戦の規模を遥かに凌駕するものの、その原因究明は進まずに今日に至る。文革はその前の一九五八年からの「人民公社」の成立に伴う公有化(こちらの餓死者は三〇〇〇万人を超す)、建国直後の「反革命分子を鎮圧する運動」(虐殺された者は一〇〇万人以上)と連動する。また、一九八九年の大学生らによる民主化を求める「天安門事件」とも繋がる。負の連鎖ばかりだが、中国では日本のように、「反省」することも禁止されている。

文化大革命はまた「各国に革命思想を輸出」し、世界同時多発的に資本主義の打倒を目指した。その結果、一九六八年だけでもアメリカではベトナム反戦運動が勃発し、フランスのパリでは学生闘士が「五月革命」を推進し、かのサルトルも街頭に出てマオイズムを宣伝するビラを配った。日本では反安保闘争から着火した学園紛争が拡大し、一九七二年には過激派があさま山荘に入って、「農村から都市を包囲する」毛沢東思想のゲリラ戦術を実践しようとした。知識界では社会主義中国を称賛するムードが醸成され、天安門広場で学生たちを虐殺する銃声が響くまでは進歩主義思想が主流を成してきた。

岩波書店が編集発行している『思想』二〇一六年一月号は世界各国の研究者たちによる文革特集を組んだ。幾つか

の大手新聞には論壇誌を概観する欄があるが、どれも『思想』の文革特集に注目しようとしなかった。過去に礼賛した論客も、批判的だった観察者も、ぜひもう一度文革の意義について語ってほしいものである。しかし、日本には独特な「自粛」や「貝になりたい」精神的な風土がある為か、往昔の論客たちはみな、「死んだふり」をするようになった。あたかも黙っていれば、共産主義と中国共産党の暴挙も礼賛してきた過去が不問にされるとでも思っているらしい。それは、間違いである、と指摘しておかねばならない。

日本にはまた、中国と中国共産党を称賛することで日本自身が歩んできた近代を批判しようとする「方法としての中国」や「方法としてのアジア」論がある。戦後の日本で自他ともに「進歩的な文化人」と認められてきた人びとの常套手段である。彼らは中国政府から招待されて北京などの大都市を訪れ、厳重にコントロールされた中を旅し、小遣いをもらい、豪華な中華料理を振る舞われてから帰国する。そして、「中国人民は幸せだ」とか、「毛沢東には独裁のかけらもない」とかの神話を語って日本国民を騙す。そのような左翼と「進歩的な知識人」が日本と中国にどれだけの弊害をもたらしたかについては、以前から指摘されてきたが（例えば、稲垣武『「悪魔祓い」の戦後史』一九九七年、文藝春秋。最近では栗田直樹『共産中国と日本人』、二〇一六年、成文堂）、最近再び「活躍」しようとする兆候がみられる。このような左翼の「先生」たちや「進歩的な知識人」たちには「独自の政策も思想もない」ので、まさにレーニンがいうところの「共産主義の小児病」の妄想に取りつかれているとしかいいようがない。中国政府と中国共産党の暴挙を礼賛していたことは、実際は中国のあらゆる民族と人民に対する罪を犯しているのと同質だという事実を彼らはまだ分かっていないのである。

では、中国文化大革命について思考することの意義は何だろうか。

文化大革命について研究する意義は、実は中国の民族問題と、中国と国際社会との衝突について探求することでもある。本書は、中国の五大少数民族自治区の一つ、内モンゴル自治区での文化大革命を取りあげている。内モンゴルの大半はかつて日本の植民地だったか、ないしは日本の支配下にあった。モンゴル人たちは一九世紀末から中国か

らの独立を目指してきたので、近代に勃興した日本の力を積極的に利用しようとした。アジアのほとんどの民族が西洋列強からの独立を実現させようとしていたのに対し、モンゴル人（チベット人とウイグル人も同）は中国からの独立こそ民族自決の最終的な目標である、と認識していた（楊海英『日本陸軍とモンゴル』、二〇一五年、中央公論新社）。民族自決は二〇世紀における世界的な潮流であったし、毛沢東の中国共産党も建党当初は諸民族の自決を支持すると表明していた。しかし、中華人民共和国はその成立と共に諸民族の自決権を否定しただけでなく、文化大革命期になると、モンゴル人の近現代の歴史そのものを断罪の対象とし、ジェノサイドが長期間にわたって横行した。国際共産主義運動の中で中国文化大革命を位置づけるならば、まず、それは反革命的な性質を有している、と本書は立証している。

次に、モンゴル人たちが第二次世界大戦期に「日本に協力した罪」で文化大革命中に大量虐殺されたのは、間接的な「対日清算」であるが、根底には中国人による反異民族の思想がある。反異民族と反異民族の思想は中国と中国人社会に定着してきた思想的な潮流であり、それが過去には義和団のように「反清滅洋」とのスローガンを掲げて現れたし（佐藤公彦『中国の反外国主義とナショナリズム』、二〇一五年、集広舎）、文化大革命時には「反民族分裂主義と反修正主義」の形式を取った。「民族分裂主義」を推進したのは「異民族」で、「修正主義」は諸外国であったので、中国文化大革命は決して目新しい運動ではなく、むしろ反近代的である、と指摘しておかねばならない。

本書は三部から構成している。

まず、第一部では中華人民共和国が成立してから一九五〇年代に発動された反右派闘争と一九六〇年代初期における社会主義教育運動について概観する。困難な政治的環境の中で限られた自治を維持しながらも、内モンゴル自治区におけるあらゆる政治と経済の問題はすべて民族問題を中心に展開されてきた事実が明らかになっている。

続いて第二部では北京と連動する自治区の政治闘争について描写する。満洲国時代に育った知識人たちと共産党の割拠地延安で滞在していた政治家たち、そして陝西省北部を拠点に活動していた中国人政治家たちの複雑な関係がいかに北京当局と繋がっていたかを呈示する。いわゆる「共産党陝西省北部派」には習仲勲こと現中国共産党総書

記の習近平の父親も含まれる。「共産党陝西省北部派」がずっと毛沢東ら南方出身者らによって抑圧されてきた歴史を把握すれば、現在の習近平体制の思想的背景を理解するのにも役立つだろう。

第三部においては、「間接的な対日清算」としての文化大革命の性質について論述する。中国政府と中国人がどのように理論の面からモンゴル人の日本経験を批判し、断罪していったかを、公的な文献史料に依拠して復原する。公的な文献史料もすべてモンゴル人の日本経験を批判し、断罪していったかを、公的な文献史料に依拠して復原する。公的な文献史料もすべてモンゴル人の日本経験を批判し、断罪していったかを、公的な文献史料に依拠して復原する。

戦後、日本の左翼と「進歩的な知識人」たちは中国政府と中国人が創出したものである。

戦後、日本の左翼と「進歩的な知識人」たちは中国政府と中国人に謝罪し、反省してきた。しかし、モンゴル人が中国政府と中国人によって大量虐殺された背景の一つに日本の存在があったにも関わらず、どなたか左翼の「先生」と「進歩的な知識人」が旧満洲国の草原に行って切腹したとはまだ聞いていない。北京に参上して、共産党の偉い人たちの前で懺悔の涙を流したり、どこかで土下座したりしたとの美談は巷にあるらしいが、ぜひ少数民族のモンゴル人に対しても態度を表明してほしいものである。

中国から文化大革命はいっこうに消え去ろうとしていない、と識者たちは論破している。それは、文化大革命の被害者だった習仲勲も懸念していた個人（皮肉にも彼自身の息子習近平）への権力の極端な集中と政治的な抑圧が強化されただけではない。習近平国家主席は就任早々の二〇一三年一月に、かつて彼の父親らが肝煎りで一九八一年の一一期六中総会で通過させた「歴史決議」の見直しを求めたことで（柴田哲雄『習近平の政治思想形成』、二〇一六年、彩流社）、制度的にも文化大革命への復帰が可能となってきた。したがって、文化大革命について考えることは、歴史研究だけでなく、目下進行中の中国政治や中国と国際社会との関係について思索することにもなる。本書はその為の材料である。

第一部　文化大革命前史としての反右派闘争と社会主義教育運動

序章　反右派闘争という中国現代史

中国文化大革命は「二〇世紀の一〇大歴史事件」の一つにカウントされている。文化大革命中にモンゴル人大量虐殺運動が発動された。中国政府と中国人即ち漢民族(チャイニーズ)による一方的な殺戮だった(1)。虐殺の規模は大きく、全自治区の津々浦々にまで及んだ。虐殺の期間もまた長く、およそ一〇年間続いた。モンゴル人は逃げるところもなく、長期間にわたって政治的に抑圧されてきたのである。

大量虐殺の規模については諸説がある。操作された、中国政府の控えめな公式見解によると、三四万六〇〇〇人が逮捕され、二万七九〇〇人が殺害され、一二万人に身体障がいが残ったという(郝維民 1991,313-314)。中国政府の公式見解に則して計算してみよう。当時のモンゴルの人口は一五〇万人弱だったので、少なくとも一つの世帯にひとりが逮捕され、五〇人にひとりが殺される、という徹底ぶりである。

中国政府の統計を信じる人間は誰もいない。一九八〇年代初頭に独自に調査をおこなった欧米の研究者たちは、犠牲者は一〇万人に達すると見積っている(Jankowiak 1988,276;Sneath 1994,422)。私は自治区東部のフルンボイル盟が以前に公にした被害者調査統計をもとに、全自治区の状況を試算したことがある。その結果、欧米の研究者たちの見積と一致し、殺されたモンゴル人の数は一〇万人に上ると算定した(楊 2013a;2014a,78;2014b,433-434)。あるモンゴル人のジャーナリストは、直接殺害された者と、暴力が原因で後日に亡くなった者、いわゆる「遅れた死」を含めると、モンゴル人の犠牲者数は三〇万人に達する、との調査結果を公表している(Shirabjamsu 2006,44)。さまざ

まな学説があるのは、この大量虐殺運動の全容がまだ解明されていないからである。モンゴル社会において、文化大革命時のジェノサイドは「民族の集団的な記憶」として定着している（楊 2009a,b）。

文化大革命が発動された国際的、政治的な背景はどこにあるのだろうか。少数民族を長期にわたって大量虐殺してきた運動を中華人民共和国史の中で、どのように位置づければいいのだろうか。言い換えれば、中華人民共和国はいかに文化大革命まで辿りついたのか。文化大革命は突如として現れたのではない。その前の多くの政治運動と連動しているし、その後の国家運営とも繋がっている。文化大革命について研究する際も、建国直後からの歴史から着手しなければならないし、必然的に中国と国際社会との関係にまで注視する必要があろう。

私は今までの研究の中で、深刻化する中国の民族問題はどれも文化大革命時のジェノサイドに起因する、と指摘してきた（楊 2009a,b;2013b;2013c;2014b,437-456）。本書においては、文化大革命以前の政治運動に遡って、その実態について分析してみたい。具体的には一九五七年に勃発した反右派運動と一九六四年からの社会主義教育運動（四清運動）を取りあげる。私が発掘し、公表してきた第一次資料に則して、反右派運動と社会主義教育運動を描いた上で、文化大革命が始まった後の政治闘争史に入る。

　(1) 私たちモンゴル人は、「中国人即ち漢民族」であると理解している。モンゴル人やチベット人、それにウイグル人は単に国籍上、中華人民共和国の国籍が与えられているだけで、中国人こと Chinese ではない、とのアイデンティティを維持している（楊 2014a,2014b,4-5）。モンゴル人大量虐殺の命令は北京の中国政府から下されたし、中国人の人民たちは熱心に呼応した。フーコーにいえば、暴力革命を人民と中国人は例外なく支持した（フーコー 1999,305）。したがって、私は一貫してモンゴル人の民族の集団的な記憶に沿って、「中国政府と中国人」がジェノサイドを推進した、と書いてきた。

一　反右派闘争に関する研究

私が文化大革命以前の政治運動に注目する理由は、中国人研究者は「反右派運動は文化大革命の予行演習だ」とみているからだ（沈志華 2008, 200）。また、別の研究者も「反右派闘争と大躍進、文化大革命、それに一九八九年の天安門事件は現代中国の四代災難」であると位置づけている（丁抒 2007, vi）。モンゴル人も「文化大革命的な政治手法は一九六四年の社会主義教育運動（四清）から始まっている」と認識している（楊 2009a, 230-232）。研究者たちの見方とモンゴル人の見解は一致しているのである。

中国の体制内の文化大革命研究者王年一は次のように論じている。文化大革命は偶然に発生した運動ではない。文化大革命がもたらした災難については共産党中央も責任を取らなければならないが、最大の原因は毛沢東にある。毛は社会主義における階級闘争の理論と実践について根本的な過ちを犯してしまったので、「反右派闘争を拡大化してしまった」し、その延長線で必然的に文化大革命が発動された。「一九五七年における反右派闘争は必要不可欠だった。しかし、拡大化してしまい、酷い結果をもたらした。五四万人もの同志たちを敵にしてしまった」。知識人を右派として認定し、階級闘争一辺倒に傾斜していき、文化大革命に繋がった、と指摘する（王年一 2005, 5-6）。反右派闘争は「必要だった」が、「しかし、拡大化してしまった」と表現しなければ、共産党の正統性そのものの否定になるので、王年一も政府の政策に沿って書くしかない。それでも、彼も文化大革命と反右派闘争との関連性に触れている点に意義がある。反右派闘争は必要だったとしながらも、現代中国ではまだ体系的な研究は許されていないのが実情である。(2) 従って、以下では主として香港と台湾から出された研究を整理しておきたい。

知識界からの「意見」と知識人の運命

体系的な反右派闘争研究の先鞭をつけたのは丁抒である。彼はまず二〇〇六年に『陽謀──反右派運動始末』を出

して、その全容を描写した。書名から分かるように、反右派闘争は毛沢東主導の謀略であった性質を明らかにしている。毛の中共中央はまず一九五七年五月一日に知識界に向かって「積極的に政権与党の共産党の整風運動を手伝ってほしい（帮助党整風）」と呼びかけて意見を引きだした。各民主党派の知識人たちは毛を信用してさまざまな見解を素直に陳述した。なかには辛辣な意見も多かった。それは主として以下のような諸点に集中していた。

まず、一九五〇年から開始した「反革命分子を鎮圧する運動（鎮反）」中に殺害した人間の数が多過ぎたのではないか。毛沢東自身が「七九万人を殺し、一〇〇万人以上を監禁した」と話しているが、実際はもっと多く、「拡大化し過ぎた」、との意見だった（丁抒 2006, 2-5）。

次に、一九五二年から知識人の胡風を批判し、続いて「胡風反党集団」を摘発し、一万人以上もの知識人を逮捕し粛清したことで、知識界が破滅的な打撃を受けた運動についても、是正するよう求めた。一九五五年になると、毛沢東は今度は「反革命分子を粛清する運動（粛反）」をスタートさせ、四〇〇万人を「審査対象」とし、一六万人もの「反革命分子」を粛清した。いずれもスターリンの大粛清に匹敵する規模である（丁抒 2006, 47-59, 63-71）。

―――――

(2) 私が把握している限りでは、中国では「国内最大の右派」とされた章伯鈞の娘、章詒和が出した『往事並不如煙』(2004) と『伶人往事』(2006) が最も影響力のあった作品であると思われる。ただ、この二冊の本は出版してまもなく禁書のリストに加えられた為に、章詒和はそれ以降主として香港から著書を出し続けている。彼女は主として父親と親交があった「各民主党派」の知識人たちの受難の歴史について書いている。もう一つは、およそ三〇〇〇人の右派が監禁され、そのうちの約半分が餓死した甘粛省の夾辺溝に関するノンフィクション群である。例えば、楊顕恵の『告別夾辺溝』(2003) と邢同義の『恍若隔世――回眸夾辺溝』(2004) などである。

それでも、毛は不満だった。

毛沢東は早くから知識人の胸中に不満がたまっていたのを見抜いていたが、一九五六年二月にソ連共産党のフルシチョフ書記がスターリン批判を披露したことで、自身の独裁に火が及ぶのを危惧するように変わった。毛はソ連の駐中国大使に繰り返し「スターリン同志はたったの一〇〇万人を殺しただけではないか。大した数字ではない」と語り、「スターリン同志は功績の方が罪より大きい」と位置づけてみせた。かくして、彼は知識人の一掃を決心した。いざ、打倒された知識人たちが謀略にまんまと陥れられたと反論すると、「陰謀ではなく、陽謀だ」と毛沢東は一九五七年七月一日に話した（丁抒 2006,73-80,191-192）。共産党支配下の中国もすべて「反革命の罪証」とされた。反右派闘争は大きな「成果」が得られた。全国で一八〇万人が「反革命にして反社会主義の右派」とされた。連座制の伝統がある中国において、右派とされた者の家族は例外なく迫害を受けた。大勢の右派が拷問を受けて殺害されるか、僻地への流刑を命じられた。一八〇万人は総数であるが、具体的にそのうちの何人が殺され、どれぐらいの者が生き延びたかの統計は当然、公開されていない（丁抒 2006,20,297,310）。既に述べたように、体制内の研究者がいう「五四万人の右派」と丁抒の研究には隔たりがある。

丁抒は二〇〇七年に中国内外の研究者たちを集めて「五〇年後に再び反右派闘争を考える」との論文集を編み、「現代中国における知識人の命運」について検討した。知識人を一貫して敵視してきた共産党の政策を分析した上で、中国には本当の意味での「批判精神に富んだ知識階層は全滅した」と結論づけている（丁抒 2007）。

国際関係史からのアプローチ

国際関係史を専門とする沈志華は反右派闘争を中国とソ連、それに東欧諸国との関係上において論じている。フルシチョフによるスターリン批判が引き起こした社会主義陣営内部での政治的波紋と、ポスト・スターリン期における国際共産主義革命の主導権争いとを結びつけた手法は、反右派闘争の世界史的意義を浮き彫りにした。一九五六年一〇月からポーランドとハンガリーにおいて全体主義に反対する労働者と知識人や学生たちの抗争が勃発すると、中国はソ連と関係国との調停役を演じた。口先ではソ連の干渉は「良策」ではないと説きながら、翳では武力行使を要請し、「断固支持」していた（沈志華 2008,373-423）。

ポーランドとハンガリー事件の後、中国は総括をおこなった。東欧諸国の不穏な動きは、「反革命分子を一掃していない結果だ」と分析した上で、経済的にはより急進的な公有化政策を実施し、政治的にも自国が取ってきた「断固たる措置」即ち「反革命分子を鎮圧する運動」と「反革命分子を粛清する運動」は正しかった、と党中央は認識を新にした（沈志華 2008,430-434）。

国内の知識人や学生たちも「東欧のように騒ぎを起こそうとしている」と毛沢東は把握していた。「ハンガリー事件は良い事だ。わが国の蟻どもをその穴の中から誘いだした」、と毛は一九五七年一月一八日に「蟻の動向」に関心を示した。そして、一月二七日には次のような、ユーモラスたっぷりの講話を披露した（沈志華 2008,459）。

各民主党派の人士たちに、反対運動の芝居を演じてもらおう。放屁させた方が有利だ。臭いか、それとも良い匂いか、みんなに嗅がせよう。彼らに批判してもらおう。……（中略）彼らに屁をこいてもらおう。

こうして、一月二七日には次のような、天真爛漫に共産党に対して意見を陳述したものの、数カ月後には漏れなく「反革命の右派」として打倒された（沈志華 2008,688）。沈志華の結論である。

反右派闘争は確実にその後に推進された人民公社の公有化と四清運動、そして文化大革命発動の為に、輝くようなモデル（光輝榜様）となった。その意味で、一九五七年の反右派闘争は確かに一九六六年からの文化大革命の予行演習といえよう。

国内の「蟻と蛇ども」を「清掃」した毛は一九五七年一一月二日からモスクワを訪問し、ロシア革命四〇周年記念行事に参加した。ソ連支持を鮮明にしたものの、国際共産主義運動の過去に対する評価と、「アメリカ帝国主義」との闘争方法をめぐってはフルシチョフとの確執も次第に表面化し、中ソ対立の時代へと突入していくことになる。

元右派の視点と研究

湖南省出身の朱正は二〇〇二年に台湾から『両家争鳴——反右派闘争』を発表し、中国現代史における一九五〇年代の重要性を強調した。右派とされて五年間にわたって強制労働を有する経験を有する朱正は、国際的にはフルシチョフによるスターリン批判とハンガリー事件の影響、国内的には「反革命分子を粛清する運動（粛反）」との関連で分析している。毛沢東が早くも一九三〇年代から「大知識人」との相性が悪く、いわゆる民主党派との連携も所詮は政権獲得、即ち国民党に対する闘争を有利に進める為の策略に過ぎなかった。社会主義政権が成立し、「大知識人」たちは例外なく台湾に逃れ、しかも残らなくなっても、毛は知識人の動揺性を嫌っていた。自らの存在と役割を過大評価しがちだった「小知識人」らが不遜にも共産党に対して意見と批判を述べるようになると、毛の堪忍袋の緒も切れ、「党内と党外の右派どもを一斉に駆逐」したのである（朱正 2002）。

反右派闘争は一年間くらいで収束したとされるが、実際は文化大革命が発動されるまでに右派とされた人物たちの境遇は悲惨なものだった。一九六六年八月に中国共産党八期一一中総会で「無産階級文化大革命の決定について」の綱領的な文書が採択された時に、「極少数の反党反社会主義の右派分子の罪を徹底的に暴露しよう」と呼びかけていた。朱正自身も文化大革命期にはまたも三年間の強制労働を命じられる。その後、朱正は『両家争鳴』を書き直して『反右派闘争始末』との名で二〇〇四年に香港から出版した（朱正 2004）。宋永毅らが編集した『中国反右派資料庫（データベース）』が公開されると、朱正はそれまでに参照できなかった政府の公文書に直接あたり、自著を更に充実化させて、二〇一三年に上下二冊の形で『反右派闘争

『全史』を台湾から上梓した（朱正 2013）。

以上の諸研究をまとめると一つの特徴が現れる。文化大革命研究と同じように、中国の研究者はまだ政府の権力機関の中枢で何があったかに関心を寄せている。反右派闘争の場合は知識人が比較的に多かった各界への波及についても調査しているが、少数民族地域での反右派闘争にはまだ及んでいない。関心がないのも一因であろう。モンゴルをはじめとする各少数民族社会内で調査してきた私の見方では、今日の中国の民族問題の直接の原因は文化大革命期における少数民族政策に対する否定にある。文化大革命はまた反右派闘争にまで遡求できる。「民族右派」とされた少数民族の知識人は共産党の有名無実の区域自治政策に懐疑的であった。中国人の知識人は自身の過酷な運命については真摯に振り返る姿勢を示していないのではないか。「野蛮で立ち遅れた少数民族に対して実施してきた政策」については真摯に振り返る姿勢を示していないのではないか。こうした思想的な背景から、少数民族地域での反右派闘争と文化大革命研究に沈黙を通し続けている(3)。

反右派闘争の流れ

以上、従来の主な研究について検討してきたが、ここで一九五七年の中国における反右派闘争に関する重要な動きを示しておこう。これは、内モンゴル自治区における反右派闘争の理解にも有用である。

(3) 中国以外では、日本の丸山昇は文化大革命以前の知識人に対する政策について検討を加えているが、少数民族に関する内容は見当たらない（丸山 2001）。アメリカのロデリック・マクファーカーらも文化大革命とソ連との関連については述べているが、国内における反右派闘争の背景には関心がないようである（マクファーカー＆シェーンハルス 2010）。

二月二七日、国務院最高会議第一一回会議において、「人民内部の矛盾問題」について、毛沢東が講話。

三月六～一三日、各民主党派が参加する全国宣伝工作会議を北京で開催。共産党の整風問題に対し、各民主党派に毛が協力要請。

四月一〇日、『人民日報』が「引き続き百花斉放、百家争鳴の方針を貫徹せよ」との社説を掲載し、知識人に意見を披露するよう呼びかける。

四月三〇日、国務院最高会議第一二回会議の席上で、「各民主党派と無党派の知識人たちが共産党の整風を支援するよう」毛自らが要請。

五月一日、毛が四月二七日に執筆した「整風運動に関する指示」を『人民日報』が掲載（毛沢東 1992,447-448）。

五月四日、「引き続き党外の人士を組織して、共産党が犯した過ちに対して批判する運動に関する指示」を中共中央が公開。中央統一戦線部は各民主党派の知識人を集めて座談会を開催し、広く意見聴取を開始。「党外の人士は思いっきり意見を述べてください」と毛が指示（毛沢東 1992,456）。

五月一四日、「党外人士が共産党と政府の各部門に寄せた批判を報道する件に関する指示」を中共中央が通達。

五月一五日、「事情は変化しつつある」との文を毛が執筆し、それまでに知識人に意見陳述をさせたのは「人民に毒草と有毒のガスを識別させる為だった」と明言し、毒草の除去を指示（毛沢東 1992,469-476）。

五月一六日、毛が「目下において、党外の人士たちからの批判に関する中央の指示」を起草し、「しばらくは反撃をせずに、右翼どもが完全に人民の前でその反動的な面を現すまで待とう」と具体策を示す（毛沢東 1992,477-479）。

この間に、全国各地で無数の大字報が現れ、共産党の政策に関する批判噴出。

五月二〇日、毛が「目下の運動を強化する為の指示」を毛が出し、「一部の反動的な人物たちの面がまだ暴露されていないので、党員たちは発言しないで忍耐するように」と更に細かな策略を伝達。

六月八日、「これは何故だ」との社説を『人民日報』が掲載し、それまでの整風運動を反右派運動に切り換えると宣

18

言。毛が起草した「力をまとめて右派分子どもからの猖獗的な進攻に反撃せよ」との党中央からの指示を公開（毛沢東 1992, 496-498）。

六月二六日、「ブルジョアジーの右派分子に打撃を加え、孤立させよう」との党中央からの指示が全国に通達される。

七月一七～二一日、中共中央が青島で省自治区書記会議を招集し、反右派闘争の意義を強調する。少数民族の知識人たちの間にくすぶる民族自決思想の完全な撲滅に関する指示が出される。

一〇月一五日、「少数民族の中で整風と社会主義教育運動を実施する件に関する党中央からの指示」が通達される。運動の重心は反少数民族右派に移る。

一一月二～二一日、毛がソ連を訪問し、中ソ蜜月ぶりを演出するも、イデオロギー上の対立が表面化する。モスクワに対する毛の不信感が強まる。

二 反右派闘争と民族問題

反右派闘争から二年過ぎた一九五九年に中華人民共和国は建国一〇周年を大々的に祝った。「中国の模範的な自治区の傑出した少数民族の指導者」のウラーンフーは次のように演説した（烏蘭夫 1960, 2-3）。

中華人民共和国が成立した時に、わが国の各少数民族の中で、およそ三〇〇〇万人が住む地域においてはまだ封建的な地主が土地を占有していた。約四〇〇万人が暮らす地域では封建的な農奴制が残り、一〇〇万人のところでは奴隷制度も維持されていた。また、約六〇万人の地域にはまだ濃厚な原始社会の制度が残存していた。……（中略）解放後、共産党と人民政府は少数民族に対し社会改革を断行した。現在、少数民族の九五パーセント以上の地域において民主改革と社会主義改造は終了した。整風運動と反右派闘争を通してブルジョアジー民族主義的傾向を批判し、政治戦線と思想戦線において社会主義革命の決定的な勝利を得ることができた。

写真1　1958年のモンゴル人。左は著者の母親で、共産党に憧れていた。中央は母方の祖父で、共産党の代表になっていた。著者蔵。

モンゴル人のウラーンフーは具体的に何人の「民族右派」を粛清したかの「成果」については触れていない。彼はこの時、国務院副総理兼国家民族事務委員会主任の立場にあった。ソ連で学んだ彼はマルクス・レーニン主義の発展段階論に則して中国の各少数民族社会を分類しており、こうした分析は「最も開化した文明人」を自認する中国人には心地よく響いただろう。当時の世界はむしろ逆だった。「未開人とは、何よりも未開人だと信じられた人間のことなのである」(レヴィ=ストロース　1970,18)。

反右派闘争時の内モンゴル

一九五八年における「模範自治区」の概況を示しておこう。「主体民族」に祭りあげられたモンゴル人(写真1)は一一三万人で、侵入してきた中国人は八四〇万人にまで膨れあがっていた。このような自治区をウラーンフーは次のように位置づけている(烏蘭夫　1960,133-140)。

内モンゴルの最も大きな変化は統一的な民族区域自治が実現できたことである。……(中略)内モンゴルの民族が三〇〇年あまりにわたって分割統治されてきた歴史は永遠に終わり、モンゴル人は真の主人公としての権利を享受している。……一九四七年から一九五二年にかけて土地改革と牧畜地域における民主改革を実施し、封建的な搾取を無くし、封建制度によっ

て束縛されていた生産力を解放した。

自治区には今、大学が一一八あり、五一九〇人もの学生たちが学んでいる。中等専門学校も四二校あり、在学生は一九四九年より一二・七倍増えた。小学校は一万四四〇九校に達し、その在学生も一九四九年より二一・四倍増加した。……

反右派闘争後の内モンゴル自治区における革命と建設の勝利により、「区域自治は解決できない」と主張する独立自治の民族分裂主義者たちの謬論が否定された。また、「モンゴル人を主体とする区域自治は漢族人民の積極性が損なわれる」との憂慮をも打ち消した。

ウラーンフーが強調しているのは「統一的な民族区域自治」である。一九四七年五月一日に成立した小さな内モンゴル自治政府は、南モンゴル東部の旧満洲国の興安四省をベースにしていた。西部のウラーンフーの故郷トゥメトとオルドスなどは侵略者の中国人が実権を握る綏遠省の管轄下にあった。最西端のアラシャンも甘粛と寧夏に支配されていた。ウラーンフーは毛沢東や周恩来らと困難な交渉を重ねて、旧満洲国領と熱河省、綏遠省、それに甘粛省内の一部を含めた、統一された大きな自治区を一九五四年に創建していた。

ウラーンフーが中国という枠組みの中で自治を推進しようとした際に、主として内モンゴル（みなみ）の東部出身者からなる内モンゴル人民革命党の党員たちは、同胞のモンゴル人民共和国との統一こそが真の民族自決であるとして反対の立場を取っていた。内モンゴル人民革命党員たちの民族自決の主張は抑えこまれて自治政府は誕生したが、中華人民共和国が成立後に綏遠省を併合しようとした際には、今度は中国人が反対した。中国人は外来の侵略者であっても、先住民のモンゴル人以上に権力を掌握しようとした。それが、「モンゴル人を主体とすれば、漢族の積極性が損なわれる」との意見である。中国人の不満もウラーンフーによって調整されて、統一的な自治区が実現したのである。もっとも、ウラーンフー自身も最初から描いていたのは「中華民主連邦」内でのソ連型の高度の自治であった（写真2）。中国はモンゴル人に「主体」との名目的な地位を暫時的に与えても、実質上はすべて空虚なものであった（楊 2013b）。

写真2　一九五〇年代におけるモンゴル人の毛沢東崇拝の風景。著者蔵。

体制内の研究者の視点

限られた権限しか付与されていなかった自治区において、反右派闘争はいかにおこなわれたのだろうか。ここでまず、内モンゴル自治区の体制内の研究者たちの見解を時系列的に整理しておこう。

大量虐殺が終わった直後の一九七七年に自治区は成立三〇周年を迎えた。自治区といっても、旧満洲国領土だったフルンボイル盟とジェリム盟、それにジョーウダ盟は中国人の東北三省に割譲され、西のアラシャン盟も再び甘粛省とイスラームの寧夏回族自治区にそれぞれ一九六九年に譲渡された。分割統治の為である。残った自治区はウランフーが一九五九年に自画自賛していた「統一した区域自治」の三分の一程度だった（29頁地図）。このような惨憺たる「自治区」内の「社会主義の素晴らしい成果」を示そうとして、一九七七年に『内蒙古自治区三十年』という書物が編纂された。この本には文化大革命が閉幕した直後の反右派闘争観が織りこまれている（『内蒙古自治区三十年』編写組 1977, 35-37）。

　　一部のブルジョアジー右派分子たちが劉少奇の反革命修正主義路線に煽動され支持されて、わが共産党が整風運動を実施していたのを利用して党と社会主義に対して攻撃してきた。……（中略）右派どもの中の一部の者は民族区域自治政策に反対し、自治区における社会主義の輝かしい革命と建設の成果を抹消し

ようとした。彼らは悪意で以て少数民族を攻撃し、侮辱した。民族間の関係を挑発して破壊し、プロレタリアート専制を転覆して資本主義を復活させようとした。

これと同時に、別の民族右派どももブルジョア右派の衣鉢を受け継いで、「民族を熱愛する」旗印の下で民族関係と民族政策の面で共産党と社会主義に反対した。これらの民族右派分子どもは「モンゴルと漢族はずっと対立してきた」との理論で両民族人民の団結を悪意で以て破壊しようとした。彼らは「蒙漢分治」を唱え、中国は諸民族の共通の祖国ではないと主張した。党の民族区域自治政策に反対し、祖国の分裂を企てた。彼らはまた「モンゴル民族が同化されている」と話し、わが国が内モンゴルで進めてきた工業化や公有化政策に反対し、モンゴル民族を資本主義の邪悪な道路に導こうとした。

以上のように、内モンゴル自治区には「ブルジョア右派」と「民族右派」の二種類がいた事実を認めている。「ブルジョア右派」が「悪意で以て少数民族を攻撃し、侮辱した」事実に軽くタッチしているが、具体的な事例を挙げていない。また、「民族右派」はどういう人物だったかも明示されていない。当時は華国鋒体制で、粛清されたウラーンフーもまだ正式には復活していなかったので、右派の出現を「劉少奇の反革命修正主義路線」と結びつけている（写真3）。

分割統治されていた内モンゴル自治区は一九七九年五月三〇日に元の姿に戻った。東北三省や甘粛と寧夏に占領されていた地域は再び内モンゴル自治区へ返還されたが、それらの土地には数百万もの中国人が入植していたので、彼らまた自治区への「贈り物」とされた。自治区本来の領域は復元されたものの、外来の中国人の人口がいっそう先住民のモンゴル人を凌駕するようになった。モンゴル人はジェノサイドで何万人もの犠牲者（一二万人もの身体障がい者も民族全体の精神状態を著しく低下させた）を出しただけでなく、人口構造の中での割合が更に下がったことで、完全に自治権を喪失した。

写真3　1961年8月上旬に内モンゴル自治区東部フルンボイル盟を訪れた劉少奇（左端）。著者蔵。

右派が相対的に少なかった内モンゴル自治区

中国では一〇年ごとに「社会主義建設の成果」が誇示される。一九八七年は自治区成立四〇周年になる。モンゴル人は三〇〇万人弱で、入植者の中国人は二〇〇〇万人に達していた。この年、郝維民（Qarnuyud Odunbilig）が主編する形で、『内蒙古自治区史』が公開された。政府直営の人民出版社ではなく、内モンゴル大学出版社から出されたこの本には随所に大胆な記述と分析がみられる。郝維民らは次のように反右派闘争について記述している（郝維民 1991, 154）。

一九五七年から一九六六年までのわが国は、社会主義の全面的建設の曲折的な期間にあった。中国共産党はこの期間中に反右派闘争をひどく拡大化し、誤って大躍進と人民公社化運動を進め、誤って反右傾化闘争を展開した。

郝維民はこのように政府の公式見解に沿って「反右派闘争は拡大化してしまった」としながらも、大躍進と人民公社化を徹底的に批判しているので、共産党の政策の過ちを見過ごしていない。郝維民は続いて内モンゴルにおける反右派闘争が完全に北京と歩調を合わせて推進されてきたプロセスを詳述している。政府が呼びかけた意見陳述の会議には自治区トップのウラーンフー書記も積極的に参加し、彼自身も出された意見に賛同していた事実からみると、地方政府も党中央が

始めた整風運動が陰謀（陽謀）だったとは知らなかった。その後、毛沢東が一九五七年五月一五日に「事情は変化しつつある」との文章を発表すると、『内モンゴル日報』も六月一五日に「批判だけが許されて、反論が許されないのはおかしい」との社説を掲載して「右派」への反撃を始める。七月一日には更に「右派分子どもを痛打せよ」との社説が『内モンゴル日報』に現れ、「反右派闘争は社会主義と資本主義のどちらを選ぶかの政治問題だ」と位置づけられた（郝維民 1991,156-159）。

内モンゴル自治区では、合計三七三二人が右派として認定された。毛沢東の定義に従って、右派即ち敵とされた。「一九五八年前半期に到ると、全国で五五万人あまりの右派がみつかった。……（中略）内モンゴルの右派は全国からすれば比較的に少ないだろうが、文化と教育の水準が相対的に立ち遅れていた地域である事情から考えると、大勢の知識人が傷つけられたことになる」（郝維民 1991,160）。詳しくは「終章」を参照されたいが、この数字は私が公開した政府公文書（楊 2016a,896）が示す三九三四人とは食い違っている。

「内モンゴルは文化と教育の水準が立ち遅れた地域だ」との見方は中国人の偏見であり、郝維民も無批判にそれを踏襲している。実際は、内モンゴル自治区には満洲国と徳王のモンゴル自治邦が育成した何万人もの知識人がおり、当時は中国で最も教育レベルの高い地域だった。ただ、郝維民の指摘には正しい点もある。内モンゴル自治区が発見した三七三一人の右派は確かに五五万人の中では少数派になる。それは、自治区の最高指導者のウラーンフーと当時はまだ各界に存在していたモンゴル人幹部たちが自治権を守ろうと努力していたからである。彼らの努力はその後一九六四年からの社会主義運動期に入ると、「内モンゴルは階級闘争に不熱心だ」と批判される。そして、最終的にはウラーンフーとそのモンゴル人部下たち全員の失脚に発展していく（郝維民 1991,165；楊 2011a,22-23）。換言すれば、右派を産出させなかったがゆえに、モンゴルの知識人と政治家たちは後に文化大革命中に「民族分裂主義者」とされていったのである。

郝維民はまた中国政府が一九五七年一〇月から始めた「反民族右派」にも触れている。「わが党が育てあげた少数民

族の幹部、それも主としてモンゴル人の幹部と知識人たち、それに共産党員らは誤ってブルジョジーの地方民族主義分子とされた」。こうしたやりかたは、「国内において地方民族主義が高まっている、という誤った判断に由来する」とし、それ以降の民族工作に「左傾的な悪しき前例」を作ったと指摘している(4)。

文化大革命の負の遺産を清算し、「太平盛世」に入りつつあるので、歴史を編纂しようとして、中国人の王鐸が一九九八年に監修した『当代内蒙古簡史』である。この書物は自治区全体の右派分子の数字を示さずに、単に自治区政府の一七八の直属機関につとめていた四六八人が右派として摘発されたと簡単に述べている。「ブルジョア右派どもが党と社会主義に対して悪意で以て攻撃してきたのは事実で、彼らに対する反撃は必要だった。ただ、ひどく拡大化してしまった」、と結論づけている(王鐸 1998,149-150; 楊 2016a,889-893)。政治家王鐸は中国政府の見解を代弁しているだけである。それは、自治区において、反右派闘争を実際に推進していたのが王鐸だったからである(リンチン 2007,13)。彼は自身の「業績」を否定するようなことは書こうとしないのである。

旧宗主国日本を拠点としたモンゴル人の研究

一九八〇年代後半から大勢の内モンゴル(みなみ)出身のモンゴル人たちが旧宗主国の日本に留学してきた。彼らは現地から将来した豊富な第一次資料と日本側の記録を駆使して、ユニークな現代史研究を切り拓いている。

文化大革命とその前奏曲たる一九五〇年代からの政治運動については、まずリンチンの一連の研究がある。内モンゴル自治区における「民族右派分子」に対する批判運動を取りあげたリンチンは、次のように述べている。

反民族右派闘争がスタートしたのは、一九五七年七月二八日から八月六日にかけて開かれた中国共産党である。会議を主導したのは周恩来で、その後、九月二〇日からの党第八期三回総会で正式に地方民族主義に対する攻撃が開始されたという(リンチン 2007,11)。

民族右派とされた著名なモンゴル人は内モンゴル人民出版社社長のトブシンと『人民日報』内モンゴル支社の記者

チンダマニ、『内モンゴル日報』漢文編集部のセードルジらだった。トブシンとチンダマニについては、以前に拙著『墓標なき草原（上、続）』に詳しく一章ずつ設けて、彼らのライフヒストリーを描いている（楊 2009b, 2011b）。「モンゴル人右派の反動的な言論」は以下の通りである（リンチン 2007, 5-7）。

一、自治区において、モンゴル人は主体民族に祭りあげられているが、実際は何の権限もない。二、モンゴル語が疎かにされ、通用語の地位が失われている。三、大民族による抑圧が、少数民族側の民族主義を生みだしている。大民族主義を批判すべきであるのに、モンゴル人は主体民族に対する批判はしばしば軽くて口先だけで終わっている。逆に少数民族の民族主義に対する批判はいつでも徹底的に一撃で叩きのめす方法を採用し、何が民族感情か民族主義者の名の下で区別しないまま批判され糾弾されてきた。民族主義者の名の下で犠牲になった人は多かったが、大漢民族主義の名の下で犠牲にならなかった人はいなかった。四、農業を重視して牧畜業を軽視している。草原を開墾して放牧地を縮小させている。

リンチンは上でモンゴル人から出された「反動的な言論」を整理分析してから、内モンゴル自治区における反右派闘争には次のような特徴がある、と指摘している（リンチン 2007, 13-19）。

一、反右派闘争を推進する際に、細かな指示を出していたのは中国人の高官たち、即ち王鐸や王逸倫などだった。二、モンゴル人から出された民族問題に関する発言はすべて「祖国の統一と民族の団結を破壊する民族右派的言論」と断罪された。三、政治的な迫害が横行し、「民族右派」とされた本人だけでなく、家族も連座となり、甚大な被害を蒙った。四、多数の有能な知識人が粛清された為に、モンゴル人は人的資源を失った。五、反右派闘争以降の内モンゴル自

─────────

(4) 郝維民のこのような分析はその後の他の著作や彼とチムドドルジとの共編『内蒙古通史綱要』にも踏襲されている（郝維民 2000, 147; 郝維民 斉木徳道爾吉 2006, 584-586）。

27　序章　反右派闘争という中国現代史

治区の政治運動はすべて民族問題が中心となり、しかも少数民族のみが批判と攻撃の対象とされた。

リンチンが一九五七年九月から中国共産党が内モンゴル自治区の「民族右派」に対して攻撃を開始したとしているのに対し、フスレはもっと早い段階よりスタートしていたと主張する。政府系の『内モンゴル日報』に一九五七年六月一七日に既にモンゴル人のロンシャン（栄祥）に対する中傷文が掲載されていた事実に即し、内モンゴル自治区は反右派闘争開始早々にその矛先をモンゴル人に向けていたと論証している。フスレも多くの第一次資料に依拠して以下のように反右派闘争の性質を現代史の脈絡の中で分析している（フスレ 2008, 26-27, 34）。

内モンゴル現代史のなかで、「地方民族主義」に対する批判、警戒は終始存在していた。社会主義教育運動は内モンゴルの牧畜地域では、直接、「現代修正主義的転覆活動」や「民族分裂主義分子」にむけておこなわれた。内モンゴルの農村、文化、教育分野での社会主義教育運動は、「四清」「五反運動」の名で展開されたが、結局のところ、「地方民族主義分子」は打倒の標的になった。社会主義教育運動でおこなわれた少数民族に対する迫害の手法は、現代内モンゴル史のなかにもいくつも見出すことができる。……（中略）一九五〇年代の反右派闘争にも、文化大革命の時にも同様の迫害の手法がとられていたのである。

一九五〇年代の反右派闘争が少数民族の地域では実際は主として「反民族右派」として展開され、それ以降の文化大革命に到るまでのあらゆる政治運動において、民族問題を中心に推し進められていたのである。自治区の首府フフホト市だけでなく、末端の人民公社においても同様だった（ボヤント 2015）。民族問題が存在する以上、毎回の政治運動で粛清される運命にあったのも、例外なく少数民族出身者だった。これが、中国に併合された少数民族が辿ってきた歴史である。

内モンゴル自治区。真ん中の太線に囲まれた地域は1969年から1979年まで存続した、小さな内モンゴル自治区。ウラーンフーが統一した自治区の3分の1である。数字は現段階で公開されているジェノサイドの犠牲者。

第一章 内モンゴル師範学院の反右派闘争

アメリカ合衆国と香港を舞台に現代中国史関連の資料を次からつぎへと公開してきた宋永毅は二〇一〇年に『中国反右派運動数拠庫（データベース）――一九五七』を世に送りだしている。このデータベースに序文を寄せた李鋭は「中国政府は意図的に都合の悪いオリジナル史料を廃棄している」ので、資料収集は喫緊の課題である、と危機感を抱いている（李鋭 2010）。編者の宋永毅は、反右派闘争は中国の知識人が国際社会の反スターリン主義の思想と、「ポーランド・ハンガリー事件」を利用して体制改革を求めた運動であると位置づけている。そして、反右派闘争は実際に文化大革命までずっと続いていたとの見解を示している（宋永毅 2010）。この宋永毅のデータベースには計二八本の内モンゴル自治区に関する記事がある。これらの記事から自治区をめぐる反右派闘争の全容が窺える。

一 内モンゴルにおける反民族右派闘争の展開

党よりも個人への意見

『内モンゴル日報』は一九五七年五月一〇日に自治区党委員会が前日に主催した「文学芸術グループにおける討論会」の様子を伝えた。この討論会には自治区の最高指導者のウラーンフーが書記の王鐸と共に出席した。「党内外の人士たちは積極的に発言し、実際の生活の中に存在する矛盾を暴露し、主観主義と官僚主義、それに派閥主義に対して、

鋭い批判を浴びせた」という。毛沢東の党中央の想定通りに運ばれている実態が浮かび上がってくる。以下は討論会で出された主な意見である（宋永毅 2010）。

作家のウラーンバガナは真先に発言した。彼はまず今回の自治区党委員会が主催した会議に参加できたことを光栄に思う、と述べた。党が再三にわたってみんなに意見を忌憚なく述べなさい（大鳴大放）と呼びかけているので、思想解放の範囲は以前よりも大きく感じると話した。……（中略）彼はまた長編小説『草原の烽火』を創作したプロセスの中で、官僚主義者から迫害を受けたと明かした。大小さまざまな会議に呼ばれては批判闘争されただけでなく、これ以上書き続けると原稿を没収するとまで言われたという。彼はまたいう。「私は良心をヘルメットにしてかぶり、創作を続けた」と語った。公安当局を呼んできて原稿を没収し、床に投げ捨てた」という。
(5)

ウラーンバガナの他に中国人の尹痩石なども意見を述べた、と『内モンゴル日報』東部版につとめていた周達理は伝えている。

自治区の文藝界は五月二〇日と二一日に「百花斉放と百家争鳴の政策をいかに実施するか」と題する会議を開いた。ここでは、劇作家で、中国人の周戈が最初に発言した。「自分には大漢族主義の思想があるが、同時に文化局の同志たちにも漢族の幹部を排除しようとの現象がある」、と彼は話す。「文化局の同志たち」はモンゴル人を指している。
周戈に呼応するかのように、ウラーンバガナも五月七日の会議とほぼ同じ趣旨の発言をこの日にも披露した。その作家には派閥主義の思想で、漢族を排除しようとしているのは、内モンゴル作家協会の「ある作家」だと話す。

───
(5) ウラーンバガナの息子スゥルは以前、「父の原稿を床に投げ捨てたのは自治区工業庁庁長のキョールゲンだった」と語ったことがある。キョールゲンは自治区西部出身のモンゴル人で、共産党の割拠地延安に滞在した経験を持つことから、正統の「延安派」とみられていた。その為か、キョールゲンと満洲国経験を有するウラーンバガナとの関係はぎくしゃくしていた（楊 2009c,208）。

写真4　1950年代初期のマルチンフー(後方中央)とモンゴル人たち。この時代の若きモンゴル人は自治に自信を持っていた。著者蔵。

があり、態度も傲慢だと暴露する。「彼は文藝界の先輩たち、例えば周戈と陳清漳らを排除しようとしているし、自分とポンスク、それにジャラガーフーたちをも排斥している」、「自治区に来た漢族の青年作家の楊平らをも排斥している」、とウラーンバガナは話す。ウラーンバガナがいうところの「ある作家」とは、マルチンフーを指している(写真4)。

知識人が集まる組織の一つに、官営の作家協会がある。中国作家協会内モンゴル分会は五月二八日と二九日にフフホト市と包頭市に住む作家たちを呼んで「共産党の整風を手伝ってもらおうとした」(幇助党整風)。この席上でモンゴル人と中国人の作家は競って発言をしたが、党よりもモンゴル人作家のマルチンフー個人に対する意見が主流を成した(宋永毅 2010)。

「他の地方に比べて、内モンゴルは大胆ではない。『内モンゴル日報』もまだ誰に対しても名指しで批判していない」と中国人の周戈は口火を切る。白沈と韓燕如らは「作家協会の第一副主席のマルチンフーは会議ばかり開いていて、創作活動をしていない」と話した。すると、郭静は「マルチンフー同志には特権の思想があり、傲慢で、他人を軽蔑している」との意見を出した。これを受けて、軍人の作家アチル(阿其爾)は「マルチンフーは独断的だ」と批判する。韓燕如もまた暴露する。「マルチンフー同志はウラーンバガナの創作に

対してもあまり支持していない。ウラーンバガナの書いたものなんか、モンゴル人の生活に合わないので、出版されたら、馬鹿にされるよ、と話していた」。

この時に意見陳述していた中国人たちは例外なく右派とされたが、一際目立っていたウラーンバガナは無事だった。すべてはウラーンフーというモンゴル人が自治区の最高指導者のマルチンフーのポストに就いていたからである。しかし、後に文化大革命が発動されると、マルチンフーは「反革命作家にして文藝界の走資派」として一九六七年春に打倒される（楊 2015a,30-32．本書第六章）。一方のウラーンバガナは、大量虐殺が終わった後に政府主導の裁判にかけられた。「粛清すべき内モンゴル人民革命党員のリストを作成した罪」が問われて、スケープゴートにされたのである（楊 2009c,198-223）。

人民を謀略の罠に追いこむ政府

「右派どもからの攻撃はまだピークに達していない。彼らはまだ喜んでいる」と毛沢東は五月一五日に『人民日報』駐内モンゴル自治区の記者林沫にされた後の六月六日に、「事情は既に変化しつつある」との文章を練りあげた。そして、「右派どもの全滅」が決定された後の六月六日に、『人民日報』駐内モンゴル自治区の記者林沫は「何が内モンゴル自治区の文藝事業の発展を阻害しているのか」と題する記事を書いて、知識人から出された意見を公表した。何回も動員され、「真摯な態度で知識人が共産党の整風を助けてほしい」と「懇願」されるので、意見も次第に鋭くなってきた。

毛は自らが書いた「事情は既に変化しつつある」との文章を「内モンゴルと新疆、それにチベットには配布しない」との密令を出していた（毛沢東 1992,476）。その為、一般の知識人どころか、自治区の最高指導者のウラーンフーもこの密令は毛が先に中国人「右派」を一掃し、それから少数民族の知識人を粛清するとの戦略を練っていた事実の表れでもあろう。多分、反右派闘争が謀略即ち「陽謀」だとは知らなかったはずである。また、この密令は毛が先に中国人「右派」を一掃し、それから少数民族の知識人を粛清するとの戦略を練っていた事実の表れでもあろう。

発言していたのは相変わらず周戈と尹痩石、ウラーンバガナとウネーンらである。彼らからの意見を林沫記者は

四つの分野にまとめる。一、文藝界に対する内モンゴル自治区党委員会宣伝部の指導方法にはひどい官僚主義と教条主義的思想がある。二、ウラーンバガナや一部の青年作家に対する政府からの援助が足りないし、時には排除されている。作家協会の副主席ナ・サインチョクトに実権がない。三、内モンゴルの文藝界は「百花斉放」の方針に基づいて文藝活動を育成すべきだ。一部の指導者に大漢族主義の思想があり、モンゴル人の画家等を排除している。四、大漢族主義の思想は文藝活動に有害である。

このように、大漢族主義に対する批判が少しばかり出されるようになったものの、どれも温和な意見である。しかも、中国人の周戈自身が「内モンゴルに来て一〇数年経つが、未だにモンゴル人の親友がいない。やはり、自分には大漢族主義の思想があっただろう。……一部の漢族の幹部たちは心底、モンゴル人を軽蔑しているのも事実だ」と認めている。毛の謀略を知らないモンゴル人と中国人の意見交換の態度には、問題を解決しようとの姿勢もみえる。政府は繰り返しあらゆる場で「胸襟を開いて心底の意見を述べよう」と求めてくる。意見を言わないと会議が長引いて終わらない。次第に「真の意見」が現れるようになった。「敵を懐深くまで誘いこもう。無数の魚が水面に浮きあがってきたちは極力、悦びを抑えた。まだ、時期尚早である。一網打尽にしようと内心そのように思う共産党員てはいけない」、と「全国人民の偉大な領袖毛沢東」がそのように命令していたからだ(毛沢東 1992, 471)。

民族右派が語った意見

中国政府は一九五七年一〇月から正式に「反民族右派」に舵を切ったとされる。フスレによると、実際はモンゴル人のロンシャン(栄祥)に対する攻撃が反右派運動と共に進行していた事実から、運動の初期から「反民族右派」と「反(普通の)右派」は同時進行していたという(フスレ 2008, 26-27)。「組織の力をまとめて右派どもからの猖獗的な攻撃に反撃しよう」との毛の指私もフスレの指摘に賛同している。

写真5　モンゴル人右派のロンシャン(栄祥)。

令を受けて、内モンゴル自治区の共産党員たちも「右派ども」に集中砲撃をしはじめた。『人民日報』は七月二八日に「モンゴル人の知識人のくず——栄祥（ロンシャン）」との批判文を掲載し、全国規模でモンゴル人の知識人をやり玉に挙げた。ロンシャンは自治区西部トゥメト旗出身の詩人兼政治家である。清朝時代から中華民国期にかけて、トゥメト旗は他の旗と異なって、チンギス・ハーン家の直系子孫からなる世襲の統治者ジャサクのポストを置かなかったところだ。代わりに総管という役人が任命されて、行政管理にあたっていた。トゥメト旗が清朝初期に朝廷に対して叛乱したことへの懲罰措置である。黄河沿岸の大平野に定住し、早くから中国人難民を受け入れ、フフホトという都市部にも近かったことから、トゥメトのモンゴル人は漢文化にも堪能だった。モンゴルの詩人がみな母国語で詩文を創作するのに対し、ロンシャンは漢詩が上手かった（写真5）。そして、彼は総管（役人）でもあった。このような彼は「偉大な中国共産党を悪意で以て攻撃した」と『人民日報』はいう（宋永毅 2010；楊 2016a,456-）。

栄祥（ロンシャン）は現在フフホト市副市長と文史館館長、それにフフホト市政治協商委員会副主席を兼任しているし、自治区政治協商委員会委員、自治区と市の人民代表でもある。今回の整風運動が始まるや否や、彼はただちに悪意で以て次のように党を攻撃した。「共産党には二つの源がある。主観主義と官僚主義だ。そし

て、派閥主義から成り立っている」。「共産党が愛しているのは媚びを売る人物で、好きなのは功徳を称賛する話だ。実直な人間は嫌われ、批判も受け入れない」。「今の時代は清朝に及ばない。清朝時代はモンゴル人と漢人は互いに安心して暮らしていたが、現在は死闘を繰り広げている」。……

ロンシャンはまた日中戦争後にモンゴルを代表して蒋介石に会い、「河山再造」との錦旗を献上して「媚びを売った」という。

ロンシャンは封建貴族の出身で、蒋介石と閻錫山の力で総管のポストに上り詰めた奴だ。蒋介石が悪名高い「中国の運命」との文を発表し、中国のいろんな少数民族の存在を否定して全国人民の憤慨を買った際に、ロンシャンはなんと「蒙漢同源論」を書いて、「モンゴル民族も黄帝の子孫で、漢族の一支流（宗支）だ」という荒唐無稽な謬論を展開した。抗日戦争が勝利した後、ロンシャンは活動をいっそう活発化させた。一九四七年に国民党の反動派が草原に進攻し、内モンゴル人民を虐殺していた頃、彼はなんと「内モンゴルの同胞たち」に解放戦争に参加しないよう勧告していた。国共両党の紛争はモンゴル人と無関係だと主張した。反動的な文章を書いて、「内モンゴル人民が国民党政府に反対しないように」と呼びかけた。

ロンシャンはモンゴル人であるにも関わらず、「蒙漢同源」を唱えて、共産党こそが国民党と異なって「少数民族の存在を認めた」だけと共産党は批判している。こうした批判によって、共産党の御用文人の費孝通らは再び「反動的な蒋介石の衣鉢を継承」して、「中華民族多元一体論」を打ちだして、「少数民族の存在」を否定し、同化を強制した。このように、中国にとって、民族政策はなく、常に時の政治に合わせて変幻自在に操作されてきた道具でしかないことが分かる。一貫して安定した民族政策がない為、民族問題が解決できないでいる。こうした矛盾は少数民族の生来の権利を奪おうとする面に重点が置かれている事実が、ロンシャンの事例から分かる。

一九五七年の反右派闘争運動期にも激化していた事実が、ロンシャンの事例から分かる。

知識人が愛読する全国紙の『光明日報』も八月二八日にモンゴル人のロンシャンに矛先を向けた。「解放前はモンゴル人民を抑圧し、解放後はまた民族団結を破壊した――モンゴル族の右派ロンシャンはずっと反共に反人民の陰謀と活動を進めてきたことは既に暴露された。モンゴル族と回族と満洲族人民に一カ月以上にわたって批判され続けた結果、彼はもう罪を認めた」、と新聞は伝えている。

反右派闘争の際に、「過去の罪を遡って追究しない」と政府は当初に標榜していた。しかし、それはあくまでもポーズで、「陽謀」の一環に過ぎなかった。ロンシャンの「罪」も過去に彼が蒋介石を称賛したこと、中華民国時代に総管を担っていた経歴と結びつけて網羅している。このように、共産党の政策と主張には一貫性がなく、謀略が優先されていたことが分かる。

夷を以て夷を制す

中国には党中央の高官にだけ提供する極秘の雑誌がある。国営の新華社の名で編集している『内部参考』で、社会の実態を指導者層に報告し、対策を練るのに役立てる。この『内部参考』の一九五七年九月二三日号に、『内モンゴル日報』社編集部のアユール（阿優）の書いた「右派分子セードルジは民族分裂活動を展開している」との文が載った。セードルジは「内モンゴルの三大極右」の一人として歴史に名を残している。文はいう。

『内モンゴル日報』社は最近、民族分裂をもたらそうとする右派分子セードルジの副編集を担当している。彼は一九四六年に革命に参加し、同年に共産党に入っている。群衆から出された暴露の資料からみると、彼はずっと反党反社会主義にして民族分裂の活動をし、民族間団結を破壊していたことが分かる。

批判文は「政治の面で進めた分裂活動」と「経済建設上の分裂的主張」、それに「民族言語と文字政策の面での罪」、

「新聞と雑誌上の反革命的言論」、「中国人(漢人)を敵視し排除したこと」、「民族間の団結を破壊したこと」といった六つの面からセードルジを攻撃している。以下は具体的な「罪証」である。

一、セードルジはモンゴル人と漢族の棲み分けを主張した。モンゴル族と漢族がそれぞれ分かれて居住し、各自、行政権を行使する。

二、内モンゴル自治区の「内」との字を取り消し、単なる「モンゴル自治区」とすべきだとも唱えた。

三、セードルジは国家の移民政策に反対した。漢族が移住するのに抵抗し、代わりに自治区以外の地域に住むモンゴル人の内モンゴルへの移住を進めようとした。彼の「野望」は「単独でモンゴル国(チャイニーズ)」を創ることだ。

四、自治区の政府機関はすべて漢族に権力を握られているので、漢族は自治区から離れるべきだ、と主張した。

五、かつて日本帝国主義は五〇年かけてモンゴル人を同化する計画だったが、解放後は(中国共産党による)同化政策が実施されている。内モンゴルにはウラーンフーではなく、インドネシアのスカルノ大統領やユーゴスラビアのチトーのような強い指導者が必要だと話していた。モンゴル人民共和国のチョイバルサン元帥ももっと内モンゴルで幹部を養成すべきだったとも語っていた。

六、モンゴル人は鉱物資源が豊富に取れる包頭市と大興安嶺、バヤン・オボーとチャイダム盆地(青海省)を中国に渡したが、政府はモンゴル人に何もくれなかった。

七、セードルジはまたモンゴル文字の改革に反対した。キリル文字はロシア人のもので、縦書きのウイグル文字のほうがいいと主張した。そして、「私は自分の息子に中国語を一言も、漢字を一字も教えない」と宣言して、モンゴル人が中国語を勉強するのにも反対した。

八、セードルジは内モンゴル人民出版社社長のトブシンと結託し、「内モンゴルの独立性を保つべきだ」とか、モンゴル語が重視されていないとも話した。また、草原の開墾にも反対した。

九、セードルジは自治区の漢族幹部の王鐸(チャイニーズ)と王逸倫、楊植霖と胡昭衡らが実権を握り、モンゴル人の権利が奪われ

ていると主張した。

一〇、モンゴル人が漢人と結婚するのに反対し、漢人と婚姻関係を結んだモンゴル人を裏切り者と罵倒した。また、ダウール人がモンゴル族から別れて単独で一つの民族になるのにも反対した。

セードルジは「国家の移民政策に反対した」とされるが、実は自治区の最高指導者のウラーンフーも一九五四年から「選別的な移民」を推進し、特別な技術を持つ中国人だけを受け入れ、難民は断るとの政策を取っていた。そして、中国人は草原を開墾して環境を破壊するので、民族問題を惹き起こすと認識していた。ウラーンフーのこうした政策は当時、部分的に北京当局に支持されていたので（楊 2011a/2013b）、セードルジも自治区の政策が着実に執行できるよう求めたに過ぎない。

セードルジはまた、キリル文字の導入に不熱心だったと批判された。キリル文字は社会主義の先輩たるソ連とモンゴル人民共和国の「進歩の象徴」だったから、内モンゴル自治区にも導入されていた。この点では、セードルジには確かに「反ソの嫌疑」があろう。ところが、同じ一九五七年夏になると、山東省の青島で開かれた党中央の会議の席上で、周恩来総理はキリル文字導入の政策を停止させた。その時点で「極右」のセードルジが「先進的なキリル文字の学習に反対した」云々も成立しなくなるはずだったが、彼に「名誉回復」のチャンスは与えられなかった。このように、中国政府と中国人がモンゴル人を断罪しようとする論法はいつでも自由自在に変幻できるようになっているのである。

「右派セードルジ」と呼応しあっていたのは「極右のチンダマニ」だった。チンダマニは包頭鉄鋼コンビナートの建設に反対していた。鉄鋼コンビナートの建設で大量の中国人が流入し、モンゴル人は同化される危険性があると主張した。彼はまた「シリーンゴル盟のレアアースは貴重な資源であるにも関わらず、全部中国人にタダで持って行かれた」と話した。モンゴル人は自治区の北部に集中居住し、真のモンゴル的特色のある都市を建設すべきで、中国人もどこかに集中居住し、彼らを専門的に管理する行政組織も自治区の下に置くべきだ。モンゴル語を第一の言語だとし、

中国語は補助的な役割に留めるべきだ、などと唱えた[6]。

以上がモンゴル人「極右」たちの「謬論」である。こうした「謬論」に対する批判文を書いたのはアユール・サインチョクトである。どれもモンゴル人を動員してモンゴル人「右派」を闘争するという「夷を以て夷を制す」政策の一環である。ナ・サインチョクトは文化大革命に入ると、「日本帝国主義の富士山を礼賛した」ことで粛清される（第六章参照）。

それでも、モンゴル人「民族右派」は当時、「民族間団結を破壊した罪証」として批判されたが、逮捕監禁されることはなかった。公職から追放し、労働改造に駆りだされた（楊 2009b, 104-108）。九年後に文化大革命が発動されると、彼らに冠されていた「罪」は再び体系的に網羅されて、「分離独立の確固たる証拠」とされ、虐殺に利用されていく。三人の「極右」のうち、トブシンについては拙著『墓標なき草原（上）』に、チンダマニについては『墓標なき草原（続）』に詳しい記述がある。反右派闘争が文化大革命の為の予行演習であったのは間違いない。

二　内モンゴル師範学院の反右派闘争

ここまで中国全国と内モンゴル自治区全体における反右派闘争を概説してきた。以下では、私自身が発掘し、公開した資料に則して、内モンゴル自治区師範学院における反右派闘争の実態を描く。

自治区の重点、師範学院

内モンゴル自治区政府共産党宣伝部は、師範学院を「整風運動の重要な拠点」に位置づけていた。師範学院は綏遠師範専門学校と張家口師範専門学校、それにウラーンホト師範学院という三つの学校が合併されてできたものである。

綏遠省では内モンゴル(みなみ)に侵略してきた中国人が実権を握っていたし、張家口でも僅かにチャハルとシリーンゴルのモンゴル人たちが学んでいた。従って、綏遠師範専門学校と張家口師範専門学校は主として中国人教師によって運営されていた。

東部のウラーンホトは完全に異なる。満洲国時代に育った何万人ものモンゴル人知識人が主体となり、純粋にモンゴル人からなる教育機関を創成していた。ウラーンホトはモンゴル人の民族主義政党の内モンゴル人民革命党が準国家的な政権を置いていた場所である。この政権は独立ないしは同胞の国、モンゴル人民共和国との統一合併を目指していた。独立と統一が阻止された後は、共産党主導の内モンゴル運動聯合会と統合されて内モンゴル自治政府が一九四七年五月に成立する。内モンゴル自治政府が緩やかに内モンゴル自治区に変身しても、モンゴル人知識人が各界で自治の主導権を握るという構図は激変は起こらなかった。従って、「三つの師範専門学校(学院)が統合された後、指導部とモンゴル語科ではモンゴル人が実権を掌握していた。モンゴル人は内モンゴルの先住民だし、モンゴル人の自治区だから当然のことだ」、とモンゴル人は誰もがそう理解していたが、中国人はこれに不満だった。

この内モンゴル師範学院のマルクス・レーニン主義教研室に一冊の『整風簡報』がある。これは、同学院でおこなわれた整風運動の動態を詳しく伝えた資料で、一九五七年六月一二日から七月二〇日までの反右派闘争期に交わされた議論が収録されている。「発言した人たちの話を極力、忠実に記録し伝えたい」と編集者は主張している(楊 2016a, 128-140)。師範学院において、知識人たちがどのように共産党の呼びかけに応じて「党の整風運動を手伝い」、そして後日に粛清されていったかを知る第一次資料である。

内モンゴルでは一九五七年五月一一日から自治区の各大学の教師からなる座談会が何回も開かれていた。師範学

――――――
(6) チンダマニは二〇一三年にその著作の一部を論文集の形で公開している(Cindamuni 2013)。

院から内モンゴル大学に転勤した安吉人と、師範学院歴史科副主任の林雨らが積極的に発言していた。一九五〇年代初期に実施された「粛反運動の行き過ぎ」と指導者の官僚主義に対する不満が、会議の席上で噴出した。師範学院の院長で、後に文化大革命期には内モンゴル大学党委員会副書記となる郭以青が教師たちに意見を述べるよう促していた（宋永毅 2010）。郭以青は毛沢東の指示に従っており、彼は共産党の諜報機関の秘密情報員で、「内モンゴルには分裂主義の組織が存在する」と党中央に密告していた人物である（楊 2009b,xx,31-35）。

師範学院では六月一一日に講師と科長級以上の幹部からなる座談会が開催された。サンジャイジャブと閻振興、李明珠と梅楓らが発言した。サンジャイジャブ（一九〇七〜七九）は吉林省ゴルロス前旗の出身で、一九三三年から一九三八年にかけて、早稲田大学政経学部（系）の主任に着任していた経験を持つ。満洲国時代は興安学院の教師をつとめ、一九五三年から師範学院の歴史学部（系）の主任に着任していた。会議の席上でサンジャイジャブは政治的には党中央の政策を擁護する発言をし、「安吉人がいうところの、粛反を利用して出世する人物がいるとの批判は成立しない」、と反論する。ただ、少数民族の幹部を育成しようとする党の努力は足りないとも語る。無難な発言である。李明珠と梅楓もサンジャイジャブに同調し、「粛反運動は行き過ぎたとの意見には賛成できない」と話す。サンジャイジャブは主として指導者の官僚主義に対する不満を口にしている（烏力吉図 1987,114）。

同じ、六月一一日にはモンゴル人教師たちからなる座談会も開かれていた。ウリジーとリュージンソー[7]（留金鎖、一九三五〜）、アグラー（阿古拉）たちが発言していた。師範学院は外来の中国人教師を優遇し、彼らに優先的に住居を提供し、モンゴル人教師の生活が重視されていない、との意見が出された。

正常な意見

文系の教師たちは以下のような意見を述べた。まず、教員の昇任の基準が曖昧で、共産党員が優先的にプロモ

している、と指摘する。官僚主義が横行し、非専門家が専門家をリードし、的外れの指導をしている。指導者たちは独断的で、民主的な手法が確立してない。以上は中国人の教員らからの意見であるが、モンゴル人のハトー（哈図）は「学院の党委員会はキリル文字モンゴル語の学習に熱心ではない」と話し、ムンフジャヤーは「指導者に官僚主義の思想があるし、図書館内のモンゴル語の図書も少な過ぎる」と嘆く。ハス（哈斯）は学院の医務室が機能していない、と改善を求めている。

六月一二日、自治区党委員会書記処の王鐸と自治区教育庁の副庁長の石琳が師範学院を訪れ、講師と科長クラス以上からなる座談会に参加した（楊 2016a,141-145）。モンゴル人のセチェンバトは共産党の政策に一貫性がないと指摘した上で、「粛反運動に行き過ぎたところがあっても、全面的に否定する必要はない」と話す。これに対し、趙克明は「粛反運動は過激で、大きな損失をもたらしたので、名誉回復を実施すべきだ」と反対の意見を述べた。また、大学のような機関に共産党の委員会を設置すべきではないとの意見もあったが、この点についても見方が分かれていた。座談会の最後に王鐸書記は「みんなで過ちを犯した同志に改善を促そう」と痛くも痒くもない発言をしているし、石琳副庁長も「みなさんはもっと教育庁にも意見を述べてください」と誘っている。石琳のような幹部はまだ整風運動が「陽謀」だとは知らずに、真摯に意見を聞こうと思っていたかもしれない。

既に触れたように、『人民日報』は六月八日に「これは何故だ」との社説を掲載して、「右派どもからの猖獗的な攻撃に反撃せよ」との号令を発していた。羅希珠ら複数の教員は幹部の官僚主義に批判を示しながらも、北京の民主党派から出された「中国は党の天下（党天下）」だとの批判は言い過ぎだ、と共産党を擁護する発言をしている。風向き

（7）リュージンソーは後に内モンゴル社会科学院に移り、著名な歴史学者となる。モンゴル語年代記『十善福白史』の研究で知られるようになる。

教育学部研究室の金増は六月一三日に粛反運動に対する意見を述べている。「相手が本当に反革命分子かどうかを識別もせずに粛清をした。党は粛反運動を利用して締め付けを強化しようとしているのではないか」と厳しい。図書館の郭玉麟も「党は粛反運動において、反革命分子は一人も逃さないし、また一人の冤罪者も出さないというが、事実はむしろ逆だ」と話す（楊 2016a,162-165）。このように、師範学院の中国人たちは粛反運動に関心があった。知識人のほとんどが「旧社会」即ち国民党の中華民国時代に教育を受けた経歴を有することから、「反革命分子」とのレッテルが貼られやすいからだろう。

発言に表れる中国人とモンゴル人の違い

座談会は延々と続く。六月一四日午後の会には自治区書記処の王鐸がまた現れた。自治区では、王鐸書記が反右派闘争の実務に携わっていた。

物理学科の楊介夫は「粛反運動中にミスが多かった」とした上で、「私を批判闘争した際に、自分は反革命ではないと弁解しても聞き入れてもらえずに暴力を受けた。調査資料に依拠しないで、粛反運動を利用して人を抑圧しようとしている」と述べた。歴史学科の史明賢は「反社会主義」とのレッテルを簡単に貼ってはいけない、と話す。林雨も党幹部に不満だった人物が粛反運動の対象とされて報復を受けた、と語る。また、周権という人物は、モンゴル人幹部の中には能力の低い人もおり、内モンゴルの数学学科のバトは給料の改善を求めているし、モンゴル語科のバヤルも在外研修の機会を増やしてほしいと言い、モンゴル人の意見が鋭いのと逆に、モンゴル人の発言に終始しているのが印象的である。

参会していた王鐸書記は最後に総括した。「（師範学院には確かに）官僚主義と主観主義、そして派閥主義の三主義が存在し、それらを克服して、党と一般の群衆との関係、民族間関係を改善しよう」とまとめた。一部の教師が「郭以

青院長とガワー副院長は新聞紙上で自己反省すべきだと求めてきたことに対しても、政府は慎重であるべきだと退けた（楊 2016a,166-181）。ガワー（一九二二〜一九九二）はまもなく同じ年に自治区教育庁副庁長に抜擢される。文化大革命期になると、彼は「ウラーンフー王朝の教育大臣」だと批判されて粛清された（楊 2015a,1041-1064）。

「共産党員以外の講師と課長級以上の幹部」らからなる座談会は五日間も続く。会期を長く設定して、所期の目的が達成するまで参加者らを疲弊させる戦術を共産党は得意とする。六月一七日付の『整風簡報』第七期が伝えている意見陳述の内容は主として「解放」直後の粛反運動に集中している（楊 2016a,182-190）。王夢凡という人は次のように語る。「党の派閥主義が横行している。粛反運動中の〈虎を打つ（打虎）〉キャンペーンもその一例だ。私は〈虎〉とされ、一二箇条もの罪がなすりつけられた。……粛反の時に九人もの学部と学科の主任が反革命分子にされた」、と運動の行き過ぎを指摘している。現代中国において、「虎」は大物の反革命分子や腐敗者の代名詞となっている。現在の中国共産党の総書記の習近平も「虎とハエを一緒に叩く反腐敗キャンペーン」という政治闘争を展開している。

「著名な右派」安吉人も発言した。彼は師範学院の創始者の一人にあたるが、党の幹部たちに嫌われた為に、粛反運動中に「大物の反革命分子たる虎」とされた。「虎を打つキャンペーン」中に「反革命の証拠」がみつからなかったので、普段の日常生活の会話が「罪証」とされると、その息子も怖くなって父親と一緒に歩かなくなったという。

モンゴル人教師の意見は温和的だ。バヤルは、共産党員となった教師は若くても出世しているのに、非共産党員は教育経験が豊富でも重用されていないと嘆く。トクトムは、学院の指導層はモンゴル語教育をもっと重視すべきだと要請している。中国人の教師たちが粛反運動という共産党中央の敏感な政治政策に対して大胆に批判しているのに対し、モンゴル人は慎重な態度を崩していないのが特徴的である。

モンゴル人学生から出された民族問題

六月一八日、師範学院整風弁公室は一通の手紙を公開した。美術学科のアルタイというモンゴル人学生から出されたものである。「私は呼びかける」と題する手紙は師範学院に深刻な民族問題が存在する、と指摘している（楊2016a, 199-204）。

中華人民共和国の憲法には、諸民族は一律に平等で、いかなる民族差別や民族的抑圧を破壊する行為をも禁止し、各民族には自らの風俗習慣を保持する、あるいはそれを改革する自由がある、とある。……(中略)しかし、わが師範学院の指導者たちが民族政策をまじめに執行しなかったが故に、まだ大漢族主義と民族差別は存在している。……わが学院には漢族とモンゴル族、回族、満洲族、それにダウール族のような多民族がいるにも関わらず、多民族の雰囲気はなく、何でもすべて漢族化させられている。以下ではわが学院の総生徒数の三分の一を占めるモンゴル人の立場から述べよう。

まず、(ムスリムの)回族を除いて、学食はすべて漢族の習慣に基づいて作られており、一度もモンゴル人の料理を出したことがない。……(中略)学校の「学生課」や「総務課」の幹部と職員が全員、漢族からなっているからだろう。われわれモンゴル人学生が各課に行って事務的な手続きをしようとした際にも、通訳がいなければならない。各課の幹部たちが会議を招集する時も中国語を使うので、モンゴル人学生が参加しても何を話しているのかさっぱり分からない。……モンゴル人の言語と文字が、自らの自治区の最高学府においてここまで無視されるとは、なんと悲しいことであろう。……

学院には六〇〇ものモンゴル人学生がいるのに、民族衣装を着ている者は一人もいない。前学期にはまだ、二、三人はいた。その彼らも馬鹿にされるから止めてしまった。学校が映画を上映する際も、すべて中国語のものばかりだ。……

漢族の学生は公然と私たちを差別し、嘲笑している。モンゴル人がモンゴルの民謡を唄うと、「またそれか」

と漢族の学生から侮辱される。モンゴル人学生と漢人学生が小さなことで揉めたりすると、いつも「モンゴル人が野蛮だから」とされる。そして、ある漢族の学生は何回も話した。「まもなく八月一五日になる。おれは大きなスイカでも買って食い、お前ら老韃子の首を切ろう」と話した。これに我慢できるモンゴル人はいないので、大きな衝突に発展したことがある。

昨年の冬、モンゴル人民共和国の代表団がわが師範学院を見学にきた。すると、「何も観るものはないよ。汚い学校に馬鹿なモンゴル人がいるだけだから」、と漢族の学生たちは話していた。内モンゴル師範学院はモンゴル族の自治区で設置されたもので、モンゴル人は当然ここに来て学ぶ権利がある。漢族の学生はどういう思想に基づいてモンゴル人をその高等学府から追い出そうとしているのだろうか。

「モンゴル人は馬鹿だ」とか、「モンゴル人の女の子は顎骨が高く、眼窩が窪んでいて醜い。O脚にして臀部がでかく、毛も黄色い」と漢族の学生たちはいつも話す。……

私は内モンゴルの東部出身者である。東部では民族政策も比較的良く守られているのに対し、西部、それも特にわが師範学院は酷い。このまま行けば、内モンゴルのモンゴル人は漢化してしまうだろう。……

モンゴル人の学生アルタイはまた「何か問題があれば、すぐさま院長のテムールバガナの指導力不足だとして責任を転嫁する。それも院長を貶める為だろう。というのは、院長もモンゴル人だからだろう」と鋭い結論を出している。歴史的にアルタイの文中に出て来る「韃子（ダーヅ）」とは中華圏の外に暮らすモンゴルなどの遊牧民に対する蔑称である。歴史的には、元朝の中国人が陰暦の八月一五日の中秋節に月餅の中に「韃子を殺そう」とのメモを埋めこんで蜂起したとの伝説が中華圏内にある。元以降は蜂起を記念して、スイカをモンゴル人の頭に譬えて割って食べながら「殺韃子（シャーダーヅ）」と唱える習慣が定着した（楊　2004, 23-65）。中国には一種の「反韃子主義」があり、夷狄戎蕃と蔑称する異民族への敵対意識を醸成してきた。近代に入ると、こうした差別的な反異民族主義は反外国主義の運動と合流して、中国独特のナショナリズムを形成してきた（佐藤　2015）。アルタイが詳述している事実もこのような歴史的思想の一九五〇年代におけ

る表れである。社会主義制度が成立したと標榜しても、中国人の反異民族主義と反外国主義は変わらなかった事実を表している。

党の整風を「手伝った」中味

共産党以外の人士たちの「手伝い」は続く。

「師範学院の民族問題を重視すべきだ。学校の中には師範学院を動物園だとし、モンゴル人学生を動物だと表現していた民族問題を指している。これは、内モンゴル自治区における反右派闘争時の最も有名な「右派事件」の一つで、楊鴻昇即ち豫布衣が「動物園」という文章を執筆したことである。中国人の著名な文は以下の通りである。

雨後晴れた。校門を出て散歩してみた。動物園はいろんな珍獣を買ってきたというので、吾人も刺激されてこれを観にいく。確かに青いロバや緑のウマ、紫のラクダなど、さまざまだ。動物園がいろいろな動物を購入し、多様化するのは観察を集める為だ。学生を集めて学校を運営するのにも同じ方法が取られている。何とかの中等専門班や、何とかのモンゴル短期研修班、そして何とかのモンゴル三年制。……師範学院の指導者たちに提案しよう。試行錯誤を重ねて、最後には校門に「動物園」との看板を掲げてはどうだろう。

楊鴻昇即ち豫布衣は実に大胆にモンゴル人を侮辱している。青や緑、それに紫といった色の民族衣装をまとった姿を動物に譬えている。教育的効果を計る為に設置された各種の研修制度に対しても批判している。楊鴻昇は勇気ある青年で、彼の共産党や中国政府に対する批判は事実に即しており、決して的外れの感情論ではない。しかし、彼はモンゴル社会と歴史については、完全に無知だった。元々モンゴル人は非常に教育と知識に熱心な民族で、どの天幕内にも手写本（古文書）が保管してある。一六世紀からは更に多くの青少年がチベット仏教の僧侶になり、チベット語と

サンスクリットをマスターしていた（楊 2005a）。満洲国時代になると、日本が創設した各種の学校にモンゴル人は学び、一九五〇年代では、中国全国で最も学歴の高い地域だった。それでも、自分自身の名前すら書けない中国人は少数民族を「野蛮にして立ち遅れている」とみなして差別する（楊 2014c:301）。その点では、楊鴻昇こと豫布衣、河南省出身の楊鴻昇も中国の読書人の気持ちを素直に代弁したに過ぎない。昔も今も変わらない。

外ではなかった。彼は中国共産党と政府に鋭い矛先を向けたものの、同時にモンゴル民族の反感を買ったことで、精彩を欠いた右派とされて、歴史の舞台から消えさった。もっとも、布衣とは「儒教的知識人」の比喩だが、中国人がどのように少数民族をみているのか、楊鴻昇の事例は普遍的である。昔も今も変わらない。

三 「右派ども」への反撃

「殺した人は少ない」

講師と科長級以上の人士からなる会議は一二日目に突入した。共産党は知識人を簡単に解放しようとしない。そこで、潘雲青は「粛反運動は大きな弊害をもたらし、多くの同志たちの精神を傷つけ、仕事もできなくなった。その原因は主観主義と官僚主義、そして派閥主義にある」と論破する（楊 2016a:237-264）。このように、「解放」後に内モンゴルに移住してきた中国人知識人らの関心は全国の政治情勢、具体的には粛反運動に集まっている。内モンゴルが中国に占領されたことで生じている民族問題、例えばモンゴル人は外来の中国人をどのようにみているのかなどについては無関心である。

「粛反運動において反革命分子を粛清できた点は、成績優秀だが、仲間たちの矛盾を正しく処理する経験がなかったからだ。過ちを犯したとしても、それを是正できる共産党は英明だ」、と冀副院長は強弁する。ここから、「右派どもからの猖獗的な攻撃」に

対して、共産党側が組織的に反撃を開始する。過ちを犯しても、それを是正できたので、党は偉大だ、という論理は建党当初からずっと共産党にあった。何万人、何十万人を「誤って」殺害しても、是正できる党は英明だとの詭弁である。特定の政治的な目的の為に大量殺戮を断行する。目標が達成できた時点で、「党は過ちを認めて是正できた」として被害者に恩を売る。これが、「偉大にして英明な中国共産党」の特徴である。

自治区宣伝部副部長のトグスも簡単な総括の発言をしているが、彼も民族問題には触れようとしない。そして、中国人の左智院長も「右派ども」に反撃している。党中央からの「右派どもを孤立させて打撃を加える」政策に呼応している。

わが国は短い間に複数の性質の革命を経験したが、人を処刑する時も秩序正しくおこなった。（諸国の中で）殺した人間の数はまだ少ない方だ。ソ連などは殺し過ぎたので、緊張が高まっているし、ハンガリーは逆にあまり殺していないので、もう少し補足作業が必要だ。何を基準にして、殺した人間の数を「少ない」と断定できるのか、左智院長は示していない。左智院長はまた民族政策にも軽くタッチしている。政府や学術機関の民族化を進めていくが、性急なやり方は慎むべきだという。どこでも、「兄貴の漢族」が何でもかんでもやるのは良くないし、「弟のモンゴル族」だけで運用するのも悪い、と弁じる。他の民族に対して「兄貴」を自認する中国人は明らかにヘゲモニックな態度で臨んでいる。

変節と転向、そして密告する中国人

中国という過酷な専制主義体制を生きる中国人はいとも簡単に変節する。変節しないと、常に抹殺される危険性があるからだ。一九五七年七月五日の午後、師範学院は全教職員からなる大会を開いた（楊 2016a.265-271）。テムールバガナと郭以青の二人の副院長は師範学院で過去に展開された粛反運動について回顧し、「七〇数名もの同志たちが発言して賛成を表明した」。

（会議の参加者たちは）みな安吉人らの発言に対し批判と疑問を呈した。安吉人が粛反運動の成績を否定するのは階級の立場に問題があるからだ。彼は反動的な立場に立っているから、「粛反運動は成功していない。派閥主義による報復行為だ」と話したのである。

ここに至って、知識人を集めて長期間にわたって何十回も意見を聴取したのはすべて陰謀、いや、毛沢東自身の言葉でいうと、陽謀だったことが明らかになった。安吉人が王夢凡らと「結託」して元副院長で既に自治区教育庁副庁長に転出したガワーを「誹謗中傷していた事実」も判明した。ガワーもテムールバガナも反右派闘争運動では「官僚主義的」だとして中国人から批判されたが、自治区全体がウランフーの指導下にあった為に無事に難を乗り切ったのである。九年後に文化大革命が発動されてウランフーが「あらゆる反党叛国集団と民族分裂主義者集団のボス」に認定されると、ガワーもテムールバガナも当然、打倒される。楊介夫は、自分は以前に安吉人と付き合いがあったものの、粛反運動以降は行き来していない、と弁明する。李士奎も「安吉人は粛反運動の責任を副院長のガワーになすりつけようとしていた」と話す。

密告も盛んになってくる。「ガワーは粛反運動中に過ちを犯したので、教育庁に転勤した」と安吉人は話していた」、との手紙が同じ七月五日に師範学院の党委員会に届いた。密告の手紙を書いたのは邵千一と趙逢三、それに史明賢ら三人である。恐らく、モンゴル人のガワーは師範学院の副院長をつとめていた頃に、中国人を反革命分子として粛清するのに積極的だったことから、後に文化大革命期にガワーを「民族分裂主義者」だとして批判し、暴力を加えたのは師範学院の「東方紅縦隊」などの造反派組織である（楊2015a,1042）。この「東方紅縦隊」に一九五七年に右派とされた者がいたかどうか、私は確認できていない。ただ、モンゴル人幹部と日常生活の中で衝突した中国人が文化大革命を利用して報復行為に走っていた事実はある（楊2009c,72-73）。

転向する中国人右派と「党からの慈悲深い手」

安吉人は師範学院の「右派にして階級の敵」となった。その時、「右派どもからの攻撃を粉砕せよ、と群衆も意思表示した」との特集を『整風簡報』第一三期は組んだ（楊 2016a, 272-281）。特集の冒頭は次のようになっている。

七月八日におこなわれた韓院長の「右派どもを闘争する動員報告」を聞いてから、全教職員の同志たちが深く議論しあった。座談会の席上で、多くの同志たちは過去に自分の思想がはっきりせず、立場も明確ではなかったと自己批判した。反右派闘争に対する認識も甘かったと反省した。そして、今後は警戒心を高めて反右派闘争に専念し、右派どもからの猖獗的な攻撃を粉砕しようと決意を表した。

まず、鄭瑞華という歴史学の教師が安吉人の「罪状」を暴露する。安吉人が新城区にある鄭の自宅まで訪ねてきて、粛反運動に対する不満を語る。師範学院における粛反運動はガワー副院長が報復の為に推進した、と断じ、鄭にも賛成を求めたという。

安吉人はまた歴史学科の副主任林雨と梅楓、周戟賢、許鈴ら五人と「反党集団を組織した」と断罪された。そこで、梅楓は「党の整風運動を手伝う」期間中に安吉人と五回ほど会っていて周戟賢も「私は右派安吉人の反党反社会主義の言論を暴露する」と発言する。彼は「安吉人は林雨と結託している」と話して自らの潔白を訴える。他人を貶めて、自己反省を示すことで、政治的な困難をくぐりぬけようとしている。許鈴も安吉人がいかに粛反運動の責任をガワーになすりつけようとして活動していたかを暴露している。

七月九日に、師範学院の教務長に一通の書簡が届いた。書き手は趙克明で、安吉人が右派分子の安吉人らとの政治的な立場を異にして（画清政治界線）彼の罪を暴露する」、と書いている。同じ日に趙克明は自分が安吉人らと二〇数回も会っていたかを詳しく報告している。「幸いにして党組織が私に慈悲深い手を差し伸べて助けて下さったので、私は覚醒していたかを詳しく報告している。「幸いにしてテムールバガナ院長の報告を聞いてから私は猛省した。私は今日から右派分子の安吉人との政治的な立場を異にして（画清政治界線）彼の罪を暴露する」、と書いている。このように、中国という四〇〇〇年にわたって専制主義体制が敷かれてきた国「反党的活動」をしたと自白している。

家において、社会主義の看板を掲げるように変わっても、政治運動は常に過酷である。人々は自身を守る為に、政治的な風向きをみて瞬時に変節できるようになっている。独裁体制を生きてきた中国人即ち漢民族の人生哲学である。

モンゴル人を敵視する気骨ある右派

師範学院は七月一〇日に全校生徒会が主催する討論会を開いた。約二〇〇〇人が参会し、付近の農民と労働者も駆け付けた。討論会で中文科一年生の楊鴻昇が三時間に及ぶ演説を披露した。河南省出身の彼は豫布衣とのペンネームを使って文を書き、モンゴル人を強烈に敵視する、著名な大漢族主義者である（楊 2009b,202）。この日、彼は次のように発言した（楊 2016a,282-288）。

一、共産党の絶対的な指導権を廃止すべきだ。党員の特権と酷い派閥主義が党天下の表れだ。共産党よりも優れ、真の意味で人民の意思を代弁できる政党の誕生を期待したい。二、粛反運動は行き過ぎ、殺した人間の数が多過ぎる。白黒を区別せずに人を殺す行為は不道徳だ。三、社会主義改造運動中に、農業と工業、そして文化教育事業に対する改造はすべて左傾的な急進主義の過ちを犯している。四、共産党は少しも民主的ではない。

若い楊鴻昇が何故、モンゴル人を目の仇とするのかは不明だが、上に挙げた彼の発言は正鵠を射た議論だと評価していい。楊鴻昇の発言を聞いた学生たちはどよめき、彼と議論しようという体制擁護の学生も多数いた。同じ会議の席上で、「右派」安吉人も反省を強制された。「党と同志の皆様が手を差し伸べて私のような者を助けようとしている。私には過ちがあり、自己改造をしなければならない」と安吉人はすっかり降伏している。

安吉人の自白によると、五月に自治区党宣伝部が知識人たちに対して、共産党の整風運動を手伝うよう呼びかけた時から、自分は積極的に活動を開始したという。安吉人の呼びかけに三三人の知識人が署名し、彼らは集まって、師範学院における粛反運動の行き過ぎについて話し合った。集まった人たちの大半はガワーが主導した粛反運動の「被害者」たちである。この時、院長の郭以青はむしろ自分たちの活動を唆していたというニュアンスも安吉人の自白から

読みとれる。郭以青は共産党の秘密諜報員であり、モンゴル人の民族主義的思想に目を光らせていたので、当然、ガワーの行動を監視していただろう。安吉人がガワーに不満であると、郭以青に有利となるからである。この日、苗時雨やオーラなどの教師が安吉人の「反党反社会主義的言動」について暴露した。苗時雨は五月二三日に「共産党の指導者はもっと民主的になって、教職員を信用すべきだ」と発言していたが（宋永毅 2010）、ここに至って、見方が変わったようである。

師範学院の全教師と学生たちは「右派どもに対して猛烈な攻撃を開始した」（楊 2016a,289-295）。

七月一〇日に各グループの代表大会式で、安吉人は三時間ほど「反省」した。彼は「反省」文の中で反共産党の目的については何も語らなかっただけでなく、かえって可哀そうなふりをして、「良心に基づいて意見を出しただけで、その意見も学院の整風運動を重視していたからだ」と話す。「団結し、問題を解決する為だ」ともいう。群衆は彼の態度に憤りを覚え、その仮面を剥がした。

いざ政治的な風向きが変わると、群衆も簡単に為政者に追随して、打倒しようとする者を全員で否定するのが、中国における社会運動の特徴である。中国人は潮流に乗ることで、自らを政治の危険から守る。その為、政治は常に独裁者の意のままに運ばれる。

「罪」は履歴と歴史にあり

一〇日の安吉人を吊しあげる大会で、まず蘆賓という人が歴史に遡って「罪状」をみつけた。安吉人が中華民国時代に「偽善救総署の専員」だった頃から国民党の「偽国会議員」になろうと努力していたし、反革命分子として処刑された周賦賢は完全に寝返った。周賦賢は、「師範学院のテムールバガナ院長は若過ぎるし、昇進も早過ぎる」「五人からなる反革命組織」を作ったとされていたと共に「五人からなる反革命組織」を作ったとされていたと証言する。安吉人と共に「五人からなる反革命組織」を作ったとされていた周賦賢は完全に寝返った。周賦賢は、「師範学院のテムールバガナ院長は若過ぎるし、昇進も早過ぎる。少数民族を優遇し過ぎる」と安吉人が話していたのを暴露している。梅楓もまた「安吉人の目的ははっきりしている。ガワー

と郭以青、それにテムールバガナからなる師範学院の党委員会を潰したいだけだ」と断罪する。教師陣の中で、安吉人を亡くしたような状況になり、生きていけなくなる」と話す。そして、「もし誰かが人民政権を転覆しようと企み、共産党擁護に反対するならば、われわれ労働者は鉄槌でそいつの頭を打ち砕く」と気勢をあげて、共産党政権がいかに過去の「旧社会」より優れているかを語り、楊鴻昇の「妄言」に反論した。それでも、楊鴻昇は反論し続け、反省の色は皆無だったという。

人を守ろうとする人は誰一人いない。最後に安吉人本人も発言を促された。彼は「スパイ趙仲容」との関係を否定し、自分は「反党にして反社会主義の右派」ではないと弁じた。

このように、「知識人が共産党の整風運動を手伝っていた」時には、「少数民族を優遇し過ぎている」との趣旨の発言は右派の「罪証」となった。文化大革命期になると、今度は逆にモンゴル人幹部らは「民族分裂主義者」とされ、彼らが推進した政策は「少数民族を優遇し過ぎていた行為で、祖国を分裂させ、優秀な漢族を差別した証拠だ」と解釈されることになる（楊2011a;2013b）。

師範学院は七月一二日にも午後一七時一〇分まで討論会を開いた。午前中は安吉人、午後は楊鴻昇という「二大右派」がそれぞれ闘争された（楊2016a,296-306）。内モンゴル大学の王恩俊は「安吉人が民族間関係を破壊している」と断罪し、趙克明と楊介夫も同調した。師範学院の程維城は「安吉人は国民党の反動的な科長」だった過去を挙げて、一貫して反共産党的だと話す。李遥と周軾賢、梅楓らもこれに続いた。テムールバガナ副院長も最後に安吉人は前に復旦大学が学内で共産党支部を廃止した例を挙げて党による指導を拒否しようとした「罪」を批判している。安吉人に対する断罪は教師たちから寄せられているのに対し、学生の楊鴻昇は主に農民と労働者たちから脅迫されている。フフホト市発電廠の労働者張忠英は「われわれ労働者がもし共産党による指導を失ったら、まさに胎児が母親

四　右派を殲滅する人民の戦争

　七月一三日の午前八時から一一時まで、師範学院は再び全校集会を開き、「右派学生」の楊鴻昇こと豫布衣を吊しあげた。学生と教職員の他、労働者と農民の代表も参加し、「共産党万歳」や「右派どもを打倒せよ」と叫びながら、「各界からの人民が右派に反撃」する形式を取った（楊 2016a, 307-312）。楊鴻昇に与えられた「挑発の時間はたったの三分」だった。

　午後になると、グループに分かれて、右派を断罪する会議が始まった。歴史学科の座談会では、教師の史明賢が「安吉人は全国の右派どもと同じで、共産党による指導に反対している」と批判する。「副院長のガワーに対する不満も実際は共産党に対する不満だ」と断じる。あたかもガワーが党の代表者のような見解だ。文化大革命期にガワーが「民族分裂主義者の代表的人物」とされるのとは、天と地の差である。

　学生たちは楊鴻昇をターゲットにしている。雷鴻彬と戚豊昌は自身の故郷の河南省が「解放」後に遂げた発展の例を挙げて、楊鴻昇がいうところの「共産党は農民の生活を豊かにしていないとの謬論」に反発した。「旧社会では飢えた者が他人を食べる現象も起きていたが、社会主義時代になってからはみんな豊かになった」と話す。雷鴻彬と戚豊昌は想像だにしなかっただろうが、二年後の一九五九年になると、河南省では餓死者が続出し、人間が人間を食べる事例が広く発生し、全国の餓死者は三六〇〇万人に達する（楊継縄 2008, 1-106）。台湾出身の孫燕玉も発言した。一九五二年に故郷を離れて日本に行った。……（中略）日本にいた頃、新聞と雑誌、それに映画をみて、中国共産党こそ真に中国人民と台湾人民の利益を代表できると感じた。そこで、私は一九五三年にイギリスの貨物船に乗って祖国に帰ってきた。……人民が党を擁護していないなんて、楊鴻昇の謬論はまったく成り立たない。

　台湾出身の女性で、ブルジョアジーのお嬢様だった。関士栄という学生も「モンゴル人労働者の張士雄は相変わらず「党に反対する者を鉄槌で叩く」と脅迫している。

図1　1959年は大豊作だったとのプロパガンダ作品。著者蔵。

を解放したのは共産党だ。共産党を打倒したら、われわれモンゴル人も絶滅してしまう」と話す。このように、共産党が得意とする「人民の戦争」という人海戦術が功を奏している。

「敵に致命的な打撃を加えよう」

と七月一五日付の『整風簡報』第一八期は激しい文章を掲載した（楊 2016a, 313-323）。解放軍の兵士張壕は次のように楊鴻昇の「右派の理論」に反撃している。「昨年、わが国は歴史上最大の自然災害に見舞われ、七〇〇〇万人が罹災した。政府は三五億キロの食料を出して救済し、ひとりも餓死者は出ていない」という。この時も既に餓死者が続出していたのを例に楊鴻昇は共産党の失策を批判していたので、解放軍兵士がそれを否定している（図1）。彼は最後に右派の楊鴻昇に警告する。

「ブルジョアジーの右派どもよ。われわれ解放軍は共産党の命であり、党の心臓だ。われわれには党と社会主義の事業を堅く守る意思がある。私はここで誓う。われわれは全国人民と共に右派どもからの攻撃に反撃する。もし、右派どもが頭を下げて罪を認めずに引き続き悪事を働くならば、われわれは党の指示に従って、彼らに砲火を浴びせる。

もはや、批判は言葉による暴力と化している。「共産党の整風運動を手伝う」と何回も執拗に勧められて意見を陳述した結果が、党と人民

からの暴力を招いている。人民も党による動員方法に従わざるを得ない。他人を陥れて自らの潔白を証明するのが唯一の生き残る道だからである。

降伏しなければ、待っているのは死のみだ！

楊鴻昇はずっとそのペンネームの豫布衣で呼ばれている。「共産党による指導に反対した豫布衣は人民の敵だ」とか、「反党にして反社会主義の豫布衣がもしその罪を認めなければ、待っているのは死のみだ」とか、すべて暴力的な闘争にエスカレートしている。

一人の右派対大勢の学生、という構図は七月一六日も続いた。学生全員が豫布衣一人を吊るしあげる（楊2016a, 324-336)。「共産党には主観主義と官僚主義、それに派閥主義という三大弊害がある。もし共産党が真の意味でのマルクス・レーニン主義の政党だったならば、そのような三大弊害もなかったはずだ」、と豫布衣は学生たちに反論した。こうした断罪に対し、豫布衣は頑として抵抗を続けている。

学生たちには豫布衣に理論的に反論できる力がないので、政治的な断罪を浴びせるしかない。例えば、魯芸生は「私は愛国主義の青年として、われわれの政権とわれわれの社会主義の為に鮮血を流した人々を守る為に、発言しよう」と宣言する。霍蘊夫と金祖涛、それに陳良瑾も「鎮反運動にしても、粛反運動にしても、相手が反革命である以上、死活の問題だ」と話して、共産党による大量殺戮を正当化している。豫布衣が粛反運動の行き過ぎを批判していたからだ。

豫布衣も反論する。「物事は前へと発展する。だから、将来は必ずやマルクス・レーニン主義よりも素晴らしい主義が現れる」、と彼は七月一七日の午前中に話した（楊2016a, 337-348)。彼のこうした思想は、後に出現する「毛沢東思想はマルクス・レーニン主義の頂上か否か」の論争に間接的に繋がる。一九六六年五月一八日に林彪が党中央政治局拡大会議の席上で、「毛沢東主義思想はマルクスとレーニンよりも遥かに豊富な革命的経験を有している」とか、「毛沢東思想は全人類の灯台だ」との「頂上論」を披露した（李洪林 2010, 235-238)。「頂上」である以上はもう

図2 「世界は毛沢東思想の偉大な新時代に入った」と謳歌する紅衛兵新聞『衛東戦報』の見出し。毛沢東の右に立つのは林彪である。1967,6,7。

その先に発展はありえなくなるし、弁証法にも違反する、と当初から反対意見が出ていた。豫布衣の発言に一般の学生たちが感情的に反論している事実からみれば、毛沢東思想を「頂上」とみなす個人崇拝の精神的な土壌は一九五〇年代から中国全土に形成されていたといえよう（図2）。

学生たちには豫布衣に理論的に反撃する人物がいないので、その「反革命的な活動の暴露」に重点を置くように変化した。張継厚は、豫布衣が『戦友』や『春潮』という同人誌を作って「反党にして反社会主義の陣地を張った」ことを挙げる。張文琴もまた豫布衣はヒトラーを崇拝し、共産党の統治は国民党に及ばないと発言していた「事実」を暴露している。豫布衣が北京大学や天津大学の「右派学生」と「結託」して全国的な「反党組織」を作ろうとしていたと断罪される。そして、最後に閻永中という学生が結論を示す。「豫布衣よ、早く人民に投降しろ。さもなければ、お前を待っているのは死のみだ！」。

七月一八日になり、「敵」はついに降伏した。「私は祖国と人民に対し武器を捨てて降伏します。謝罪します」、と豫布衣は表明した。自分は反動的な立場に立って、党と人民に対し罪を犯した、と全面的に「罪」を認めた（楊 2016a,349-352）。

戦闘の潮流は汚泥を流し、時代の怒涛は暗礁をつぶす。社会主義の烈風はあらゆる落葉を一掃し、真理の松明が右派どもの

毒草を燃やした。……（中略）右派どもは人民に対して許しを乞うて新しい人間にならなければならない。右派どもも人民の隊伍に戻れば、金色の太陽である共産党はあなたたちの道標となる。

こうして、内モンゴル師範学院の反右派闘争は勝利裏に閉幕することになった。若い理論家の豫布衣が「降伏」したのに続き、七月一九日の午後には安吉人もついに「可哀想なふりをして、三回ほど自己反省を表明して、罪を認めた」、と『整風簡報』は記録している。

「漢族は少数民族より進んでいる」

「知識人が共産党の整風運動を手伝う」

という表現からも分かるように、中国はいつも最も美しいスローガンの下で謀略的な政治運営をする。反右派闘争時の少数民族政策にもその特徴が表れている。実は反右派闘争の最中の一九五七年夏に山東省の海浜都市青島で、国家民族事務委員会と全国人民代表大会民族委員会が合同で主催する民族工作会議が開かれていた。会議は反右派の風に乗じて、少数民族側に根強く残る「民族自決」の思想とそれに基づく連邦制擁護の見方を否定する為に召集されたものである（楊 2013b）。国家民族事務委員会主任をつとめていたウラーンフーは演説し、区域自治の「合理性」を強調して連邦制を否定する。ウラーンフーの演説を高く評価する『人民日報』は八月二四日に「民族間の団結をいっそう強化しよう」との論文を載せた（楊 2016a,446-454）。

「民族間の団結を実現させる基礎は、民族間の平等だ」、と論文はいう。漢族の方が少数民族よりも進んでいる」と説く。漢族が少数民族よりも進んでいる以上、いわゆる「平等」も形骸化し、不平等になる。共産党が理想とする団結も平等も、どちらも実現していないのが現実だとしても、団結も不可能だとしていた。そして、少数民族の権益を実現する為にウラーンフーは当時、平等が確保されない限り、政府機関の民族化は、少数民族出身の者が政府機関で働くことには、政府機関の民族化が不可欠だと訴えていた。

60

意味する。このように、彼の主張はすべて『人民主義日報』の論点を全面的に肯定しているが、文化大革命期になると、中国共産党は常に自らの政策を時の政略の為にだけ、便宜的に運用してきたと指摘できよう。

モンゴル人の近代史に不満だった中国人右派

安吉人はテムールバガナ院長を「日本刀を吊るした奴」と呼び、「彼には狭隘な民族主義的な思想がある」と批判していた（楊 2016a,393,397,441-445）。また、副院長のガワーに対しても不満だった。安吉人は次のように話した。

抗日戦争中に私は確かに「蔣介石万歳」と叫んでいたのではないか。

安吉人の指摘は事実である。テムールバガナは「日本刀を吊るした奴」だし、ガワーも含めて、モンゴル人も「天皇陛下万歳」と叫んでいた。日本の力を借りて、中国からの独立を実現させる為である。しかし、独立は頓挫し、中国国内で「自治」するように変わると、モンゴル人も「対日協力」の過去を封印しなければならなくなる。安吉人はモンゴル人のそのような近現代史に不満だったのである。

安吉人から政府に突き付けられた問題は大きい。中国におけるモンゴル人と内モンゴル自治区の政治的な立場の根幹を揺るがす問題である。日本が満蒙に進出していた頃、モンゴル人は日本の力を借りて中国からの独立を実現させようとしていたからだ。日本が退却した後、モンゴル人も「抗日」を標榜したが、中国人に信頼されることはなかった。

それでも、一九五〇年代の共産党と中国政府はまだモンゴル人の「対日協力」を清算する気にはならなかった。建国直後には安定が必要だったからだろう。自治区の最高指導者ウラーンフーも民族の近代化を実現させる為に、大勢の

満蒙時代の知識人を温存していた。ウラーンフーに守られたモンゴル人はまだ倒せなかった。安吉人のような中国人から出された「右派的な言論」は後に文化大革命期になると、正論に変わる。ガワーとテムールバガナは過去に「日本帝国主義に協力した罪」が問われることになるし、彼らを守り通したウラーンフーは「あらゆる反党叛国集団のボス」に認定される（本書第七章）。従って、一九五七年の反右派闘争時におけるモンゴル人大革命期のジェノサイドの遠因の一つであると位置づけて間違いなかろう。

以上、本章では主として師範学院における反右派闘争を描いてきた。師範学院は内モンゴル自治区の名門大学の一つで、一九五七年の反右派闘争時も一九六六年からの文化大革命期においても、どちらも最前線の陣地だった。その為、師範学院における知識人の動向は自治区全体の潮流を代表する典型的な事例であるといえる。師範学院を通してみえてくる内モンゴル自治区の反右派闘争の特徴を以下のようにまとめることができよう。

まず、一九五七年までは限られた区域自治が部分的に確保されていた点もあったため、全体的には中国人右派の言論がよりクローズアップされている印象である。勿論、中国は一貫して民族問題の存在を強く否定してきた為に、当時も意図的に「民族右派」の「民族問題的言論」や「三大右派のひとりセードルジ」が提唱した問題は極力矮小化していた事実とも関係があろう。いわゆる区域自治も実際は何ら実権もモンゴル人に附与されていないとの指摘は事実に基づいた議論であったが、そうした課題を解決しようとの意図が北京当局になかったので、問題もすべて先送りにされた。

次に、モンゴル人からすれば民族問題は一向に解決されずに残っているがゆえに、自治区のトップであるウラーンフーをはじめ、師範学院のテムールバガナやガワーらの幹部たちに至るまで、限られた権益を守ろうとしていた。内モンゴルはモンゴル人の固有の領土で、モンゴル人には先住民としての生来の権利がある、と外来の中国人の目には「モンゴル人を優遇し過ぎる」と映った。内モンゴル人は一度も考えようともしなかった。彼らは先住民とまったく同等、いやそれ以上の権利を確保しようとした。党と政府の『人民日報（みんなみ）』も堂々

と「漢族は少数民族よりも進んでいる」と公式に定義しているので、生まれながらにして「進んでいる漢族」は侵略先のモンゴル人を支配しようとさえした。従って、やがては「進んでいる中国人」に対して政治的に再清算する余地が当初から残されていた。「優遇されていたモンゴル人」の言動が「民族分裂主義的」とされるのは、もはや時間の問題であり、反右派闘争が閉幕してから、こうした政治的な再清算の活動は着実に始まる。

第二章 社会主義教育運動と「反民族分裂主義運動」

反右派運動が一段落すると、毛沢東は全国の農村地域において社会主義教育を強化するよう指示した。一九五九年に廬山会議で国防部長の彭徳懐を政界から追放した後に、再び農村での社会主義教育の重要性を説いた。そして、一九六二年八月の北戴河中央工作会議と九月に開かれた中国共産党八期一〇中総会で、毛は階級闘争の路線を打ちだし、党中央によって承認された。ここから、中国は対内的には社会主義教育運動と呼ぶ階級闘争を重視する方向に舵を切り、対外的には反修正主義の外交を展開していく。修正主義とはソ連の思想と政策を指し、中ソ間のイデオロギー論争の激化を意味する (内蒙古自治区革命委員会弁公室信訪組 1973,224; 銭庠理 2008,289-271)。社会主義教育運動は具体的には「帳簿と倉庫、労働の点数と財務の四分野の整理 (清理)」から着手した為、「四清運動」とも呼ばれる。後に一九六五年一月一四日に党中央政治局は通達を出して、清理すべき四分野は更に「政治と経済、思想と組織」という高次元にレベルアップされ、政治色が濃厚になっていく (内蒙古自治区革命委員会弁公室信訪組 1973,252)。

一　批判された植民地研究

階級闘争と民族間の闘争

社会主義教育運動中における階級闘争論の展開にしても、反修正主義にしても、内モンゴル自治区は不熱心だ、と

党中央の目にはそう映った。党中央は内モンゴル自治区を管轄する共産党華北局の李雪峰第一書記と書記処書記の解学恭らを何回もフフホト市に派遣して、階級闘争を推進し、反修正主義の態度をより鮮明にするよう求めた（楊 2011a,22-23）。

党中央の政策にモンゴル人のウラーンフーは異なる見解を有していた。毛沢東は、「民族問題もつきつめると、階級闘争だ」と主張していたが、ウラーンフーは逆に「階級闘争も実質的には民族闘争だ」と説いた。毛の説に従うと、内モンゴルでは歴史的にずっと中国人（漢民族）がモンゴル人を搾取してきた状況は変わらず、階級闘争も中国人対モンゴル人の闘争になる。モンゴル人もこの階級間の闘争＝民族間の闘争の為に戦ってきたのである。毛の党中央は、モンゴル人を搾取したのは漢民族の中の搾取階級とモンゴル社会内の搾取階級で、搾取される側の貧しい漢民族と貧乏人のモンゴル人は無条件で団結すると力説していた。モンゴル人は党中央の説明に納得しなかった。金持ちだろうが、貧農だろうが、中国人は絶対に草原を開墾しようとするし、入植先のモンゴル人を「野蛮人」だと見做し、遊牧を「立ち遅れた生業」だと断じる。階級の垣根を越えた団結や、「インターナショナル革命」なんぞ、所詮は空論でしかなかったのである。

毛の中国共産党は、「ソ連は第二〇回党大会から修正主義となり」、「修正主義の代表はフルシチョフ」だとの公式見解を表明していた（人民日報編輯部・紅旗雑誌編輯部 1964,15）。モンゴル人の共産主義者兼民族主義者のウラーンフーは国際共産主義の大本営であるモスクワに学び、コミンテルンの世界革命の使命を帯びて活動していた。大勢の内モンゴル人民革命党の指導者もまた同様である。内モンゴル人民革命党も中国共産党も、どちらもコミンテルンの指導を仰いでいた。ここに至って、ソ連が修正主義で、中国共産党だけが正しいとの主張に対しても、モンゴルの知識人と政治家は納得しなかったのである。

もう一つ、民族問題がある。ウラーンフーは遅くとも一九六四年三月三〇日に自治区の高官らに対し、「全国の四清運動と同じばかりでなく、内モンゴルにはまた民族問題がある」と話して、民族間の紛争を正しく処理するよう指示

第二章 社会主義教育運動と「反民族分裂主義運動」

写真6　一九六〇年代初期の内モンゴル。ウラーンフーはモンゴル人民共和国に倣い、牧畜業の近代化を推進し、家畜の飲水装置を建設した。スニト右旗ウリゲンタラ公社の風景。著者蔵。

していた（王樹盛　郝玉峰　1989,529）。階級闘争と反修正主義を至上命題に掲げていた毛沢東と党中央にとって、モンゴル人の政治家から出された民族問題は政治的には意外性の強い課題であった（写真6）。中国人は中国に民族問題が存在しないと信じこんでいるからである。

中国人の植民と民族の危機

モンゴル人と中国人の政治論争は歴史学界を巻きこんだ。中国において、歴史は常に政治でもあるからだ。一九六五年四月三〇日、官営の内モンゴル歴史研究所は代用通とアラー（阿拉）の連名で『マルクス主義か、それともブルジョア民族主義か』との冊子を公開した。冊子は、モンゴル人のトクトフ（陶克涛、中国名黄静涛）の著書『内モンゴル発展概述（上）』をターゲットにしている（楊 2016a,467-487）。トクトフの著書を批判することで、モンゴル人の歴史観と思想観に警告を発する目的で書かれた論文である。執筆陣にモンゴル人も含まれているのは、夷を以て夷を制す為である。論文は以下のように始まる。

モンゴル史研究は、国内外の学術界を問わずにずっと階級闘争の主戦場であり続けた。中国や外国のモンゴル史研究に携わる多くの封建階級やブルジョアの学者たちは、その階級的な利益と立場を守る目的から、さまざまな観点と方法で歴史を歪曲してきた。いろいろな思想を流布して、マルクス・レーニン主

義の歴史科学と闘争してきた。

解放後、モンゴル族は国内のその他の兄弟民族と同じように、中国共産党と偉大な領袖毛沢東の指導の下で、完全に解放され、新たに生まれた問題を基本的に正しく解決できた。面目一新となったモンゴル族は歴史的に残してきた多くの重大な問題と現実的な問題を基本的に正しく解決できた。……

一九五七年四月にトクトフ同志の書いた『内モンゴル発展概述（上）』が出版された。この本は、ブルジョアの唯心主義歴史学からマルクス・レーニン主義歴史学に対して出された挑戦状であり、ブルジョア思想から毛沢東思想に対する狷獗的な攻撃でもある。

トクトフはその著書の中で「植民主義と帝国主義の侵略を批判せずに」、かえって清朝時代の満洲人と漢人を攻撃したという。帝国主義云々よりも、漢人即ち中国人の侵略と植民こそがモンゴル人を民族の存亡の危機に追いこんだと主張した点が正しくないという。トクトフは、「侵略者の漢人はモンゴル人を同化させようとしてファシズムの統治を敷き」、モンゴル人の革命運動も帝国主義との戦いではなく、「漢族侵略者との戦いこそが主要だった」と書いたのが問題とされている。「トクトフ同志の矛先は漢族の労働人民（に向けられている）」、と批判者は攻撃する。

トクトフ同志は国内の民族間の紛争で以て帝国主義と中国の諸民族との矛盾を代替させ、人民内部の矛盾で以て階級間の矛盾を代替させた。彼は民族間の憎しみで以て民族間の友好を否定し、民族分裂で以て祖国の統一と民族団結を破壊した。

批判者は続いて「内モンゴルは古くから中国の不可分の領土だ」と主張してから、近代の内モンゴルにおいても、「主要な矛盾は帝国主義と中国との矛盾」であって、民族間の紛争は二の次だと強調する。

中国の植民地たる内モンゴルをめぐる対立

トクトフは日本とロシアの侵略に注視しないどころか、逆に内モンゴルは中国の植民地だったと強調した点で、中

の国政府の怒りを買っている。トクトフは「その間違った理論を立証する為に」、満洲人との戦いで逝去した一七世紀のモンゴルの最後の大ハーン、リクダン・ハーンを称揚し、ジュンガル・ハーン国のアムールサナの反乱を「反清朝の蜂起」だと書き直した。中国政府の御用文人たちはこのようにトクトフを批判するが、リクダン・ハーンとアムールサナを「民族の英雄」だとして肯定し、機会さえあれば、こうした「民族英雄」の事例を挙げて演説していたのは、ほかでもない自治区の最高指導者ウラーンフーである（楊 2011a, 54-55, 72-74）。

「内モンゴルは清朝の植民地だった」

「内モンゴルは中国の植民主義者に支配されている植民地だ」

とトクトフはその著書の中で主張していた。トクトフがこのような学説を出したのも、「帝国主義の反動的な学者たちを模倣したに過ぎない」と批判者は断罪している（楊 2016a, 483）。

「内モンゴルは中国と日本の二重の植民地である」との見解は、二〇世紀初頭から民族自決を実現させようとしたモンゴル人民族主義者兼共産主義者たちの共通の見解であった。まず、内モンゴルは中国の植民地で、モンゴルの民族革命も南モンゴルを中国の支配から解放することが目標であった、とモンゴル人民共和国の政治家と知識人たちはそのように認識していた。こうした見解はモンゴル人民共和国で出版され、後に一九四八年に内モンゴル自治政府の『内モンゴル日報』社が再版した五冊の本に集約されている。チョイバルサン元帥が書いた『人民の剛毅なる英雄マクサルジャブ伝』（Arad-un Qatan Bayatur Maγsarjab）、ボルドバートルの『忠臣ハイサン伝』（Čing Jidegültü Göng Qayišan）とジャムスレンの『モンゴルの辛亥革命』（Mongγol-un Čayaγčin Iaqai Jil-un Qubisγal）、それにナワンナムジャルの『先鋒英雄ダムディンスレン伝』（Manglai Bayatur Damdinsüriing）の『意志強き英雄トクトフ略伝』（Joriγtu Bayatur Toγtuqu-yin Tobči Namtar）である。これら五冊の本の執筆陣はすべて内モンゴル出身の民族英雄で、辛亥革命前後にモンゴル高原に馳せ参じてボグド・ハーン政権の独立に貢献した人たちであることからみれば、民族全体の

統一した見解を代表していると理解していい。中国による抑圧が強まる度に、内モンゴルの知識人たちもこの五冊の本を再版する。自治区の最高指導者のウラーンフーも決して例外ではなかった（楊 2013b;2013c）。内モンゴル歴史研究所が大胆にも内外モンゴルの政治家や学者たちの植民地論を批判できたのは、その背後に共産党華北局と党中央の支持があったからであろう。自治区と中国政府との政治的な対立はますます激しさを増してきた。

二　言語工作委員会の社会主義教育運動

発見された民族問題

ウラーンフーは自治区に存在する民族問題を、社会主義教育運動を利用して解決したかったが、彼の努力は逆に北京に疑われた。民族問題はモンゴル人と中国人即ち漢族との対立の形で現れるので、ウラーンフーはその原因を大漢族主義だと位置づけて、毛沢東が提唱していた「大漢族主義と地方民族主義の双方に反対する」とのスローガンに合わせた。しかし、毛と中国政府のスローガンはあくまでもジェスチャーに過ぎず、心底では「野蛮人」に反対されたくはなかった。こうした中で、ウラーンフーは三四〇〇人もの幹部たちからなる「四清工作団」を自治区の各地に派遣し、自らも出身地のトゥメトで調査を実施した。ウラーンフーが推進する反大漢族主義運動は当然、中国人の猛烈な抵抗に遭った為に、彼は一九六六年一月二五日に新しい「自治区党委員会代理常務委員会委員」を任命し、二九日にはまたそれまでの庁と局を廃止して、新たに計画と農牧、工業交通と財政貿易、文教という五大委員会を設置する（王樹盛　郝玉峰　1989,573;楊　2011a;2013b）。彼の政治改革は後にすべて「クーデター」と「民族分裂主義的行為」だと決めつけられることになる。

自治区各地の「四清前線」はそれぞれ報告書を政府に出していたが、ここでは内モンゴル言語工作委員会（略して語委）が編集していた『四清簡報』を取りあげよう。言語工作委員会の『四清簡報』はすべて「極秘」（絶密）と位置

づけられ、たったの一〇部しか印刷していなかったのチンゲルタイと韓成山、健軍とドルジニンブーに各一部の計一〇部である。このように、『四清簡報』は極めて価値の高い希少資料であることが分かる。

一九六六年三月二三日付の『四清簡報』第三三三期（楊 2016a, 488-492）は自治区教育庁副庁長に抜擢されていたガワーをターゲットにしている。前章で述べたように、一九五七年に反右派闘争が展開されていた時、ガワーは中国人の安吉人らに批判されていた。ガワーの主導した粛反運動は行き過ぎたとの意見が出されていた。批判した安吉人は右派とされて粛清されたが、九年後、今度はガワーが打倒される対象となったのである。

ガワーは既に三月一六日に言語工作委員会内の党委員会で自己批判を強制されたが、一般の群衆の理解が得られて再び仕事に復帰するプロセスを「風呂に入り、ビルから降りる（洗澡、下楼）」と表現していた。党委員会でガワーに対して出された意見は以下の通りである。

一、ガワーは、「モンゴルはずっと独立してきた」と唱えた。「モンゴルと中国との関係は一つになった時期もあるし、分かれた時もある。元朝の時に一つになり、明朝の時期には分かれた」などと話していたそうだ。「風呂に入り、ビルから降りる（洗澡、下楼）」と表現していた。

二、ガワーは言語学者のエルデニトクトフと結託し（写真7）、封建社会の文人インジャーナシの小説『一層楼』を出版し、民族分裂主義者たちの言論を宣伝した。

三、ガワーと師範学院の副院長テムールバガナとの関係も怪しい。「将来、おれはモンゴル人民共和国に行く」とテムールバガナに公言していたからだ。

四、ガワーはチムドドルジ（内モンゴル自治区政府人民委員会弁公室翻訳者、その父親は政府によって処刑されている）とゲゲーンハス（元右派）、ブルーチョク（内モンゴル自治区政府人民委員会弁公室翻訳者、政治的に問題がある人物）らを重用してきた。その理由も不明だ。

五、「公社」と「幹部」という二つの中国語の単語をモンゴル語に導入するにあたり、ガワーは抵抗した。

写真7 言語学者のエルデニトクトフ（前列中央）。前列右端は詩人のナ・サインチョクト。一九五三年に北京で『毛沢東選集』のモンゴル語訳に携わっていた頃に、撮った一枚。*Erdenitoytaqu*, 1, *Öbür Mongγol-un Soyul-un Keblel-ün Qoriy-a*, 2010 年より。

以上のように、ガワーは言語工作委員会内の四清工作団の党書記であるにも関らず、社会主義教育運動に熱心ではなかった。ここで注目しなければならないのは、早くも文化大革命が正式に発動される三カ月も前の一九六六年三月の時点で、モンゴル語古典の出版と近代的な語彙の導入問題が「民族分裂主義的活動」と解釈されている事実である。こうした事実からは、中国政府と中国人が早くからモンゴル人の正当な自治権利をすべて「民族分裂主義的」という邪悪な視点で眺め、邪悪な意思で理解していたことが分かる。

モンゴル人の政治家と知識人は一九五九年から近代的な新しい語彙を採用する時には、「一に発掘、二に創作、三に借用」との政策を打ちだしていた。近代化はヨーロッパから始まるし、社会主義思想もロシアに源がある。実際、ヨーロッパ諸語に由来する単語はモンゴル人が発音しやすい。しかし、自らを根拠もなく「文明人」だと思いこんでいる中国人はモンゴル人に中国語の借用を強制してきた。なかでも特に「公社（グンシェ）」と「幹部（ガンブー）」は中華人民共和国の制度を代表する語彙である為に、そのまま使用せよと命じられていた。モンゴル人は同胞のモンゴル人民共和国で用いられていたネグデルとカートルという表現に愛着があり、中国語のグンシェとガンブーは嫌われていた（楊 2015a, 70-71）。党中央から命令された自治区の最高指導者のウラーンフーも一九六五年四月二八日に自治区党委員会宣伝部の会議に参加し、「公社と幹部を

そのまま使用しただけで、同化されたとは言い難い」と話して知識人たちを説得していた（王樹盛　郝玉峰　1989,556）。政治に敏感なウラーンフーがそのように説得しても、ガワーは納得していなかった。

民族分裂主義の原罪

ガワーと「結託」していたとされる言語学者のエルデニトクトフも当然、逃げられないので、自己批判を強制された（楊 2016a,493-496）。エルデニトクトフも「公社」や「幹部」を使うか否かの権限は自治区宣伝部副部長のトグスとハーフンガにあると話して自分に責任はないとの態度を示した。しかし、エルデニトクトフの「余罪」は多数ある、と「四清前線」の共産党員たちは以下のような実例を示した。

一、モンゴル人民共和国との関係が怪しい。例えば、一九五九年以降も政府の禁止措置を無視してモンゴル人民共和国に出版物を送っていた。モンゴル人民共和国の学者ダムディンスレンの民族分裂主義的な発言を『内モンゴル日報』や『モンゴル語文と歴史』誌上で公開した。同国のボー・リンチンとも交流し、貴重な手写本や古典類を渡した。

二、言語の面において、エルデニトクトフはモンゴル人民共和国のハルハ方言を標準語として導入しようと提案していた。「もし、内モンゴルのモンゴル人の八〇パーセントもの人たちがハルハ方言を話し出したら、どうなるのだろう」、と参加者は煽っている。

三、エルデニトクトフは一九五九年に党中央の言語政策を守ろうとする人たちを右派に認定した。

四、一九五七年に右派が共産党を攻撃していた頃に、エルデニトクトフは逆に封建社会の文人インジャーナシの作品『青史演義』を出版した。その目的はどこにあるのか。

五、「偽満洲国」の上将（大将）ウルジン⑧の息子ダシニマを重用し、彼をモンゴル人民共和国に派遣した狙いは何なのか。

以上の批判から分かるように、モンゴル人と同胞との学術的な交流も中ソ対立の激化に伴い、「民族分裂主義的な行

72

動」だと解釈されるように変わった。また、反右派闘争時の対立に対する中国人からの復讐も出てきた。「一九五九年に党中央の言語政策を守ろうとする人たち」は、中国語の優越性を唱えていた。しかし、ここに至って、モンゴル人の自治権利を求める声が「分裂主義の証拠」とされたのである。時の政治的なニーズに応じて、いくらでも変幻自在に操作できるのが、中国の民族政策である。

武闘の嗜好

過酷な政治運動が続く中国において、政府に呼応する人物を「積極分子」と呼ぶ（楊 2016a, 497-499）。このような「積極分子」らはモンゴル人のエルデニトクトフに対し、以下のような鋭利な批判を浴びせた。

　私たちはきみを救おうとしているにも関わらず、きみはなかなか誤った思想と事実を自白しようとしない。日本統治時代、きみには特別供給証があった。解放後、きみは上層階級と結託し、モンゴル人民共和国のスパイになった。もっぱら王公貴族の子孫と上層階級のラマ僧について研究し、四清運動中も牧主や富裕牧民、それに民族分裂主義者たちを守ろうとしている。……（中略）モンゴル人民共和国の諜報員であるのに、何をどれぐらい向こうに提供したかについても、自白していない。もはやモンゴル人を待ち受けている危機は目にみえてきた。「階級的な立場」云々と時の階級闘争論に合致した言葉は表面的な批判で、真の断罪方式は「民族分裂主義」であり、「モンゴル人民共和国の諜報員としての活動」である。

---

(8) ウルジンはシベリア出身のブリヤート・モンゴル人で、ロシア革命後にフルンボイルに亡命し、満洲国第十軍管区の司令官や満洲国興安軍官学校校長などを歴任した。日本との交流が深く、終戦時にはソ連に拉致され、処刑された（岡本 1979, 1988；楊 2015c, 221-225）。

「階級的な立場」はいつでも臨機応変に「鮮明にできる（画清）」が、「民族分裂主義の罪」は洗い落とせない原罪である。

モンゴル人は生まれた時から民族自決の為に戦い、中国の植民地からの解放を目指していたからである。

「ガワーもエルデニトクトフも張子の虎だ」と「積極分子」たちは断じる。そして、「エルデニトクトフという奴は、以前から『面従腹背』で、彼のような「資本主義の路線を歩む実権派に対する憎しみを喚起しよう」と呼びかけている。モンゴル人幹部と知識人がつとめていた。社会主義教育運動において、彼らが「民族分裂主義者」にはそれなりにモンゴル人幹部と知識人がつとめていた。社会主義教育運動そのものに対する完全な否定も近づいてくる。この「資本主義の路線を歩む実権派」だと認定されると、自治政策そのものに対する完全な否定も近づいてくる。このような「民族分裂主義者」と「実権派」を抜擢し、重用した人物、自治区の最高指導者ウラーンフーに対する包囲網も着実に狭められている。

エルデニトクトフとガワーらの「政治的な態度」に対する不満が、言語工作委員会の四清工作隊の中で次第に高まってきた（楊 2016a,505-509）。「党の社会主義教育運動に不満を抱いている」とみた人たちは「人民内部の矛盾としてではなく、「文闘」ではなく、「武闘」形式で四人を闘争しよう、と暴力を働こうとしている。また、別の人たちは「人民内部の矛盾としてではなく、敵人として処理しよう」と提案している。モンゴル人が「敵人」になれば、暴力の行使も合法的になるからである。

更に、ここに至って「四三人委員会」の存在も問題視されるようになった。この委員会は「四三人名詞術語統一委員会」とも呼ばれ、一九五七年にウラーンフーの指示を受けて設置されたものである。近代的な語彙が大量にモンゴル語に入ってきた為に、内モンゴル自治区もモンゴル人民共和国もそれらを統一する必要があった。そこで、内モンゴル自治区側から一七人、モンゴル人民共和国側からなる表現が増えれば、交流に差支えるからだ。同じ意味でも異なる二六人からなる言語学者が母国語の新語彙の統一作業に着手した（図們 祝東力 1995,135）。同じ民族としての最低限の交流だが、中国政府と中国人からは不信の目でみられた。「四三人委員会」に関する「秘密の書簡」をエルデニトクトフらが所持しているのではないか、と疑われた。「四三人委員会」については、第六章で詳しく述べる。

74

地方から北京に呼応した中国人

文化大革命が五月一六日に正式に発動されると、言語工作委員会もただちに「保守派」と急進的な「左派」に分裂した。「内モンゴル言語工作委員会革命左派」は六月から別の『工作隊内部整頓簡報』という「極秘」の新聞を発行し、四清工作隊内のモンゴル人高官たちを批判しだした（楊 2016a,510）。

私たちには今までみえていなかった。チョルモンと趙戈鋭、ブヘと雲照光たちを良い人だと信じこんでいた。彼らのボスであるウラーンフーに対しても何ら疑いを抱いていなかった。こうした認識は、自分たちをだましただけでなく、他人にも迷惑をかけた。

革命的左派たちはこのように態度を鮮明にして、文化大革命に身を投じた。自治区の最高指導者のウラーンフーが北京に呼ばれて、中国共産党の華北局工作会議で吊しあげられて失脚していた時期である。まだ北京当局が正式にウラーンフーの「罪状」を公開していなかった時期に言語工作委員会の四清工作隊のメンバーらは既にモンゴル人政治家の打倒を正確に把握していたのである。ここから、モンゴル人への迫害が組織的に推進されるようになってくる。四清運動ことと社会主義教育運動はそのまま文化大革命に発展していくことになる。モンゴル人知識人と政治家が軒並み粛清され、やがては民族全体がキリング・フィールドに追いこまれる。

自治区の中国人が断罪するモンゴル人の歴史

言語工作委員会の中で、真先に粛清されたのは言語学者のエルデニトクトフである。内モンゴル言語工作委員会臨時党支部と文化革命臨時指導組が合同で一九六六年七月四日に公開した『極秘・文化革命簡報』はエルデニトクトフの自白書を全文掲載している（楊 2016a,511-519）。エルデニトクトフの自白書が公にされたことで、モンゴル人が近代に入ってから創造してきた歴史がすべて「中国に対する反革命にして、民族分裂主義的な活動」と位置づけられるようになる。エルデニトクトフの自白書は一九六六年七月一日から四日にかけて、書かされたものである。彼は自身

が四回にわたってモンゴル人民共和国に行った経緯について以下のように「自白」しており、重要な歴史的証言である。

　最初にモンゴル人民共和国に渡ったのは、一九四五年一〇月から一一月の間である。ハーフンガらに追随して行った。他にテムールバガナ（最高裁判所所長）とボインマンダフ、ナチンションホルとラクシャンビリク、それにボインジャブら一〇数人がいた。……（中略）われわれが出発した時、ボインマンダフは行こうとしなかった。何事にも行かないと自分に不利になるとみた彼は後から追ってきた。彼はソロン（索倫）旗で私たちに追いついた。何事もハーフンガとボインマンダフの指示に従っていた。……
　私たちは東モンゴル各盟の人民が内外モンゴルの合併を求めているとの請願書を偽造した。請願書の中の署名も同じ人が何回も代筆して偽造したものだ。ハーフンガとテムールバガナだけが内モンゴル人民革命党の責任者で、ボインマンダフは偽興安総省の省長の身分で、他は各盟の代表と称して行った。これは、民族分裂主義的な活動をおこなう為である。

　中国人はエルデニトクトフを「古参の民族分裂主義者」だと呼んでいる。日本が満洲国と徳王のモンゴル自治邦から撤退した後に、ハーフンガにリードされた内モンゴル人民革命党は内外モンゴルの合併を強く求めていた。同胞のモンゴル人民共和国によって解放されたことで、すべてのモンゴル人が民族の統一がようやく実現できると確信していたからである。エルデニトクトフはその自白書の中で、モンゴル人の請願書は偽造されたもので、自分たちの行動も「民族分裂主義的」だと書かなければならなかった。文化大革命が発動されて、まだ二カ月間しか経っていない段階で、モンゴル人の政治家と知識人が「民族分裂主義的な活動」だと断罪された現象は大いに注目に値する。中国政府と中国人が最初からモンゴル民族の近代史そのものを異端視していた事実は明らかなのである。そして、モンゴル人の「反革命の歴史」もまたモンゴル人自身の手によって否定されなければならなかったのである。ここに、民族の悲哀が認められよう。

再解釈される社会主義国同士の交流

ハーフンら一行がウランバートル入りした後の様子も自白書にある。日本統治時代に地下に潜伏していた内モンゴル人民革命党の活動を誰が指揮していたかで、ハーフンがとボインマンダフは争った。「ヤルタ協定」の決定により、内モンゴルは中国に売り渡された為に、ハーフンらはモンゴル人民共和国の指導者チョイバルサンから「統一は不可能だ」と告げられる。ウランバートルを離れる際に、エルデニトクトフはモンゴル人民共和国の諜報員になる。

エルデニトクトフはその後、一九五四年一一月にウラーンフーの通訳として同胞の国を再訪する。この時、以前に連絡を取りあっていたモンゴル人民共和国側の担当者と会わないように、と自治区の公安機関の責任者王再天(Namjalsureng) に注意された。一行はモンゴル人民共和国の政権党、人民革命党の第一三回党大会に参加して帰国する。ウラーンフーはその際、「モンゴル人民共和国は何でもソ連の真似ばかりして、国の実情を無視しているので、彼らに毛沢東思想を宣伝する必要がある」と話したそうだ。

一二月にモンゴル人民共和国から帰ると、エルデニトクトフはウラーンフーから伝統的なウイグル文字を改革し、キリル文字を採用する件について、積極的に推進するよう指示された。このような文字改革案に対し、今度はハーフンがらが慎重な態度を示していたという。

モンゴル文字を改革しようとするウラーンフーの決心は堅かった。一九五七年六月から七月にかけて、エルデニトクトフは再びウラーンフーの指示を帯びて同胞の国を訪問した。三回目の訪問となる。言語学者のチンゲルタイとソナムユンルン、ゲレルチョクトも同行した（写真8）。出発前には自治区宣伝部の副部長のトグスに会い、積極的にモンゴル人民共和国の改革案を学ぶよう指示された。エルデニトクトフは、モンゴル文字の改革をめぐり、モンゴル人民共和国内でも意見の対立があった状況を報告した。同国の推進派はボー・リンチンで、反対派はダムディンスレンだった。ダムディンスレンはある日、「内外モンゴルが統一できたらいいな」との感想を述べたという。

写真8 モンゴル人民共和国を訪問してから、帰途に北京で撮った一枚。前列右がエルデニトクトフで、左はチンゲルタイ。Erdenitoytaqu, 1より。

同行のゲレルチョクトは内モンゴル軍区からモンゴル人民共和国軍に贈与する土産品を所持していたので、それを依頼通りに渡した。ところが、後にゲレルチョクトは「スパイ行為をした」と中国政府に疑われた。中ソ蜜月時代は中国人民解放軍もソ連軍やモンゴル人民共和国軍と交流していたが、対立するようになると、過去の交流も「スパイ行為」だったと再解釈される。自由自在に以前の出来事を政治闘争に利用するのは、中国という国家の政治的な特徴の一つである。

第一回国際モンゴル学者会議での対立

言語学者のエルデニトクトフの自白書は続く（楊 2016a,546-548)。

彼は一九五九年八月から九月にかけてモンゴル人民共和国で「第一回国際モンゴル学者会議に参加した時の罪」を認めている。

自白書によると、エルデニトクトフは中国科学院代表団の一員として出国していた。代表団の団長は当然、中国人がつとめる。翁独健を団長に、江蘇省出身の中国人秋甫（一九一九～）が副団長、エルデニトクトフとチンゲルタイ（写真9)、それに黄俊鑑が団員だった。一行は中国におけるモンゴル語の研究と発展状況、方言、インジャーナシの文学作品という三分野について発表する論文を用意した。論文の内容も自治区党委員会宣伝部の胡昭衡とトグス副部長らが決めたものだが、中国科学院文学研究所と自治区党委員会宣伝部、中央民族事務委員会、

写真9　1959年にウランバートルで開かれた「第一回国際モンゴル学者会議」に参加したエルデニトクトフ（右から3人目）とチンゲルタイ（後方左端）より。

　中央少数民族言語文化研究所など複数の政府機関の検閲を経て、ウランバートルで発表することになった。代表団は出発する前に共産党中央の対外宣伝部門に呼ばれ、以下のような注意を受けた。

　今回の国際モンゴル学者会議には社会主義諸国からの学者だけでなく、資本主義や帝国主義からの研究者もいる。帝国主義国家は外モンゴルに興味津々で、今回の国際会議も純粋な学術会議とはいえ、政治的なものだ。資本主義諸国や帝国主義国家の学者たちとは交流をしないで、挑発されたら反撃せよ。

　案の定、インドの研究者はチベットと中国を並列して表現し、中国によるチベット侵略を批判した。エルデニトクトフらは秋甫の指示に従って「反撃」のスピーチをした。また、ソ連のモンゴル学者サンジャイエフは「国際モンゴル語研究機関」の設置を提案したが、中国側は参加しないと断った。ちなみに、サンジャイエフはブリヤート・モンゴル人で、一九四五年八月にソ連とモンゴル人民共和国聯合軍の将校として内モンゴルと満洲国の解放に参加していた人物である。

　中国代表団は「資本主義や帝国主義国家」の研究者たちとの写真撮影にも応じ、交流を拒絶した。モンゴル人民共和国政府も次第に「中国の代表団に冷淡になり、逆に日本やインドのような資本主義国家からの学者たちを歓待した」。シンポジウムの後は寺院を見学したりするなど、「総じてモンゴル人民共和国では資本主義と封建主義の復活がみ

写真10　劉少奇を批判する大字報。著者蔵。

三　言語学者の壁新聞

　社会主義中国には建国当初から言論の自由はなかった。一九五七年に政府は知識人に「共産党の整風運動を手伝ってほしい」と呼びかけて発言させてから一網打尽にした。九年後、毛沢東は「自らの身辺に眠る、資本主義の路線を歩む実権派」を一掃しようと文化大革命を発動した。毛は学生たちが大字報即ち壁新聞の形式で幹部と政府に対して批判することを唆し、限定的に容認した（写真10）。学生たちによって政敵が打倒されると、今度はまた返す刀で青年たちを農山村へと追放した（聶元梓　2005,305,315）。こうした潮流の中で、内モンゴル自治区でも大字報は雨後の筍のような勢いで現れた。万里の長城の南側と異なるのは、大字報は主としてウラーンフーを指導者とするモンゴル人知識人や彼らが担ってきた近現代史に矛先を向けていた点である。内モンゴル言語工作委員会臨時党支部と臨時指導小組も積極的に大字

　られた」、とエルデニトクトフは一九六六年七月六日に自白させられている。中ソ二大社会主義国がイデオロギーをめぐって対立してくると、学術界も巻きこまれた。もっとも、社会主義の中国において、純粋な学術研究など存在しない。中国において、「歴史問題と現実的な問題の多いモンゴル民族」に災難が降ってくるのは当然のことであろう。

報を編集して『極秘・大字報摘抄』という形で発行した。ここではそのうち最も鋭利な文章からなる第五期を紹介しよう（楊　2016a,520-542）。

中国人が煽る東西間の対立

「ウラーンフーを謳歌する文学の領域でも民族分裂主義的な思想がある」とまず趙永先と梁一儒は批判する。「階級間の闘争を無視して、モンゴル人と漢人（中国人）がずっと対立してきたとの歴史ばかりが強調され、自治区も過度にモンゴル民族の特徴を創出しようとしている」という。中国人は他所からモンゴル人のところに入植してきたにも関らず、モンゴル人が自らの領土で自らの文化と歴史の特徴を語るのにも不満である。

東部出身のジュールンガ（珠栄嘎　一九二二～）という人は、自治区西部のトゥメトのモンゴル人の土地で、この地のモンゴル人は清朝末期から定住して農民に優遇されていると書いている。トゥメトはモンゴル人の土地で、この地のモンゴル人は清朝末期から定住して農民になっても、農耕技術は外来の中国人に及ばないので、貧困化が進んでいた。土地は古くからモンゴル社会が共有してきたが、社会主義になると、政府はモンゴル人から取りあげて外来の中国人にも分け与えた。その際、モンゴル人側の不満を和らげる目的も兼ねて、先住民のモンゴル人に少し多めに、入植者の中国人に少なめに分割した。ウラーンフーのこの政策が中国人の不満を買っていたので、ジュールンガはそれを代弁している。

自治区東部出身のジュールンガはまた自治区の土地政策は東部と西部とで異なると唱えている。内モンゴル東部では日本の撤退直後に共産党が入り、血腥い土地改革を各地で実施してモンゴル人から草原を奪い取って外来の中国人に与えた。内モンゴル東部では「先住民のモンゴル人を優遇する政策」が導入されなかったので、東部出身のモンゴル人も不満を抱いていた。中国政府と中国人がこのように、東部出身のモンゴル人の政府に対する不満を利用して、西

部出身のウラーンフーらを粛清しようとしていた実態が分かる大字報である。ジュールンガは王爺廟の興安学院を出てから満洲建国大学で学んだ歴史学者で、彼自身もやがては「民族分裂主義者」として打倒される。

西部を批判した東部モンゴル人への飛び火

「ウラーンフーは日本と戦う前線に行ったこともないのに、西部から東部に送られてきて指導者になった」とタシンガという人物が批判する。抗日の前線に行っていなかったのはウラーンフーだけではなく、中国共産党そのものが日本軍と大規模な戦争をしたことがほとんどない。タシンガはこのように書いて、東部のモンゴル人の西部に対する不満を吐いているが、不満はそのまま中国共産党への批判にもなる。

西部と東部のモンゴル人知識人や政治家は複雑な関係を構築し、相互に深く結ばれていた。一九六六年四月一一日に自治区文化教育委員会の副書記で、作家の雲照光は言語工作委員会の四清工作隊に来て演説したことがある。「全国からみれば、危険なのは大民族主義だ。エルデニトクトフの問題は地方民族主義的思想の発露に過ぎない。もっと大民族主義を批判しなければならない」、と雲照光は話していた。文化大革命がスタートすると、雲照光の演説も当然、大字報による批判を浴びた。

言語学者のチンゲルタイも倒された。彼はエルデニトクトフと異なり、「公社」と「幹部」との中国語の単語をそのままモンゴル語に導入するのに熱心で、「親中国派」だとモンゴル人にみられていた。その彼もまた別のモンゴル人ノルジンに罵倒された。

オイ！チンゲルタイよ。お前は、昔は日本帝国主義の忠実な奴隷だったし、今も日本帝国主義の為に働いている。内モンゴル大学で講義をする時、いつも日本人と日本の学者たちを褒め称える。「モンゴル研究の面で、日本の学者たちは世界的に有名だ。今も昔も変わらない。われわれは日本の学者を見習わなければならない」と語っていたではないか。……（中略）お前は、口先では中国を祖国だと話すが、心はまだ東京にあり、骨の中で

はまだ日本を懐かしんでいるだろう。そして、日本帝国主義の再来を待ち望んでいるだろう。チンゲルタイ（一九二四～）はウラーンハダ（赤峰）の出身で、一九四〇年に徳王のモンゴル聯合自治政府が設置した蒙古学院を卒業してから、東京工業大学と東北帝国大学理学部に留学していた。このようなチンゲルタイを批判するノルジンだが、彼も中国人に粛清されるのは時間の問題だった。

中国人が用意するモンゴル人の「罪」

孫竹とバダルンガ（一九一七～）も七月三日に大字報を貼りだした。「雲家店のお気に入り──チンゲルタイの反党反社会主義の罪証」と題する大字報は、チンゲルタイの論文「モンゴル語と中国語の双方を推進する意義」に焦点をあてている。チンゲルタイが韓成山と共に「公社」と「幹部」という中国語の導入に熱心だったのは、ウラーンフーの「民族分裂主義的な活動を隠蔽する為だ」と解釈する。一つや二つの中国語の単語をモンゴル語に借用するという「小を失うふりをして」、モンゴル人を全自治区に使用するモンゴル語に借用して、モンゴル人が自らの自治区において、自らの母国語を使用する権利もまた「民族分裂主義的行為」だと指摘する。かくして、チンゲルタイはまた「自治区のどの旗や県に行っても、漢族がいる」と話して「反漢排漢」の行動をしていたと批判する。このように、時の中国政府と中国人の政治的な好みに合わせて「罪証」を並べているバダルンガであるが、彼自身も広島高等師範学校の英文科で学んでから、広島文理科大学教育学部に入っていたので、やがては「日本の走狗」として粛清される。

韓成山も厳しく追及された。「お前は四清運動中に民族問題を解決しようとしてきたが、どんな問題をみつけたのか」とウラーンバトという男が大字報に書いた。顧菊英と周良宵も「韓成山は極悪の民族分裂主義者だ」とのタイトルの大字報を貼り、彼がかつて「モンゴル民族の統一」を主張し、「自治区の軍隊は自治区の為にある」と話したことなどが「罪」だと批判している。

以上のように、この『大字報摘抄』は一九六六年六月二七日から七月四日までの壁新聞類を集めているが、その政治的な特徴は二つある。

第一、中国政府と中国人によって煽動されて、東部出身のモンゴル人も積極的に論戦に加わり、モンゴル人の知識人と政治家を攻撃している。彼らの中には本気で毛沢東流の社会主義思想を信じた者もいたかもしれないが、大半は他人を批判することで自らの保身的な心理からの行動であろう。これも、外来の中国人が自治区の全権を掌握して抑圧的な植民地支配を敷いていた状況の下で生じた悲劇である。

第二、文化大革命が発動される前の四清運動期から既に中国政府と中国人が用意周到に「民族分裂主義」との政治的な断罪用語を頻繁に使用していた事実は注目に値する。内モンゴル自治区のモンゴル人政治家と知識人を粛清するのに最適の「罪証」をその近現代史から発見し、静かに虐殺の機会を待っていたのである。

日本人の養子

烈火のように燃え盛る文化大革命の嵐の中で、七月八日に内モンゴル言語工作委員会臨時党支部は『極秘・文化革命簡報』第五期を発行した（楊 2016a, 543-545）。ここでは、サガルジャブという男がエルデムトの「罪」を暴露している。

サガルジャブの密告文によると、エルデムトは日本の陸軍少将で、満洲国蒙政部次長の依田四郎の養子だという。満洲国時代のエルデムトは（その）養父の権力を笠にして跋扈し、日本人の悪魔どもですら彼に遠慮していた。このようなエルデムトは一九五六年に中国政府が組織した「少数民族社会歴史調査組」の一員として西のアラシャン地域に行った時には地下に潜伏中の「モンゴル人匪賊ども」を庇った。これらの「匪賊ども」は満洲国軍の軍人で、日本の敗戦後は徳王に追随して「分裂主義的な活動」をアラシャンで展開したが失敗し、その後民間に潜った人物だという。エルデムトがまた「解放後」も日本語の書籍を愛読していたのも問題だとしている。この密告文は、徳王が日本の撤

写真11　文化大革命の初期に積極的に他のモンゴル人を批判した朱風。巴義爾『蒙古写意』（二）より。

退後に一九四九年四月からアラシャン地域で自決運動をおこなった歴史に対する攻撃である。中共勢力の増大につれて、徳王は次第にアラシャン地域に追いこまれていった。徳王の人気は高く、満洲国時代の青年軍人や知識人たちも陸続と彼の身辺に集まっていた時期があった（ドムチョクドンロプ 1994,407-423）。

ここまでサガルジャブの密告を紹介したが、彼はエルデムトの「罪」を暴露した際に、「朱風は内情を知っているのに、何故か黙っている」とも書いた（楊 2016a,10）。そこで、内モンゴル科学院歴史研究所の所長だった朱風（一九二二～・写真11）は一九六六年七月八日に「ウラーンフーは何故、こんな奴らを好み、育てあげたのか」との大字報を公開して、モンゴル人を震えあがらせた（楊 2016a,550-553）。朱風はいう。

まず、例を挙げよう。ワンダンという男がいる。彼はホルチン左翼後旗の大地主の家に生まれ、偽満洲国の軍官だった。彼は今、中共ウラーンチャブ盟党委員会書記となっている。偽満洲国時代の彼はファシズムの信徒で、空軍のパイロットだった。

朱風の情報は正しい。一九一五年生まれのワンダンは、日本が設置した新京航空学院の一期生で、卒業後は陸軍士官学校に留学し、帰国後は通遼航空大隊の隊員だった。モンゴル人初の航空技術を学んだ男である（楊 2009b,93）。朱風はまた、「（ワンダンのような）偽満洲国の

偽軍官たちをウラーンフーが好み、彼らを共産党の幹部として登用した」のが問題だと批判する。しかし、朱風自身もモンゴル名はバラジュルといい、ワンダンと同じくジェリム盟ホルチン左翼後旗の出身で、選ばれて千葉師範学校で学んだ男である。

朱風は続いてワンダンの母親が日本統治時代には「地方の有力者」として振る舞い、日本の撤退後には「国民党と結託」し、騎兵一個中隊を煽動して「反乱」した「罪」があるとした上で、更に別の「余罪」を例示している。

ワンダン一人だったら、彼はわが共産党内に潜りこんだ奴らだといえばいい。問題は彼だけではないということだ。内モンゴルの党と政府の重要な機関内に、彼のような奴らが多過ぎる。誰が彼らを愛し、要職に就けて育成したのだろうか。それは、ウラーンフーだ。

偽満洲国駐日本大使館二等書記官のハーフンガはなんと内モンゴル自治区党委員会委員にして人民政府の副主席となっている。日本の農民道場で特別な訓練を受けたヘシェルトはフルンボイル盟の裁判所所長の任にある。彼らの教官だったガルブセンゲは『内モンゴル日報』社の秘書長から党中央出版社に栄転している。王爺廟にあった日本の特務機関の長、金川耕作の側近だったドグルジャブ、匪賊徳王のモンゴル軍第九師団長だったウルジーオチルと李秀山らも庁長や党書記に任命されている。特にドグルジャブは師団長と軍区の政治委員や盟書記にまで昇進している。……(中略)このまま行けば、早ければ数年、遅くとも一〇年や二〇年経てば、わが自治区の重要な機関はすべて彼らに乗っ取られるだろう。わが共産党も地主と官僚階級の党に変質してしまうだろう。

一九五八年、民政庁の庁長ウリートと某局長のラクシャンビリク(郝永芳)まで共産党に入っている。

モンゴル人の朱風はこのように「偽満洲国時代に育った日本刀を吊るした奴ら」を激しく批判することで、中国政府と中国人に媚びを売ろうとしている。しかし、自身もウラーンフーによって抜擢されて、国営の科学院歴史研究所所長という栄誉あるポストに任じられた事実を忘れている。

免罪符のないモンゴル人

朱風が密告しているモンゴル人たちの経歴をみてみよう。

まず、ドグルジャブ（一九一四～一九八九）は陸士五二期で、日本の撤退後には内モンゴル人民革命党が創建した東モンゴル人民自治政府騎兵第一師団の師団長をつとめ、後に中華人民共和国の成立後にはシリーンゴル盟盟長や自治区牧畜庁庁長等を歴任している。朱風の密告が原因ではないが、文化大革命中は筆舌に尽くせないほどの暴虐を受けていたのを私は著書『チベットに舞う日本刀』内で詳しく述べている（楊 2014c）。ラクシャンビリクはゴルロス旗出身で、陸士に留学した秀才である（楊 2014c,17）。

ウリートもジェリム盟の出身で、騎兵第二師団の師団長をつとめた後、中華人民共和国時代は自治区民政庁庁長となる。隣接する中国人の省からの農民の草原への入植を中止しないので、ウリートは阻止する為の対策をあの手この手で講じていた。彼の対応は勿論、ウラーンフーに支持されていたが、文化大革命期になると、ウリートは「中国人農民」を迫害し、「ウラーンフー王朝の領土を守った」とされて、一九六八年十二月一九日に中国人に殺害された。まもなく、ガルブセンゲも一九六九年一月五日に殺された（阿拉騰徳力海 1999,107-108）。モンゴル人が築きあげた近現代の民族自決史を批判すれば、早晩、その「罪」が自分自身に降りかかってくることを朱風は予想していなかったかもしれない。

造反の潮流から消えゆくモンゴル人

中国共産党は政治運動をおこなう度に工作隊（工作団、工作組ともいう）を人民大衆内に送りこむ方法を取る。四清運動即ち社会主義教育運動から文化大革命の初期においても同様だった。劉少奇と鄧小平はさまざまな工作隊を大学や各機関に派遣して、党・政府主導の文化大革命を推進してきた。文化大革命はそもそも劉少奇一派を除去する目

をも兼ねていたので、毛沢東はまもなく従来の工作隊派遣方式を完全に否定して、青少年に造反を呼びかけた。そこから、工作隊は「青少年と真の革命家たちの造反を抑圧した」組織だと認定されて、失脚していき、代わりに造反派が表舞台に躍りでる。こうした流れは内モンゴル自治区でも同じだった（高樹華　程鉄軍 2007,37-169）。

内モンゴル自治区党委員会臨時党支部も工作隊の造反派組織である。自治区政府から派遣された彼らは、四清運動をリードしていたモンゴル人の韓成山とチンゲルタイ、ドルジニンブーと健軍、それに白燕からなる四清工作隊が「黒幇（ブラック・グループ）」だとして一九六六年七月二四日に批判した（楊 2016a,564-571）。造反派は、自治区の最高指導者のウラーンフーが粛清された以上、党委員会の他のメンバーたちも「路線的な過ちを犯した」と主張し、自治区党組織と混同してはならない」と真っ向から対立した。当然、造反派は引こうとせず、「言語工作委員会に派遣されてきた四清工作隊のメンバーたちはウラーンフーのブラック・グループの中堅（黒幇幹将）だ」と批判し、暴力的な闘争を求めた。情勢の変化を察知した旧工作隊員のオルマ（チンゲルタイの弟子）とチムドドルジ（一九二一～）、ブルノと朱風、呉俊峰（一九二八～）とイドヘシグ（歴史学者）らは「意気消沈」していった（楊 2016a,572-573）。彼らもほぼ全員、内モンゴル東部出身のモンゴル人で、日本統治時代に教育を受けた知識人である。チムドドルジはジェリム盟クレー旗の出身で、王爺廟にあった興安学院を出てから建国大学と大同学院で学んだ。文学研究者として知られている。呉俊峰はハラチン・モンゴル人で、錦州国立国民高等学校で教育を受け、言語学者となる。旧工作隊によって批判されていたワーとエルデニトクトフ、ボインマンダフ、エルデムトらは逆に「再び暗躍している」、と造反派は観察していた。旧工作隊に属するモンゴル人たちは一九六六年一〇月三一日に一度会議を開いて、他のモンゴル人幹部の「資本主義路線」を批判したが、相手からは同じような言葉で反論された（楊 2016a,575-594）。文化大革命が深化するのにつれて、相互の「罪」を暴露し合い、対立し合って中国政府と中国人に媚びを売っていたモンゴル人は次第にどちらも表舞台

88

から追放されていく。それに代わって、中国人が造反の流れの主導権を握っていく。モンゴル人が民族全体として粛清されるという趨勢は既にみえていたのである。

以上、主として内モンゴル自治区言語工作委員会を中心に、知識人を主人公とする社会主義教育運動（四清）について述べてきた。続いては、内モンゴル大学が文化大革命に巻きこまれていく前奏曲を紹介しよう。

四　内モンゴル大学の「反民族分裂主義運動」

資料的な制約もあってか、従来の日本では、内モンゴル自治区の指導者ウラーンフーが粛清され、何万人ものモンゴル人が虐殺されたジェノサイドについても、「実権派から権力を奪い取る権力闘争」だったとする表層的な研究が主だった。こうした研究は問題の本質からかけ離れており、内モンゴル自治区では遅くとも一九六五年末の段階で既に「民族分裂主義分子」に対する批判運動が始まっていた、と第一次史料に依拠して指摘したのは、歴史学者のボルジギン・フスレである（フスレ 2008,24-37）。フスレは具体的に内モンゴル大学の教師、ブレンサイン（一九二四〜一九八六）に対する攻撃を例にしている。

「民族分裂主義」の先駆

内モンゴル自治区における社会主義教育運動は「地方民族主義」に対する批判から始まり、次第に「反民族分裂(ündüsüten-ü qayačayulqu) 主義」へと発展していく。その際に、最も有名な「民族分裂主義者」として断罪されたのが、内モンゴル大学講師のブレンサイン（写真12）である。ブレンサインの「罪状」は一九六六年に出版された『内モンゴル大学における民族分裂主義に反対する資料集（第二）』に詳しく列挙されている（楊 2016a,595-649）。この資料集に寄稿しているのは中国人（漢族）が一〇人で、モンゴル人は三三人、そしてムスリムの回族とオロチョン族がひ

写真12 ブレンサインと夫人のツェベグマ。*Bürinsayin-u Jokiyol-un Čiγulγan*, degedü, 2007 より。

とりずつで、計四五本の論文からなる。こうした構成は「多民族が一致して民族分裂主義に反撃」するパフォーマンスを演出しているのと、モンゴル人を多く並べることで、モンゴル人自身がモンゴル人を闘争するという内紛劇（窩里闘、狗咬狗）を創出している。

ブレンサインは一九二四年にチャハル盟タイブス左旗に生まれた。父親は地元の役人で、幼少のブレンサインにモンゴル語と満洲語、そして中国語を教えた。一九三九年になると、ブレンサインは徳王が張家口で設置した興蒙学院に入り、一九四一年秋に日本に留学する。一九四二年には東京高等師範学校に進み、一九四四年まで学んだ（Čiιayu 2007, 10-12）。日本との関連でいうと、ブレンサインの夫人は司馬遼太郎の名著『草原の記』の主人公ツェベグマである。ツェベグマの自伝『星の草原に帰らん』にもブレンサインは登場する。ブレンサインは反右派闘争の時も「民族右派」として攻撃された経験を有し、やがてはもっと凄まじい政治運動に巻きこまれると予感して、妻のツェベグマを一九五九年にソ連へ避難させているし、母親もモンゴル人民共和国に逃れていた（司馬 1995；バルダンギン・ツェベグマ 1999；フスレ 2008, 31）。家族を安全な場所に退避させて、ひとりで中国政府と中国人に立ち向かった男である。

民族分裂主義の性質

「反民族分裂主義」の論文集の巻頭を飾ったのは歴史学部の教師、郝維民（オデンビリク）である。彼は次のように断罪する。

内モンゴルの革命運動中にずっと二つの路線闘争が存在する。一つは内モンゴルの封建的な上層分子らを代表として、帝国主義と国内の反動的な支配階級と妥協して降伏し、祖国と民族の利益を裏切り、封建的な特権を守ろうとする路線である。もう一つは、中国共産党の指導の下で、内モンゴルのモンゴルと漢族（チャイニーズ）の労働者階級と農民、牧畜民、革命的な知識人、革命的な各界や各民族と連合して帝国主義と国内の反動的支配階級と各民族内部の封建主義勢力に反対し、内モンゴル人民を解放する路線である。ブレンサインの民族分裂主義的な活動は、内モンゴルにおける二つの路線闘争の中の小さな間奏曲に過ぎない。彼の分裂主義的活動は、内モンゴルにおける二つの路線闘争の本質を表現している。

このようにまずブレンサインの人格を完全に否定してから、郝維民（オデンビリク）は清朝の崩壊後にモンゴルの独立運動を進めたハラチン部のグンサンノルブ親王とバボージャブらがいかに「帝国主義のロシアと日本と結託」したかの歴史を批判する。一九二五年に「わが共産党の統一戦線の対象である」内モンゴル人民革命党が成立するが、その指導権はまもなく「反動的な封建階級」に簒奪された、と断じている。実際には「わが共産党」は当時まだ南中国の山中でゲリラ戦に明け暮れていたので、遥か北方の草原に誕生したモンゴル人民革命党を「統一戦線の対象」とする遠大な構想を持っているはずがない。そして、一九六八年夏から内モンゴル人民革命党員たちを大量虐殺の対象とするようになると、中国人の高官らは、共産党はモンゴル人の政党とは無関係だと話していた（楊　2010a,41,115）。

一九三三年に満洲国が成立する前後に活動していたガンジョールジャブ（バボージャブの次男）の「モンゴル独立軍」も「日本帝国主義の走狗」だと断じられている[9]。ボインマンダフとシューミンガ、マンダフとジャルガラン、それに

マニバダラらからなる「モンゴル自治準備委員会」が長春に赴いて国連の調査団に会い、日本による統治を認めたことを「売国的行為」だと罵倒する。そして、一九三六年四月二四日に徳王が「モンゴル代表大会」を開催し、五月一二日に「モンゴル軍政府」を創建した歴史などもすべて「正しくない路線」だと断じている。ブレンサインはまさにこの「誤った路線」を歩み続けた人物だという。

独立と自治の模索者の運命

日本が内モンゴルから撤退した後、ブレンサインは他のモンゴル人たちと共に一九四五年九月に徳王の故郷スニト右旗で内モンゴル人民共和国臨時政府を組織した。内モンゴル人民共和国臨時政府の情報宣伝部の部長となったブレンサインはモンゴル人民共和国に入って統一合併を求め、「偉大な中国共産党による指導に頑なに反対し続けた」という（楊 2016a, 598）。内モンゴル人民共和国臨時政府を脅威だとみた中国共産党は雲澤こと後のウラーンフーを派遣して選挙をやり直す。ウラーンフーが同共和国臨時政府の主席に選ばれると、彼は政府機関を共産党支配下の張北に移して消滅させた。

「ヤルタ協定」により、内モンゴル人民代表会議が開かれた。ブレンサインはここでも「内モンゴルには労働者階級が存在しないが故に、中国共産党による支配は認められない。内モンゴル人民革命党が内モンゴル自治政府をリードすべきだ」と「反動的な主張」を放棄しなかった。彼は漢族（チャイニーズ）農民がモンゴル人の地主を暴力的に闘争するのにも反対し、「一貫して漢族を敵視」してきた、と批判者は語る。

「解放後」になっても、ブレンサインの「反動的な思想」は衰えなかった。一九五七年になると、「国際的には帝国主義が反共の波風を立て、国内的にはブルジョアの右派どもがわが共産党を攻撃しだすと、ブレンサインもまた蠢いた」。「中国はモンゴル人の祖国ではない」とか、「モンゴル人と漢族はずっと対立してきた」とか、「モンゴルと漢族

92

は分かれるべきだ」と彼は主張したという。

中国人の大学生はブレンサインが主張したとされる「独立」との言葉に強烈な憎悪を示しているものの、モンゴル人の近現代史については完全に無知であるので、その批判文の中に事実は書かれていない。モンゴル人学生は自らの故郷が「解放」後にいかに発展したかの「実績」を示してブレンサインの「謬論」に反論している。

スケープゴートにされたモンゴル人のブレンサインは一九六五年一二月一七日に「祖国の統一」を破壊した分裂主義的活動をおこない、帝国主義と現代修正主義に追随した「民族分裂主義的活動分子」として逮捕、投獄された。一九七五年一〇月一八日に大学の監督の下で労働するとの条件で釈放される。そして、「逮捕投獄は冤罪だった」、との政府からの通知が一九八〇年八月一六日に届く。一九八五年一月二七日にブレンサインは祖国とみなすモンゴル人民共和国に渡って妻子と再会し、一年後に帰らぬ人となる（フスレ 2008, 33-34）。彼の運命は、現代中国を生きるモンゴル人の縮図であるといえよう。

ここまで述べてきたように、師範学院と言語工作委員会、それに内モンゴル大学といったモンゴル人の知識人が集まる機関において、「民族右派」や「民族分裂主義者」との政治的な断罪が反右派闘争期と社会主義教育運動期からずっと持続的に使われていた。この点は、中国の他の省や自治区との大きな違いである。対外的には「反修正主義の前哨基地」にあたる内モンゴル自治区において、これほど多数の「民族右派」と「民族分裂主義者」が存在している以上、北京当局と毛沢東は安心して文化大革命に専念できないだろう。全国規模で階級闘争と反修正主義を一九六四年から進めようとしても、内モンゴル自治区は逆に「反大漢族主義運動」を展開し、反修正主義にも不熱心だ、と党中

（9）ガンジョールジャブとその弟のジョンジョールジャブが創建したモンゴル独立軍の興亡については、楊海英著『日本陸軍とモンゴル』(2015c)を参照されたい。

央には映った。華北局による再三にわたる指導も効果はない、と判断した毛沢東の党中央は一九六六年五月一日に自治区の最高指導者ウラーンフーを北京へ召喚した。「すべての根は彼にある」と判断されたからであろう（楊 2013b, 199-210）。

第二部　未完の民族自決と民族問題の表出

第三章　北京の謀略とオルドス高原の烽火

一　第一次資料の発掘

現代史を中国と関連して考える時に、モンゴル人が真先に思い浮かべるのが文化大革命中の大量虐殺である。中国政府と中国人による一方的なジェノサイドが二〇世紀モンゴル史を一言で概括できる代名詞となっている。その為、私は持続的に中国文化大革命に関するジェノサイドの第一次資料を集め続け、二〇〇九年から年に一巻のペースで公刊してきた。『内モンゴル自治区の文化大革命——モンゴル人ジェノサイドに関する基礎資料』シリーズの各巻の内容は以下の通りである。

一、モンゴル人ジェノサイドに関する基礎資料1——滕海清将軍の講話を中心に
二、モンゴル人ジェノサイドに関する基礎資料2——内モンゴル人民革命党粛清事件
三、モンゴル人ジェノサイドに関する基礎資料3——打倒ウラーンフー（烏蘭夫）
四、モンゴル人ジェノサイドに関する基礎資料4——毒草とされた民族自決の理論
五、モンゴル人ジェノサイドに関する基礎資料5——被害者報告書(1)
六、モンゴル人ジェノサイドに関する基礎資料6——被害者報告書(2)
七、モンゴル人ジェノサイドに関する基礎資料7——民族自決と民族問題

八、モンゴル人ジェノサイドに関する基礎資料8――反右派闘争から文化大革命へ

国際政治から生まれた二派の民族主義者集団

右に示した資料集シリーズの中で、滕海清将軍の講話を最初に編集した理由は、以下の通りである。毛沢東と周恩来の指令を受けて内モンゴル自治区に入り、現場でモンゴル人を殺戮していたのは、「中国人民の子弟からなる、中国人民に熱愛されていた中国人民解放軍」で、その最高司令官は滕海清だったからである。滕海清将軍がどのようにモンゴル人の歴史を断罪し、人民解放軍と中国人を煽動した上で、組織的な殺戮を働いたかをまず第一巻で述べている。

モンゴル人は近代に入ってからずっと中国からの独立を望んでいた。これは、民族の宿願であり続けた。民族の独立を実現する為には、ロシアも日本も味方になりうる、とモンゴル人ナショナリストたちは判断した。かくして、モンゴル高原の北半分はロシア人の力を借りて独立し、後にモンゴル人民共和国を創設した。南の半分は日本人と組んで一九三二年に満洲国を建設した。日本が敗退して一九四五年に列島に戻ると、モンゴル人は当然、同胞のモンゴル人民共和国との統一合併を求めた。しかし、モンゴル人がひとりも参加していない「ヤルタ協定」が南モンゴルを中国の中華民国に売り渡した。

モンゴル人民共和国の同胞と統一したいと主張したグループは主として旧満洲国のモンゴル人と徳王のモンゴル自治邦政府（蒙疆政権）のモンゴル人からなる。彼らは日本統治時代に日本型の近代文明の洗礼と薫陶を受けて育った知識人であるが、無学な中国人から「日本刀を吊るした奴ら（拷洋刀的）」と蔑称された。一方、「ヤルタ協定」の厳しい内容を受け入れて、中国内でソ連型の高度の自治を獲得しようと主張するグループもあった。こちらは主として南モンゴル西部のトゥメト出身のモンゴル人である。彼らは共産主義の大本営モスクワで学んだエリートだが、中国共産党の割拠地延安にもしばらく滞在していた。従って、彼らはまた「延安派」と呼ばれる。

97　第三章　北京の謀略とオルドス高原の烽火

二つのモンゴル人グループに一つの接点があった。それは、彼らは等しく一九二五年一〇月に成立した、モンゴル人の民族主義の政党、内モンゴル人民革命党の党員だったという共通点である。内モンゴル人民革命党はコミンテルンの指導を受けていたので、モスクワからの指導に忠実だった。同胞との統一合併を優先すべきか、それとも現実的に中国人との共生を選ぶか、という熾烈な闘争を経て、二つのグループは合流した。全モンゴル人の力を結集して、一九四七年五月一日に内モンゴル自治政府が成立した。中華人民共和国の出現より二年半も前の壮挙である。モンゴル人は中国人よりも先にソ連型の社会主義制度を実現させていたのである。

中国人はモンゴル人の近現代史を建国後一七年間の歳月が経ってから再清算した。「日本刀を吊るした奴ら」にしても、「延安派」にしても、すべて「民族分裂主義者で、偉大な祖国から独立しようとした醜悪な歴史を有する」と断じた。二派のモンゴル人が虐殺の対象とされていく第一次資料を私は『内モンゴル人民革命党粛清事件』(2010a)、『打倒ウラーンフー（烏蘭夫）』(2011a) のタイトルで公表した。

虐殺中に暴露された自決の理論

ウラーンフーはまず彼自身の名前が冠された「ウラーンフー反党叛国集団」のボスとされて、文化大革命が発動された直前に粛清された。彼と共に延安に滞在していたモンゴル人たちもほぼ全員政治的な権力を奪われた。やがて、「日本刀を吊るした奴ら」からなる内モンゴル人民革命党の指導者も実はウラーンフーだったと政府によって判断されると、この二つのグループ即ち「ウラーンフー反党叛国集団」と内モンゴル人民革命党は同一の「反革命修正主義者集団」にして、民族分裂主義者集団」と認定された（図3）。その際に、ウラーンフーが以前から思い描いていた「中華民連邦内での高度の自治論」が証拠とされた。彼の独自の思想と理論は「毒草」とされて批判された。皮肉にも彼の著作類は「毒草」とされて初めてモンゴル人と中国人に広く読まれるようになった。『モンゴル人ジェノサイドに関する基礎資料四――毒草とされた民族自決の理論』（楊 2012a）は文化大革命中に封印が解かれた彼独自の著作群を網

図3 東部と西部を問わずに、あらゆるモンゴル人エリートを全員ウラーンフー反党叛国集団として描いた群醜図。

羅している。文化大革命が終了し、ウラーンフーが再び「中国の党と国家の指導者」として部分的に復活した後に、彼の著作も権威ある政府系出版社から刊行されるようになった。しかし、オリジナルの「毒草」内にあった「民族自決」や「高度の自治」、そして「中華民主連邦」といった重要な表現と概念はすべて「区域自治」と「共産党指導下の国家」に改竄された。あたかもモンゴル人の指導者は最初から中国人の国家を熱愛し、喜んで中国人の支配下に入ろうとしていた、無能な輩のように矮小化されている（楊 2013b）。

ウラーンフーが粛清され、彼の同胞が大量虐殺の対象とされた背景には中ソ対立もあった。ソ連と「（その）子分のモンゴル人民共和国」軍の侵攻を本気で想定していた中国政府は、いざ事態が悪化した場合には、内モンゴル自治区のモンゴル人たちは中国人と中国政府を愛さないだろうと客観的に判断していた。モンゴル人には「前科」があるからだ。一九四五年八月にソ・モ聯合軍が満洲国と徳王のモンゴル自治邦政府領に入って同胞のモンゴル人を解放した時に、モンゴル人はその歴史的出来事を民族統一の機会だと捉えていたからである。建国後の政策的な失敗を自覚していた中国政府は、未然の防止策として、モンゴル人のエリートたちを一掃したのである（楊 2009a,b,c）。

モンゴル人政治家を倒す深慮遠謀

内モンゴル自治区の最高指導者のウラーンフーは一九六六年五月一日に北京に呼ばれて失脚した。五月二二日から開かれた中国共産党華北局工作会議に参加していた彼は、七月二五日にすべての権力を剥奪され、罪を断定する宣言文が政府によって公布された。この時点で彼の正式の肩書は以下の通りである。

内モンゴル自治区党委員会書記
内モンゴル自治区人民政府主席
内モンゴル軍区司令官兼政治委員
内モンゴル大学学長
中国人民共和国党中央政治局候補委員
中国共産党華北局第二書記
中華人民共和国国務院副総理
中華人民共和国国防委員会委員
中華人民共和国国家民族事務委員会主任

右で示したように、彼は内モンゴル自治区における自治の実践者だけでなく、中国における少数民族の自治政策のシンボルでもあった。

華北局会議は北京市内の前門飯店というホテルで開かれていたので、「前門飯店会議」とも呼ばれる。内モンゴル自治区から選ばれた「左派幹部」たちと党中央の指導者ら計一四六人からなる前門飯店華北局会議で、真先にウラーンフーに批判の矛先を向けたのは自治区東部出身者だった。いわば、「日本刀を吊るした奴ら」が「根本から紅い延安派」を批判する構図だった。これは何も中国政府と中国人が、日本統治時代に育った、日本型の近代的な素養を持つ優雅なモンゴル人を愛し、自らの「革命根拠地の延安」で「育成」した「粗野な革命派」を切り捨てたことを意味し

ない。単なる陰謀である。東部出身者の不満を使って、西部出身者を打倒し、そして返る刀で東部モンゴル人を倒すという一石二鳥の策略だった。その背景と大まかな展開は次の通りである。

ウラーンフーの自治政策は一九六四年あたりから頓挫しはじめた。中国政府は人民の暮らしよりも階級闘争に力を入れるように変わった。党中央の指導方針は大漢族主義の横行だ、とウラーンフーの目に映った。自治区の実状を無視した大漢族主義的な政策を実行しようとしている彼らには先天的な「対日協力の烙印」が背中に焼かれているモンゴル人は東部出身者からなる。満洲国時代に育った彼らには先天的な「対日協力の烙印」が背中に焼かれている以上、西部出身者よりも党と中央政府に忠誠を尽くす必要があった。あくまでも独自の民族政策を優先したいウラーンフーにとって、信頼できるのはもはや自分たち延安派しかいなかった。彼は一九六六年一月に一部の東部出身者を更迭し、代わりに西部出身者でモンゴル人を充てる人事を決断した。自治区党委員会の代理常務委員会の中でモンゴル人は九人で、そのうちの六人が西部出身者だった。残り四人は中国人だったが、彼らもウラーンフーの「反大漢族主義」の理解者だった。この代理常務委員会の設置は、東部出身者の不満を買い、火種が埋めこまれた(楊 2011a,16-22)。

中国政府は用意周到にウラーンフーを粛清した。早くも一九六四年から彼に関する情報を集め、大勢の密告者をその身辺に配置した。分厚い「証拠」が突き付けられたウラーンフーは自らの「罪」を認めざるを得なかった。政治家としてのウラーンフーを死のどん底に陥れるのに共産党中央は充分な理論を用意したが、最も鋭利な武器は「民族分裂主義」で、そして最大の原因はやはり、「ウラーンフーはモンゴル人だったからだ」(楊 2011a,22-29)。

二　西部に任官した東部出身者

写真13　王再天

謀略に嵌められたモンゴル人

中国政府と中国人の謀略行使に担ぎ出された東部出身のモンゴル人はボインバト（イケジョー盟第一書記）、バトバガナ（バヤンノール盟書記）とゴンボジャブ（シリーンゴル盟第一書記）、王再天（Nanjiisureng 写真13）らだった。彼らは中国政府があらかじめ定めた断罪のラインに沿うようにウラーンフーの具体的な「罪証」を並べた（楊 2011a,19）。東部出身者の中には政府の陰謀に気づいた賢明な識者もいたが、もはや時勢を挽回できる力もなくなっていた。中国共産党華北局は会議と並行して、管轄内の北京市と河北省、それに山西省などから三〇〇人もの中国人幹部を内モンゴル自治区の各地と各機関に派遣して、権力を完全に奪った。自治区党委員会の中国人幹部たちの強い要請に応えた措置である。続いて自治区南部の集寧市に駐屯していたモンゴル人兵士を中心とした騎兵第五師団も武装解除され、党中央と北京軍区の直接的なコントロール下に置かれた。ここから、内モンゴル自治区の文化大革命は少しずつ、着実にモンゴル人をキリング・フィールドに追いこむ方向へと突き進んでいったのである。

前門飯店華北局会議において、モンゴル人の最高指導者を打倒するのに急先鋒をつとめたボインバトは、内モンゴルにおける中国文化大

革命研究において、欠かすことのできない重要な人物のひとりである。特に、運動の初期の展開は彼を軸にしていたといえるくらいである。

では、ボインバトとはいかなる人物であろうか。彼は一九二二年一月にジョソト盟ハラチン左翼旗の桃花池村に生まれた。ここは現在、ハラチン・モンゴル族自治県を形成している。元々は南モンゴル西部で遊牧していたトゥメト・モンゴルの一部だったが、後に一六世紀末に東部へ移動したことから、「東トゥメト」とも呼ばれている（斉鳳元1998.1；暴彦巴図 2006.1）。ボインバトが前門飯店華北局会議で批判したウラーンフーもトゥメトの出身で、東へ行かずに、ずっと西部に留まったグループの一員である。

ボインバトの故郷は清朝末期から中国人の侵略を受けて貧困の一途をたどった。一八九一年に勃発した中国人の秘密結社である金丹道は各地でモンゴル人を大量虐殺し、その歴史の記憶が鮮明に残る地域にボインバトは生まれた。「（中国人が）進めた韃子殺しの運動を経て、モンゴル人は漢民族（チャイニーズ）と通婚しなくなった」、とボインバトは書いている（暴彦巴図 2006.9）。中国人はモンゴル人を「韃子」と蔑称し、「韃子人殺しの運動」で、モンゴル人の草原が奪われていった。ボインバトは幼少の時に私塾に通い、熱河省の承徳中学を経て、一九四二年に満洲国の法政大学経済学部に入学した。彼の第一志望は満洲建国大学で、法政大学は第二志望校だった。大学在学中に『チンギス・ハーン遠征歌』を歌い、終生の友であるゴンボジャブ（官布扎布）とジャラガルに出会う。この三人は後にホルチン右翼前旗で民族主義的な運動をリードし、「右翼前旗の三傑」（写真14）と呼ばれるようになる（斉鳳元 1998.5-15；暴彦巴図 2006.21-24）。『チンギス・ハーン遠征歌』は古くからハラチン・モンゴルの間で伝承されていた歌だとされている。満洲国時代には更に日本語の歌詞も作られ、「モンゴル復興」という至上命題を掲げる熱血青年たちを鼓舞した名曲である。ボインバトも例外ではなかった。

日本が満洲から敗退する前の一九四五年四月に法政大学を卒業したボインバトは王爺廟（現ウラーンホト市）にある興安総省の人事課に職を得た。日本人がモンゴル人の草原からいなくなった秋の一〇月五日には、彼は内モンゴル人

写真14　左からボインバト、ジャラガル、ゴンボジャブ。
『情糸大漠的暴彦巴図』より。

民革命青年同盟の有力なメンバーになり、故郷のホルチン右翼前旗に赴任した。この時の内モンゴル人民革命青年同盟は内モンゴル人民革命党の下位組織だったが、共に東モンゴル人民自治政府の建立に尽力していた。内モンゴル人民革命党は同胞のモンゴル人民共和国との統一合併を求めていたが、「ヤルタ協定」で南モンゴルが中華民国に売り渡された結果、独自の自治政府を設置する方向に舵を切っていた。ソ連の手引きで満洲に進軍してきた中国人民革命党を解散し、青年同盟を自らの傘府を乗っ取り、内モンゴル人民革命党を解散し、青年同盟を自らの傘下に組み替えた。南モンゴルに侵入していた中国人民農民にモンゴル人の草原を分け与える為に、中国共産党は熾烈な土地改革を実施し、かつての日本統治時代の有力者たちを「日本の協力者」として処刑し、モンゴル人の土地を奪っていった。

ボインバトも中国共産党の土地改革に参加し、抵抗するモンゴル人を容赦なく鎮圧した。中国共産党の過激な土地改革がモンゴル人の強い不満を買っている事実にも気づいたボインバトとジャラガルらはウラーンフーに進言し、より穏便な「三不両利政策」に変更していった。

「三不両利」はウラーンフーの代表的な政策の一つとなり、「搾取階級を闘争しない、その財産を分けない、階級的な身分を画定しない。（搾取階級の）牧主と（被搾取階級の）牧工両方の利益を確保する」との内容だった（図4）。

図4　搾取階級の利益を守ったとされるウラーンフー。モンゴルの民族楽器馬頭琴を弾く姿で描かれており、民族文化そのものが侮辱されている。『批戦報』，1967.7.5。

異なる回想

　若くして中共ホルチン右翼前旗書記となったボインバトは一九五六年三月に西へ移動し、オルドス高原にあるイケジョー盟党委員会書記として任官した。ウラーンフーによる抜擢である。ウラーンフーの故郷トゥメト出身のモンゴル人には「延安派」の光背があっても、彼らは少数派だった。近代的な知識を有する人材は東部出身者が圧倒的に多かった。自治区全体の近代化を急いでいたウラーンフーは、出身地域を横断して幹部を任用していた。ボインバトもこのような状況の中で、東のホルチン草原から西のオルドス高原に赴任してきたのである。
　着任後まもなく、ボインバトは陰暦の五月に開催されるチンギス・ハーン祭祀[10]に参加し、積極的に人脈を作った。当時、イケジョー盟で政治の実権を握っていたのは地元オルドス出身のモンゴル人と、隣の陝西省北部出身の中国人延安派だった。毛沢東の中華人民共和国政府はすべて南方出身の共産党員たちによって運営されていたし、陝西省北部出身の共産党高官は軒並み粛清されていなくなっていた。僅かに残る延安派の中級幹部たちも陝西省ではなく、ウラーンフーの内モン

　(10)　オルドスで古くからおこなわれてきたチンギス・ハーン祭祀は、楊海英著『チンギス・ハーン祭祀──試みとしての歴史人類学的再構成』(2005b)に詳しい記述がある。

ゴル自治区に安住の地を求めていた。ウラーンフーだけが彼らに同情し、守っていたからである。当時の中国は牧畜民の財産である家畜を没収して公有化し、草原を国有化するという急進的な合作化運動を進めていたが、ボインバトは実状に合った穏便な政策を実施した。一九五八年から人民公社が導入された際も、彼は慎重だった。オルドス高原に入植していた中国人農民が現地の生態を無視して草原を開墾しようとしていたのに対し、ボインバトは「開墾禁止、牧場保護」の政策を制定し、農民らを開墾に適した地域に移住させた（斉鳳元 1998,29,31,37-38,54,74-75;暴彦巴図 2006,64-78）。

前門飯店華北局会議は内モンゴル自治区の最高指導者のウラーンフーを粛清する会議だったし、ボインバトは反ウラーンフーの先鋒に選ばれていた。前門飯店会議から約一年経った一九六七年六月一二日に、ボインバトはオルドスで「紅衛兵の若き将兵たちとの談話」を発表し、自らの闘争経験を次のように振り返っていた（楊 2015a,141-150）。

私は一九五六年にイケジョー盟に赴任してきた。当時の書記は趙会山で、私は副書記だった。アルビンバヤル（王悦豊）盟長は党員だが、牧畜地域に行った時に、若い人たちが彼にお辞儀をしないと、怒る。盟長の彼の悪影響で、牧畜地域の封建的な風俗習慣は人民を毒害していた。

まもなく一九五六年の陰暦五月一五日にチンギス・ハーン祭祀に参加した。チンギス・ハーン祭祀の時もアルビンバヤル盟長は率先してチンギス・ハーン像に向かってお辞儀をしていた。共産党員がこんな馬鹿なことをやるなんて信じられない。祭殿の近くの招待所に泊まったアルビンバヤルとバヤンドルジ（馬富綱）は更にお酒を飲んで醜態をさらしていた。祭祀が終わってから、私は趙会山書記にアルビンバヤルらの問題を話したが、「注意する」と話しただけで終わった。……

私はまた一九六三年にエジンホロー旗に調査に行ったが、エジンホロー人民公社の秘書王勤安は中国語ができるのに、私に対してモンゴル語で返事をしていた。これらの問題もすべてアルビンバヤルと関係がある。

106

右の発言からみると、ボインバトは急進的な中国共産党員としてオルドスに着任してきていたようである。彼はアルビンバヤルやバヤンドルジなど地元出身のモンゴル人幹部たちを「封建的」とみている。モンゴル人であるにも関らず、中国語で話すのを「進歩的」だと当時のボインバトは信じこんでいたのかもしれない。母国語のモンゴル語を疎かにして中国語を優先する人物をウラーンフーは「モンゴル人でも大漢族主義的な思想を持つ者だ」と批判していた。ボインバトはこの点でもウラーンフーと対立していた。

しかし、晩年のボインバトは別の形で当時の様子を回想している（暴彦巴図　2006,83-84）。

前門飯店会議の際に、私は党内闘争の習慣に従って、発言しただけだった。しかし、私の発言は歪曲されて利用された。私はなんと、反ウラーンフーの英雄に仕立てられてしまった。私はただ、一九六六年四月に開かれた自治区党委員会の席上において、ウラーンフーがおこなった反大漢族主義の発言について、少し意見を述べただけである。しかも、ウラーンフーの発言の性質を反革命的だとか断定するような趣旨もなかった。他人の発言を繰り返しただけだった。ところが、後になって、前門飯店会議において、ウラーンフーを批判した最初のモンゴル人は私ボインバトだと言われた。どう弁明しようと、私は利用される運命だった。モンゴル人だったから、私は（傍線は引用者）。前門飯店会議から帰ってきてから、私は二度とウラーンフーについて発言しなかった。

「ボインバトは前門飯店会議において、真先にウラーンフーに反旗を立てた左派だ」と称賛されていた。しかし、予想外のことに、彼が北京で「反ウラーンフーの旗手」となっていた頃に、地元のオルドスでは逆に早くも六月二〇日に「ボインバトこそウラーンフーの黒い手先だ」と題する壁新聞が貼りだされていた（斉鳳元　1998,248-249）。ウラーンフーが北京で吊し上げられたとの情報をオルドスに伝え、「反ウラーンフーの旗手」ボインバトを打倒しようと目論んだのは、中国人の延安派たちだったのである。

三 北京の謀略

中国文化大革命は、内モンゴル自治区の最高指導者のウラーンフーの打倒から始まった。ウラーンフーに政治批判の罵声を最初に浴びせたモンゴル人政治家は、オルドスにあるイケジョー盟書記のボインバトだった。東部出身のボインバトが西部のウラーンフーを攻撃するという政治的な構図である。西部のモンゴル人政治家が追放された後、東部のモンゴル人たちも生き残れなくなり、最終的には中国政府と中国人に大量虐殺されたのである。

ボインバトは一九六六年五月一六日から九名の幹部たちを連れてオルドスから北京に入り、中国共産党華北局が主催する前門飯店工作会議に参加した。出発する前のボインバトはウーシン旗のウーシンジョー人民公社で社会主義教育運動即ち「四清運動」に参加していた。一〇人の代表のうちの七人も各旗の「四清前線」にいた。オルドスからの一〇人は、共産党イケジョー盟書記ボインバトと共産党イケジョー盟書記兼副盟長の郝文広（中国人）、イケジョー盟副盟長の呉占東（モンゴル人）、イケジョー盟党宣伝部副部長のトクトクチ、イケジョー盟公安処処長の張青雲（中国人）、エジンホロー旗第一書記のマンダフ、ダラト旗旗長のゲレルト、東勝県党書記の郭治祥（中国人）、ウーシン旗副旗長の包栄（モンゴル人）、海勃湾市副市長の唐宝山（モンゴル人）である。

では、北京市内の前門飯店でボインバト書記はどのような発言をして、それまでの上司のウラーンフーに矛先を向けたのだろうか。この問題は、今日までの文化大革命研究が解明してこなかった謎の一つである。

東部モンゴル人の口

中共中央華北局工作会議の秘書処は、ボインバトの発言を書き残して、公的記録『簡報』に載せていた。題して『イケジョー盟党委員会書記のボインバト同志の発言記録』である。一九六六年六月二〇日午後、ボインバトは次のよう

に発言した。

　彭真と羅瑞卿、陸定一と楊尚昆の問題に関する決定を私は完全に支持する。これは、毛沢東思想の偉大な勝利である。……ここ数日間に出てきた党中央から出された決定を私は完全に支持する。……ここ数日間に出てきた資料から、ウラーンフーをボスとする連中は内モンゴル自治区を邪悪な道に引きずりこもうとしていることが証明された。彼らには計画的で、綱領を有し、実行性のある陰謀があった、と断定できよう。

　中共中央華北局の公的な記録を見る限り、ボインバトは舌鋒が鋭く、攻撃的な言葉を用いている。彼の発言は二つの部分からなる。ボインバトの批判の主旨を以下に示しておこう（楊 2015a,131-140）。

　ウラーンフーは一九六六年四月に開かれた自治区共産党常務委員会拡大会議を利用して反党活動をおこなった。民族問題ばかりを強調し、毛沢東思想を学習しようとする政治運動の障害を作った。「ウラーンフーの側近」で、西部出身の雲北峰は大胆にも東部出身のモンゴル人の呉涛と王再天にも大漢族主義思想がある、と会議で話した。また、もうひとりの「側近」の李貴（中国人）は日本統治時代の「土地奉上」政策について言及した。李貴は「日本統治時代に既に土地奉上政策を実施し、モンゴルの王が土地を世襲的に所有する制度もなくなった」と説明していた。李貴は日本の悪魔ども（日本鬼子）を称賛しているようだった。

　ボインバトは、ウラーンフーが西部トゥメトのモンゴル人を優遇し、東部を冷遇している、と言わんとしている。日本統治時代の「蒙地奉上」政策を持ちだしたのも、その為である。これには、次のような歴史的な経緯がある。

　モンゴル草原は歴史的に「天の賜物」だと遊牧民は理解してきた。万人に平等で利用する権利があるが、その管理権はチンギス・ハーンの直系子孫である旗の王にある、と清朝期以前から定められてきた。モンゴル人の草原を「蒙地」として天皇に奉上するという形式で国有化を図り、モンゴル草原も満洲国の国有地となった。日本は満洲国時代にモンゴル人の草原を「日本に略奪されて国有化された土地を奪還して、解放した人民に平等に分け与え」、旧満洲国領内では土地改革を実行した。土地改革を経て、侵略してきた中国人もモンゴル人の草原を手に入れることができたので、中国共産党は「日本に略奪されて国有化された土地を奪還して、解放した人民に平等に分け与え」、旧満洲国領内では土地改革を実行した。

ある。これが、満洲国の公有化政策の上で進められた中共主導の土地改革である。

西部は異なる。中国人農民が多数、入植していたとはいえ、土地は一度も公有化されることなくモンゴル人に共有されたまま中華人民共和国時代を迎えた。西部においては、これは初めて公有化される試行で、満洲国のような土地分割しようとした時にモンゴル人は抵抗した。中国人は自分たちは後から来たに過ぎないし、先住民に敬意をはらい、先住民の権利を確保すべきだとは絶対に考えようとしない。東部出身のモンゴル人幹部も中国共産党に対する不満をシンプルにウラーンフーに転嫁している。

彼のこの政策はモンゴル人の貧困化をも未然に防ぐという二つの目的から、「モンゴル人に少し多めに土地を分け与える」政策を断行した。「西部モンゴル人は中国人と東部出身の急進的なモンゴル人幹部の不満を招いた（楊 2012a,106-109;2013b,184-186)。」

ル人は中国人より貧しく、均等に土地を分割すると、貧困化がいちだんと進む恐れがあった。そこで、ウラーンフーはモンゴル人の抵抗を和らげ、かつモンゴル人の貧困化をも未然に防ぐ

モンゴル人からの批判のポイント

ボインバトは続ける。

ウラーンフーが進めた反大漢族主義のキャンペーンは一つの陰謀だ。彼は共産党華北局に不満だった。華北局は内モンゴルの実情に理解がなく、大漢族主義的だ、とウラーンフーは話していた。彼の意を汲んだ雲北峰もわがオルドスにやってきて、イケジョー盟の生産高が低いのも大漢族主義がのさばっているからだと発言していた。……

ウラーンフーは何故こんなことをするのだろうか。ソ連修正主義とモンゴル人民共和国の修正主義者たちがいつも中国は漢人（チャイニーズ）の国だと非難して、少数民族と漢族との関係を離間させようとしているのではないか。モンゴル人民共和国の指導者ツェデンバルも内外モンゴルの合併を呼びかけている。ウラーンフーも彼らに呼応し

110

ているのではないか。あなたたちには密約があるのだろうか。……「三五宣言」を印刷して配ったのも、クーデターの為だろう。

中国共産党華北局書記処の公的な記録がもし事実であるならば、ボインバトの発言はウラーンフーの政治生命を剥奪するのに充分過ぎるほどの威力を有していた。反大漢族主義云々は軽く、実際は「三五宣言」の印刷配布こそが問題視されていた。ボインバトは嗅覚が鋭く、みごとに中国政府と中国人の要望に応えている。もっとも、華北局書記処の公的な記録もボインバトと無関係に偽造された可能性も否定できない。ボインバトが実際に発言したかどうか、また彼の人柄も別として、華北局書記処の公的なタイプした「発言録」が重要である。

では、「三五宣言」とは何で、どうして問題になるのかを述べておく必要がある。

ウラーンフーは一九三六年一月二七日から何回かに分けて陝西省北部の延安に辿りついた直後の宣言だ。その重要な内容は以下の通りである（毛澤東文献資料研究会　1970.16-17）。

内モンゴルのモンゴル人たちはわれわれと共に、われわれと共に闘ってはじめて、チンギス・ハーン時代からの栄光を保つことができよう。そして、民族を復興させ、トルコやポーランド、それにウクライナやコーカサスの諸民族のように独立と自由を獲得できよう。……内モンゴルのモンゴル人には自分たちの政府を創り、他の民族と連邦を結成する権利がある（傍線は引用者）。

内モンゴルのモンゴル人たちはわれわれの共通の敵である日本帝国主義と蔣介石と戦おう。中国南部から長逃して内モンゴルに隣接する陝西省北部の延安に辿りついた直後の宣言だ。この宣言は一九三五年に「中華ソヴィエト政府の対内モンゴル人民宣言書」との題で公布された。中国南部から長逃して内モンゴルに隣接する陝西省北部の延安に辿りついた直後の宣言だ。その重要な内容は以下のであ

毛沢東はこのように独立と自由こそ「チンギス・ハーン時代からの栄光」を維持する手段だ、と慇懃にモンゴル人にリップサービスをしている。弱小の紅軍を率いて南国から内モンゴルに近い陝西省北部に逃亡してきたばかりで、遊牧民が日本軍と共に攻めてくるのではないか、という恐怖心からモンゴル人に媚びていた。毛沢東は更に中国人軍閥

に占領された土地をモンゴル人に返還させよう、とも「三五宣言」で明言していた。ウラーンフーも毛沢東が生き残る為に「三五宣言」を出したと分かっていても、「内モンゴルの領土的統一」にそれを利用した。領土的統一は、「中国に分割されて統治されてきた歴史」への反抗であると同時に、再度、分割されないにとの戦略的な布石でもある。モンゴル人の領土が大きいほど中国人の侵略に抵抗できる、と彼は理解していた。ウラーンフーは毛沢東の「三五宣言」を法的な根拠にして隣接する諸省や自治区に占領されたモンゴル人の草原を取り戻そうとしたが、中国人からは彼の主たる意図は宣言書内の独立と連邦制云々にあるのではないかと疑われた（楊 2013b, 168-170）。

政治的な死刑判決

ボインバトは続いて「ウラーンフーの間違いの性質」について、前門飯店で発言した（楊 2015a, 135）。

ウラーンフーの間違いは個別の仕事上の問題ではない。認識の問題でもない。彼の間違いは毛主席と党中央に反対し、毛沢東思想に反対し、プロレタリア独裁に反対するという、大きな問題である。国際的には帝国主義と修正主義に呼応し、国内的には反動派と極悪分子、それに右派どもに呼応する為である。

ボインバトの口を借りた中共中央華北局の政治的な断罪は致命的である。ここに至って、モンゴル人の最高指導者にウラーンフーの政治的な死刑判決が下された、と理解していい。これらの断罪は、約一カ月後の七月二七日に毛沢東と党中央に出したウラーンフーの「間違い問題に関する報告」とほぼ同じである。前門飯店華北局会議は長く、「慎重」にウラーンフーの「間違い問題」について検討したと演出しているが、実際は会議が開催される前から内容は既に内定されていたことが分かる。

ボインバトが話したかどうかよりも、中共中央華北局が利用した「ボインバトの口」が重要である。東部モンゴル人の口から西部のウラーンフーの地元トゥメト旗の「罪」が暴露されている。トゥメトのモンゴル人は公有化によっ

112

て生活レベルが低下し、「共産党の工作隊は日本の悪魔どもよりもひどい」、とボインバトは話す。「ウラーンフーよ、お前らは内モンゴルの人民を資本主義の道に引きずりこもうとしている」、とも断じている。

「首謀者は誰だ」

との問いかけがボインバトの口から出た。「ウラーンフーは当然、首謀者だし、李貴と浩帆、奎壁（Urtunasutu）とジヤータイ、雲北峰らもリーダーだ。彼らはみな反大漢族主義のやり手だ」、と断罪している。反大漢族主義のキャンペーンに中国政府と中国人は強烈な反感を示している。そもそも、「大漢族主義と地方民族主義の双方に反対しなければならない、それも主として大漢族主義に反対しなければならない」と提唱したのはほかでもない毛沢東である。た だ、それはあくまでもパフォーマンスに過ぎず、「他の諸民族よりも優れている」と信じこんでいる中国人は一度も自分たちに「大漢族主義」があるとは絶対に認めようとしなかった。モンゴル人のウラーンフーは大胆にも中国人のパフォーマンスを信じただけでなく、実際に政治運動を通してそれを一掃しようとした為に、粛清されたのである（楊2015a,136）。これが、中国流少数民族政策の本質である。華北局前門飯店会議のポイントもここにある。

「ウラーンフーよ、お前はここ数年もう牧畜地区にも行かなくなったし、モンゴル人のミルク・ティーの味も忘れただろう」

とボインバトの口から出た。ウラーンフーの口は最後にこのように自民族の最高指導者を侮辱している。ボインバトの口から出た批判は当たらない。ウラーンフーは一九六五年秋から複数回にわたって草原地帯に調査に行っていた。ウラーンフーは前門飯店会議で失脚し、それから故郷の内モンゴルに短期間帰るのは、一一年後のことである（楊2013b,272）。この一一年間にわたる中国政府による幽閉生活の中で、彼は確かに故郷のミルク・ティーから遠ざかっていたのである。

四 オルドス高原から立ち上がる中国人延安派

写真15　1963年のオルドス高原ウーシン旗のモンゴル人幹部と牧畜民たち。人民服と伝統的な衣装の両方がみられる。著者蔵。

ボインバトは北京の前門飯店会議においてウラーンフーを批判したが、オルドスに戻った後、たちまち地元の「革命的群衆」から攻撃された。「ボインバトこそがウラーンフーの黒い手先だ」と断罪された。ボインバトと一緒に上京していた中国人の延安派の郝文広と田万生らが仕掛けた闘争である。郝文広と田万生は陝西省北部出身の中国人で、「ウラーンフーをボスとする延安派」内の中国人幹部である。彼らが前門飯店開会中にオルドスにいる親戚や部下たちに指示して、ボインバト追放を用意していたのである。

中国革命の主流になれなかった中国人延安派

ここでまず、郝文広と田万生、白漢臣と閻耀先といった中国人の延安派と、アルビンバヤルやバヤンドルジのようなオルドス出身者たちとの複雑な人間関係を整理しておこう。

アルビンバヤルとバヤンドルジは地元出身のモンゴル人幹部で、共産党の紅軍が長逃して陝西省北部の延安に到着した時から毛沢東らと面会していた。彼らは共産主義者というよりも、地元オルドスの利益を優先する民族主義者だった（写真15）。

郝文広と田万生、それに白漢臣といった陝西省北部出身の中国人たちは早くからオルドスで革命活動をし、民族主義者のアルビンバヤルらと親しかった。郝文広と田万生、それに白漢臣は中国人即ち漢族で

あっても、延安に落ちてきた毛沢東ら南方出身者とは異なるグループに属し、「陝北邦」（陝西省北部組）のメンバーである。この「陝北邦」は、歴史的にはオルドス・モンゴルとの交流が長く、共産党の南方出身者を「南蛮子（ナンマンツ）」と呼んで、折り合いが悪かった。「陝北邦」も勿論モンゴル人のオルドスまで入植したいとの野望を持っていたが、当時はまだ力の面でモンゴル人に及ばなかった。陝西省北部における共産党の権力がすべて逃亡してきた毛沢東ら南方出身者に握られると、「陝北邦」とオルドス・モンゴル人有力者たちとの結束は以前よりも強まった。中華人民共和国建国後になると、毛ら南方出身者は北京に入城して偉くなったが、「陝北邦」は相変わらず黄土高原の僻地に取り残された。「革命根拠地の延安」とは名ばかりで、忘却された存在となった陝西省北部出身の中国人たちは、進出先のオルドスでモンゴル人との共生を求めていた。オルドスでの地位を保つ為にも、彼らはより穏便な政策を取らざるを得なかった。陝西省北部出身の中国人は延安派のウラーンフーに親近感を感じ、かつ忠誠を示した。こうした行動が、内モンゴル自治区の東部からやってきたボインバトの目には、「封建的、保守的」に見えたのである。

人民公社の公有化が一九五八年に導入された時に、モンゴルのチベット仏教の寺院は破壊され、女性の民族衣装や装飾品も没収された（写真16）。こうした政策に対し、アルビンバヤル盟長は激怒していたし、中国人の趙会山や郝文広と田万生、それに白漢臣も同調していた。一九六三年に自治区政府が「民族分裂主義的な活動はない」と話して抵抗した。「アルビンバヤル盟長は赤裸々に王公貴族と搾取階級の牧主の利益を守ろうとするし、田万生と郝文広らは階級闘争に反対している」、とボインバトは理解していた。

反大漢族主義をめぐる闘争

既に触れたように、共産党華北局は一九六四年から解学恭書記らを内モンゴル自治区に派遣してウラーンフーに関する資料を収集していた。これに気付いたウラーンフーも一九六五年七月から閻耀先と雲祥生らを抜擢して自陣を補

写真16　1950年代初期のオルドス高原のモンゴル人たち。伝統的な民族衣装は1958年から禁止された。写真提供：ソノム。

強した。そして、一九六六年三月にはウラーンフーは側近の雲北峰をオルドスに派遣してボインバトの仕事ぶりを調べさせた。こうしたウラーンフー陣営の動きについて、ボインバトは一九六七年六月一二日に次のように語っていた（楊2015a,149-150）。

　一九六六年四月二六日と二七日に、内モンゴル自治区党委員会の席上において、ウラーンフーは悪意で以て反大漢族主義のキャンペーンを始めた。彼は、各盟や市の書記たちにも反大漢族主義のキャンペーンを支持するよう呼びかけていた。私は彼の陰謀に気づき、「イケジョー盟の民族関係にどんな問題があるのか、まだ分からない」と反論した。会議の休憩時間にウラーンフーの側近の奎壁がやってきて、「ボインバトさん、あなたに問題があるとみんな話している」と圧力をかけてきた。その後、雲北峰もまたオルドスに来て一カ月間滞在した。彼と一緒に来ていたマンダフも「イケジョー盟の生産活動が進んでいないのは、大漢族主義がのさばっているからだろう」と指図するが、私は否定した。

　昨年の前門飯店会議の際も、郝文広はウラーンフーを批判しなかった。……郝文広の妻劉桂潔と閻耀先の妻馬玉華らが私を誣告しようとしていた。一九六六年七月に北京からオルドスに戻ると、郝文広の妻はもう壁新聞を貼りだして「ボインバトは野

心家だ」と批判していたので、郝文広の陰謀だとすぐ分かった。案の定、前門飯店会議から帰ってくると、私と呉占東（モンゴル人）は批判された。これはウラーンフーのブラック・グループの謀略だ。というのは、私と呉占東が前門飯店会議でウラーンフーの問題を暴露したからだ。華北局前門飯店会議でのオルドスからの参加者は一〇人で、積極的にウラーンフーを批判したのは呉占東とマンダフ、ゲレルトだ。旗と県レベルの幹部たちの中で最も早くウラーンフーを批判した人たちである。その次は東勝県の副書記の郭治祥だが、帰ってきたら、全員、郝文広に打倒された。

ボインバトは、自分自身と前門飯店会議でウラーンフーを批判した幹部たちがオルドスに帰還した後に郝文広ら陝西省北部出身者によって一時的に追放された経験を述べている。

実は一九六六年四月に郝文広の妻劉桂潔はフフホト市に入り、ウラーンフーと同じトゥメト出身の李振華の夫人を通して、ボインバトの動向について報告していた。田万生と閻耀先らも同様な行動を取った。すべて延安派である。

七月中旬、北京前門飯店会議に参加していた閻耀先からの手紙がオルドスの関係者に届き、まもなく劉桂潔らは「反革命修正主義者ボインバトの罪を暴露する」、「政治的な野心家のボインバト」という大字報を貼りだした。この時、ボインバトは北京でウラーンフー批判の急先鋒に任じられていたが、地元では既に彼自身が「ウラーンフーの黒いグループに属す者」とされていた。「ボインバトは狡い奴だ。北京から戻る前に彼を倒さなければならない」、とオルドスの中国人幹部たちは迅速に動いていたのである。

「リトル北京」

死活の闘争は続く。オルドスの文化大革命は複雑化し、自治区全体の政治の台風の目のような様相を呈してきた。文化大革命の初期においては、中国政府は主としてウラーンフーを首領とする西部出身のモンゴル人幹部たちを粛清し

ようとしていたからである。その為、自治区全体がオルドスでの政治闘争に巻きこまれた。北京と同じように、オルドス高原でも立ち上がった群衆は造反と保守の二つの陣営に分かれた。オルドスの混乱ぶりを一九六七年九月二三日付の『工人戦報』（第三〇、三一合併号）は詳しく伝えている（楊 2015a,151-154）。

フフホト市の労働者新聞『工人戦報』によると、一九六六年九月二三日以前は、イケジョー盟共産党委員会常務副書記の楊ダライと副書記の康駿らが「盟委員会文化大革命弁公室」を構成していた。党中央からの文化大革命発動の指示に応える為の組織だ。二三日以降には内モンゴル自治区党委員会が正式に「イケジョー盟の文化大革命指導組の成立を許可し、組長には山西省から派遣されてきた劉忠が任命された。これは、華北局前門飯店会議の結果、内地からの中国人幹部たちがモンゴル人の権力を奪う為の布陣である。副組長は楊ダライと康駿で、メンバーには郝文広と劉雄仁らが加わり、計七人からなる組織だった。

一一月二五日になると、郝文広と康駿らは「オルドス無産階級革命造反聯絡総部」（略してオルドス）を形成したのに対し、ボインバトを擁護する楊ダライと康駿らは「イケジョー盟革命造反聯絡委員会」（略して聯委）を作った（楊 2015a,151）。「オルドス無産階級革命造反聯絡総部」は最初「毛沢東思想を守る戦闘隊」（捍衛毛沢東思想戦闘隊）と名乗り、後に膨れ上がって「イケジョー盟紅色革命造反団」となる（楊 2015a,215-216）。ちなみに「衛東彪」とは「毛沢東と林彪を衛る」との意味である。一方、ボインバトを守ろうとする「聯委」側は一九六六年一一月一一日に成立した「紅色戦闘隊」からスタートしている。こちらも複数の下位組織を糾合して「イケジョー盟無産階級革命造反聯合委員会」と名乗ったのは一九六七年一月二三日の夜だった。

どちらも「造反」を標榜しているが、一般的に「オルドス」は急進的な造反派で、「聯委」は保守派と理解されていた。文化大革命初期において、オルドスのすべての人たちがこの二つの組織のどちらを支持するかの態度を表明しなければならなかった。わが家では父親が「聯委」で、母親が「オルドス」派だったのである。

「革命造反派」が「オルドス」と「聯委」に分かれた最大の原因は、ボインバトを暴力的に闘争するかどうかだった。郝文広の「オルドス」は「ボインバトこそウラーンフーの黒い手先だ」として一九六六年八月から壁新聞を貼りだして批判していたが、楊ダライらの「聯委」は「ボインバトは前門飯店会議でウラーンフーと戦ったし、ウラーンフー陣営の者ではない」と擁護した。楊ダライは「ボインバトは自治区党委員会の中国人書記の王鐸や王逸倫らとも連携し、更には内モンゴル軍区とも繋がっていた。いわばウラーンフーが失脚した後の自治区体制側のメンバーだった。内モンゴル軍区は文化大革命の最初の段階で師範学院の大学生の造反派を射殺するなど厳しい弾圧体制を敷いていたので、『路線的な間違いを犯した』」と一九六七年四月に党中央から批判されて退潮する。軍の一時的な撤退で造反派の正統性が確立されるが、ウラーンフーと同じく延安派に属する中国人の郝文広らがオルドスで造反派を形成して、反ウラーンフーの先鋒をつとめたボインバトら東部出身のモンゴル人を逆に打倒したプロセスは、まるで「小北京」のように、複雑な政治闘争が繰り広げられていたのである。

「反ウラーンフーの積極分子」が明示する未来

保守派の「聯委」は一九六六年八月一〇日に『ウラーンフー反党集団の黒い手先はイケジョー盟まで伸びている』という大字報を書き、中国人の田万生を批判した（楊 2015a, 151-152）。陝西省北部出身の田万生は一九四〇年代からオルドス西部のウーシン旗あたりで活動していたし、中国人延安派の代表格のひとりである。「聯委」側の白銀柱はまた『イケジョー盟書記ボインバト同志問題の真相』という文を一〇回にわたって配布し、「ボインバトこそ反ウラーンフーの積極分子」だと強調した。白銀柱は一九六四年に大学を卒業した者で、イケジョー盟第一中学校の代理書記だった。オルドスに駐屯する人民解放軍も「聯委」側と連携していたが、「聯委」と「オルドス」はそれぞれの支持者たちを擁して大規模な「武闘」を展開していた。

中国の政治運動は一種の巨大なミキサーのようにあらゆる人物を巻きこむ。まもなく反ウラーンフーのボインバトも、延安派の立場に立つ『工人戦報』をいち早く作った郝文広もその仲間の田万生と共に「郝・田宗派」を形成したと批判された。造反派の立場に立つ『工人戦報』は次のように指摘している。ボインバトは絶対に打倒しなければならない人物で、彼には次のような「罪」がある。

一、偉大な毛主席を攻撃した。二、「ウラーンフーこそが民族の指導者であり、民族問題でも発言権がある」と話して、ウラーンフーの思想を宣伝した。三、大躍進政策と人民公社化政策に反対した。四、生産請負制を推進し、資本主義政策を実施した。五、ウラーンフーの意向に沿って、民族分裂主義者の金漢高と楊ダライらを抜擢して重用した。六、「文化大革命はモンゴル人ばかりを打倒している」と発言していた。

『工人戦報』は最後に結論を示している（楊 2015a, 154）。

前門飯店会議においても、ボインバトは最初から積極的ではなかった。ウラーンフーの問題が暴露され、もう守りきれないとみた彼は「積極的な振り」をしたに過ぎない。……彼はウラーンフーのいないウラーンフーの政策を実施していた。ボインバトが共産党と社会主義に反対するのは偶然ではない。搾取階級出身の彼は必然的に反党反社会主義にならなければならなかった。彼は地主の家に生まれ、その父親も土地改革の運動中に農民に殺された。彼の四番目の伯父は日本統治時代に旗公署の役人だったし、彼本人も偽満洲国の法政大学で学ぶなど、日本の奴隷化教育を受けている。興安省人事課に勤務し、ハーフンガの内モンゴル人民革命青年同盟に入って、独立運動をやっていた。……ボインバトこそがイケジョーにおけるウラーンフーの代理人であり、頑迷な反革命修正主義者なので、絶対に打倒しなければならない。

以上が造反派新聞の見解だが、内モンゴル自治区における文化大革命の方向を示す指針的な論文で、先見の明があると評価できる文章である。以後、ボインバトのような「偽満洲国が育成したモンゴル人」は「独立運動という民族分裂主義的活動」を推進した「罪」で粛清されるし、中国人の延安派もまた政治闘争の犠牲になっていくのである。

120

延安派の逆襲

ボインバトを擁護する「聯委」側は「ボインバト同志に関する華北局・内モンゴル党委員会の指導者の同志たちの談話と指示」との公文書を出して、延安派に対抗した（楊 2015a,155-167）。この公文書は一九六六年七月一五日から翌年二月一六日までの自治区の指導者の高錦明や雷代夫らの言葉を網羅している。

公文書によると、前門飯店会議が終わった後の一九六六年八月には雷代夫がオルドスにやってきて、ボインバトはウラーンフーの陣営に属す者ではない、とイケジョー盟の幹部たちを説得していた。しかし、イケジョー盟では既に郝文広らが「ボインバトこそウラーンフーの黒い手先だ」とする主旨の大字報を貼りだしていた。一九六六年九月二〇日、イケジョー盟第一中学校の学生たちは盟委員会に闖入してボインバトを引きずりだして批判闘争しようとしたが、ここでも自治区党委員会の高錦明らが指示を出して阻止した。二一日の早朝、自治区党委員会は立て続けに二通の電報をオルドスに打って、ボインバトを暴力的に闘争するのを阻止したが、時は既に遅かった。

「ボインバトを闘争しよう」とするオルドスの「革命的な学生と政府直属機関の幹部たち」を前にして、高錦明は一九六六年一一月一二日に次のような主旨を話した。

ボインバト同志とシリーンゴル盟のゴンボジャブ書記（写真17）にも間違いはある。ひどい間違いでもある。内モンゴル自治区は真先にウラーンフーを揪（つま）みだした。

ただ、彼らはウラーンフーの黒い手先ではない。……内モンゴル自治区の九つの盟と市の書記の中で、ボインバトとシリーンゴル盟のゴンボジャブ、バヤンノール盟のバトバガナから三人はウラーンフーの黒いグループのメンバーではない。

内モンゴル党委員会の王宏烈も一〇月三日に「イケジョー盟のボインバト書記とバヤンノール盟のバトバガナ書記、それにシリーンゴル盟のゴンボジャブ書記の三人はウラーンフーの黒い手先ではない」と革命群衆を説得している。三人のモンゴル人書記は全員「偽満洲国出身の日本刀をぶら下げた奴ら」で、ウラーンフーに抜擢されて自治区西部に

121　第三章　北京の謀略とオルドス高原の烽火

写真17　ゴンボジャブ

任官していた。彼らは前門飯店会議で中国人側に立ってウラーンフーと訣別したが、自治区に帰ってくると、自身の日本時代の経歴が問題視されたのである。

日本とモンゴルという「罪」

造反と保守の両派が鋭利な批判文章を用意して相互を攻撃したのも、北京と同じである。「オルドス」側は一九六七年八月二日に「ボインバトのブラック・スピーチ集」（楊 2015a, 251-262）を整理して、相手の「罪」を列挙した。まずボインバトの出身と「階級的な身分」を詳しく分析し、いかに「党中央と毛主席、社会主義に反対する言論をしてきたか」を罪証としている。

ボインバトは日本の偽満洲国の法政大学を卒業し、日本の天皇に忠誠を尽くしていた。卒業後も偽満洲国の中央職員訓練所で研修し、ファシズム当局に派遣されて、外国へ観光に行ったこともある。帰国後は興安総省の人事科につとめ、日本の偽満洲国の協和会にも参加した。一九四五年に日本が投降した後の二カ月間の行動は不明だ。その後はハーフンガに追随してジャラガルとゴンボジャブらと結託してホルチン右翼前旗自治政府を作り、反動的な内モンゴル人民革命青年同盟ホルチン右翼前旗の内防科長のポストに就いた。それだけではなく、彼はまた

反動組織の「興蒙会」にも加わった。……その後はウラーンフーにみそめられ、「ウラーンフーの八大青年」のひとりとなった。前門飯店会議の時、風向きが変わったとみた彼は机を叩いたり、大声で怒鳴ったりして反ウラーンフーの急先鋒を演じたりしたが、それは革命の左派を騙す為の演技に過ぎなかった。

批判文はまたボインバトはずっとモンゴル人搾取階級の利益を優先し、プロレタリアート独裁を実施してきたと断罪する。ボインバトはまた以下のように「その主人のウラーンフーに倣って中国人即ち漢族を馬鹿にした」という。

　陝西省の楡林地域は貧しいところだ。楡林の漢族(チャイニーズ)の連中は冬になると一、二キロのタバコの葉っぱを持って出かける。オルドスにやってきてタバコの葉っぱをモンゴル人に売りながら、モンゴル人に「サンバイノー(こんにちは)」しか言えない彼らが、モンゴル人の家を三カ月間も回っているうちに、モンゴル人の食糧をただで食べて一冬を過ごす。牧畜地域では外から来た人に戸籍を与えてはいけない。外から来た者は全員が漢人ではないか。

　右はボインバトが一九六二年と一九六五年五月に話したことだとされている。ボインバトの発言の内容はすべて事実である。私も子どもの頃はオルドスにいた。陝西省からの中国人たちはモンゴル人社会に接待(もてなし)の文化があるのを知っている。その為、モンゴル人社会に来たら、ただで飲み食いできる。彼らは大挙してモンゴル人の家庭にやってきて、転々と回って過ごし、腹一杯食べて、数カ月間過ごしてから貧しい故郷に帰っていった。

　「今回の運動はモンゴル人ばかりを迫害している」

　とボインバトは文化大革命を否定する発言」として重い罪となった。ボインバトは中国人の高錦明と李雪峰らに唆されて前門飯店会議で確かにウラーンフーを批判した。彼がウラーンフーに突き付けた「罪」がそのまま自身に及んだところに、中国の政治運動の過酷さが認められよう。ボインバトは一九六六年十一月三日から自治区の首府フフホト市で「自治

123　第三章　北京の謀略とオルドス高原の烽火

区三級幹部会議」に参加していた。一九日の早朝、「イケジョー盟紅色革命造反団」のメンバー六三〇人がフフホト市に乱入し、ボインバトを拉致して、トラックに載せてオルドスに帰った。

ボインバトは前門飯店会議で反ウラーンフーの急先鋒をつとめたものの、オルドスに帰ってくると、地元イケジョー盟の文化大革命指導組には彼の名前はなかった。中国人の延安派は露骨に「反ウラーンフーの積極分子ボインバト」を外した文化大革命指導組に彼の椅子はなかった。中国人の延安派、陝西省北部出身の中国人の延安派で固められた文化大革命指導組メンバーのこうした構成に対して、自治区の指導者たちも問題だとは分かっていながらも、特に有効な対策が執れなかった。

五 共産党史の闇の発見

「高崗反党集団」

「あなたはウラーンフーと関係があったのか」

とこのように郝文広に尋ねたのは、内モンゴル自治区の著名な造反派領袖の高樹華である。高樹華が一九六七年六月下旬にオルドスを訪問した時のことである。「それはあったさ。関係がなければ、ウラーンフーは私を抜擢するか」と郝文広は大胆な返事をしていた（高樹華　程鉄軍　2007,269-270）。

中国人の延安派たちをウラーンフーと結びつけるだけでは、火力が足りなかった。中国人の延安派たちはボインバトこそが「ウラーンフーの黒い手先」だと主張しているので、ボインバトを擁護する「聯委」は一九六七年六月四日に新しい、致命的な攻撃の材料を発見した。「高崗反党集団」である。「郝文広と田万生はウラーンフーの反党集団の成員であるばかりでなく、高崗反党集団のメンバーでもある」、と断じた（楊　2015a,176-177）。

実はボインバトは華北局前門飯店会議からオルドスに帰ってまもなく、側近の呉占東を北京に派遣して、直接党中

央の意図を探っていた。モンゴル人の呉占東は北京の政局についてボインバトに報告した。南中国出身の毛沢東の党中央が陝西省北部出身の高崗と習仲勲らを「反革命分子」と断定した意思は固い、と察知した呉占東は、郝文広と田万生らを「高崗反党集団」と結びつけるようボインバトに伝えていた。

陝西省北部出身で、オルドスに来ていた中国人の幹部たちも「高崗反党集団」のメンバーだと断罪した批判文は、私が発掘し、公開した資料群の中でも特に重要である。以後、ウランフーと共に延安で暮らしていた陝西省北部出身の中国人幹部たちも「ウランフーの反党集団と高崗反党集団の二重のメンバー」とのレッテルが貼られて粛清される。

高崗は一九〇五年に陝西省北部の横山県に生まれ、中国共産党の「陝北革命根拠地」を創建した主要な人物のひとりである。一九三五年九月に毛沢東の紅軍が南中国から長逃して陝西省北部に落ち着くと、「陝北の革命家たちは紅軍を絶滅の危機から救った」と宣言した。紅軍は南中国を出発した時は三〇万人だったが、陝西省北部の延安に到着した際にはわずか三万人程度に減少していたので、敗軍を受け入れた陝西省北部の革命家たちは確かに功績を立てた。しかし、毛沢東がまもなく地元で人気の高い劉志丹を殺害して権力を簒奪すると、共産党内部の南方系と陝西省北部出身者との間で熾烈な権力闘争が長く続いた。陝西省北部出身者はほぼ全滅するが、かろうじて生き残ったのが高崗と習仲勲の二人である。高崗は毛沢東に忠誠な態度を示してきたが、それでも政権獲得後の一九五四年に失脚し、文化大革命中に批判闘争された（馬畏安 2006；李建彤 2007；陳大蒙 劉史 2008 温相 2008）。

罪名は「ソ連に通じて毛沢東と劉少奇に反対したこと」だった。残された習仲勲も一九六二年に失脚し、文化大革命中に批判闘争された（馬畏安 2006；李建彤 2007；陳大蒙 劉史 2008 温相 2008）。

「反党集団を結成して偉大な領袖の毛沢東に反対した罪」で歴史の彼方に葬り去られた高崗は陝西省北部の共産党の割拠地を守り、拡大させた人物である。しかし、彼とその同志たちが南方系の毛沢東によって追放された以上、郝文広と田万生ら中堅幹部たちも尻尾を巻いて北京から遠いオルドスで息をひそめて暮らすしかなかった。高崗はモンゴル人のウランフーと共に延安民族学院で仕事をしていた過去もある。高崗が粛清された以上、陝西省北部出身者た

ちにとって、モンゴル人のウラーンフーは最高位の保護者だった。中国共産党内の南方出身者たちの時代、内モンゴル自治区は高崗との親密な関係を知っていたが、まだモンゴル人指導者層を打倒する気配がなかった時代、文化大革命までの陝西省陝西省北部出身者たちの大本営だった。高崗の「罪」が「平反」（名誉回復）されない以上、文化大革命の中でも陝西省北部出身者たちは慎重に慎重を重ねて、党内闘争のタブーに触れないよう生きていたのである。高崗の自殺は毛沢東と劉少奇らが一方的に主導した粛清劇だと分かっていても、党と国家のあらゆる権力が「南蛮子」に掌握されている以上、どうしようもなかった。従って、内モンゴル自治区における文化大革命の中で、オルドスの「聯委」側が「高崗反党集団」を武器として持ちだした戦略はみごとに成功した。

日本よりも危険な「高崗残党」

造反派の「オルドス」がボインバトの日本統治時代の経歴を問題視しているのに対し、保守派の「聯委」は、郝文広らは「高崗の残党だ」と反撃してきた。どちらも歴史を持ちだして相手を攻撃しているところが特徴的である。「聯委」は一九六七年八月一〇日に「高崗の残党を徹底的に除去しよう」との批判文を公にした（楊 2015a,263-301）。この批判文は「オルドス」と「フフホト市大学中等専門学校紅衛兵革命造反第三司令部」（略して呼三司）、天津紅代会南開大学八・一八火炬縦隊が合同で執筆したものである。

偉大な無産階級文化大革命の中で、内モンゴルのイケジョー盟の大勢の紅衛兵と無産階級の革命造反派たちは毛沢東思想の旗を高く掲げて、万難を排して郝文広（盟の副書記兼副盟長、盟公署党組織委員会書記）と田万生（盟の副書記、内モンゴルの監査委員会委員、全国人民代表大会委員、統一戦線部長）をボスとする反党集団を揪みだした。これは、毛沢東思想の勝利であり、ウラーンフーの代理人でもある。イケジョー盟の郝・田・白反党集団は高崗の残党であり、人民に喜ばれた快挙である。イケジョー盟の南西部は陝西省北部の三辺地域、横山地域集団やウラーンフー反党集団との汚い関係は長い。彼らと高崗反党

と隣接しており、高崗とその徒党たちは既に一九三五年からこれらの地域で活動していた。

一九三五年冬、高崗と田万生ら七人からなる臨時の工作組は陝西省北部からオルドス南部のオトク旗とウーシン旗に入り、「内モンゴル工作委員会」を作った。高崗が主任に、趙通儒が秘書長に、田万生が「ウーシン県ソヴィエト」の主席にそれぞれなった。一九三七年に「内モンゴル工作委員会」は「少数民族委員会」に名を変えたが、高崗は主席に変わり、李維漢が書記となった。それ以降、一九四五年に高崗が中国西北部を離れるまで、イケジョー盟の仕事はすべて彼の指導下にあった。

オルドスはまたウラーンフーの活動の拠点であり続けた。彼の巣窟でもあった。一九三八年にウラーンフーは国民革命軍新編第三師団と共にオルドスのトーリムに入り、この軍の政治委員やイケジョー盟と綏遠省軍政委員（主任は趙通儒）などを歴任した。

高崗とウラーンフーはオルドスで活動していた頃に、自らの側近たちを育てた。郝文広は、高崗の残党である趙通儒が育てた者で、延安民族学院でウラーンフーと王鐸の弟子となったし、ウラーンフーの妻雲麗文とも同窓生である。田万生は高崗と義兄弟の契りを交わしており、親友である。白漢臣は高崗と同郷にして同窓生で、その上で義兄弟の契りを結んでいる。彼らは高崗反党集団の主要なメンバーである。一九三八年からオルドスにいた高崗とウラーンフーの残党たちは互いに結託し合い、決死隊を形成した。高崗が打倒された後、そ
の残党はすべてウラーンフーの門下に入った。

このように、毛沢東と抗争した高崗は容易にモンゴル人の指導者であるウラーンフーと結びつけられた。ウラーンフーの故郷である南モンゴルのトゥメトが陝西省北部と隣接し、共に延安で活動し、そして恐らくは二人ともソ連に憧れていたからである。
中国人の白漢臣はいつも、「高崗は陝西省革命根拠地の創始者だ」と宣伝していたという。「高崗同志は党中央の食糧政策に不満だった。党中央に意見を述べただけだったが、毛主席から功名の為だと批判されて、反党分子にされ

しまった。高崗は圧力を受けて、睡眠薬を飲んで亡くなったのだ」、とも話していた。「毛主席は笑いながら高崗に薬を渡した。高崗が家に帰ってその薬を飲んだら、死んじまった」、と毛沢東が直接、高崗を殺害したような話を白漢臣は一九六二年にしていたという。

「高崗は功績が大きい。毛主席の紅軍が陝西省北部に来た時、高崗と彼が創った根拠地がなかったら、全滅しているよ」

と白漢臣はまた語ったという。私も子どもの頃から経験しているが、高崗や劉志丹など陝西省北部出身者の歴史はずっとタブーであった。そのタブーを公然と打ち破り、しかも高崗らの功績を口にした白漢臣らは当然、打倒される運命にあった。

毛沢東ら中国南部出身の共産党主流派からすれば、高崗の歴史はある意味よりも危険だった。日本と「偽満洲国」は共産党によって追放された対象とされていたが、日本の偽満洲国」の存在よりな政治闘争史を意味しているので、決して人民に見せられる内容ではなかったのである。従って、ボインバトを守る「聯委」側の反撃は破壊力が大きかったのである。

多重の罪と延安派の底力

高崗反党集団に習仲勲という男がいた。今の習近平総書記の父親で、一時は国務院副総理をつとめていた。習仲勲もまたウラーンフーと親しかったとされる（写真18）。習仲勲はウラーンフーの息子の仲人であり、共に反党活動をおこなっていたという（楊 2015a、270）。一九六五年六月に山西省の太原市で共産党華北局会議が開かれた後、ウラーンフーは「私は民族問題で孤立してきた。これからは延安民族学院の卒業生を使うしかない」と発言し、ますます高崗反動集団と「固く結託」しはじめた、と「高崗の残党を徹底的に除去しよう」との文は批判する。このように、文化大革命が発動された最初の段階で、内モンゴル自治区では西部出身のモンゴル人高官たちが真っ先に粛清された。彼らには延安で一時暮らしていた過去があった為、陝西省北部出身で、中国共産党内の非主流派の「高崗反党集団と連

写真18 天幕のなかでくつろぐウラーンフーと習仲勲（右）。一九八四年の一枚。

携した罪」も冠された。多重な「罪」を用意することで、二度と政界に戻れないよう徹底した戦略である。この時期、共産党中央に協力していた内モンゴル自治区東部出身のモンゴル人たちもやがては「対日協力」と「分離独立」という二重の「罪」で惨殺されていく結末をまだ予想していなかっただろう。

オルドスにおける人民群衆の造反と保守両派の対立と、共産党内部での延安派と「偽満洲国出身者」らとの熾烈な政治闘争は天津から経験交流に来ていた紅衛兵たちの報道によって、全国的にも知られるようになった。北京からの支援があったかどうかは不明だが、「聯委」側は一九六七年九月に「イケジョー盟党委員会記録から郝文広と田万生らの陰謀をみよう」との文書（楊 2015a,302-312）を公開した。これは、イケジョー盟党委員会内部にいたポインバトを擁護する人たちが共産党の内部の秘密の記録を公にすることで、造反派を撃退しようとした策略である。公文書はいう。

郝文広と田万生は高崗の残党で、ウラーンフーのイケジョー盟における代理人でもある。彼らは長い歳月の中で古参の右派と大物の裏切り者、封建的な王公、そして反党分子から形成された反党集団だ。この反党集団は実質的にはウラーンフーがオルドスに設置したブラック司令部だ。反党集団はボインバト同志を打倒しようとしているだけでなく、更に大勢の革命的な同

志たちをも死に追いやろうとしている。

党委員会の記録集によると、一九六六年八月一五日に開かれた会議の席上で、中国人の田万生と劉雄仁らは「ボインバトが文化大革命指導組に入るのに断固反対する」と強く主張した。イケジョー盟文化大革命指導組の実権を掌握することで、北京前門飯店会議から戻ったボインバトを不利な立場に立たせた。盟党委員会だけでなく、オルドスの各旗や県の文化大革命指導組もほとんど陝西省北部出身の幹部たちや彼らと付き合いの古い地元のモンゴル人たちが占めるようになった。かくして、南モンゴル東部から西部オルドスに赴任してきたボインバトは、運動の初期において完全に包囲されていたことが分かる。延安派の底力はまだ残っていたのである。

延安派に対する断罪する方式

「聯委」側は更に体系的に延安派に反撃する。中国共産党内部の政治闘争史が武器となるのを彼らも熟知していたので、例の高崗を再び墓の中から蘇らせた。一九六七年九月二一日、「聯委紅総司の専ら高崗の残党を揪みだす連絡センター」は「高崗の陰湿な魂は未だ消えず」との批判文を編集し、公開した（楊 2015a,313-326）。

「オルドスはもはや高崗の残党の巣窟になってしまった」と批判文は冒頭で主張する。「毛主席は北京入りしてから、延安をすっかり忘れた」、と「高崗の残党の趙通儒」は一九五六年に話して「偉大な領袖を攻撃した」と断罪する。高崗の「罪」はソ連のトロツキーやブハーリンほどは重くないにも関らず、毛沢東に粛清されたのは不公平だともこぼしていたそうだ。高崗の義兄弟の田万生もまた「劉志丹と高崗の死に対して、陝西省北部の人民は不満だ」と周辺に語っていた。「地主出身の郝文広は一九六二年に反動的な漢詩を書いて、毛主席の人民公社を悪意で以て攻撃した」、とも書いている（楊 2015a,319）。

ボインバト側の「聯委」はまた一九六七年一〇月二〇日に「高崗とウラーンフーの反党言論集」である（楊 2015a,327-360）。この冊子は第一部分が「高崗の反党言論」で、第二部分が「高崗とウラーンフーの反党言論集」を編集し、公開した。ウラーンフーの場合だと、彼が「劉志丹は共産党西北根拠地の創始者だ」との発言が問題視されている。

以前に「チンギス・ハーンの子孫たちは連携し合おう」とか、「大漢族主義に反対し、民族の自決を獲得しよう」などと簡単に翻意していたことが「反党の証拠」だと断じられている。すべて中国共産党自身が唱えながらも、建国後にはいとも「聯委」側の攻撃は続く。彼らは一一月一日に「ウラーンフーのイケジョー盟における罪行」との文章を書いて、延安派の「高崗の残党を徹底的に駆除しよう」と呼びかけた（楊 2015a,374-415）。「ウラーンフーと高崗の罪行」は以下の通りである。

ウラーンフーは内モンゴル自治区における最大の走資派であり、現代のチンギス・ハーンでもある。彼は民族主義の外套をまとった狼で、一度も革命をやったことがない。彼は日和見主義者にして裏切り者だ。……高崗は共産党西北局の書記だった時代から毛主席に反対する路線を歩んだ。高崗が延安民族学院の学院長だった頃に、ウラーンフーは同学院の教育長だった。延安民族学院にいた雲北峰と浩帆、ウラーン、雲曙璧、雲曙芬、雲麗文、キョールゲン（克力更）、寒峰、李振華、郝文広らは全員大モンゴル帝国を創る為のメンバーたちだ。……一九四五年以降に高崗が東北局の書記になり、ウラーンフーはモンゴル民族の指導者にそれぞれなった。二人は結託し合って内モンゴルで「搾取階級を闘争しない、その財産を分けない、階級的な身分を画定しない」という三不政策を実施した。……

一九六一年には習仲勲が西北へ行こうとしてフフホト市に立ち寄った際に、ウラーンフーは宴会を開いて接待した。習仲勲が北京に戻ってからもウラーンフーの問題を党中央に報告しなかった。ウラーンフーも北京に行くと、習仲勲の家に行き、飲み食いをした。

ボインバトはもはや「革命的な左派」として生き残れなくなった。一九六八年三月二七日、造反派の「オルドスは「イケジョー盟における中国のフルシチョフの代理人が牧畜生産活動において犯した反革命修正主義の罪行を徹底的に批判せよ」との文章を公表し、「ボインバトこそ忠実にウラーンフーの三不両利政策を実施し、社会主義化に反

対した」、と断じた。ボインバトが自民族の最高指導者のウラーンフーを真先に批判してまで中国共産党に忠誠な態度を示しても、彼が同胞のモンゴル人たちとモンゴル語で話し合ったりしただけで、「地方民族主義的な思想がある」と断罪されている。いわば、文化大革命中にモンゴル人が造反と保守のどちらの陣営に立とうとも、「民族主義的な思想を持つ」との一言でいつでも粛清される立場に立たされていたのである。

中国共産党華北局は前門飯店会議の閉幕後に引き続き北京で東方飯店会議を招集した。ウラーンフーを追放した高錦明と権星垣らはボインバトを自陣に受け入れ、彼と対立する郝文広は間違いを犯したと結論づけた。しかし、北京からオルドスに帰ると、中国人の幹部たちは郝文広側に、モンゴル人幹部たちはボインバト側にそれぞれ立った。ボインバトは文化大革命が発動された際の北京前門飯店会議ではモンゴル人の最高指導者のウラーンフーの「反大漢族主義と民族分裂主義」を批判した。一方、ウラーンフー打倒に不平不満を持っていた人たちには陝西省北部出身の中国人幹部も大勢いた。こうした事実は民族問題の複雑さを物語っている。

二〇一三年一〇月一五日、北京の人民大会堂で「習仲勲生誕一〇〇周年記念座談会」が開かれた。この座談会には九〇歳に達する高崗の未亡人も列席し、夫の名誉回復を求めた、と『讀賣新聞』は伝えている（二〇一四年二月二七日・朝刊）。中国共産党内部の権力交替の歴史的構図からみると、陝西省北部出身者が国家と党の最高ポストに就くのは、習近平が最初となる。

第四章　共産党が醸成する反「分裂主義」の世論

共産党にすべての権力が集中する中国において、各省や自治区の党委員会は首都北京に次ぐ政治の中心である。内モンゴル自治区の場合だと、首府フフホト市にある党委員会は北京の党中央と連動し合って、モンゴル人の「民族分裂主義的活動」を断罪する最前線であった。

一　政府の急先鋒をつとめる自治区の中国人

モンゴル人政治家の抵抗と敗北

反大漢族主義を四清運動の軸として進めてきたウラーンフーは、一九六五年八月三一日に北京にある国家民族事務委員会から浩帆を呼んできて党委員会副秘書長に任命した。浩帆はウラーンフーと同じトゥメト旗出身のモンゴル人で、いずれは秘書長に抜擢する予定だった。この時、中国人の張魯が秘書長代理として残っていたが、彼は当然、自分が排除されたと思った。翌一九六六年一月二五日にウラーンフーは自治区代理常務委員会委員に一三人を任命するが、これにも浩帆は入っていた。一三人中九人がモンゴル人で、うち浩帆と陳炳宇、雲世英、雲北峰、チョルモン、ブヘ（ウラーンフーの長男）の六人がトゥメト人だった。こうした人事は、中国人と東部出身のモンゴル人の間で怨恨の種をまいた。張魯と党委員会弁公室主任の楊敏、宣伝部部長の郭以青、書記処書記の高錦明ら中国人は華北局に密告の書簡を送り、「内モンゴル党委員会は極端に狭隘な民族主義の情緒に包まれている」とし、上級機関による調査を求

第一号の大字報の意義

春の四月二五日にウラーンフーは自治区党委員会拡大会議を開き、反大漢族主義の必要性を強調し、参加者からも支持を獲得した。当然、「大漢族主義的思想」の持ち主とされた高錦明と権星垣、周明と雷代夫らは反発し、再度、北京の華北局に密告する。華北局は四月三〇日に書記処書記の解学恭と李樹徳、魯鳳儀、曲友仁らを派遣して、ウラーンフーの「狭隘な民族主義思想」を調査し、批判した。五月一日、権星垣は一三頁に及ぶ長大な密告文をしたためて解学恭に提出し、ウラーンフーと浩帆の「民族分裂主義的な活動」を詳しく例示した。中国政府と大勢の中国人政治家たちを前にして、モンゴル人の敗北は瞬時に訪れた（啓之 2010,95;楊 2011a,11-123,278-279）。

ウラーンフーは一九六六年五月二一日から七月二五日にかけて開催された中国共産党華北局工作会議で吊るしあげられて失脚する。華北局は最後に、ウラーンフーには「クーデターを準備し、民族分裂主義的な活動を進めて独立王国を創ろうとした罪がある」と毛沢東の党中央に報告した（楊 2013b,211-229）。

ウラーンフーが粛清されたことに関する公式な報道は一切なかったものの、内モンゴル自治区の各界にはことの真相が漏れていた。北京と同様に、ウラーンフーこそが内モンゴル自治区党委員会の最大の「敵」だと真先に感知したのはほかでもない自治区党委員会弁公室のメンバーらである。自治区の政治の中枢にいた彼らは無数の大字報（壁新聞）を貼りだして、モンゴル人批判の論陣を張った。大字報の書き手たちが共産党委員会の幹部であることと、一般の人民よりも豊富な内部情報に接し、かつまた多くの事実を暴露した内容からなっている為に、自治区党委員会の大字報は文化大革命研究に欠かせない重要な第一次資料である。以下、私は本章において、一九六六年六月一三日から九月一一日まで続く自治区党委員会の大字報が、中国共産党がどのようにモンゴル人の「民族分裂主義的な活動」を批判したかを描写する。一般的に大字報は壁に貼りだされて公開され、群衆はそのうちの関心のある内容を書き写して広げるので、言論の自由のない中国における数少ない政界の動向を知るツールの一つである。

（啓之 2010,94-95;楊 2011a,273-276）。

北京の前門飯店華北局工作会議に呼ばれたウラーンフーは政治情勢の変化を感じ取り、党委員会副秘書の浩帆に「自分のスピーチの記録を厳封して北京へ届けるよう」指示した。華北局も五月六日、自治区党委員会のオリジナルの記録を自治区党委員会拡大会議が去る四月二五日に開催された時の記録類を提出するよう求めていた。華北局は自治区党委員会のオリジナルの記録を上級機関の華北局に提出しようとしていたが、ウラーンフーを断罪しようとしていたウラーンフーは「証拠隠滅」を計った（啓之 2010,106; 楊 2011a,279）。六月七日、自治区党委員会組織部長の李子敬が率いた「革命的群衆」は党委員会に乱入し、浩帆を「ウラーンフーをボスとする反党のブラック・グループ（黒幇）のメンバーとして揪みだした」（高樹華　程鉄軍 2007,63; 楊 2011a,326）。

一週間後の六月一三日に、自治区党委員会弁公室は第一号の大字報を公開した（楊 2016a,651）。

内モンゴル自治区党委員会弁公室と機密局の幹部、職員たちは、浩帆のすべての職務を停止させて隔離審査し、反省させたと聞いて大いに喜んだ。みんな完全に、熱烈に党委員会の英明な決定に賛成し、迅速に戦闘に入ると決心した。反党の謀略家に対する満胸の憤怒と、党中央と毛主席、それに社会主義を守ろうという忠誠な紅い心臓で以て毛沢東思想の偉大な紅旗を高く掲げて、反党反社会主義分子の浩帆に対して、猛烈な砲火を浴びせよう。

党委員会が列挙した浩帆の「罪」は以下の通りである。

一、一九六六年四月二五日に開催された自治区党委員会の席上で、民族問題について発言した一〇人の記録を上級機関の華北局に提出しようとしなかった。華北局と繋がりのある人物たちを排除した。二、反大漢族主義を推進した。例えば、「党中央はいつも地方民族主義に反対する運動には熱心だが、大漢族主義に反対するのには難癖を付けてくる」、と話していた。

このように、中国人は自身に大漢族主義的な思想があるとは絶対に認めようとしないし、ましてやモンゴル人に反対されるなんて論外だと思っていた。ウラーンフーとその部下たちは四清運動中に反大漢族主義のキャンペーンを推進したことが逆に文化大革命前から「狭隘な民族主義的情緒の表れだ」とされ、次第に「民族分裂主義

写真19　批判闘争大会での陳炳宇と浩帆、そして李貴。

的活動」だと批判されていく。内モンゴル自治区党委員会の第一号の大字報がモンゴル人の反大漢族主義キャンペーンに対する反論からスタートしている事実は、それ以降に展開される文化大革命が両民族の対立を軸に推進されていく趨勢の予兆だと位置づけることができよう。

階級闘争と性的スキャンダル

モンゴル人粛清の方法は既に決まっていた。ウラーンフー一派の「問題」を発見することだ。浩帆が副秘書長になってから、フルンボイル盟副盟長だった鋭軍（モンゴル人）やゴニら三六人を抜擢したことも、「自治区（西部出身者を重用している）」と批判された。浩帆は、実は同じトゥメト出身のビリクバートルと陳炳宇と共に自治区党委員会の運営を上京中のウラーンフーから任せられていた。浩帆が隔離審査させられた以上、他の西部出身者の立場も微妙になってきた。「浩帆の問題は人民内部の矛盾ではなく、敵と人民との矛盾だ」と党委員会の革命的な群衆たちはビリクバートルに迫る（楊 2016a,652-655）。

大字報の中で、中国人はウラーンフーが改組して任命したトゥメト出身の党委員会代理常務委員の浩帆と陳炳宇（写真19）、チョルモンとフフ（厚和）、それに雲世英らを正面から攻撃している。浩帆はトゥメト出身者たちと「ブラック・グループ」を作っただけでなく、ウラーンフーの夫人雲麗文とも「結託」していたと批判する。中国では政治

136

家が失脚すると、絶対にその夫人ら家族も連座して打倒されるので、雲麗文を待ち受けているのは過酷な政治闘争であることを、六月一五日の大字報は宣言している（楊 2016a,655）。「雲麗文はトゥメトの小営子の地主階級の出身だ」と階級闘争論に基づいた批判が始まっている。以後、彼女に対する人格否定はウラーンフーへの攻撃と雲麗文と共に最後まで続くことになる（楊 2011a）。自治区書記処書記の王鐸の夫人、中国人の周潔も大字報を書いて、雲麗文夫人を直ちに党の機密機関から追放すべきだと主張した（楊 2016a,664-665）。雲麗文だけでなく、他の「民族分裂主義者」の夫人たちも例外なく中国人によって「反党にして反社会主義、そして反毛沢東主義思想の三反分子」に認定された。浩帆夫人の路錦雲と雲北峰夫人の奇琳花、ブヘ夫人のジュランチクとチョルモン夫人の白燕、雲治安夫人のゲレルトと鋭軍夫人の斉蔓莉、それに李貴夫人の閻達麗などである。尚、奇琳花については、拙著『墓標なき草原』（下）に詳しい記述がある（楊 2009c,3-43）。

ウラーンフーの秘書浩帆はまもなく職務を停止させられて、「隔離審査し、反省」の処分を受けた（楊 2016a,675）。ウラーンフーにはもうひとりの秘書がいて、名を沃宝田といい、ダウール・モンゴル人だった。彼は浩帆と逆の立場を取った。ある造反派の領袖によると、沃宝田は雲麗文夫人に信用されなかったことで文化大革命前に秘書の地位を失っていた（高樹華　程鉄軍 2007,54）。沃宝田は秘書のポストから外されたのに不満を抱き、六月二三日に徐子英ら六人と共に「雲麗文は狂ったように華北局に反対してきた」との大字報を書いた（図5）。具体的には一九六四年に華北局書記処書記の解学恭が自治区に乗りこんできて幹部会議を招集した際に、雲麗文は「華北局が民族政策を理解しておらず、大漢族主義的だ」と話していた例を挙げる（楊 2016a,676）。こうした個人間の因縁もあってか、沃宝田のように個人的な恨みを晴らそうとしているが、彼の書いた内容をみて喜んだのは中国人である。こうした個人間の因縁もあってか、最後まで抵抗を続けた人もいれば、中国人に所詮はモンゴル人同士の内紛に過ぎない」と公言して憚らないようになったのである。

沃宝田のように積極的に中国人側に立ってモンゴル人を断罪する者もいれば、最後まで抵抗を続けた人もいた。党委員会政策研究室のエルへはそのような人物だった。エルへはウラーンフーが北京の前門飯店華北局工作会議で吊し

図5 「戦争になったら、党中央との関係も絶つべきだ」、と主張したとされる雲麗文。演壇の後ろにはナイフをくわえたウラーンフーが隠れている。

あげられて失脚した後も夫人の雲麗文に自治区内の情報を伝えていた。自治区党委員会で誰が反ウラーンフーの発言をし、誰が権力を握ったかなどの変化を逐一、北京の雲麗文に報告していた。六月二四日に王逸倫書記と権星垣書記がウラーンフーを批判したと知ると、「エルへはみんなの前で悔し涙を流した」。七月一四日になり、ウラーンフーの「民族分裂主義的な罪状」が列挙されても、エルへは動揺しなかった。「俺は地方民族主義者で、首が切られてもいい。大漢族主義に反対し、大漢族主義に関する資料を集めてきたのも俺だ」と話して、頑迷にその反革命的な態度を改めようとしなかった」と中国人の大字報は伝えている（楊 2016a,761-763,787-788）。

中国では、政治家を打倒しようとする時に、その人のスキャンダルを発見して利用する。相手の名誉と人格を否定してから更に政治的に断罪する方式である。その為、大字報はまた誹謗中傷の手段ともなる。自治区党委員会の「革命的な群衆」らはウラーンフーの側近、李景山に「婦女レイプの容疑」があるとした大字報を貼りだしたは、「ウラーンフーが彼を庇っていたからだ」とも書く。中国ではまた、政治家が失脚すると、必ずといっていいほど「大勢の女性と不正な関係を結んでいた」とされる。文化大革命中も例外ではなかった。オルドス出身で、自治区文化局副局長になっていたオー

ノス[11]」という人物は「一五人もの女性と性関係を結んだ。なかには国民党員で、旧政府の王の妻も含まれている」と書かれている。これは、中国共産党員はみな道徳性に優れた人物からなるのが理想的で、多数の女性と関係するのは党の「優良的な伝統」に違反しているとの解釈があるからだ。勿論、このようなルールを毛沢東とその他の高官には適用していなかった（李志綏　1994; 亜歴山大　2015,327-344）。

中国人の鋭い洞察

長城以南の中国人地域に比べて、内モンゴル自治区の文化大革命は盛りあがりをみせないので、華北局に直接指導を求める、と六月一七日に現れた大字報は要請している。内モンゴルに移住してきていた中国人は自分たちの力だけではモンゴル人を一掃できないと理解して、華北局に援助を乞うている。「直ちに強力な工作隊を派遣して、あらゆる権力を奪取できるよう」要請している。そして、北京の前門飯店華北局工作会議に参加しているモンゴル人幹部を内モンゴル自治区へ帰さないよう提案している（楊　2016a,658-659）。結末を先に示しておくが、党中央華北局はこのような内モンゴルに侵入していた中国人たちの要望に応えて、七月二八日から総数三〇〇以上の中国人幹部を内モンゴル人の自治区に派遣し、モンゴル人幹部らを追放して政府機関内の要職を奪った（阿拉騰徳力海　1999,3; 楊　2009b,36）。このような事実から、中国人は実に戦略的に行動して政府と一丸となってモンゴル人を排除していたことが分かる。

「内モンゴル党委員会には華北局に反対する黒い風が吹いていた」と六月一六日に内モンゴル検査院副検査長の劉耿が大字報を書いて指摘する（楊　2016a,656-657）。劉は具体的な証拠

[11]　オーノスがどのように文化大革命期のジェノサイドを経験したかについては、楊(2009c,45-87)に詳しい記述がある。

として、内モンゴル自治区党委員会は一九六四年から階級闘争をまったく進めないで、逆に「華北局の指導者の）李雪峰と解学恭らの指導を批判していた」という。そして、最も問題なのが、一九六六年一月に『中華ソヴィエト中央政府対内モンゴル人民宣言（三五宣言）』を印刷して配布したことだと分析している。この宣言には「内モンゴル民族には他の民族と連邦を結成する権利と、分離する権利がある」、「そのような文言も紅軍が長征を終えたばかりの頃のものに過ぎず、今の反修正主義の形勢には合わない」と論じている。

実は華北局書記処書記の解学恭は早くも五月七日の段階で、ウラーンフーが『中華ソヴィエト中央政府対内モンゴル人民宣言』を印刷して配っていた行動を「重大な問題」だとして上司の李雪峰に報告していた。前門飯店華北局工作会議では、後半の七月一九日になって高錦明が『中華ソヴィエト中央政府対内モンゴル人民宣言』を印刷して配布したのは民族分裂主義的活動を推進し、独立の王国を創る為だ」と断罪していた（楊 2011a,124-128,166）。従って、フフホト市にある自治区党委員会で現れた大字報も六月一六日の時点で既に『中華ソヴィエト中央政府対内モンゴル人民宣言』の印刷と配布を問題視している事実から考えると、フフホトは北京の為に世論作りをしていたとみていい。自治区党委員会の書き手は、「華北局から自治区の文化大革命を指導する人員の派遣を要求する」と発言していた。自治区党委員会での批判闘争の論調はそのまま北京の華北局工作会議に伝えられていたのである（楊 2016a,657）。

李保義という四清工作隊員がいた。彼はトゥメト旗における四清運動は「組織的な民族分裂主義的活動だった」と暴露する（楊 2016a,661-663,666）。張如崗（検察院検察長、陝西省北部出身の中国人）と何耀、それに姚玉光と李永年、趙維新らをはじめとする幹部らは「地方民族主義に反対しようと一度も言わずに、ひたすら極端に反大漢族主義を推進した」という。そして、単に「大漢族主義に反対しただけでなく、『中華ソヴィエト政府対内モンゴル人民宣言書』を印刷して配布したのは、もっと大きな狙いがある」、と李保義は分析している。

毛主席は一九三五年当時、国内外の情勢と無産階級の利益から、内モンゴル人民を抗日の統一戦線に入れる為に、内モンゴル人民に分離独立の権利があると書いた。それも当時としては正しかった。しかし、今日では

このように、内モンゴルに入植してきていた中国人は鋭敏にウラーンフーの自治政策の性質を嗅ぎとっていた。彼らも自分たちは他所からの入植者に過ぎないこと、中国共産党が一九三五年にはモンゴル人の分離独立権を認めていたこと、そしてモンゴル人は中国政府の統治に不満であること、などを認識していた。認識していたからこそ、文化大革命前の社会主義教育運動（四清）期からウラーンフーに抵抗し、階級闘争論と反修正主義論がいちだんと強まり、ついには文化大革命が発動されると、瞬時に問題の核心的な部分に照準をあてたのである。内モンゴルでは民族分裂主義的活動に反対するのが急務だ」と最初からモンゴル主義の路線を歩む実権派に反対する運動だが、北京当局も内モンゴルに侵入していた中国人の「忠誠な要請」に応えたので、モンゴル人ジェノサイドが断行できたのである。それは、全国的に「資本主義の路線を歩む実権派に反対する運動だが、北京当局も内モンゴルに侵入したところは中国の領土となる方程式である。

六月二七日に、オルドス高原にあるイケジョー盟の党委員会副書記で、中国人の康駿もウラーンフーが『中華ソヴィエト政府対内モンゴル人民宣言書』を印刷して配布した行為は「民族分裂主義的活動の陰謀だ」と題する大字報を書いた。

康駿副書記の大字報は鋭い文章からなっている（楊 2016a.691-692）。

毛主席の名で発表された『中華ソヴィエト政府対内モンゴル人民宣言書』は、日本帝国主義と国民党反動派との闘争において、モンゴル民族と統一戦線を組む為のものだった。あれから三一年もの歳月が過ぎ去った今日において、帝国主義と官僚資本主義、それに封建主義は既に打倒されて消滅した。……一九六六年の現在は三一年前とまったく状況が異なるにも関らず、自治区党委員会が再び『中華ソヴィエト政府対内モンゴル人民

「宣言書」を印刷して配ったのは、本当に民族問題を解決する為なのか。真意はむしろ「自決」や「独立」にあるだろう。

上の大字報から分かるのは、中国政府の民族政策も所詮は「日本帝国主義や国民党反動派」への対策として、そのつど便宜的に出された策略に過ぎないということである。「統一戦線」云々も嘘であって、実際は少数民族の領土を占領し、そこに中国人を入植させて定住させる為である。もし、モンゴル人が本気で「中華ソヴィエト政府対内モンゴル人民宣言書」を信じたり、それを配布したりしたら、それは「民族分裂主義的活動」になる（楊 2016a, 747-748）。しかし、当のモンゴル人は二〇世紀に入ってからは世界の反植民地と民族自決の潮流に乗って自決と独立を求めてきたので、中国政府と中国人がモンゴル人の自決と独立を否定する行為こそが、反革命的にして反マルクス・レーニン主義的であると言わざるを得ない。

援護支援を希求する中国人

「華北局は速やかに工作団を派遣して内モンゴルの文化大革命をリードするよう」と六月一九日にも中国人幹部たちは再び大字報で主張してから、師範学院における「テムールバガナをボスとする民族分裂主義的な組織」をターゲットにした。この時点で「民族分裂主義者」として批判されていたのは主としてウラーンフーの故郷、西部トゥメト出身者たちだったが、東部生まれで、「師範学院の元党書記で、自治区教育庁副庁長のテムールバガナも徹頭徹尾の修正主義分子にして民族分裂主義の悪しきボスだ」、と六月二三日に貼りだされた大字報は主張している（楊 2016a, 677）。「彼は三八万字にも及ぶ日記を書いて、共産党と社会主義を悪意で以て攻撃した」、と書き手の張福栄と王孝卿は唱える。テムールバガナの日記の中のモンゴル人政治家や知識人との交流を詳しく綴った内容が、「民族分裂主義の証拠」とされたのである（楊 2015a, 99-100）。彼の日記は既に六月の時点で没収され、その内容も精査されていた。

142

「モンゴルよ、私はあなたの過去を誇りに思い、あなたの現状を悲しむ」とテムールバガナは「反革命の民族分裂主義的な詩文を書いた」のが問題視された。テムールバガナは「偉大な毛主席を貶し、修正主義者のフルシチョフを絶賛し崇拝した」ことと、モンゴル人民共和国を祖国だとみなしていたことも批判されていた。

さまざまな「罪証」が大字報によって列挙された中で、ウラーンフー一派の最終的な目標は何かということが問題となった。それは、「反革命のクーデターを実現させることだ」、と六月二二日に中国人の呉春舫が書いた（楊 2016a, 670）。この呉春舫という女は一貫してモンゴル人を迫害する急先鋒をつとめ、一九六九年一月五日に自治区人民政府副秘書長のガルブセンゲを殺害している。しかし、彼女は文化大革命が終わってからも法的な裁きを受けずに、逆にウーハイ市党委員会組織部副部長に昇進していた（阿拉騰徳力海 1999, 107-108）。中国政府は意図的にモンゴル人を迫害した中国人を庇い続けたのである。

二　中国人が民族政策を敵視するわけ

中国人の本音

六月二二日になると、中国人の羅天柱と李逢時は「一〇項目の緊急の呼びかけ」を大字報に書きこんだ（楊 2016a, 671-672）。

一、内モンゴル自治区における反党反社会主義の黒 幇 集団の根を抉りだす為に、党中央華北局に工作団の派遣を要請する。二、ウラーンフーの夫人雲麗文とトゥメト出身の陳炳宇とチョルモン、雲世英とブヘ、趙戈鋭とフフ、雲北峰らと「漢奸」の李貴と張如崗、姚玉光らを闘争しよう。三、「反党反社会主義にして祖国の統一を破壊する民族分裂主義集団」が制定した政策を見直すよう求める。四、シリーンゴル盟の叛国案件と師範学院のテムールバガナの分

裂活動の案件を迅速に処理するよう要求する、などである。

同じ日の大字報はまたシリーンゴル盟でも「極端に反大漢族主義に関する資料を集めていた、とも批判する（楊 2016a,672）」と指摘し、フフホト市では陳炳宇がいうところの「大漢族主義的な現象」に強烈な嫌悪感を抱いていた事実が分かる。こうした嫌悪感から、モンゴル人の幹部が進めていた政策もすべて「民族分裂主義的活動」だと解釈された（楊 2016a,673-674）。

「わが自治区は祖国の反修正主義の最前線に位置し、極めて重要な戦略的な要衝である。……しかし、自治区は反修正主義をいっこうにおこなわずに、かえって反大漢族主義ばかり進めている」と中国人は怒る（楊 2016a,674）。繰り返し強調しておくが、中国人の共産党員たちが文化大革命が発動されてまだ一カ月しか経っていない時期からこれほど熱心に「民族分裂主義的活動」の存在を批判している事実からみると、彼らは以前から少数民族の自治政策に不満だったことが分かる。自分たちは万里の長城の南からの入植者に過ぎず、中国政府も当時はモンゴル人に名目的であるとはいえ、区域自治を与えるとしていた政策すら完全に否定しようとしていたことが分かる。

「大漢族主義に反対すれば、祖国の統一は破壊され、民族分裂主義的活動を助長する」と自治区書記処書記だった王鐸の夫人周潔らは書く（楊 2016a,674-675）。毛沢東は一応、「地方民族主義と大漢族主義の双方に反対する」とのポーズを取ったが、中国人は心底では、「党中央の本音は反地方民族主義」だと理解していた。大漢族主義者は少数民族をどんなに抑圧し、搾取しても「祖国の分裂には繋がらない」と中国人は確信していた。抑圧も搾取も「野蛮にいや、中国の政策と統治が他者を抑圧し搾取していると考えることすらなかったに違いない。このような独善的な中国人中心思想が文化大革命前の中国で極端に膨張していた事実からみれば、共産党が唱える「民族間の平等と団結」も空論だったことが分か

る。こうした少数民族を差別する思想がモンゴル人大量虐殺の原因になったと指摘できよう。

反大漢族主義への不満

モンゴル人が自分たち生来の権利を主張するよりも、反大漢族主義を推進したことに中国人は強烈な不満と怒りを抱いていた。自治区党委員会の中国人幹部たちは六月二二日にシリーンゴル盟の程喜峰という人物の大字報を壁に張った（楊 2016a,678）。

一九六五年一一月に内モンゴル自治区党委員会はある牧畜民からの手紙を正式の公文書として配布した。手紙はシリーンゴル盟アバガ旗バヤンノール公社バヤンチャガン生産大隊の牧畜民チョクトから毛主席と劉少奇主席に宛てられたものである。手紙には次のような言葉があった。「内モンゴル南部の素晴らしい草原は漢人に開墾された為に、牧畜民は仕方なく北へと移住させられている。内モンゴルのあらゆるクラスの漢人幹部たちはモンゴル人幹部と牧畜民を抑圧し、自殺者も出ている。漢人は草原で跋扈し、モンゴル人に対し、臭いとか無知だとか悪罵を浴びせている」。今からみると、このいわゆる「牧畜民からの手紙」も実は彼らが民族分裂主義的な活動を展開し、党中央と毛主席に対して貼りだされた煙幕に過ぎない。故意に民族問題を集めた事例だ。

このように、ウラーンフーとその同志たちが現実に存在する民族問題を解決しようとした実績も「民族分裂主義的な活動」だと解釈されるようになった。

ウラーンフーは一九六五年一二月五日から故郷のトゥメト旗に帰って「四清前線」を視察し、指導していた。ウラーンフー自らが滞在して、反大漢族主義のキャンペーンを直々に主導したトゥメト旗前朱堡人民公社は「特別な四清前線」だった。モンゴル人は九五戸の三三九人で、中国人は二八五戸の一〇〇六人という両民族混住村落だった。四清工作隊長の姚玉光はモンゴル人のみを幹部に任命し、「漢族は狡い」と話していた（楊 2016a,668-670）。外来の漢族

145　第四章　共産党が醸成する反「分裂主義」の世論

写真20 トゥメト旗で四清運動に参加していたウラーンフーと薩空了（左）。

はモンゴル人から土地を提供されたにも関わらず、まだ先住民のモンゴル人が優遇されているとみて不満を抱いていたので、「狡い」と映ったからだ。当然、こうした発言も「民族分裂主義的」とされた。

ウラーンフーが前朱堡に滞在していた時、国家民族事務委員会から薩空了（一九〇七〜一九八八）というモンゴル人幹部も同行していた（写真20）。薩空了は四川省出身のモンゴル人で、ウラーンフーが進める反大漢族主義の運動に賛成していた。このような薩空了に対し、中国人の肖氷は「毛主席の階級理論と共産党の民族政策に反対した」と六月二四日に批判する（楊 2016a, 656）。中国人たちは執拗にトゥメト旗前朱堡でおこなわれた四清運動を取りあげては批判した。自治区の最高指導者ウラーンフーがここに滞在して運動を指揮していた為に、深く追及すれば問題はどんどん発見できるからだ。前朱堡のモンゴル人幹部たちはウラーンフーに守られていたので、中国人も委縮して彼らの中の「資本主義の路線を歩む実権派」を闘争できなかったと指摘する。モンゴル人幹部の「資本主義路線」は放置され、逆に反大漢族主義ばかりを推進したことが、中国人の不満を買っていた。トゥメト地域の一般のモンゴル人も「大胆にも反漢族に走った」のは、自治区政府内の同地域出身の高官たち、即ちチョルモンや趙戈鋭、浩帆らがいたからだと大字報はいう（楊 2016a, 683-685）。

反大漢族主義即ち民族分裂主義的活動

　自分自身には絶対に大漢族主義的な思想はない、と確信する中国人はモンゴル人が少しでも生来の自治の権利を主張するとたちまち「狭隘な民族主義的思想だ」として攻撃する。中国人の陳興貴は六月二五日にトゥメト出身のモンゴル人鋭軍の「狭隘な民族主義的観点」を批判する大字報を自治区党委員会内の壁に貼りだした（楊 2016a,685-686）。具体的には鋭軍が以下のように話していたことが「狭隘な民族主義の事実」だという。鋭軍の問題のスピーチである。

　トゥメト旗には素晴らしい革命の伝統がある。歴史上、一度も誰かに征服されたことがない。しかし、今日では漢人たちがモンゴル人を抑圧している。民族間の関係も緊張しており、何とかしなければならない。トゥメトのモンゴル人は外来の漢人に土地を譲ったのに、まだ漢人は不平不満をいう。あのような漢人は歴史も何も分かっていない。

　再び自治区の土地改革を振り返ってみよう。トゥメト地域は土地改革を断行する際に、モンゴル人は農耕に不慣れの上、貧困化が進んでいる背景から外来の中国人農民より少し多めに分け与えた。土地は元々モンゴル民族が歴史的に共同で所有してきたので、侵略者の中国人に分譲するのに抵抗感が強かったこともあり、このような融和的な政策が導入された。それでもモンゴル人は不満だったが、入植者の中国人も先住民のモンゴル人もどちらも「中国人民」となった以上は、他に選択肢がなかった。この政策は中国人に「ウラーンフーが地元のモンゴル人を優遇している」と批判された。

　「私も思いだした」

と別の中国人韓春原も六月二七日に書いた大字報でトゥメト出身の李永年が一九六五年の四清運動中に「毛沢東思想に反対し、民族分裂主義的な活動をおこない、反大漢族主義を強調した事実」を挙げている（楊 2016a,694-696）。「モンゴル人幹部を重用し、漢族を排除した」、と韓春原は李永年の「罪」を暴露している。このように、自治区党委員会の中国人は自治区西部出身者を厳しく批判するが、「罪状」は「反大漢族主義を推進したことと民族分裂主義的な活

動」の二つだけである。この二つの「罪状」は相互に連動し合い、大漢族主義的思想に反対すれば即民族分裂主義的だとみられるし、民族分裂主義者は必ず大漢族主義思想に反対していた、との論理である。漢族に対する態度次第で民族分裂主義的かどうかの判断基準ができあがっていたのである。そういう意味で、モンゴル人は自らの故郷において、後から来た中国人即ち漢族の奴隷に転落したと言えよう。

「毛主席は全世界の人民の領袖で、ウラーンフーなんか比べ物になるものか」との罵声も大字報に書きこまれている。鋭軍や李永年らのモンゴル人の大漢族主義的な思想と行動を批判したのに対し、中国人は逆に「いわゆる大漢族主義思想はすべて偽造されたものだ」と反論する（楊 2016a, 686-688）。「偽造」だけでなく、「組織的に、理論的に、そして思想的に反大漢族主義のキャンペーンを強引に進めて、反党と反社会主義の運動をおこなった」と断罪する。中国政府と中国人の眼中には大漢族主義的行動の表れだとの論理である。反大漢族即ち民族分裂との飛躍である。こうした性質は今日の中国においても、まったく変わらない。漢族（チャイニーズ）は反対してはいけない「神聖な存在」である。

モンゴル人への正面攻撃

「ここ一、二年の間で、重大な反革命の事件が相次いで発生した。すべてモンゴル人の職員と学生が引き起こしたものだ」

と鉄道部門につとめるモンゴル人をターゲットに絞った大字報である（楊 2016a, 696）。

一、一九六三年八月に反革命的な叛国事件が摘発されたことがある。包頭鉄道学院の学生で、モンゴル族のボインナソが一九六二年からバヤンバートルをボスとする「モンゴル統一党」に参加していたことが判明した。ボインナソとバヤンバートル、それに宝良らはモンゴル人民共和国へ逃亡しようと企てていた。

148

二、一九六五年一月、集寧——エレーンホト間で運行されている国際列車(写真21)でも反革命事件が発生した。元サイハンタラ機関区に属するモンゴル族のリンチンは一九六二年からトゥメンジャラガルと包文全らと反革命集団を結成して暴動を起こし、モンゴル人民共和国へ逃亡して内外モンゴルを統一させようと計画していた。……(中略)彼らはまた、「万里の長城は古くからモンゴルと中国との境界で、長城の北側はすべてモンゴル人の領土だ」と話していた。そして、「モンゴル人の木材や肉類は漢人に奪われ、モンゴル人は漢人に抑圧されている」、とも語っていた。

これほど正面からモンゴル人を攻撃した大字報は六月二七日までは他になかった。モンゴル人は信用できない、と宣言した大字報である。自治区党委員会の幹部が書いた大字報である以上、彼らが挙げている事例がもし事実であるならば、「中国の模範的な自治区」とされていた内モンゴルには建国当初から激しい民族間の紛争が存在していた実態が明らかである。

失われた文化を復興させようとした「罪」

「トゥメト地域出身のモンゴル人幹部たちが悪事を働いたのはウ

写真21 一九五六年一月三日に開通した南北モンゴル間の国際鉄道。北京とモスクワにも通じる国際線だった。テープカットに臨むウラーンフー(中央)とソ連、モンゴル人民共和国の代表。

ラーンフーがいたからだ」とある東部出身のモンゴル人が大字報を書いた（楊 2016a, 697-698）。「悪事」の一つにモンゴル語専門学校に「モンゴル語専修班」を設置したことが挙げられている。大字報によると、一九六四年に大学受験の結果が発表されると、トゥメト地域出身の学生たちの成績は芳しくなかった。そこで、ウラーンフーらはモンゴル語専門学校内にトゥメト出身者を対象とした「モンゴル語専修班」を設けて、モンゴル語教育を強化した。このことが、「モンゴル族社会内の階級的な身分を問わずに、モンゴル人地主の子弟にも教育の機会を与えた」と批判された。

トゥメト地域のモンゴル人は寛容な精神に基づいて一七世紀から中国人の難民や宗教的な弾圧を受けていた白蓮教教徒を受け入れてきた為に、早くから中国語をも操るようになっていた。二〇世紀に入ると、人口の逆転現象が生じ、この地のモンゴル人の大半が母国語を忘却してしまった。母国語の忘却は内モンゴルが中国の植民地に転落したからだ、とモンゴル人の政治家や知識人は民族自決運動を始める際には例外なく喪失した文化の復興を唱えていた。徳王は一九三〇年代から日本軍の力を借りて中国からの独立を獲得しようとした時も、「特に漢化してしまったトゥメト地域のモンゴル人たちが母国語を再度学び、話せるようになることを優先していた」（札奇斯欽 1993, 76）。トゥメト出身のウラーンフーが自治区でモンゴル語重視の政策を実施したのも社会主義の民族政策に合致していた。政策そのものが無意味と化してしまうのが、中国の政策に合致していても、時の政治的な情勢に合わせて批判されると、政策そのものが無意味と化してしまうのが、中国の特徴である。

トゥメト地域出身の西部モンゴル人とその「東部出身の協力者」は自らの「反党反社会主義にして民族分裂主義的な活動」を着実に実現させる為に、「側近」たちで自治区の各組織のポストを独占して、「（上級機関の）共産党華北局に対して情報を封鎖した」、と批判した大字報が六月二九日から七月四日にかけて現れた（楊 2016a, 699-700）。大字報に署名する中国人は一時、二四人にも達した。なかでも特に「（ウラーンフーの夫人）雲麗文は悪意で以て反大漢族主義のキャンペーンを推進し」、「漢人がモンゴル人を抑圧している」とか、「内モンゴルで春に砂嵐が発生するのも河

写真 22　中国政府によって占領された草原を取り戻そうと抗議活動を展開する二〇一五年春のモンゴル人たち。彼らは容赦なく鎮圧されている。
写真提供：SMHR。

北省や山西省からの漢人が草原を開墾してしまったからだとか話していた」、と大字報は断じる（楊 2016a,700）。雲麗文夫人は事実を語ったに過ぎないが、中国人もそれは事実だと分かっていても、自分たちの非を絶対に認めようとしない。草原を開墾したのも、遊牧より「先進的な農耕」を導入して、「野蛮な蒙古人」を開化させる為だと信じているからである。こうした政治的な対立は現在も変わっていない（写真22）。

三　理論の面からの攻撃

政府と一体化する中国人

七月二一日になると、自治区党委員会内の壁に貼りだされる大字報の論調はすっかり変わった。ウラーンフーに対して「同志」という枕言葉を付けなくなった。「ウラーンフーは反党反社会主義、反毛沢東思想の民族分裂主義者集団のボス」だ、と直截的に断罪されるようになった（楊 2016a,701）。この時点で、北京の前門飯店で開催されていた華北局工作会議はまだ閉幕していない。「内モンゴル自治区に存在する反党反社会主義、反毛沢東思想の民族分裂主義者集団のボスはウラーンフーだ」と華北局工作会議が正式に結論を出すのは七月二三日で、毛と党中央に同じ趣旨の最終報告書を提出したのは七月二五日

151　第四章　共産党が醸成する反「分裂主義」の世論

ある（楊 2011a,21-22）。その為、二一日の時点で既にウラーンフーに対して「反党反社会主義、反毛沢東思想の民族分裂主義者集団のボス」との「罪」を突き付けている事実からみれば、北京の前門飯店会議を主催した劉少奇と鄧小平、それに李雪峰書記らはフフホト市にある内モンゴル自治区党委員会内の中国人幹部たちと緊密に連携していたと断定できる。自治区党委員会の中国人幹部は大字報による批判運動を通して北京を応援し、党中央もまた自治区東部出身のモンゴル人で、彼らは懸命に中国政府と中国人に協力して西部トゥメト出身者を攻撃して忠誠を尽くしたが（楊 2016a,703-705)、やがては自分たちも粛清される運命にあるのを悟ってはいなかった。

「ウラーンフーのもうひとりの策士——トク（突克）を揪みだした」と六月三〇日付の大字報は宣言する（楊 2016a,705-706）。トクも代理常務委員会の委員のひとりで、自治区経済計画委員会党委員会の副書記兼副主任だった。「トクはウラーンフーの反党の綱領である『三つの基礎理論』の設計士であるばかりでなく、その忠実な執行者でもある」、と中国人の崔志縦はいう。

「三つの基礎理論」とは、ウラーンフーが一九六五年一一月に自治区党委員会において出したもので、「党員などを増やす時にはモンゴル人を優先とする政治的基礎、農業と牧畜業が相互に支援し合う経済的な基礎、そしてモンゴル語と中国語を併用する文化的基礎」を指す。彼はこの理論に依拠して、共産党が標榜する民族自治政策をよりいっそう内モンゴル自治区の実態に合ったものにしようと努力していた（楊 2011a,34-35）。トクはその「三つの基礎理論」のうちの経済的基礎論について執筆したとされ、かつその政策が着実に施行されるよう、人事の面でもモンゴル人を抜擢したのが「民族分裂主義的行動だ」と批判されている。モンゴル人が党の民族政策を具体化しようとした試みもすべて分裂主義的活動だと解釈されたのである。

「労働者階級は共産党内の先鋒だ」、とは社会主義中国の公的な思想である。内モンゴル自治区でもそのような「先鋒」を育成するのに、モンゴル人労働者の雇用を促進しなければならないとウラーンフーは強調していた。伝統的な

遊牧経済から近代的な工業化社会へと脱皮する手段でもあった。ウラーンフーと同じ西部出身の李振華は「全国工業交通会議」の席上で、「モンゴル人の労働者は少な過ぎる」と発言したことがある。当然、李振華の発言も「モンゴル人採用を優先した」と批判された（楊 2016a,706）。「李振華は神秘的な人物だ。感情を表に出さないで、自らはあまり発言せずに、部下の李斌三と斉永存、それにボインを使って反大漢族主義のキャンペーンを進めた」、と中国人はみていた。モンゴル人は誰であろうと、李振華のように漢族に反対すれば、たちまち「反党反社会主義の民族分裂主義者」にされた（楊 2016a,711,743）。漢族だけが社会主義の代名詞になっていたのである。

西部トゥメトから各界へと拡大する批判

ウラーンフーと同じくトゥメト地域から成長した幹部たちは次からつぎへと倒されていく。

ウラーンフーも「多くの民族分裂主義分子を庇った」、と七月二三日に現れた大字報は批判している（楊 2016a,707）。自治区公安庁庁長ビリクバートル、宣伝部副部長のイダムジャブと科長のセデブ、それにダムディンスレンら「大勢のモンゴル人が民族分裂主義的な活動に従事していた」という。旗全体で「民族分裂主義的な活動」をおこなっていたのに、公安庁庁長のビリクバートルは何ら対策をしなかった、と中国人は指摘する。この大字報の署名者は一二人もおり、中国人対モンゴル民族という構図が形成されつつあったことが浮かびあがってくる。

具体的には一九六二年秋から冬にかけて、フルンボイル盟東シンバルガ旗において発生した、モンゴル人民共和国への逃亡事件を指している。一般の牧畜民だけでなく、旗政府党委員会副書記のエルベルトと旗公安局科長のウルジー、宣伝部副部長のイダムジャブと科長のセデブ、それにダムディンスレンら「大勢のモンゴル人が民族分裂主義的な活動に従事していた」という。

トゥメト出身のモンゴル人政治家に寒峰という男がいた。彼は自治区電力関係の仕事をし、後に包頭市市長に昇進していた。「寒峰は雲家店の番頭で、電力部門で民族分裂主義的な活動を進めた人物だ」、と自治区電力管理局の中国人たちは批判の大字報を七月一日に貼りだした（楊 2016a,708）。「雲家店」とは「雲一族の黒い店」の略だ。ウラーンフーをはじめ、トゥメト地域のモンゴル人の多くが雲という漢字姓を名乗る。雲謝布（Yöngsiyebü）という部族名

のかしら文字のユンに雲という漢字をあてて導入された漢字姓である。文化大革命期になると、彼らは例外なく「雲家店のメンバー」として打倒されたのである。

寒峰は故郷のトゥメトを「地主の荘園」のように発展させようとして他の地域よりも先に電気を引いたと批判されている。寒峰はまたウラーンハダ（赤峰）市にあった紅山発電廠の管轄権を中国東北電力局から「奪い取って」自治区の管轄下におき、オルドス高原のウダ発電廠が寧夏回族自治区に電気を提供するのに反対するなどして、「モンゴル人の利益ばかり優先し、祖国全体のことを無視した」という（楊 2016a, 737-738）。このように、民族分裂主義的な活動に対する批判は各界へと着実に広がりをみせている。また、「雲家店」や「地主荘園」というモンゴル人を侮辱する表現、即ち言葉による暴力も後に一九六七年から嵐のような勢いで襲ってくるが（楊 2011a, 2012）、その前例を作ったのも自治区党委員会内で大字報を書いた人たちだと指摘できよう。

中国人が民族政策を敵視する理由

繰り返し指摘しておかねばならないが、中国人は他所からモンゴル人の領土に侵略してきたにも関わらず、モンゴル人以上に経済的な利益を確保して、モンゴル人を支配しようと行動してきた。その為、彼らは共産党の少数民族政策に不満を抱き、党の政策こそが民族分裂主義的活動を誘発している、と文化大革命中に主張しだした。七月一日に書かれた「誰がトゥメト地域の民族間の矛盾を激化させたのか」と題する大字報にはそうした観点が貫かれている（楊 2016a, 711-712）。

トゥメト旗における民族間の矛盾は複雑化し、いっそうひどくなってきた。その根本的な原因はウラーンフーをボスとする一握りの<ruby>黒幇<rt>ブラック・グループ</rt></ruby>のメンバーらが反党反社会主義、そして反毛沢東思想の活動をしている点にある。彼らの罪悪に満ちた活動の鉄の如き証拠をみよう。

まず、階級間の境界を否定した。内モンゴルの西部は一九四九年九月に解放され、一九五一年冬から土地改

革が実施された。階級の身分を画定する際には、モンゴル人の大地主を中クラスの地主をまた小地主にという風に降格して扱った。……(中略)こうしたやり方は党中央の土地改革の政策に反しているし、階級の陣営を攪乱し、多くの地主どもを逃してしまった。そして、モンゴル族と漢族との団結を破壊した。

中国人は後からの侵略者であっても、先住民の経済的、歴史的状況を一切無視して、完全に「同等」な原則で、モンゴル人の土地を分割したかった。その目的が果たせなかった恨みから、民族間の団結を破壊したとのレッテルをモンゴル人の政治家に貼っている。要するに、モンゴル人以上の権利を手に入れようとしてモンゴル人を敵視していたのである。

自決と連邦、そして「独立王国」

「内モンゴルは自治区か、それとも独立の王国か」との政治的殺傷力の強い文章が七月二日に貼りだされた。陝西省北部出身で、自治区交通庁長も歴任したことのある韓是今(一九〇八～二〇〇五)という中国人高官の書いたものである(楊2016a, 715)。彼の大字報は正面からモンゴル民族全体を断罪しているので、彼の大字報は重要である。

まず、幹部の任用からみよう。各級と各部門の革命的な幹部が淘汰されて、すべて日本統治時代の者になっている。……(中略)次に、政権の形式をみてみよう。自治区の名を借りて、自決の独立王朝を創ってきたのではないか。既に革命的な各民族によって打倒された王公貴族の利益を守り、領域が広く、資源も豊富だとの点を利用して封建的な割拠を維持してきたのではないか。王公貴族やスパイども、それに殺人犯の少数民族の特務どもを重要なポストに任命してきた。……(中略)かくして自治区の革命機関は有名無実な廃墟と化し、かえって彼らを裁かずに、連邦王国になった。モンゴル民族が上から下まで漢族を排除するという構造ができた。

写真23 三反分子ウラーンを批判する大会。「三反」とは「反共産党にして反社会主義、そして反毛沢東思想」を指す。ウラーンは共産主義者であったが、それでも打倒された。

ではないか。チンギス・ハーンと帝国主義の寡頭政治が実現できたと言える。

実に記念碑的な大字報である。ここまで例示してきたように、自治区党委員会の大字報はその攻撃の矛先を「ウラーンフーをボスとする民族分裂主義分子」に向けていた。「民族分裂主義分子」がモンゴル人からなっているのは自明のことである（写真23）。モンゴル人が民族を挙げて、一九世紀末から闘争してきた崇高な目標はまさに自決であった。最低でも毛沢東が一九三五年に「中華ソヴィエト政府対内モンゴル人民宣言書」の中で標榜しているように、中国とは連邦を創る権利を有する、との目標を掲げてきた（楊 2013b）。中国共産党も結党当初はそのような美しいスローガンを標榜して諸民族を騙していたが、その後は撤回した。政府高官の韓是今はモンゴル人の近現代史を理解していたが、共産党が嘘をついたという事実には触れようとしない点に瑕疵が残ると言わざるを得ない。

モンゴル民族を断罪する記念碑的大字報

師範学院の中国人である陳漢楚は六月二六日に自治区党委員会に手紙を出して、自治区計画委員会主任のチョルモンが「師範学院の民族分裂主義者たちを庇って、反大漢族主義のキャンペーンを展開した」と密告した。党委員会はこの手紙を七月四日に大字報の形で公開した

（楊 2016a,720-721）。陳漢楚によると、チョルモンは「モンゴル人ばかりが攻撃されている」と反論した。チョルモンの発言は民族分裂主義を助長した為に、「テムールバガナの支持者のジグミドやオユーン（女性）らが師範学院で演説していたので、「モンゴル人民共和国へ逃亡しようとしたナスンとアグーラ」や、師範学院附属中学校のバトムンフとフルンボイル盟エベンキ旗党書記のトゥメンバヤルらと「結託した反党叛国事件」は処分されなった、と主張する。

師範学院には民族分裂主義の深い根がある。この根は、自治区の上層部が育てたものである。一九六四年前からハーフンガとトグスらは師範学院書記のテムールバガナを通じて民族分裂主義を醸成し、多くの民族分裂主義的な活動を展開した。一九五七年の反右派闘争時も、また一九六二年以降に民族分裂主義的活動を実施している時も、そして一九六五年にテムールバガナが摘発された後も、チョルモンと趙戈鋭らは専ら大民族主義に反対し、民族分裂主義的な思想を有する者たちを支持してきた。……（中略）

師範学院には三つの逆流がある。一つは、・一九四七年と一九五七年に結成した古参の民族分裂主義者たちだ。彼らはもう名声を失っているが、まだ教師と学生たちを煽動している。もう一つは一九六二年以降にもう民族分裂主義的活動を実施している、セデンとジグミド、ダランタイとメルゲンら一六人だ。……そして更にもう一つの暗流があり、ジョーナスト（政治部責任者）とジョルムト（副教務長）、オユーン（化学学部党書記）とソユラー（政治歴史学部総書記）、セルグレン（生物学部党副書記）、ムングン（学院長弁公室主任）、ウルジー（共産主義青年団書記）らだ。彼らの問題はまったく暴露されていない。……

テムールバガナの民族問題を暴露する大会が開催された晩に、ナソンムンフは自殺した。彼の自殺は孤立した現象により、ひどい民族問題を抱えている奴らは動揺している。しかし、これは偶然のことではないし、

写真24　師範学院における暴力的闘争の風景。

……ない。彼らは外国の修正主義と国内の民族分裂主義者たちと連絡し合っていた。一部の学生たちの中にもまた民族分裂主義の思想が突出しており、中国語からの単語の借用に反対している。

中国人の陳漢楚の大字報には三つの意義がある。

第一に、自治区の東部出身の高官ハーフンガとトグス、そしてテムールバガナも民族分裂主義的活動を進めてきた、と指摘した点である。これまでは、自治区の東部出身で、日本統治時代を経験した幹部出身者をどちらかというと中国人と一緒になって、ウラーンフーら西部出身者を批判して、革命的な立場を鮮明にしていた。しかし、中国政府と中国人に尻尾を振って忠誠な態度を示しても、彼らの過去もまた掘りだされた。東部出身の受難も知識界から正式に始まったと宣言した大字報である。

第二に、師範学院のモンゴル人教師はほぼ全員、打倒される対象に認定された（写真24）。一九四七年に自治政府が成立した当初の主張や、一九五七年の反右派闘争時に「党の整風運動を手伝った」際の発言などが再び「罪証」として利用されるようになったのである。一つの政治運動が次の政治運動を推進する為の基礎固めをしていたことが分かる。

第三に、モンゴル人の民族分裂主義的活動は複数の「逆流」を形成

写真25　共産主義の幹部チョルモン。チョルモンとはウラーンフーの自治区内で彼は一番星との意。星のように輝いていた。巴義爾著『蒙古写意』（二）より。

しているとか、「暗流を成している」とかの断罪は、後に一九六七年七月から「内モンゴル人民革命党員を抉りだして粛清する運動」の為に理論的、戦略的な環境を創りあげた。毛沢東と周恩来から派遣されてきた滕海清将軍は、モンゴル人の民族分裂主義集団は「表裏二つのグループ（明暗両個班底）」からなるとして、「深く抉らなければみつからない」として、徹底的に虐殺を働いた（楊 2009a,51）。滕海清が陳漢楚の大字報からヒントを得たかどうかは分からないが、少なくとも中国人はこのような思考と立場でモンゴル人社会を理解していたという事実は明らかである。

モンゴル哲学とチンギス・ハーンという「罪」

チョルモン（写真25）はウラーンフーの指導の下で、自治区党委員会宣伝部副部長をつとめていた。「チョルモンの指導下の宣伝部門は毛沢東思想を学ぼうとせずに、かえってモンゴルの哲学思想なんかを研究しようとした」（楊 2016a,782）。「モンゴルの哲学思想なんか、ラマ僧のお経の中にあるものだろう」、と『実践』誌の副編集長の沙駝（一九二六〜）は批判する。「チョルモンがいうところのモンゴル哲学なんどは、民族分裂主義的活動の為の道具に過ぎない」との断罪も九月一日に現れていた（楊 2016a,848-849）。沙駝はフルンボイル盟出身のエベンキ族で、王爺廟にあった興安学院で学んだ知識人である。彼は西

部出身の「ウラーンフーの側近チョルモン」を貶しているが、やがて自身も「日本刀を吊るした奴」として打倒される。

八月一三日になると、チョルモンはチンギス・ハーンと結びつけられて批判された。民族の開祖チンギス・ハーンは中国にとって常に扱いにくい対象であり続けた。賞賛すればモンゴル人の民族主義の高揚をもたらし、中国人の心情を傷つける。批判すれば、内モンゴル自治区のモンゴル人の離反を招く。「大侵略者」なのか、それとも「中華民族の英雄」なのか、時の政治的な必要性から変幻自由に解釈されていた。大字報はいう（楊 2016a,788-789）。

一九六二年に国際社会の帝国主義者と修正主義者、それに各国の反動派どもが連帯して中国に反対し、国内的には反修正主義と反民族分裂主義の闘争が高まっていた頃に、チョルモンらの黒 帮 （ブラックグループ）のメンバーは修正主義と民族分裂主義に反対しないで、かえってチンギス・ハーン生誕八〇〇周年を利用して大規模な祝賀活動をし、いろんな妖怪変化どもを自治区に呼んできて有害な言論を広げた。……（中略）こうした活動は、チョルモンらがウラーンフーを「モンゴル統一帝国のトクトフ（陶克涛、中国名は黄静涛）の著書『内モンゴル発展概述（上）』内の「民族分裂主義的な思想を庇っていた」と批判する。この著作は既に一九六五年四月三〇日に内モンゴル歴史研究所の代用通とアラーに批判されていたことを本書第二章で述べた。華北局は内モンゴルを「反モンゴル修正主義の重点的なフロンティア」にしようと位置づけていたのに、チョルモンは逆に自治区を「反大漢族主義の基地」にした。また、清朝が進めた「移民して辺境を充実させる政策（移民実辺）を批判することで、「わが国の現行の政策を貶した」という。注目すべきは、この大字報の主な執筆者は自治区宣伝部部長の郭以青と、もうひとりの副部長トグスだというのである。郭以青はウラーンフーによって師範学院書記から内モンゴル大学副書記に抜擢され、更には自治区宣伝部長に任命されていた。彼は中国共産党の情報機関のトップ、康生から直接指示を受け、粛清すべきモンゴル人高官のリストを作成していた。トグスは自治区東部出身で、内モンゴル人民革命党の中堅としてハーフンガを支えてい

160

たが、早くからウラーンフーに追随するように変わっていた（楊 2009b,xx,123-166）。トグスはやがてウラーンフーとハーフンガに次いで、「三番目の重犯」として中国政府と中国人に打倒されるが、この時点で彼はまだ中国人と同じ陣営に立っている。

七月七日、ウラーンチャブ盟党委員会秘書長をつとめる中国人幹部馮靜卿によるチョルモンの「反動的な言論」を批判した大字報もまた自治区革命委員会のメンバーらによって貼りだされた（楊 2016a,729730）。自治区南部のウラーンチャブは山西省と隣接し、チョルモンがかつて「山西省人が内モンゴルで集団を結成して跋扈している」と話していたことを問題視している。地方に現れた大字報を首府にある自治区党委員会の壁で公開することにより、全自治区でモンゴル人を打倒するという演出をしている。チョルモンを批判した大字報は八月二九日にも現れた。こちらでは彼が文化委員会の党書記だった頃に、「モンゴル語の学習を強調し、反大漢族主義を進めたことが民族分裂主義的活動にあたる」、と断じている（楊 2016a,811-812）。

蒸し返された反右派闘争時の「罪」

トゥメト地域出身者への攻撃は続く。

「奎璧！お前はラジオ放送局の民族右派ゲンデンとどんな関係を結んできたのか」との大字報は、ジャラガルという人物が七月二七日に公にしたものである（楊 2016a,723-724）。大字報によると、「民族右派のゲンデン」は一九六三年から長編小説『真正のモンゴル人』を書き、「封建的な王公貴族の功績を賞賛した」という。既に五〇万字ほど完成した小説の主人公はウラーンフーと奎璧で、「階級間の闘争を強調せずに、ひたすら搾取階級との調和を謳歌している」と大字報は批判する。「民族右派のゲンデン」はまた一九五三年にフフホト市を訪問した際には面会して「結託」したという。奎璧（写真26）は政府高官であるにも関わらず、「世界各地に住むすべてのモンゴル人が結束すべきだ」と「右派的な言論」を宣伝チン博士と交流し、リンチンが一九五七年にフフホト市を訪問した際には面会して「結託」したという。

していたゲンデンと親しくしていたのが問題だとジャラガルは指摘する。

奎璧はまた「腐敗しきっていた妻の李方と共に公費で旅行した」とか、「他の右派にも同情的で、経済的な援助を惜しまずに送っていた」と批判される（楊 2016a,733-734）。このように、文化大革命期に入って、再び一九五七年の反右派闘争時の言論が蒸し返された点が特徴である。「過去から現在までのすべての罪を清算する（新老帳一斉算）」という政治闘争である。

奎璧を打倒する為には、性的なスキャンダルも発見された。「奎璧はソ連人とモンゴル人の混血児の女と不正な関係を結んでいた。彼がつきあっていた女はたぶん、反革命分子だろう」と証拠もない煽動をしている。「奎璧は自治区書記処の書記であるにも関らず、ずっと腐敗しきった生活をし、公費で全国を豪遊し、多くのレイプ犯たちを庇った」と批判された（楊 2016a,744-751,754-755,763-764,789)。このように、モンゴル人高官たちのプライバシーに斬りこむことで、一般の中国人群衆の憎しみを喚起しようとしている。奎璧に対する同じような批判の大字報は八月二六日と二七日、それに九月一日と三日にも相次いで出現している（楊 2016a,769-772)。

写真26　批判闘争大会における奎璧。高齢に達した彼は椅子の上に立たされている。

四　西部「延安派」粛清の戦略

写真27 日本留学僧だった彫刻家の文浩。巴義爾著『蒙古写意』二、より。

西部トゥメトの傘下の東部出身者

ウラーンフーの長男ブヘには「一〇大罪証」がある、と七月六日に現れた大字報は列挙する（楊 2016a,724-725）。

反党と反社会主義の民族分裂主義者の黒幇(ブラック・グループ)のボス、ウラーンフーの息子ブヘは、この集団の中堅である。こいつには人徳も才能もない。彼はただその父親ウラーンフーの威光を借りて昇進し、自治区文化芸術聯合会主任と文化委員会党書記、内モンゴル自治区党委員会代理常務委員会委員などのポストについた。ブヘは良いことは何一つしておらず、ずっとその父親について舐めてきた祖国を分裂し、民族間の団結を破壊するという罪悪に満ちた活動に参加してきた。

文化芸術聯合会の主任だったブヘは多くの「悪人」を重用してきたという。例えば、舞踏家の賈作光は「日本帝国主義の忠実な走狗」だったが、ブヘによって自治区芸術院院長に任命された。作家のナ・サインチョクトは徳王の政務秘書をつとめた「戦犯」であるが、文化芸術聯合会の副主任に抜擢された。文浩というモンゴル人は日本に留学していたラマ僧だったが、自治区博物館副館長に昇進した（写真27）。作曲家のトンプーは搾取階級の出身で、「反革命のハダ派の一員」だったが、全国人民代表大会の代表になった。このハダ派とは、日本の

163 第四章 共産党が醸成する反「分裂主義」の世論

早稲田大学に留学していたハダという人物とその仲間たちが組織した民族自決の団体で、私は『続　墓標なき草原』(2011b,137)で詳しく述べたことがある。

ブヘはまた、「作家は一冊の本を書かなければならない」という「一冊本主義」を強調していた。その結果、「搾取階級地主の息子で、裏切り者のウラーンバガナ」は『草原の烽火』を出したし、マルチンフーやムンフボインらも文壇に登場したと批判する。作家のウラーンバガナは後に粛清すべき内モンゴル人民革命党員のリストを作成して中国政府と中国人政治家に出したとされている。作家のウラーンバガナは「罪」を犯し、言語学者のエルデニトクトフの『モンゴル語ことわざ集』をモンゴル語から中国語に翻訳して出版した「罪」を犯し、言語学者のエルデニトクトフの『モンゴル語ことわざ集』をモンゴル語から中国語に翻訳して出版した「罪」を犯し、言語学者のエルデニトクトフの『モンゴル語ことわざ集』をモンゴル語から中国語に翻訳して出版した「罪」を犯し、言語学者のエルデニトクトフの『モンゴル語ことわざ集』をモンゴル語から（楊 2009c,198-223）。また、教育庁副庁長のガワーは『一層楼』をモンゴル語から中国語に翻訳して出版した「罪」を犯し、言語学者のエルデニトクトフの『モンゴル語ことわざ集』、前出の黄静涛（トクトフ）の『内モンゴル発展概述（上）』などもすべて「民族分裂主義的活動を進める」為の作品だという。「ブへの反動的な文芸観は徹底的に批判されるべきだ」と題する大字報も八月四日に出てきた（楊 2016a,775-776）。

ブヘはウラーンフー黒幇集団の主要な成員で、反党の急先鋒でもある。彼は長期にわたって自治区の文化芸術界の仕事を牛耳り、修正主義の観点を広げるなど、無数の悪事を働いた。彼のいうところの民族問題とは民族間の紛争や民族間の不和で、それらを書くことで諸民族の団結を破壊し、党と人民との関係を破壊しようとする。……（中略）ブへはいつも民族問題を強調する。彼のいうところの民族問題とは民族間の紛争や民族間の不和で、それらを書くことで諸民族の団結を破壊し、党と人民との関係を破壊しようとしている。

ウラーンフーの娘、雲曙碧はジェリム盟党委員会につとめていたが、八月二日には彼女に対する批判も現れ、長男ブヘと共に親族たちへの連座が拡大しつつある実態が判明する（楊 2016a,773-774）。このように、実際に民族問題が存在していても、ひたすら「民族間の団結」のみを謳歌していればいい、というのが中国人のスタンスである。誰かが、問題を提起し、解決しようとしたら、たちまち「民族分裂主義者」だと批判されるのが、中国人の特徴である。

西部から膨らむ粛清の雪だるま

モンゴル人同士の内紛が激しくなると、中国政府と中国人は喜ぶ。雲北峰は一九六六年五月二五日にダルハンムーミ

ンガン旗とドルベンフーフド（四子王）旗で反大漢族主義を強調していたことを中国人の郝慎豊らに批判された。「大漢族主義者たちはモンゴル人を虐待し、モンゴル人を追いだそうとしている。今もバヤンノール盟とウラーンチャブ盟、それにジョーウダ盟のモンゴル人が漢族によって沙漠へと追いだされている」、と雲北峰は話して「民族間の団結を破壊した」。雲北峰はまたモンゴル人民共和国との国境地帯に住む遊牧民に銃を配り、「民族分裂を実現する為の武装勢力を準備していた」という。「トゥメトはモンゴル人の土地だ。内モンゴルがなければ、中国は万里の長城の南だけからなる、小さな国になる」とか、「祖国を分裂させようとした話を雲北峰はいつもしていた」という（楊 2016a,748-749）。勿論、雲北峰が話していたのはどれも事実だが、中国人の目には全て「民族分裂主義的行為」に映るし、モンゴル人を追いだして草原を占領して開墾することも「大漢族主義の表れではない」、と中国人は理解していたのではなかろうか。

ウラーンフーと雲北峰を攻撃する七月二六日の大字報にもまたモンゴル人全体に対する憎しみが滲みでている（楊 2016a,765-766,773-774）。

　　反大漢族主義のキャンペーンを極端に進め、四清運動の工作隊の中でもとにかく何回も反大漢族主義を強調する。事実を捏造して、革命的な漢人幹部を排除した。

このように、批判者はウラーンフーと雲北峰らがいかにモンゴル人の利益を守り、中国人を排斥したかとの「民族分裂主義的な活動」を暴露している。「自治区の党委員会にモンゴル人高官がいたから、トゥメト地域の一般のモンゴル人まで跋扈するようになった」という。「ここはモンゴル人の土地で、ここの天もモンゴル人の天空だ」、とトゥメトのモンゴル人たちは「放言」していたそうだ。

　　雲北峰よ、お前らのボス、ウラーンフーはもう揪（つま）みだした。お前らの陰謀も青天白日の下に暴露された。それでもまだ頑迷に抵抗するならば、待っているのは滅亡のみだ。

このように、中国人たちは暴力の行使を宣言しはじめている。

八月二三日は公安庁庁長ビリクバートルが受難する日となった。公安庁の中国人王秀珍ら一〇数人が「ビリクバートルの仮面を剥がそう」と題する大字報を貼りだした（楊 2016a, 767-768）。「彼はいつもウラーンフーは最も早く革命に参加したモンゴル人で、中国の民族問題の解決に貢献したと話して、媚を売った」と批判する。ビリクバートルはまた「漢族の幹部を排除して、テンヘとハルーン、ナムジャルらモンゴル人幹部ばかりを重用して、ウラーンフーのクーデターの下準備を進めていた」。

　ビリクバートルは親蒙排漢の民族分裂主義者だ。彼は公安庁の会議で次のように話したことがある。「私には民族的な感情がある。モンゴル人と付き合うのが好きで、漢族の幹部と接触するのは苦手だ。モンゴル人と会話すると、気分もいいし、漢族に会うと、忸怩たる感じがする」。彼はそういう風に、公安庁の幹部をモンゴル人を任用する時も親蒙排漢の路線を堅持していた。

　「ビリクバートルにはモンゴル修正主義国家に住む、ツェレンデレゲルという愛人がいる」と暴露された。公安庁長の権限を使って、トゥメト旗の「雲継成の民族分裂事件」とウラーンチャブ盟で発生した「二〇六事件」の解決にも熱心ではなかったという。「二〇六事件」とは、一九六三年二月六日に自治区南部の集寧でモンゴル人民共和国宛に送ろうとした「民族分裂の手紙」が検閲で発見されたことを指す。事件を受けて一〇〇人以上のモンゴル人高官が逮捕され、厳しく取り調べられた。今日では、中国政府によるモンゴル人を粛清するための、自作自演の政治的陰謀だと理解されている（楊 2009b, xxvii）。

　翌二三日になると、別の二八人が大字報を書き、「ビリクバートルは戦犯李守信を大事にし、旧正月になるといつも見舞って、一五〇〇元もの大金を渡していた」と批判した（楊 2016a, 768-769）。李守信は徳王の政権下でモンゴル軍の最高司令官をつとめていて、当時はコミンテルンの諜報関係者だったビリクバートルも徳王の下で働いていた。政権が変わり、地位が変化しても、ビリクバートルは李守信と交誼していたことが、中国人の不信を招いていた。

のである。三日後の二六日になると、今度は自治区計画委員会の元主任の梁一鳴がビリクバートルは中国の国防用の備蓄食料を勝手に早魃の被害を受けた地域に配り、国家に混乱をもたらしたと批判する（楊 2016a, 771）。いったん打倒されると、その人の全功績が否定される過酷な政治である。

写真28　青年時代のキョールゲン。巴義爾著『蒙古写意』（二）、より。

反大漢族主義というタブーを破った「罪」

盛夏の七月二一日に、自治区工業庁の中国人は重工業庁の元庁長で、統一戦線部部長のキョールゲン（一九一六〜）を批判する大字報を貼りだした（楊 2016a, 764-765）。キョールゲンの夫人は東部出身のウラーン（前出写真23）で、自治区軽工業庁副庁長だった。キョールゲン（写真28）に対する批判もまた、東部出身者へのモンゴル人たちは熱心にキョールゲンのような西部トゥメトの出身者らが近づいていることを意味している。この時期において、東部出身者のモンゴル人たちは熱心にキョールゲンのような西部出身者が東部の「日本統治時代の者を庇ってきた歴史」も次第に暴かれるようになる。東部と西部は錯綜した人間関係を構築してきたし、中国政府と中国人はモンゴル人全員を一掃しようと計画していたので、やがては民族全体に災難が降ってくる前兆といえる大字報である。

八月四日、元重工業庁庁長のキョールゲンに対する批判もいちだん

と厳しい内容となった(楊 2016a,774-775)。前に七月二二日に出た大字報では彼が「日本統治時代の者を庇っている」と軽く触れただけだったが、今回は「キョールゲンはずっと昔から反大漢族の急先鋒だった」、と論じている。

「私は八、九歳になってもひとりで家の外に出る勇気はなかった。漢族の子どもたちに苛められていたからだ。食べ物も本もいつも、漢族の子どもたちに奪われていたのだ」

とキョールゲンが発言していたそうだ。漢族の子どもたちに奪われていたのだと断罪された。モンゴル人が幼少期の経験を語っただけで、「漢族への憎しみを喚起し、民族分裂主義的活動を進めた」大漢族主義はどのように表れていたのか。当然、過去の発言も、中国人の不興を買っていたのである。それに関する資料を積極的に集めていたのはキョールゲンだ、という二枚もの大字報が八月一七日に現れた(楊 2016a,792-793)。大字報によると、一九六五年四月から自治区統一戦線部部長になったキョールゲンは「四回も反大漢族主義のスピーチを披露」し、オルドスの奇琳花とトゥメトの栄忠林ら大勢の「反動的な民族分裂主義者どもを動員して反大漢族主義の資料を収集した」という。「トゥメトのモンゴル人は解放前と何ら変わっていない。相変わらず漢人に虐待されているし、大漢民族主義による迫害を受け、差別されている」、とキョールゲンはいつも話していたそうだ。

一九六五年九月一七日にトゥメト旗で幹部訓練大会が開かれた時と、冬の旧正月の統一戦線部幹部会議の席上で、キョールゲンは「民族分裂主義的なスピーチ」をした。このスピーチから、モンゴル人の祖国はいったいどこなのかとの問題がまた現れた(楊 2016a,798,804-805)。ちょうどこの時期にインドネシアで華僑が虐殺されるという「九・三〇事件」が発生していた。キョールゲンは「トゥメトのモンゴル人はインドネシアの華僑のようで、しょっちゅう殺されている」と発言した。

トゥメト旗はモンゴル人の土地で、モンゴル人は主人で、漢人は客に過ぎない。トゥメトのモンゴル人は漢人に二五万畝から三〇万畝もの土地をタダで譲渡した。今や本末転倒し、客が主人を苛めている。解放して二〇年も経つが、モンゴル人は未だに立ち上がっていない。東モンゴルの各旗にはみな王様がいた。王様たちはちゃ

んとモンゴルの利益を守っていた。トゥメトには王がいなかったので、虐待されている。キョールゲンの主張はすべて事実で、どれもモンゴル人の心の奥からの気持ちを少し代弁したに過ぎない。心底からの発言だったから、「反大漢族主義の急先鋒にして、偉大な中国を祖国だとみなさない民族分裂主義者」に認定された。どんなに中国政府に抑圧され、いかに中国人に虐殺されても、「モンゴル人民共和国ではなく、中国こそが祖国だ」と嘘をつけば、「優秀な共産党員」になれたが、それができなかったので、粛清されたのである。

キョールゲンは北京で会議に参加していたが、フフホト市に戻ると、八月一六日と二二日に大学生たちに拉致され、闘争された（楊 2016a,812-813）。

「西部出身の陳炳宇は一九五四年か一九五三年に東部モンゴル人の女の子をレイプした」とフフホト市郊外のある人民公社の党書記で、中国人の王樹閣が大字報で東西間の対立を煽っている。フフホト市副市長の曹文玉もまた、「女性を強姦」したと批判されたし、陳炳宇が組織部代理部長をつとめていた頃に公安庁の副庁長の雲世英や寒峰包頭市長らと「結託」し、各地で発生した「民族分裂主義的活動」を隠していたという。例えば、一九六三年三月にトゥメト中学校で雲紀成（一九歳）と雲真（二〇歳）、李文忠（一九歳）、白毛慶（一九歳）、郝虎東（一九歳）、耿老占（一七歳）、黄玉璽らからなる「反革命分子集団」が摘発された。全員モンゴル人青少年で、「民族党」を結成し、興蒙軍を組織してゲリラ戦を展開する予定だったという。このような「反革命組織」に対し、トゥメト出身者からなる自治区党委員会は何ら処分を出さなかった、と中国人は批判する（楊 2016a,750-753）。未成年者も含む「反革命組織」の存在が事実かどうかは不明だが、このような大字報の出現により、モンゴル人への憎悪は確実に増幅していったのである。

モンゴル人高官への批判はさまざまな領域に及んできたが、中心軸はあくまでも「民族分裂主義的活動」でなければならない。「祖国を裏切った行為」が最も致命的で、かつまた断罪しやすいからである。七月一五日には万国志ら六人が画集『内モンゴル』をやり玉に挙げた（楊 2016a,756-757）。「画集『内モンゴル』」は陳炳宇とブヘ、それに王英

写真29 ウラーンフーの理論陣地を守ったとされるフフ（厚和）。巴義爾著『蒙古写意』（二）より。

らの主導で出版したもので、反毛沢東思想の綱領だ」、と断罪する。画集は一九二三年に北京のモンゴル・チベット学校で学んでいた一六歳のウラーンフーの写真を中国共産党の中国人指導者たちよりも大きく扱うデザインで、「党中央と毛主席の役割を軽視している現象だ」と批判する。「モンゴル語教育を強調し、人民が毛沢東思想を学ぶ機会を奪った」とも指摘する。批判者は毛沢東と中国政府が掲げていた「国際的には反修正主義、国内的には階級闘争を重視する」という政策に沿うようにウラーンフー一派を攻撃しているので、極めて戦略的である。

西部出身者に対する批判が引き起こす連座

西部出身者を批判すればするほど、東部のモンゴル人たちも巻きこまれていく。七月八日に現れた大字報は内モンゴル大学の副学長バトと医学院の副院長ムレン、自治区公安庁第四処副処長のナムジャルらをターゲットにしている。これら東部出身のモンゴル人たちが一九六五年三月から四月にかけて何回も「長時間にわたって密談し合っていた」と暴露する（楊 2016a,734-735）。少しずつ東部出身のモンゴル人も着実に粛清される運命へと駆り立てられたのである。

自治区党委員会は『実践』という理論誌を発行し、その総編集長はフフ（厚和・写真29）だった。『実践』は「フフに簒奪されて、毛主席の

民族問題に関する理論を宣伝しないで、専らウラーンフーの民族分裂主義の思想を広げ、反大漢族主義のキャンペーンを推進して人民に混乱をもたらした」、との大字報も七月八日に出てきた（楊 2016a,736-740,753-754）。フフとウラーンフーはその「反毛沢東思想の民族分裂主義の思想」を分かりやすい形で流布させる為に、言語学者で、東部出身のチンゲルタイの文章を『実践』に掲載していたと批判する。モンゴル人の「民族分裂主義的思想」に対する批判は政策と「活動」だけでなく、理論の面からも体系的に攻撃されるように深化してきた。

自らの「潔白」を示す為なのか、東部出身のモンゴル人高官も再度、西部出身者を批判しだした。七月一一日には畜牧庁副庁長ドグルジャブが浩帆と雲北峰の「陰謀」を暴露する大字報を貼って、波紋を広げた（楊 2016a,741-743）。ドグルジャブによると、一九六六年二月二五日に開かれた農牧委員会の処置会議の席上で、戦争になったら誰がどういう立場を取るのか分からない、と雲北峰は話したそうだ。それ以降、雲北峰と陳炳宇、それに浩帆ら西部出身者は自治区の幹部たちの檔案を極秘に集めて調べ、過去の政治問題を利用して粛清を進めたという。ドグルジャブ自身も一九六六年一月にウラーンフーによって改組された新しい農牧委員会の責任者に任命されているにも関わらず、一部の東部出身者が更迭されたことを「政治的な粛清」だと表現している。ドグルジャブはこのように文化大革命の初期に反ウラーンフーの大字報を貼ったものの、やがて彼もまた「日本のスパイ」と「ウラーンフー反党叛国集団の幹部」としてリンチを受けることになる（楊 2014a,23-25）。

モンゴル人に協力した「漢奸」

モンゴル人のウラーンフーが「民族分裂主義的な活動」を進めることができたのは、中国人即ち漢人の協力者がいたからだ、と革命的な群衆は気づいた。そのような「漢奸」とされたのは、フフホト市党委員会第一書記の李貴であ る（楊 2015a,117）。そこで、自治区党委員会のメンバーら一七人が六月一九日に「李貴の民族分裂主義的活動」を列挙した大字報を公にした（楊 2016a,667）。「モンゴル族を主体として確立し、民族間の抑圧と差別を無くそう」と

李貴が会議で呼びかけていたことが「罪」だとされている。ウラーンフーが掲げていたモンゴル語教育を重視する政策をフフホト市で着実に実施した実績が「不動の証拠」となっている。人口の面で少数派に転落し、外来の中国人があらゆる面で先住民を抑圧して差別していたのが実態であっても、政府は「モンゴル人が自治区の主体だ」と強弁していた。中国人は、嘘をつく政府に不満だったので、自治の看板など、とっくに有名無実となっており不要だ、との大字報も主張している。

ウラーンフー一派に追随する「漢奸李貴」は七月一八日に再度、大字報に取りあげられた（楊 2016a, 757-758）。モンゴル人政治家の政策に理解を示していた中国人政治家を中国人は特に嫌悪した。

李貴は、党中央と毛主席によるトゥメト出身の内モンゴルの一二〇〇万人もの人民の革命的闘争に対する指導については一度も触れずに、ひたすらトゥメト出身の（モンゴル人）知識人の役割を強調していた。党中央が抗日の為に大青山（ダランハラ）に派遣した王若飛と李井泉同志の行動を言わずに、専らウラーンフーら匪賊どもの「功績」を特別視している。……（中略）全国人民が毛主席の著作を学ぼうとした際には、彼は逆に全フフホト市の人民にモンゴル語学習を利用して毛主席の著作を学習する運動を阻害した。モンゴル語の学習は反修正主義と階級闘争に役立つと嘘をついた。彼はまたずっと反大漢族主義の政策を実施してきた。わざわざモンゴル語を強制した。

「漢奸李貴」に対する体系的な批判は七月七日に現れた。「李貴はウラーンフー反党反社会主義の黒幫の急先鋒だ」と断じる大字報は「自治区党委員会城（都）市社会主義教育工作総団」の李子雲と李三宝が書いたものである（楊 2016a, 727-729）。李貴の「罪証」は以下の通りである。

一、トゥメト出身らと共にクーデターをおこない、フフホト市の党の権力を簒奪した。二、反大漢族主義のキャンペーンを推進し、モンゴル人の利益を守り、モンゴル語教育を重視した。三、チャイニーズ漢族を排除した。四、搾取階級の牧主を闘争しない、牧主の財産を没収しない、牧主を暴力的に闘争しないというウラーンフーの「反革命的な三不政策」を実施した。この「三不政策」も実際は一九五〇年代初期から「自治の看板」として掲げられていたが、ここに至っ

写真30　批判闘争大会で吊しあげられた沈新発と劉景平。著者蔵。

てすべてが否定されたことを意味している。中国人はとにかく自分に非があるとは絶対に認めようとしなかった。

中国政府と中国人はここでも戦略的に動いた。文化大革命は純粋にモンゴル人ばかりを粛清しようとしているとの「汚名」を返上する為に、何回も「漢奸李貴」を執拗に批判する戦術を取った（楊2016a,778）。「罪証」は過去のスピーチから発見できる。

ウラーンフーの黒幇の急先鋒で、フフホト市でクーデターを進めた李貴は三月一八日に自治区直属機関の一三級以上の幹部たちを前にして報告した。あの報告文は反党反社会主義にして反毛沢東思想の表れで、彼はいわゆる大漢族主義に反対するという名目で民族分裂主義の思想を広げ、ウラーンフーの修正主義の理論を宣伝した。

李貴に積極的に協力していたのは沈新発だという。二人は「結託し合って、フフホト市で反革命の拠点を作った」と王士忠ら二一人が批判する（写真30）。

李貴だけが大漢族主義に反対したのではない。李文精とチョルモン、そして李振華らもまた「漢人は悪い奴らばかりだ」と話して漢人を排除した、とウラーンチャブ盟党委員会秘書長の馮静卿は「証言」する。自治区党委員会書記兼組織部部長の李振華は一九六六年四月に次のように「大漢族主義に反対し、漢人を排除」したという（楊2016a,758-

ここは自治区であるし、民族問題も階級闘争にも民族問題が絡んでいる。

「民族問題は必ず階級闘争に反映される」との観点が「毛主席と党中央に反対し、民族分裂主義的活動をおこなった証拠」、「漢族(チャイニーズ)の幹部を迫害した罪」と断定されたのである。毛沢東は「民族問題もつまるところ、階級闘争だ」と唱えていたのに対し、ウラーンフーとモンゴル人たちは逆に「階級闘争も民族問題だ」と話していた。いうまでもなく階級闘争は搾取と被搾取の関係に由来しているのである。自治区の現実は、モンゴル人が外来の中国人即ち漢人に搾取されている問題だ、とモンゴル人は理解していたのである。しかし、こうした理解は逆に民族分裂主義的だと断罪され、大漢族主義は存在するはずもないし、あっても反対してはいけないので、モンゴル人の主張はまったく意義がなかったのである。

五 自治区の「司令部を砲撃せよ」

大字報の広がりと威力

既に述べてきたように、ここまで紹介した大字報は自治区党委員会内の壁に貼りだされたものである。厳重な警備に守られた共産党の政府機関に一般の人民は簡単に入れない。その為、自治区党委員会内での大字報の内容もまだその全容が人民に知られていなかった。そこで、八月二五日に、内モンゴル水利電力学校の関係者で、王恭ら一六人が「われわれもウラーンフー批判の大字報がみたい」との壁新聞を公開した(楊 2016a,800-801)。「ウラーンフーとその黒幫(ブラック・グループ)の人たちがどのように反党にして反社会主義、そして反毛沢東思想で、祖国の統一を破壊してきたかの具体的な内容を閲覧したい」、との内容である。運動の深化に伴い、自治区党委員会もその内部の大字報を公開せざるを得なくなる。閲覧した者は書き写して広げ、運動は更に拡大していく。そして、それぞれの勤務先でまた別のモンゴル

760,797-798)。

人からなる「黒幇」を発見していく。自治区の幹部たちには網の目のように貼り巡らされたネットワークがあり、その末端の「黒幇分子」もまた「民族分裂主義者」として摘発されていく。こうして、モンゴル民族全体を対象としたジェノサイドの環境が完備されていくのである。翌二六日になると、「ウラーンフーとその黒幇のメンバーに政府公文書をみせてはいけないこと、彼らを北京からフフホト市に連れ戻して、暴力的に闘争しよう」との主張も現れた（楊 2016a,801,810-814）。

「司令部を砲撃せよ」

と題する大字報を毛沢東は一九六六年八月五日に書いて、「ブルジョアの打倒」を呼びかけた。毛沢東の呼びかけをみた内モンゴルの大学生の目には、一般の群衆に大字報をみせようとしない内モンゴル自治区党委員会も「ブルジョア司令部」のように映った。八月二八日、内モンゴル大学化学学部の「紅心」という紅衛兵組織は「司令部――内モンゴル党委員会を砲撃せよ」など複数の大字報を貼りだした（楊 2016a,806-807）。大字報はいう。

われわれはこれまで二回も自治区党委員会に行き、大字報をみようとしたが、断られた。「ここの大字報は自治区直属機関の党員と幹部だけにみせる」とか、「大字報の内容は内モンゴル大学と無関係だ」とかの理由で拒絶された。……（中略）「あなたたちは国家の重大なことに関心を寄せよう。プロレタリアートの文化大革命を徹底的に推進しよう」、と毛主席はおっしゃった。われわれは毛主席の呼びかけで国家の重大なことに関心があり、大字報がみたい。黒幇分子のボス、ウラーンフーはわが内モンゴル大学の学長だったので、無関係と言えるのか。

この時期に自治区党委員会で権力の座に付いていたのは中国人の高錦明と王鐸で、この二人が「保守的だ」と学生たちは批判する（楊 2016a,816-818）。

「司令部」への鋭い攻撃と暴力の勃発

「司令部の内モンゴル自治区党委員会を砲撃せよ」との大字報はその後、八月二九日と三〇日にも相次いで現れた。紅衛兵たちは「死で以て毛主席を守り、司令部に隠れている妖怪変化を粉砕せよ」と攻撃している。こうして、紅衛兵たちが各大学から出てきて自治区党委員会を包囲するようになる。学生たちの目には、党委員会の高官らがいくら文化大革命を擁護する態度を表明しても、保守的にみえた。八月三〇日のある大字報は次のように自治区党委員会を問い詰めている（楊2016a,815-820）。

写真31　モンゴル語で「偉大な領袖毛沢東万歳」と書かれたポスター。文化大革命の深化に伴い、モンゴル語は次第に消えていった。

ウラーンフーをボスとする黒幇は資本主義の復活を狙い、革命的な幹部書記を排除してきたのは以前からの陰謀だった。あなたたちは何故、もっと早くから察知しなかったのか。どうしてウラーンフーの黒幇と闘争しなかったのか。また、誰がウラーンフーらと闘争し、誰が動揺していたのか。

大字報はまた自治区党委員会が意図的に党中央と毛主席の講話を隠蔽し、ウラーンフーらとの関係を隠そうとしたのではないか、と批判する。そして、毛主席の文化大革命（写真31）を着実に前進させ、「（ウラーンフーの夫人）雲麗文を殺さなければ、人民の憤怒は収まらない」と党委員会に属する印刷廠の王一松ら一九人は大胆な提案を書いている。文化大革命中にモンゴル人がジェノサイドの対象とされ、各地で虐殺されるが、党委員会に現れたこの種の大字報による煽動が果たし

た役割を決して過小評価してはならない。歴史的に専制主義に虐待され、共産党政権になっても特権階級に虐められていた中国人はその不平と不満の捌け口を無関係のモンゴル人に向けたのである。モンゴル人は寛容精神に基づいて、草原を開墾して環境を破壊する中国人を受け入れたにも関わらず、民族分裂主義者として惨殺されていったのである。

文化大革命の初期に積極的に政治に参加したモンゴル人たちは次第に不利な立場に立たされるようになる。例えば、内モンゴル芸術学校（現内モンゴル大学芸術学院）はほとんど純粋にモンゴル人からなる学校で、モンゴルの伝統的な歌や踊りなどを芸術として学ぶ教育機関だった。八月三〇日、同校の二一人が大字報を公開し、自分たちが「民族分裂主義分子の妖怪変化」として迫害されていると訴えている（楊 2016a,820-821）。また、造反した紅衛兵が八月二六日に同校の教師たちの家宅を襲撃し、日記や手紙、それに日常生活用品まで没収したという。自らの故郷において、後から来た中国人にリンチされ、殺害される時代が始まったのである。

首都北京からの紅衛兵らの流入もあり、造反した学生と労働者の暴力がエスカレートし、自治区の首府は完全に混乱に陥った。中共内モンゴル共産党学校の「紅衛班」と称する青年らが書いた宣言書も八月三〇日に貼りだされた（楊 2016a,821-822）。

プロレタリアート文化大革命の主要な任務は、あらゆる搾取階級の旧思想と旧文化、旧風俗と旧習慣を一掃し、新思想と新文化、新風俗と新習慣で以て社会の精神状態を変えることである。それは即ち新世界を創成することだ。フフホト市だけでなく、全国も同じだ。

新世界の創成を目指す紅衛兵からすれば、旧内モンゴル自治区党委員会はもはや文化大革命運動の趨勢に合わない存在となった。旧党委員会のメンバーたちも造反し、ウラーンフーをボスとする反党黒幇と明しても、さまざまな形でモンゴル人と繋がっているようにみえた。実際、毛の書いた「司令部を砲撃せよ」との大字報の内容を自治区党委員会は遅々として伝えなかった。自分たちが「内モンゴルの資本主義路線を歩む司令部」だと「砲撃」されるのを恐れていたからである。八月三〇日、農牧学院の「農学兵尖刀戦闘小組」と称する大学生らは

「造反精神万歳」と書き、自治区党委員会の保守的な姿勢を猛烈に批判した。そして、「大字報を書くのに使う紙が不足しているので、無料で提供せよ」と締めくくった（楊 2016a,822-824）。

造反派の矛先

大学生たちの不満はまた、高官が享受してきた、特権的な等級制度（ノーメンクラツーラ）に向けて爆発した。ソ連に倣ったシステムで、一～七級は超高級幹部で、八～一三級は高級幹部で、一四～一七級は中共幹部とされる（矢吹 2007,40）。「高級幹部専用の病院を直ちに廃止せよ」とか、「非合理的な等級制度は廃止すべきだ」との内容の大字報が瞬時に現れた（楊 2016a,807-816,833-834）。「高官がもし病気になったら、良い病室に入院し、良い薬を注射し、良い食事をし、優れた技術を持った医師と看護婦が世話をする」特権を無くし、平等を実現しよう、と学生たちは主張する。党委員会もこれからあらゆる政府機関の幹部と公務員を選挙で選んでいた。「パリ・コミューンはすべての公務員を選挙で選ぶよう提案する」と大学生の要求には民主化的な要素も含まれていた。しかし、こうした動向はいち早く毛沢東に見破られた。パリ・コミューンへの憧れこそが共産党一党独裁に対する脅威だと感じた毛はすぐさま学生たちを農山村へと追放する。

「何故だ?!」

と題する大字報を書いた内モンゴル大学の「紅心」セチェンゴワと周紅兵ら一二人は、「大字報はあらゆる妖怪変化の真の姿を照らしだす鏡で、奴らの反党反社会主義の真の面目を曝しだすものだ」と書いている（楊 2016a,808-809）。「これ以上われわれに自治区党委員会内部の大字報をみせないならば、毛主席の呼びかけであなたたちが設けた制度をぶちこわすぞ!!!内モンゴル自治区党委員会という司令部を砲撃するぞ!」、と「紅心」は気焔を挙げている。

「内モンゴル」との名称を廃止せよ！

内モンゴルは自治区と称されている以上、高官層の一部はモンゴル人からなっていた。モンゴル人高官が「腐敗」していただけでなく、「反党反社会主義、反毛沢東思想で、かつ民族分裂主義的な活動を進めてきた」と政府から断罪されると、内モンゴル自治区党委員会機関の文化革命弁公室は八月二九日に有名な大字報を公開した。「地名と都市名を変更するよう提案する」と題する大字報は全モンゴル人を震えあがらせ、まさに「モンゴル民族の司令部を砲撃せよ」との役割を果たした。大字報は次のようになっている（楊 2016a,811-812）。

民政庁と食糧庁、財政庁と農牧学院、交通学校と師範学院附属第一中学校などの群衆は以下のようなことを要求する。一、「内モンゴル」という名称を革命的なものに変えよう。「反修正主義省」や「華北モンゴル族自治区」、「反帝国反修正主義省」などの候補がある。二、盟と旗の名称を廃止して、全国と同じく県や自治県を使おう。三、フフホト市の名前を「東風城」に変えよう。

誰がみても分かるように、大字報はあからさまにモンゴル的な色彩を抹消しようと提案している。モンゴル人の領土に侵略し、入植してきた中国人は、モンゴル文化と制度を歴史そのものを「修正主義的だ」と侮辱している。国境を挟んで、同胞の「モンゴル修正主義国家」と同じ文化と制度が始まって以来、ずっと共有してきた事実への恨みである。中国政府と中国人はモンゴル人が共有してきた文化と制度を中国内地のものに改編して同化を推進しようと計画し、実施しようとしていた事実の証拠である。

中国人は内モンゴル自治区にかろうじて残っていた微々たるモンゴル文化の要素まで完全に抹殺しようとした。

九月一日、「牧業地区社会主義教育運動弁公室」に属する王恒福ら一五人が「フフホトという修正主義の毒素を帯びた地名を取り消せ」との大字報を書いた。モンゴル語の「フフホト」とは「青い都」の意であるが、漢字で「呼和浩特」と書いている以上、「平和を呼ぶ都（浩特）」とも解釈できるが、それだけでは満足できない」と主張している。翌二日、軽化工業庁の房暁東ら三四人は自治区党委員会と中華人民共和国国務院宛に公開の書簡を送り、モンゴル人の

179　第四章　共産党が醸成する反「分裂主義」の世論

盟という行政組織を廃止して内地の「省」を導入するよう要求した（楊 2016a,832-835）。「盟」のような組織は「ウラーンフーをボスとする反党黒幫どもが民族分裂主義的活動を推進し、独立の王国を創る為のものだ」と中国人は力説している。モンゴル人の歴史を消し去り、モンゴル人そのものを肉体的にも虐殺してはじめて満足するというやり方である。

実際に文化大革命を経験した自治区党委員会宣伝部副部長だったトグスは後日に次のように指摘している。「内モンゴル自治区」を「中国共産党反修正主義省」に変更しようとした行動は決して文化大革命中の「一時的な衝動」ではない。モンゴル文化を抹殺し、モンゴル人を大量虐殺したのは、中国政府が理解するところの「民族問題を解決する方法だった」（特古斯 1993,52-57）。要するに、モンゴル人を肉体的に殺害すると同時に、文化的ジェノサイドもまた同時に進められていたのである。今日、南モンゴルだけでなく、チベットでも「解放」直後から現在に至るまで、文化的ジェノサイドが続いている、と国際社会は判断している（国際声援西藏組織 2013）。

ブルジョアの実権派とウラーンフーの関係

「自治区書記処の書記たちは毛主席の著作をまじめに学んだか」と学生らは再び問い詰めてくる（楊 2016a,824）。

自治区党委員会書記処の同志の皆様、あなたたちはいつも反党分子のウラーンフーと一緒に会議を開き、重大なことを決定してきたのではないか。ウラーンフーがあんなに昔からずっと反党の陰謀を進めてきたのに、あなたたちからの疑問は正しい。そもそもウラーンフーに「反党の陰謀」「民族分裂主義」などのレッテルを貼って、因縁を付けてきただけである。そのウラーンフーは一九四七年からずっと自治区の党と政府、軍と大学の指導者であり続けてきたし、ほとんどのモンゴル人の政治家と知識人を全員粛清したいから「民族分裂主義」のレッテルを貼って、因縁を付けてきただけである。

の中国人幹部もまた彼によって抜擢されたし、幹部たちの大半も当然忠誠を尽くしてきた。学生らは「偉大な領袖毛沢東」が文化大革命を発動した目的や手法を疑おうとはしなかったが、自治区の高官たちとウラーンフーとの癒着を指摘した点で、実は中国共産党そのものが内包している矛盾に直面したことになる。毛沢東は「資本主義路線を歩む実権派」の打倒を呼びかけたが、内モンゴルでは「人民より広い邸宅に住み、豪華な絨毯を敷いて優雅に暮らしている書記処の書記たち」が実権派にあたると映った。中国人の王鐸と王逸倫、それに高錦明ら書記処書記たちは「革命の幹部よりも、ブルジョアの殿様のように振る舞っていた」と批判された（楊 2016a, 825-827）。「書記」や「部長」といった役職を付けて、「ブルジョアの等級観念」で呼称するのではなく、幹部の等級と関係なくすべて「何々同志」と呼ぶべきだと造反派は主張する。

「司令部」とウラーンフーとの繋がり

「内モンゴル党委員会を砲撃せよ」と題する過激な大字報が八月三一日に登場した。大字報は再び書記処の高官たちに照準をあてている。「革命的な群衆が暴露した資料からみると、ウラーンフーは確かに以前から反党反革命の民族分裂主義的活動を進めてきた。しかし、どうしてあなたたちは彼と長く付き合いながらも、その陰謀を見抜けなかったのか」との疑問が出された。ウラーンフーは一九六五年末から「中華ソヴィエト対内モンゴル人民宣言書」を印刷して配布したが、その「謀略と目的」を何故、見破れなかったのか、との問い詰めも九月二日に提示された。自治区党委員会はまた毛沢東思想を学習するにも不熱心で、幹部の登用政策も経済政策も、そして宣伝政策も誤っていたと批判された（楊 2016a, 828, 837-846）。

書記処書記などの高官たちをすぐには打倒できないが、人民政府委員会と統一戦線部のメンバーは簡単に倒せる。人民政府委員会と統一戦線部では共産党の「寛容性」を演出しようとして、「偽満洲国や反動的な国民党政府の役人、封建的な地主と牧主ども、王公貴族ども」を数人程度、採用していた。造反派はそのような「旧社会の人間ども」を

「司令部内のごみだ」と断じた。国民党の傅作義軍の部下だった孫蘭峰将軍とアラシャン・モンゴルの王ダリジャヤら「司令部内のごみを直ちに掃除せよ」と八月三一日に中国人たちに殺害された。彼の夫人は清朝最後の皇帝にして満洲帝国の皇帝でもあった愛新覚羅・溥儀の従妹だった（楊 2014d, 88）。

はその後、一九六九年一一月一九日に中国人たちに殺害された。彼の夫人は清朝最後の皇帝にして満洲帝国の皇帝でもあった愛新覚羅・溥儀の従妹だった（楊 2014d, 88）。

内モンゴル自治区政府に「参事室」という部門があった。こちらも中華民国時代の知識人たちが働き、回想録を書いたり、資料整理をしたりし、「政策に提言」する役割を与えられていた。八月二九日、フフホト市百貨公司の李進武ら六五人が「参事室をぶっ壊して、反革命分子を一掃せよ」との大字報を貼りだした（楊 2016a, 836）。毛主席と共産党指導下の社会主義中国ではもはや「犬のような反革命分子ども」に政策提言をしてもらう必要はない」と唱える。「参事室の反革命分子どもを直ちに国営農場などに追放するか、逮捕するよう」求めている。そして、もし自治区党委員会が三日以内に要求通りに動かなければ、「われわれ紅衛兵が行動する」と宣言している。

自治区党委員会内の大字報を積極的に公開しない党委員会への批判は具体化してくる。師範学院外国語学部の英敬東ら一六人は、「自治区書記処は学生の造反を弾圧して白色のテロをおこなっている」と批判しているし、別のグループは政治協商委員会と工業商業聯合会を粉砕せよと呼びかける。また、高錦明書記が包頭市書記だった頃に「自治区産出の食料を党中央に渡そうとしなかった」とされ、「書記たちはみな多数のモンゴル人の邸宅を所有している」とも暴露された。そして、王鐸と王逸倫も ウラーンフーが推進する「（漢族を無視して）モンゴル人牧畜民の収入を増やす政策に加担した」と指摘された。王逸倫はまた「腐敗しきっていた」という。「腐敗の温床である新城賓館を人民用の招待所に改造せよ」との要求も現れた（楊 2016a, 829-851）。

中国人の疑問

モンゴル人のウラーンフーは北京の前門飯店華北局工作会議で粛清された。ところが、一九六六年九月一日に毛沢東が天安門の城楼上に立って紅衛兵を接見した際に、同行者の中にウラーンフーも入っていた。この事実が内モンゴルの中国人たちに衝撃を与えた。九月三日、フフホト市郊外の閻忠義ら一〇六人と、自治区文化革命弁公室の白植品ら一一人が大字報を書いて、政府に疑問を呈した（楊 2016a, 838-839）。

内モンゴル自治区党委員会から敬愛する（最最敬愛的）領袖毛主席に転送していただくよう。大物の反革命分子で、毛沢東思想に反対し、民族分裂主義的な活動を進めるウラーンフーは地主や牧主の立場に則して四清運動に反対した。内モンゴルの各民族の人民はウラーンフーをボスとする反革命の黒帮（ブラック・グループ）の残酷な統治と抑圧の下で、大勢の革命的な幹部を失った。多くの同志たちはウラーンフーのファシズムに抵抗したものの、弾圧され、迫害を受けた。ウラーンフーは既にフフホト市でクーデターを成功させて、ファシズムの統治を敷いていた。……（中略）しかし、私たちはどうしても理解できないが、反革命のボスであるウラーンフーがなんと、天安門の城楼に登って、毛主席が全国からの紅衛兵を接見した行事に参加したという。このニュースを聞いた時、信じられなかった。多くの同志たちは自分の耳を疑っている。どうして、こんなことが起こるのだろうか。

このように疑問と落胆の気持ちを伝えた上で、「ウラーンフーを直ちにフフホト市に連行し、闘争したい」と要請している。自治区に侵入してきていた中国人は北京当局よりも過激で、モンゴル人のいない内モンゴルの実現を狙っていた。中国人はこうした要求を自治区党委員会に突き付けているが、その党委員会は「支離滅裂（みなみ）の司令部」と化して、もはや機能しなくなっていた（楊 2016a, 848）。

特定の民族への憎しみ

「ブルジョアの司令部」たる内モンゴル自治区党委員会が北京に出かけて経験交流しようとする紅衛兵の行動を阻

止し、パリ・コミューンの原則で直接選挙を実施しなかったことに大学生たちは不満だった。激しく「砲撃」された「司令部」はますます保守的になる。

「内モンゴル自治区党委員会を砲撃せよ！お前らは怖いだろう。怖いだろう。死ぬほど怖いだろう」との大字報は、暴力的な言葉を多用することで、運動の広がりを呼びかけている（楊 2016a, 859-865）。こうした表現は抑圧されてきた群衆の心情を刺激し、いっそうのカオスを促す力を帯びている。幹部の腐敗や、人民大衆に対する政治的な抑圧は中国の内地と同じように、中国共産党一党独裁がもたらした結果である。内モンゴル自治区においても、民族を問わずに高官らによる「ブルジョア式の腐敗」は存在していただろう。「腐敗した共産党の高官階層」への不満はやがて「民族分裂主義者たちの反党叛国の罪」への憎しみと合流し、モンゴル人へと向かってくる。というのも、文化大革命が発動されるまでは、実権を握っていたモンゴル人も多かったからである。モンゴル人の自治区と中国にいて、モンゴル人が権力を掌握するのは、政府が標榜する区域自治政策の結果であった。しかし、中国政府と中国人はモンゴル人ジェノサイドを通して、一度は附与していた限られた自治権をもすべて回収していくのである。

秋の九月一一日、甘粛省蘭州軍区文化大革命弁公室から内モンゴル軍区文化大革命弁公室に電話がかかってきた。蘭州軍区駐バヤンノール盟エジナ旗の八一一五部隊が収集した情報によると、エジナ旗政府は既に機能しなくなったという（楊 2016a, 864-865）。旗長は昔の王で、中華民国期には国民代表大会の代表でもあった人物で、造反した群衆に「民族分裂主義分子」として打倒された。「他の副旗長と旗人民委員会弁公室主任、旗書記らも全員が民族分裂主義者であることが分かった」。その為、エジナ旗内のモンゴル人たちも人民解放軍に冷たくなった、との電話である。このように、モンゴル人幹部たちは、自治区の首府フフホト市においてだけでなく、末端の旗レベルに至るまで、文化大革命の初期から軒並み「民族分裂主義者」として粛清されていた事実が明らかになったのである。

184

文化大革命全体における大字報の性質

 以上、内モンゴル自治区党委員会のメンバーと大学生が貼りだしていた大字報を紹介してきた。自治区党委員会はフフホト市内にあり、共産党の書記たちが陣頭指揮する政治機関で、自治区の中で最も権威ある場所である。党委員会の建物は厳重な警備に守られ、人民は簡単に入れない、「神聖」なところでもある。党委員会のメンバーは党政府機関の中枢を動かすエリートたちである。モンゴル人のウラーンフーが北京に呼ばれて失脚した後、実質上、自治区を動かし、党中央と連絡し合っていたのは自治区党委員会内の中国人幹部たちである。従って、彼らが発揮していた政治的な役割は極めて大きい。彼らが公開した大字報は内モンゴル自治区における文化大革命運動の推進方向を決定する機能を有していた。その特徴と意義を次のように示しておこう。

 第一、ウラーンフーが北京の前門飯店会議で吊しあげられて失脚した後、自治区全体の権力機関を掌握したのは中国人即ち漢族の幹部たちである。彼らは戦略的に党中央華北局に中国人幹部の派遣と支援を要請し、終始、運動の主導権を握った。華北局も自治区党委員会の要請に応えて人員を増派し、自治区の末端レベルに至るまでのポストを独占した。権力を掌握する点で、自治区党委員会の中国人幹部と党中央華北局は相互に緊密に連動しあっていたのである。

 第二、自治区党委員会は成立した当初からウラーンフーの政策を執行してきた為に、その政策の性質についても熟知していた。その為、文化大革命が勃発した直後から、ウラーンフーの問題の核心は民族問題だと決めつけた。一九五七年の反右派闘争時と一九六四年からの社会主義教育運動（四清）中に発見した「反大漢族主義の事実」が再利用、再解釈されて「民族分裂主義的活動の証拠」に認定された。中国の民族政策に沿って、民族問題を解決しようとしたウラーンフーの実践は「民族分裂主義的活動」だと断罪された。モンゴル人の政治家を打倒するのに最も鋭利な武器は「民族分裂主義的活動」だと論じる自治区党委員会の幹部たちの認識は中国共産党華北局の政治判断と一致していた。それ以降、モンゴル人大量虐殺運動において、「民族分裂主義的活動」に対する摘発はずっと政府公認の断罪方式で

あり続けた。

第三、モンゴル人が推進したとされる「民族分裂主義的活動」の具体的な証拠はウラーンフーとその部下らがおこなった反大漢族主義のキャンペーンであった。「大漢族主義と地方民族主義の双方に反対する」と毛沢東の党中央が標榜していたとはいえ、中国人は少数民族側から反対されるのに心底、強烈な嫌悪感を抱いていたので、反大漢族主義即ち民族分裂主義的活動だと認定されたのである。ウラーンフーは反大漢族主義のキャンペーンを着実に進めるのに毛沢東が一九三五年に発表した「中華ソヴィエト政府対内モンゴル人民宣言書」を印刷して配布したが、逆に彼には連邦制への拘りと分離独立の思想があると断定された。

第四、内モンゴル自治区に侵入してきた中国人幹部はずっとウラーンフーの政治運営に不満だった。ウラーンフーが中国政府が制定した少数民族政策を実行したのも、「少数民族を優遇している行為だ」と歪曲された。自分たちが外来の植民者であるという自己認識はなく、先住民以上の権利を要求していただけでなく、文化大革命勃発してモンゴル人の生来の自治権を一掃して統治者になろうと大字報の論陣を張った。こうした政治的な行動には、自治区東部出身の一部のモンゴル人幹部も同調した。東部出身のモンゴル人の目には、ウラーンフーは自分と同じ西部のトゥメト出身者らを「優遇」しているからだろう。中国人は夷を以て夷を制す戦略に則して、ウラーンフー反党出身者を動員してウラーンフー批判の先頭に立たせた。東部出身者が組織した内モンゴル人民革命党の指導者でもあると認定される「ウラーンフー反党叛国集団のボス」だけでなく、東部出身者の先頭に立ったからだろう。やがて、ウラーンフーは彼自身が属する「ウラーンフー反党叛国集団のボス」だけでなく、東部出身者が組織した内モンゴル人民革命党の指導者でもあると認定される、旧満洲国時代に教育を受けた「日本刀を吊るした奴ら」も受難していく。一九六六年秋までの政治闘争の中で、まだ中国政府と中国人の謀略に気付かなかった東部出身者も大勢いたが、大字報の中には既に東部出身者たちの経歴を疑問視する論調が出ていた。

第五、自治区党委員会の大字報の批判内容を詳細に分析した結果、従来からの研究を抜本的に見直す必要が出てきた。私自身も含めて、今後は以下の二点を全面的に見直さなければならない。

一、「ウラーンフーの黒いラインに属する者を抉りだし、その毒害を一掃する運動（挖烏蘭夫黒線、粛烏蘭夫流毒）」は一九六七年一一月に自治区革命委員会が成立した後からスタートしたと従前の研究者たちは書いてきた（郝維民 1991,307）。本書が収録した大字報の内容からみると、ウラーンフー一派に対する断罪は文化大革命勃発と同時に開始していた事実が判明した。一九六七年一一月一日に成立した滕海清将軍指揮下の自治区革命委員会は、自治区党委員会のメンバーたちが一九六六年五月から醸成してきた理論と方法を更に体系化した上で粛清運動に活用した、と解釈した方が合理的である。

二、内モンゴル人民革命党の党員たちに対する摘発と虐殺は一九六八年春から始まったとされてきた（郝維民 1991,309）。本章で取りあげた大字報の中には既に同党の活動を民族分裂主義的だと批判する内容が一九六六年五月から現れている事実に沿って判断するならば、同党の党員に対する粛清の準備も早まる。内モンゴル自治区の造反派のリーダーだった高樹華は、一九六七年六月から自治区党委員会の高錦明らが内モンゴル人民革命党に関する資料を極秘に収集していたと証言している（高樹華 程鉄軍 2007,336）。私が以前に公開した中国の公的な資料にも、遅くとも一九六七年一一月には内モンゴル人民革命党の歴史を断罪する批判が現れていた事実が書かれていた（楊 2010a,103-104）。従って、今までに公開した資料を総合的に分析すると、中国政府は一九六六年五月に文化大革命を発動した直後から自治区党委員会内に出現した、内モンゴル人民革命党批判の大字報の存在を重視し、利用したとみて間違いなかろう。このように、モンゴル人大量虐殺運動の世論は北京当局が喚起し、自治区に住む中国人が積極的に呼応して形成された。政府主導の人民戦争により、モンゴル人ジェノサイドが「成功」したと位置づけることができよう。

第五章 延安派を襲う「青い都」の赤い嵐

舞台をフフホト市にある自治区党委員会の高い壁の外に移そう。首都北京では一九六六年六月一日に政府新聞『人民日報』が「すべての妖怪変化を一掃しよう」（横掃一切牛鬼蛇神）という社説を掲載して文化大革命発動の気焔をあげた。同じ日の午後に北京大学の聶元梓ら七人が連名で書いた大字報（壁新聞）も「全国初のマルクス・レーニン主義の大字報」としてテレビとラジオで放送された。これらの党中央からの号砲を受けて、内モンゴル自治区では党委員会よりも早く、六月三日に師範学院の高樹華ら四人が大字報を貼りだして北京に呼応した（楊 2011a,324）。北京もフフホトも、大字報の矛先は「走資派」とされる幹部たちだったが、毛沢東にはもっと深遠な戦略があったのをまだ誰も知らない。

一　打倒されるウラーンフー・ファミリー

政治家家族の受難

北京では劉少奇と鄧小平たちが工作組を各大学に派遣して文化大革命運動を従来の政治運動同様に政府主導でリードしようとしていたのと同じように、内モンゴル自治区でもウラーンフーの長男ブヘをはじめとする文化大革命指導小組は工作組を各大学に回した。工作組は共産党の既得権益者の利益を守ろうとしているのではないか、とみた学生た

188

写真 32　紅衛兵たちからの暴力を受けるブヘと夫人のジュランチチク。矢吹晋著『文化大革命』より。

ちは抵抗をはじめた。ウラーンフーが北京の前門飯店会議で粛清されたとの情報が内モンゴル自治区に伝わると、六月一八日にブへの文化大革命指導小組の組長のポストが早速、剥奪された（楊 2011a,328）。

ここから、ウラーンフーのファミリーと彼を中心とする延安派は一掃されるコースを辿る。八月一七日、林学院とウラーンフーの長男ブへの夫人、ジュランチチクの「革命的な群衆」たちはウラーンフーの長男ブへの夫人、ジュランチチクを「揪みだして闘争」した（楊 2011a,342）。「揪みだして闘争する」ことは、暴力を加えて人格を凌辱する行為を指す。中国人が最も得意とする行動である。九月四日の夜、「紅旗文工団」の張文挙らはウラーンフーの息子ブへとその夫人のジュランチチクを捕まえてリンチした。彼らはジュランチチクの頭髪を十字の形で切りこんで侮辱した（写真32）。

まもなく、ウラーンフーの夫人雲麗文も「現代の西太后」として打倒された。ウラーンフーは「現代の殿様」（当代王爺）や「第二のチンギス・ハーン」と批判された。モンゴルや中央ユーラシア諸民族の英雄であるチンギス・ハーンも「封建的な領主」だと貶された。モンゴル人の歴史は完全に否定され、肯定すべきところは何一つなかった。暮れの一二月六日にはジュランチチクは再び暴力を受けた。彼女は「自身に冠された罪は成立しないし、拉致監禁も党と国家の法律に違反する」と抗議したものの、逆に何倍もリンチされた（楊 2011a,380）。

周恩来の煽動

乱立する各種の「革命的な群衆組織」はどちらも自らこそが真の造反派だと自称し、対立する陣営を保守派だと批判した。一九六七年二月五日正午一二時一五分に、内モンゴル軍区の正門前で抗議活動をおこなっていた師範学院の中国人学生の韓桐を人民解放軍の将校が射殺した（楊 2011a, 443）。解放軍はそれまでに自治区の中国人幹部たちを擁護する態度を示していたので、保守派だと学生たちから批判されていた。死者が出たことで双方の対立は深まり、北京に赴いて党中央に直訴した。周恩来総理らは複数回にわたって造反派と保守派たちに面会し、最終的には一九六七年四月一三日に「中共中央の内モンゴル問題を処理する決定」を出した。八項目からなっていたので、「紅い八カ条」とも呼ばれた。「（内モンゴル自治区に駐屯する）解放軍は左派を支持する運動の中で誤りを犯した為」、軍事管制が導入された。

周恩来は何回も群衆組織と大学生たちに向かって、「内モンゴルが混乱に陥ったのはウラーンフーがいたからだ。根はすべてウラーンフーにある。矛先をウラーンフーに向けよう」と繰り返し悪質な煽動をした。周が品格のない言葉で以てモンゴル人の指導者ウラーンフーを批判し、中国人の「走資派への憎しみ」をモンゴル人に転換させようとしていた事実は、中国政府が編集して発行した『内モンゴル問題を処理する為の党中央の文件（公文書）と指導者たちの講話集』に詳しく載っている（中央関於処理内蒙問題的有関文件和中央負責同志講話滙編 1967）。このように、内モンゴル自治区でも北京と同じように、一般的な「革命群衆」の主たる関心は「走資派」の打倒にあった。自治区のあらゆる機関でモンゴル人以上に実権を掌握していたのは中国人だった。しかし、自治区とはいえ、実態はとっくに中国人の天下となっていた。それでも、ウラーンフー打倒が内モンゴル内でモンゴル人以上に実権を掌握していたので、「問題の根はウラーンフーにあり、ウラーンフー打倒が内モンゴル混乱の原因だ」とモンゴル人の指導者たちを断罪すると、運動の流れは至極自然にモンゴル人打倒、全モンゴル人粛清とモンゴル人大量虐殺へと発展していった。結論を先に示すと、内モンゴル自治区におけるモンゴル人大量虐殺は北京

当局の周恩来が発令したものである。周恩来はむろん、「中国人民の偉大な領袖毛沢東」の指示に従っていたのである。モンゴル人ジェノサイドという人道に対する犯罪に責任を負わなければならないのは、ほかでもない周恩来である（呉廸　2006,175）。

この点を研究者と読者は見落としてはいけないのである。

子を批判して親を打倒する

一九六七年五月九日、著名な造反派「魯迅兵団」に属する「内モンゴル人民出版社紅旗戦闘縦隊」は一枚の大字報（壁新聞）を貼りだした。「抗議する！何故、ブヘを闘争できないのか」と題するこの大字報は、ウラーンフーの長男ブヘを「揪（つま）みだして闘争せよ」と強く主張している（楊　2015a,487）。

ブヘを討伐し、出版社における彼のブラック・ルーツ（黒根子）を掘り起こすのはわれわれの革命的な要求である。この権利は毛主席が私たちにくださったものだ。フフホト第三司令部（呼三司）を代表とする造反派が戦って獲得した権利だ。

「内モンゴル人民出版社紅旗戦闘縦隊」がブヘを暴力的に闘争しようとしていたのに対し、政府系の工作組はブヘを守ろうとしている、と大字報は書いている。大字報はまた最後に、「ウラーンフーが文化芸術の領域に差し伸べてきた黒い手先を断ち切り、その修正主義の根本を掘り起こさない限り、われわれは絶対にあきらめない」、と締めくくっている。

中国には政治家が失脚すると、その家族と親友たちも全員連座する伝統がある。昔も今も、基本的に変わらない。上で示した大字報は、モンゴル人の最高指導者のウラーンフーが中国当局によって粛清された事実を受けて、内モンゴル自治区でも彼の家族と友人や部下たちが倒されていくプロセスを物語っている。

呼三司と略称される内モンゴル自治区の造反派は、その名を中国全土に轟かせていた（写真33）。呼三司の機関紙は『呼三司』で、後に『紅衛兵』に改名する。この『呼三司』は一九六七年一二月二日発行の第四六期に「素晴らし

写真33　毛語録を手にした呼三司系統の女性紅衛兵。著者蔵。

い形勢に乗って闘志を燃やし、赤い嵐で長空を席巻しよう」と題する社説を載せた（楊 2015a, 488）。社説はブヘを「ウラーンフーの皇太子」と表現した上で、「ウラーンフーのブラック・ルーツを掘り起し、その大小さまざまな残党グループや反党叛国集団を一掃しよう」と呼びかけて、とモンゴル修正主義者集団のスパイどもを殲滅しよう」、と呼びかけている。ブヘは内モンゴル自治区党委員会の文化委員会の主任をつとめていたので、ブヘを打倒しない限り、文化芸術界の真意はありえない、と論じている。ブヘを批判するのは表層で、造反派の真意もウラーンフーにある。「ウラーンフーこそが民族問題を利用して階級闘争を隠蔽し、反大漢族主義の旗を掲げてスパイどもを集めて反党叛国の活動を繰り広げた」、と断罪している。

「生きている閻魔大王（活閻王）のブヘを打倒せよ」と『呼三司』は長い論文を載せている（楊 2015a, 489-490）。「生きている閻魔大王」や「ウラーンフーの犬のような皇太子（狗太子）」などで、独特な社会主義風の中国語である。中国文化のコンテクストの中で、閻魔大王と狗は極悪な存在だとされている。伝統的な「巨悪」を新しい共産主義のイデオロギー上の「悪」と結びつけて、分かりやすい形で中国人民の憎しみを喚起している。このようなユニークな中国語を研究者はナチス・ドイツ流の言語と併せて、「二〇世紀独特な政治言語」と呼んでいる（吉越 2005, 25）。

「ウラーンフーの犬のような皇太子」ブへには「民族分裂主義の文藝路線を制定した罪」と「資本主義の自由化を招いた罪」、そして「有名なスパイどもを集めてその父親ウラーンフーが準備するクーデターの急先鋒をつとめた罪」がある、と『呼三司』は批判する。本人の経歴を歴史的に遡って探すのは、中国政府と中国人の得意技である。『呼三司』はまずブへが一九四五年にウラーンハダ（赤峰）で「赤峰自治学院」を設置して「民族分裂主義的な活動を進めてきた」と述べる。中国共産党は結党当初からプロパガンダを重視し、具体的には文藝工作団や歌舞団のような団体を組織して、歌や踊り、そして演劇といった分かりやすい形で宣伝工作をしてきた。ブへはその父親のウラーンフーの指導下で、親中国共産党的な宣伝工作を主導してきた。具体的には同胞のモンゴル人民共和国との統一よりも、中国の中でソ連型の高度の自治を目指すという理念だった（楊 2013b）。ウラーンフーの理念と努力はことごとく中国に裏切られ、有名無実の区域自治だけが諸民族に与えられたのは周知の事実である。「ブへはなんと、馬獲り竿と鋤（ウールガ）を交叉させたマークは一九四七年一月に王爺廟で成立した内モンゴル人民革命党の「東モンゴル人民自治政府」の旗である（木倫 2001,64）。一九四七年五月一日にウラーンフーが内モンゴル自治政府を建立した際も会場にその旗が掲げられていた。その歴史が「民族分裂主義的行為」とされたのである。

二　断罪されるモンゴルの近代的な文藝

罪証たる文藝作品

「ブへはウラーンフーの反動的な思想を鼓吹する為に、『雲澤行進曲』や『内モンゴル青年行進曲』、『内モンゴル騎兵行進曲』、『モンゴル舞踊』のような歌とダンスを創作した」

図6　一九五八年に人民文学出版社から出された『茫々たる草原』。草原を征くモンゴル騎兵の姿が表紙を飾った。

と『呼三司』」は批判する。上で挙げた歌やダンスは日本風の近代的なメロディーをモンゴルの伝統的な歌曲と併せた、軽快なリズムで、典型的な社会主義のプロパガンダ風の文藝作品である。そうした洗練された近代モンゴル文化を、「すべて賊ウラーンフーがモンゴル独立国を創る為の道具だ」、と中国人たちは罵倒する。

一九世紀後半に書かれたモンゴル語の小説も受難した。インジャーナシの『青史演義』と『一層楼』、そして『泣紅亭』である。これらの「封建社会の残滓のような小説もどれもブへの主導で出版された」。ブへはまた作家のマルチンフーの「毒草のような小説」『茫々たる草原』（図6）を公刊し、『ダナバル』や『チンギス・ハーン遠征歌』のような「反動的な歌」をヒットさせた。彫刻家にして内モンゴル博物館副館長の文浩に「犬のような形をしたウラーンフーの頭を彫刻させた」と中国人たちは憤慨している。

ブへがリードして創造した内モンゴルの社会主義のプロパガンダ文藝には中国的な色彩は薄かった。ブへが抜擢したダンサーの賈作光は「偽満洲国の芸術家」で、日本型の近代文藝の実践者だった。「蒙奸セーラシ」が歌う『チンギス・ハーン遠征歌』もモンゴルのハラチン部の古い民謡を日本風に洗練化させたもので、日本語の歌詞まで再創作されていた（飯塚　1976,284-285;小長谷　2013,441）。「文明人」を自称する中国人から「野蛮人」とみなされるモンゴル人が洗練した社会主

図7 造反派たちの著名な新聞『新文化』。最後まで造反すれば、勝利が得られる、とある。各種紅衛兵新聞のタイトルの字はすべて毛沢東の書から拾って合わせたものである。

義の近代文化を創出しているのに対し、『呼三司』の論調から読み取れる。その為、中国人たちは「ブへを地獄の最下層に蹴り落とそう」、と結論している。

内モンゴル自治区宣伝教育関係の造反派が編集し発行していた『新文化』は一九六八年六月一〇日に「内モンゴル文藝界の走資派のトップ、ブへを打倒し、その名誉を剥奪せよ」との批判文を掲載した（図7）。私が「打倒し、その名誉を剥奪せよ」と日本語訳したオリジナルは「批倒批臭」である。「批臭」は直訳すれば、「臭くなるまで批判せよ」との意味である。社会主義のプロレタリアートたちは、ブルジョアジーが愛用する香水や化粧品は「腐敗のシンボル」だと断罪していた。労働人民が働いて流す汗こそが本当は良い匂いで、それに対し「香水と化粧水も実際は臭いものだ」、と独特の嗅覚理論を創出していた。『新文化』との新聞の名称も一九一九年五月四日に勃発した「封建社会を粉砕する為の新文化運動」（ラナ・ミッター 2012）を猿真似した行為に過ぎない。批判文はいう。

ウラーンフー反党叛国集団の嫡系幹部で、彼の犬のような皇太子ブへは、老犬ウラーンフー自らが権力を乱用して抜擢したものだ。彼は一九四六年から一九五四年までは自治区文藝工作団の副団長と団長、それに党支部書記などを歴任した。一九五四年から一九六六年までは自治区文化局第一副局長、文化芸術聯

195　第五章　延安派を襲う「青い都」の赤い嵐

合会主任兼党書記となった。一九六六年春にウラーンフーがクーデターを準備しだした時期にはまた文化委員会主任と自治区党委員会代理常務委員に任命された。彼は文藝を反革命の道具として使い、ウラーンフー反党叛国集団が資本主義を復活させ、祖国を分裂させて大モンゴル帝国を建立するのに世論工作を進めた。

『新文化』が列挙する具体的な「罪証」は先に紹介した『呼三司』とほぼ同じである。『雲澤行進曲』や『内モンゴル騎兵行進曲』、それに『内モンゴル青年行進曲』といった歌とモンゴルの舞踊、そして小説『茫々たる草原』、『騎士の栄誉』などである。一九四九年から一九六六年までにモンゴル人が創作した歌曲と小説と詩歌などの中で、免れた作品は皆無に近い。このような「毒草の如き文藝作品」を創りだすのに、「(ブへは意図的に)モンゴル復興を夢みる民族分裂主義者たちを要所に任命し、高給を与えてきた」、と批判する。

チンギス・ハーンを称賛した落水狗

いざ、誰かに政治的な問題があると発覚すると、中国政府と中国人は必ずその人物の家庭的な背景を探る。『新文化』もまた「ブへの家庭とその出身」との短い文章を載せている(楊 2015a, 492)。

ブへの曾祖父は太平天国の農民運動を鎮圧した死刑執行人で、祖父は悪徳地主だった。……それにも関わらず本人はその搾取階級の出身を隠し、革命的な家庭に生まれたと偽ってきた。

紅衛兵新聞『新文化』の編集は実に巧妙である。ブへの家庭的な背景を罵倒する文章の隣には「ウラーンフーと鄧拓、そしてセーラシ」という一文を並べている(写真34)。鄧拓は馬南邨というペンネームで「資本主義の文藝路線に沿って悪意で以て社会主義の暗黒な一面を極端に誇張した罪」で、文化大革命開始早々に毛沢東によって自殺に追いこまれた作家である。その鄧拓が一九六四年に内モンゴル自治区に来た時、ウラーンフーとブへはセーラシを呼んで彼に『チンギス・ハーン遠征歌』を馬頭琴で演奏させたことがある。「反動的な芸人のセーラシは以前に日本の侵略者の悪魔どもの為にも『チンギス・ハーン遠征歌』を弾いたことがある」、と批判する。

196

写真 34　周恩来総理と乾杯する馬頭琴演奏家のセーラシ（右）。

ウラーンフーはこのように話していた。「チンギス・ハーンの遠征により、モンゴルは大きくなった。チンギス・ハーンもその前半生においては、民族の統一の為に外敵の侵略に抵抗して、消すことのできない功績を立てた。チンギス・ハーンが全モンゴル民族を統一したので、遊牧という経済を基盤とした封建国家が建立できた。彼の偉大な貢献をモンゴル民族は絶対に忘れやしない」、という。ウラーンフーはこのように封建社会の人物を称賛する為に、いつもセーラシに『チンギス・ハーン遠征歌』を演奏させていた。

セーラシの演奏を聴いた鄧拓は「英雄の子孫たちも涙で襟を濡らすことなかれ」と揮毫した。当然、「鄧拓もウラーンフーも、セーラシもブへもみな同じ穴の貉だ」と批判する。

一九六八年九月五日付の『新文化』は、モンゴル人を迫害した出来事に関する多くの記録を残した（楊 2015a, 493）。『新文化』によると、一九六八年八月一七日の午後に自治区文化局の「革命的な群衆」とその他の「革命派戦友たち」が協同で「内モンゴル自治区文藝界のトップの走資派であるブへを徹底的に闘争した」という。続いて二一日の午後と二二日の午後にも「ブへに対して猛攻撃を加え、白兵戦のように、銃剣に血を浴びせた」、「反革命修正主義分子にして、民族分裂主義者のブへはなかなかその罪を認めようとしなかったが、事情を知ら

図8 『工人戦報』が掲げる「落水狗のウラーンフーを痛打せよ」との記事。

同じ『新文化』の第四版には内モンゴル自治区文化局の作戦組が書いた「文闘の巨大な威力を発揮しよう——私たちがブヘを批判闘争した経験」という文を載せて、上で触れた八月一七日の批判闘争大会の詳細を伝えている。それによると、闘争大会は「一人がまず総攻撃をしかけ、それから証人たちが暴露する。続いて当事者が登場して真相を語り、最後には妖怪変化が本来の姿を現した」、という。実際に証人をつとめた者の名前も複数あり、群衆は包頭鉄鋼コンビナートと包頭第二冶金公司の経験を生かしたという。この二つの工場は当時、モンゴル人虐殺の「先進的な企業」と謳歌されていたので、暴力の激烈さを容易に想像できよう。

「ブ」とはモンゴル語で堅牢との意だ。これは、彼の犬のような父親ウラーンフーが自らの路線を継承させる為に付けた名前だと『新文化』の〈皇太子〉現形記」はいう。ブへは幼少の時から勉学に関心がなく、ひたすら道楽に明け暮れていた人物だとしている。中国ではいったん「悪人」に陥れられると、絶対にその人物は生まれ

者に出てきてもらい、面と向かって証言させたら、奴は殴られて水に落ちた犬（落水狗）のように革命の審判を受けた」、と記録している。「落水狗」のような文化大革命時代に創成された激しい政治用語で飾られた文章は鋭利な武器となってモンゴル人の精神世界に刺しこまれている（図8）。

た時からずっと「悪行を働いてきた」と経歴まで書き直される。同じ漫画でも日本とは異なり、中国文化大革命中の漫画は「階級の敵を打倒する武器」だったのである。

憎悪を煽動する下品な攻撃

中国政府の指示を受けた内モンゴル自治区革命委員会は一九六八年一月六日から一八日にかけて、第二回全体拡大委員会を開いて、正式に「ウラーンフーの黒い路線に属す者を抉りだして粛清し、その毒害を一掃する」（挖粛）という運動を開始していた（楊 2009a,141-188）。ここから、中国人たちはさまざまな「抉りだして粛清する組織」（挖粛組織）を結成した。各組織はすべて政府と連携し、政府の意図に沿った新聞と雑誌を編集して配布していた。世論を喚起して、「人民の海」の戦争を実施する為である。例えば、九月一一日に印刷された『挖粛戦報』第六号は「ブヘを徹底的に打倒し、その狼の外套を剥がそう」という特集を組んだ。文章は南モンゴルに侵略してきた中国人が最も喜ぶ芸能作品の漫才形式を利用している（楊 2015a,495-509）。漫才は以下のようになっている。

甲：ブヘとは誰だい？

乙：ウラーンフー反党叛国集団の闇将軍さ！

甲：そいつは何をしでかした？

乙：大漢族主義に反対しようと話しているぞ！

……

甲：クーデターじゃないか？！

乙：美しい祖国を分裂させようとしているよ！

この冊子にはまた寸劇の脚本がある。ここではブヘ自身も「大モンゴル帝国の皇太子」として登場し、「皇太子妃殿

下のジュランチチク」と「反中国の言動を繰り返す」。そして、編集者の中国人は「寸劇ではモンゴルの民謡を皮肉として使おう」、と書いている。以下はブへの台詞である。

父ちゃんのウラーンフーがクーデターを起こしてくれたら、俺は皇太子さ。中国のブドウよりもソ連の方が美味しい。父ちゃんがモンゴルのハーンになって、俺は皇太子さ。ジュランチチクも皇太子妃だ。二人で楽しく寝よう。

このように、寸劇は無学で無教養な中国人にも分かりやすいように、全編にわたって下品かつ粗野な言葉を用いて、ウラーンフーとその息子を醜悪に描くことでモンゴル人への憎しみを煽っている。

「九月五日の午後に革命的群衆は再び文藝界のトップの敵ブへを闘争した」と一九六八年九月一八日付の『新文化』紙はニュースを伝えている（楊 2015a,510）。工人毛沢東思想宣伝隊も加わった」からなる造反派と異なり、身体的に筋骨隆々な労働者からなる。工人の登場で、モンゴル人に対する暴力は青年学生たちより遥かにエスカレートしていた、と実際に凌辱を受けた人たちが証言している（楊 2009c,37-38,76）。『新文化』も、批判闘争の会場から「ウラーンフーを打倒せよ」、「ブへを打倒せよ」のようなシュプレヒコールが上がると、「ブへは恐怖に陥り、顔色は土色に変わり果て、全身の震えが止まらなかった。彼はこのように醜態をさらした」、と暴力を称賛している。

中国人の孫悟空とモンゴル人の白骨精

「毛沢東の良い学生」江青夫人は文化大革命前から「革命的な現代京劇」を利用して「封建主義と資本主義、それに修正主義と戦った」。内モンゴル自治区ではウラーンフーとその息子のブへが「モンゴル風京劇を制作して民族分裂主義の活動を推進し、祖国の統一を破壊した」、と『新文化』は批判する。「モンゴル流京劇」の典型的な実例の一つに、『巴林怒火（バーリン）』が挙げられている（楊 2015a,511）。

「ブヘは内モンゴル文藝界の最大の走資派だ」と『新文化』は更に内モンゴル博物館における展示を添えた上で、『新文化』は内モンゴル博物館にブヘを起こす為の世論工作だった」という。具体的には「毛主席は一度も内モンゴルに来たことがないと話してその写真を展示から外して」、代わりにウラーンフーやトゥメト出身の奎璧とジャヤータイらが一九二四年に北京のモンゴル・チベット学校時代に共産党に入ったという展示を作った。また、一九三五年にトゥメト地域での地下潜伏中の写真や、日中戦争中に傅作義の秘書になって「革命を裏切った写真」も陳列されたという。批判文は更にウラーンフーとブヘ父子が一九三〇年代に「(共産党の)根拠地延安で腐敗した生活を送っていた」と歴史を遡って二人のウラーンフーも「妻の雲亭を捨て暴露している。具体的にはブヘが「ブルジョアジーの女と恋愛していた」こととて、若い雲麗文と付き合っていた」事例を並べている。二人がいた「延安民族学院は高崗の巣窟」だと付け加えるのを忘れていなかった（楊 2015a,512）。

毛沢東の江青夫人が「革命の旗手」であるならば、モンゴル人のウラーンフーとブヘ父子の夫人たちは「反革命の旗手」でなければならない。『新文化』紙もこのような軸でモンゴル人への攻撃の勢いを強めていく。一九六八年六月二二日に、この戦闘的な新聞は攻撃の矛先をブヘの夫人ジュランチクに向けた。

「反革命修正主義分子にして民族分裂主義者のジュランチクは内モンゴル文化芸術聯合会の副主任で、彼女は悪徳地主の腐敗しきったお嬢様だ。彼女はその姉夫婦に攻撃を強めていく。一九六八年六月は論じる（楊 2015a,513）。「ジュランチクは白骨精だ」、と中国人は書いている。白骨精は『西遊記』に登場する悪女である。毛沢東は当時、紅衛兵を孫悟空に譬えて、白骨精のような走資派を鎮圧せよと造反精神を鼓舞していた。内モンゴル人のジュランチクは格好のいい材料として孫悟空の敵、白骨精に選ばれたのである。

（彼女の指揮下の）内モンゴル文化芸術聯合会には一つの反党叛国の集団があり、その主要なメンバーはナ・サイン

写真35 日本に留学し、モンゴル人民共和国に滞在したことのある詩人ナ・サインチョクト。*Na Sayinchogtu-yin Sigümjitü Namtar, Alus-un Bar-a Kebel-ün Qoriy-a*, 2008 より。

チョクト（写真35）とマルチンフー、オドセル、それにチョクトナランだ」、という。そのうちの「ナ・サインチョクトは日本とモンゴル修正主義国家のスパイだったにも関わらず、ジュランチクが彼を偉大な詩人に仕立てあげた」。「作家のマルチンフーは丁玲の弟子で、ショーロホフの家来だ」。「ジュランチクはマルチンフーと結託し合って、『草原の晨曲』という叛国文学を創作した」。「白骨精のジュランチクはモンゴル人民共和国の文藝作品を神聖視し」、外国の文藝的な手法で「義父ウラーンフーをチンギス・ハーンの後継者として描いた」。

紅衛兵の機関紙『呼三司』も負けないくらいにウラーンフー批判の論陣を張った。一九六八年四月一七日付の『呼三司』は斉声喚（「一斉に喚起する」との意）とのペンネームでウラーンフーのもうひとりの息子リーシャークを打倒せよ、との文を載せた（楊 2015a, 514）。ウラーンフーの長男ブヘは「反動的なウラーンフーのモンゴル帝国の皇太子で、三男のリーシャークは三太子だ」、と批判文はまず位置づける。リーシャークはソ連に留学してレアアースの精錬技術を学んだが、ウラーンフーの「政治的な謀略」により、テムールバガナが学長をつとめる師範学院にロシア語講師として赴任した。そこから、「リーシャークは一九六三年に反大漢族主義の名の下で、漢族を排除し、帝国主義と修正主義国家が進める反中華の勢力と結託した」、「少数民族の幹部と漢族の幹部との間にトラブルが起こったら、漢族が主な責任を取らなけ

写真36　西部トゥメト出身のモンゴル人作家、雲照光。

三　「毒草」たる民族自決の歴史

延安派が植えた「毒草」の性質

造反した中国人は延安派が創作した文藝作品をターゲットに定めた。トゥメト地域出身で、延安民族学院で学んだ雲照光（写真36）と彼が書いた『オルドスの嵐』という小説である。小説は映画にもなっていたので、『呼三司』は一九六七年十二月十三日に「ウラーンフーの反革命的な思想を鼓吹する大毒草──反動映画『オルドスの嵐』を評す」という攻撃的な文を載せた（楊 2015a,516）。

近代に入ってから、一般的に南モンゴルの東部即ち満洲国領内と徳王のモンゴル自治邦政府管轄圏内は日本型の近代教育が発達し、対照的に西部の綏遠省内のオルドスとトゥメトでは近代的な教育上の実践が限られていたので、知識人も東部モンゴル人の方が圧倒的に多かった。雲照光は数少ない西部出身の知識人のひとりであった。ウラーンフーの側近でもあった彼は当然、西部地域におけるモンゴル人たちの

近代的な革命運動を南モンゴル全体の中心軸として描いていた。南モンゴルの西部の革命こそが進歩的な運動で、東部は「偽満洲国」や「偽モンゴル聯盟自治政府」の運動だった、とシンプルに区分していた。それでも、中国人は満足しなかった。

「反革命の修正主義分子」のウラーンフーは「独立の王国」を創る為に、歴史を歪曲して『トクトフの歌』や『ガーダーメイリン』、それに『オルドスの嵐』のような映画を創作した。その中でも、特に雲照光の『オルドスの嵐』は毒草である。

『オルドスの嵐』はつづる。「呼三司」は次のように批判する。では、『毒草』である理由はどこにあるのか。中国人たちは次のように「毒草」を理解している。『呼三司』はつづる。

『オルドスの嵐』は一九二六年からオルドス高原で発生した「シニ・ラマことウルジージャラガルにリードされた、散漫な大衆運動ドゴイランを描いている」。指導者のウルジージャラガルは出身こそ貧乏だが、後に旗政府の役人になっているので、彼の行動は革命というよりも、実際は封建社会の延命を図ったものである。雲照光は小説の中で、ウルジージャラガルを「共産主義の革命家」だと謳歌した。このバトはその後オルドスに移り、ウルジージャラガルの軍内の共産党代表になって、革命を指導する。これは、まちがいなくウラーンフーの反動的な思想を具現しモンゴル・チベット学校は内モンゴルにおける革命の揺籃だというウラーンフーを称賛していたものである。

「モンゴル・チベット学校」という。『呼三司』は分析する。

漢人に草原を売り渡したモンゴルの王に反対したウルジージャラガルの行為を雲照光は称賛しているが、その最大の目的は反漢だ。封建社会の漢人と社会主義の漢人を区別していない。一九五八年に共産党中央はフルンボイル盟で四〇〇万畝の「荒地」を開墾して祖国の食糧問題を解決しようとした。しかし、ウラーンフーは「草原を開墾するのは軍閥の張作霖のやりかただ」とか、「漢人が増えたら、よそ者が権力を握ってしまう」とか話人に草原を売り渡した行為に反対しよう」と叫ぶ狙いはどこにあるのか。社会主義になっても、まだ「漢

204

して、草原の開墾に抵抗した。その結果、一九六二年には「荒地」の開墾もウラーンフーによって中止に追いこまれてしまった。

このように、近現代史上の中国人による草原開墾を主人公とした映画を作ることによって、現在の草原開墾を止めてしまった、と『呼三司』は認識している。右で示した中国人のこの短い文章は、近現代における南モンゴルの民族問題を高度に要約している。中国人はモンゴル草原の生態的な環境を一切考慮せずに「荒地」だと位置づけて開墾しようとする。モンゴル人は開墾が環境を破壊するとしてあの手この手で抵抗した。中国共産党はモンゴル人の抵抗運動を「部分的には進歩的な反封建社会の側面もあり、中国革命の一部である」と認定しながらも、内心では軍閥張作霖以上に草原を開墾したいと思っていた。封建社会の搾取階級であろうと、社会主義の漢人（チャイニーズ）であろうと、草原は一度開墾されると沙漠になってしまうという科学的な思考はできないのである。中国人の思考停止により、南モンゴルの民族問題は常に草原開墾を中心に勃発し、解決の見通しがたたないまま今日に至っている。

トゥメトの少壮派

雲照光への批判は続く。

「雲照光はウラーンフー反党叛国集団の東方紅縦隊（略して東縦）の決死隊員だ」

と内モンゴル自治区師範学院の東方紅縦隊（略して東縦）が編集し発行していた『東方紅』は一九六八年二月二四日に批判文を掲載した（楊 2015a.517-518）。批判文によると、雲照光をはじめ、ウラーンフーの息子ブヘ、浩帆、チョルモン、雲世英（写真37）、陳炳宇、趙戈鋭、李貴、雲成烈、高茂などは全員、「クーデターを企むウラーンフー王朝の少壮派」だという。この中で、ただひとり、李貴は中国人で、他はすべてトゥメト地域出身のモンゴル人である。

批判文は「トゥメトの少壮派」を以下のように攻撃する。一九三九年に奎壁がトゥメト地域から少年雲照光らを延安まで大モンゴル帝国を再建する目的で革命の陣営に潜りこんだ」。一九三九年に奎壁がトゥメト地域から少年雲照光らを延安ま

写真37　雲世英

で送りとどけたのも、そうした目標を実現する為である。雲照光らはウラーンフーだけでなく、高崗の影響も受けた。雲照光はずっと内モンゴル軍区の政治部の要職についていたが、一九六五年二月二六日に奎壁がウラーンフーに手紙を書いて、「長期的な戦略から、後継者を育成する必要がある」として、雲照光を、ウラーンフーの「功績」を称賛し、反大漢族主義のキャンペーンの脚本を一九六六年春に除隊させた。雲照光は『オルドスの嵐』のような脚本を書いて、ウラーンフーの「功績」を称賛し、反大漢族主義のキャンペーンを推進してきた。一九六六年四月になり、共産党華北局の解学恭書記らがウラーンフーの反大漢族主義キャンペーンを問題視しはじめると、雲照光はまた赤峰軍分区副参謀長の雲成烈と「結託」した。前門飯店会議でウラーンフーが打倒されると、雲成烈は雲照光に「トゥメトのモンゴル人は頑張ろう。革命は反復するものさ。農村に行ってゲリラでも何でもやろうじゃないか」との伝言をそのボスのウラーンフーに伝えさせた。このように、「クーデターの推進役」のひとりに作家の雲照光が認定されたのである。「ブラック・ゴーストの雲照光を揪みだして、彼の大毒草『オルドスの嵐』を批判せよ」

と労働者新聞『工人風雷』が一九六八年三月二二日に呼びかけた（楊2015a,519）。『工人風雷』はいう。

雲照光の『オルドスの嵐』は「ウラーンフーの叛国文学の典型的な作品だ」。一九六二年に映画化された目的も「民族主義者のウルジー

ジャガルを共産主義者として描き、モンゴル人はみんな家族のようなものだという反動的なスローガンを打ちだす為だ」という。しかも、「オルドス・モンゴルは苦難の中にいる」と話して、わが国の現状を風刺した。その狙いは「モンゴル人を糾合して漢人を追いだそうとしていることだ」と話して、わが国の現状を風刺した。その狙いは「モンゴル人は苦難の中にいる」との台詞に中国人は敏感だった。だから、映画は一九三〇年代の事実を描いただけでも、「モンゴル人は苦難の中にいる」との台詞に中国人は敏感だった。だから、文藝作品中の表現も気に入らなかったのである。

紅衛兵が暴く国家の偽善

「党内に潜りこんだブルジョアジーの代表的な人物、……フルシチョフのような人物はわれわれの身辺で眠っている」

という毛沢東の語録を巻頭に載せた雑誌がある。呼三司が発行する『文藝戦鼓』である。この『文藝戦鼓』は一九六八年三月号で雲照光とその作品を批判する特集を組んだ（楊 2015a,520-572）。

「大毒草たる『オルドスの嵐』は一九二六年にイケジョー盟のウーシン旗で発生した円陣運動を背景に、シニ・ラマとウルジージャラガルをモデルに、プロレタリアートの革命思想を受け入れた、いわゆるモンゴルの英雄を描いている」

と『文藝戦鼓』は断罪する。「内モンゴル人民革命党の指導下に入ったドゴイランはモンゴル民族の独立を求め、満蒙はシナに非ずという反動的なスローガンを掲げていた」、と呼三司の紅衛兵は問題の核心をついている。ドゴイランの指導者のウルジージャラガルは一九二五年にウランバートルでモンゴル人民革命党に入り、翌年から「モンゴルはずっと独立国だった」と主張し、「統一したモンゴル」の実現を目標にしていた。ここでも再度指摘しておかねばならないが、文化大革命期を除いて、中国は一貫してウルジージャラガルを「愛国家」に、ドゴイラン運動を「中国革命の一部」として位置づけてきたが、紅衛兵たちはそうした国家側の偽善に遠慮しなかったのである。紅衛兵が批判し

ていることこそが、事実である。

「ウルジージャラガルは反封建の英雄でもなければ、中国共産党の指導も受けていない。彼は正真正銘の内モンゴル人民革命党の党員だったのである」

紅衛兵のいう通りである。「ウルジージャラガルのドゴイランはことあるごとに草原の開墾に反対してきた」が、それもウラーンフーが「偉大な領袖で、太陽のように赤い毛沢東主席が一九五八年からフルンボイル草原を開墾しようとすることに反対する為の世論作りに過ぎない」、と解釈する。

「革命の指導権」の問題もある。中国共産党は建国以来ずっと「少数民族の革命家は蛮勇を振るうことしか知らない。少数民族を漢人が指導してはじめて真の革命家に成長していく」という文藝政策を堅持してきたのである（図9）。雲照光も党の文藝政策を守らざるを得なかった。彼は最初、ウルジージャラガルと北京のモンゴル・チベット学校との関係を描き、ウラーンフーの指導を描きたかったが、共産党の圧力で修正を命じられた。そこで、雲照光は劉洪涛も初稿では高洪涛との名だったし、その出身地も陝西省北部だったという点である。「高洪涛は反革命分子の高崗という中国人を登場させて、モンゴル人の「素朴な民族」革命を指導させるストーリーを創作した。問題は、この劉洪涛も初稿では高洪涛との名だったし、その出身地も陝西省北部だったという点である。「高洪涛は反革命分子の高崗ではないか」、と紅衛兵は喝破する。紅衛兵の分析は正しい。

母国語を忘れた民族分裂主義者

批判文は更に『オルドスの嵐』の中の具体的な登場人物たちを現実の「ウラーンフー反党叛国集団」内のメンバーらと照合し、いかに「延安派の功績を鼓吹」してきたかを列挙している。主人公のウルジージャラガル自身も強烈な「反漢の思想」を抱いていた。では何故、このような人物を主人公に据えたのか。それは、「ウラーンフー自身も同様な思想を持ち、モンゴル帝国を再建して、第二のチンギス・ハーンになろうとしていたからである」、と紅衛兵は分析している（楊 2015a, 534）。「反大漢族主義のキャンペーンを進めていたウラーンフー」は、側近中の側近の雲照光を抜擢

図9 一九六二年に出版された児童向けの絵本『オルドスの嵐』の表紙。中国人の共産党員（右）がモンゴル人騎馬兵を指揮している風景。

した。その雲照光は更に「王再天やトグス」のような「日本刀を吊るした奴らとも結託していた」と、『文藝戦鼓』は目を光らせている。こうした指摘により、「延安派」を殲滅した後には東部の「偽満洲国の日本刀を吊るした奴ら」に照準を当てようという狙いがみえてきた。

「反漢族にして民族分裂主義の活動」をする為に、ウラーンフーと雲照光らは「チンギス・ハーンの幽霊にすがった」、と中国人の批判者は理解している（楊 2015a, 551-552）。

内モンゴルの民族分裂主義者たちは以前から内モンゴルを祖国の大家庭から分裂させようとしてきた。彼らは狂ったようになんと「長城をモンゴルと漢族の境界にしよう」と主張した。雲照光もそのようなひとりだ。……トゥメト旗の土地は全部モンゴル人のもので、漢人のものではない、と雲照光は主張していた。……

雲照光はまたモンゴル修正主義国家のスパイどもや、叛国分子らと結託し、ウラーンフーの指示の下で、言語の統一を進めた。わが国は早くから民族団結に有害なキリル文字モンゴル語の使用を禁止していたにも関わらず、雲照光はそれに不満だった。彼はモンゴル語の勉強に熱心で、自分を例にして、「モンゴル人としてモンゴル語が話せないのは、一生の苦痛だ。モンゴル語を学び、真のモンゴル人になろう」と話していた。

ウラーンフーや雲照光のようなトゥメト出身者の多くは母国語を忘却していた。モンゴル語が話せなくなった者ほど、母国語の復活と教育に熱心だった。こうした文化復興の心情が民族分裂主義的な活動だと中国人の目には映ったのである。母国語を捨てて、中国語を操るようになれば、「進歩的にして愛国的だ」と中国人は確信しているのである。

四 「雲」一族の受難と東部出身者への波及

逃げられない「雲」姓モンゴル人

延安派の受難は続く。

文化大革命期までの内モンゴル自治区に一つのエピソードがあった。自治区党委員会の建物内に入って、「雲同志」と呼んでみると、すべての部屋のドアが開いた、という。それぐらい雲姓を名乗る西部トゥメト出身のモンゴル人幹部が多かった。ウラーンフーの失脚に伴い、彼と同じ雲姓を名乗っていたモンゴル人は例外なく打倒された。

一九六八年一月一〇日、内モンゴル図書館の「革命的な群衆」が「現代の殿様たるウラーンフーの決死隊員の雲志厚を揪みだした」、と『聯合戦報』は一月二七日に伝えている（写真38）。「悪人である雲志厚はウラーンフーの悪魔のような女房（女妖婆）雲麗文の甥」だ、と中国人はモンゴル人の親戚関係に注目している。中国ではいったん政治家が悪人だとして打倒されると、本人とその親族もすべて「悪者だった」と一網打尽される。雲志厚も当然、「早くも一九四〇年代から中国共産党を貶す詩文を創っていたし、男女関係も乱れていた」ことになっている。雲志厚はまた「ウラーンフーが揪みだされたことが少数民族の災難の始まりだ」と主張して、文化大革命の発動に反対した。彼は、「共産党の合作化政策はシリーンゴル盟につとめていた頃から、「農業の合作化は民族間関係を無視している」とか、「ウラーンフーを打倒しようとするのは陰謀だ」。モンゴル人と中国人の矛盾、西部のモンゴル人と東部のモンゴル人との矛盾を激化させようとしている」、と

写真38 ウラーンフーと雲麗文夫人が北京で撮った一枚。

語ったという。雲志厚の事例から分かるように、モンゴルの有識者たちは最初から中国共産党の手法を明察していたのである。

雲志厚の次は雲という姓を持つ者はほぼ全員、中国人に狙われた。雲治安だ。一九六八年三月一九日、「フフホト市革命造反聯絡総部とフフホト市人民委員会東方紅戦闘縦隊」が合同で「反革命修正主義分子・民族分裂主義者の雲治安の滔天の罪を徹底的に清算せよ」との冊子を印刷して配布した。この時点で、延安派に対して「民族分裂主義」という激しい言葉を用いている事実は、暗に東部出身のモンゴル人もやがては一掃される運命にあるということを示唆している。というのも、延安派には「民族分裂主義的な活動の実績」がないのを中国人も洞察していた。真の「民族分裂主義的な活動」、即ち日本が南モンゴルから撤退した後にモンゴル人民共和国との統一合併を求めたのは「偽満洲国」と「偽蒙彊政権」のモンゴル人だったからである。放っておいても、「日本刀を吊るした東モンゴルの奴ら」は逃げられないと余裕のある中国人たちは悠々自適に延安派を以下のように玩んだ（楊 2015a, 575-588）。

雲治安は正真正銘の反革命修正主義者にして民族分裂主義者だ。……一九六五年、ウラーンフーが彼をフフホト市党委員会書記兼副市長に任命して、党の権力を簒奪した。雲治安は李貴と陳炳宇らと共にウラーンフーの決死隊を形成し、分裂活動を展

開した。……雲治安はフフホト市民族工作会議の席上で、「ウラーンフーは内モンゴルの創始者で、モンゴル民族の領袖だ。……雲治安がいなければ、今日の内モンゴルもない」、と話した。また、「内モンゴルの土地はモンゴル人のもので、漢人はモンゴル人を抑圧している。だから、民族政策もモンゴル人を守らなければならない。モンゴル人こそが内モンゴル自治区の主人公で、漢人は他所から来たに過ぎない」、とも話して偉大なる領袖の毛沢東主席を悪意で以て攻撃した。
「雲治安は口を開くとすぐにモンゴル人云々と話して、民族分裂主義を広げた」。例えば、トゥメト地域にあった「喇嘛営」や「班定営」、それに「章蓋営」のようなモンゴル語の地名を中国語のものに変えるのにも反対した。このように、モンゴル人が少しでも正当な権利を唱えただけで、たちまち「民族分裂主義者」として粛清されていた実態が浮かび上がってくる。この点は、現在も基本的に変わっていないのである。

王公の姫を抜擢した「罪」

一九六八年四月一〇日になると、中国人たちはもうひとりのトゥメト地域のモンゴル人幹部の高敬亭を「現代の殿様たるウラーンフーの闇将軍だ」と認定した（楊 2015a,589-596）。フフホト市党委員会書記だった高敬亭は市郊外の仕事を担当していたので、「郊外において、ウラーンフーの修正主義路線を推し進めた」と断罪された。高敬亭がフフホト市郊外の桃花公社と黄合少公社、それに東黄合少公社でモンゴル人外来の中国人からすると、「地主と富農、それに右派と悪人どもの勢力を温存して、将来にウラーンフーの独立王国を建設する為の下準備だった」という。中国人は他所からの植民者であっても、モンゴル人以上の権益を手に入れようと常に夢想していたから、このように批判する。というのも、文化大革命が中国人に有利な環境をもたらしたからである。ウラーンフーが一九六五年からの四清運動中に「反大漢族のキャンペーン」を主導した時に、高敬亭はフフホト市党委員会の李貴書記と陳炳宇市長らと共に市郊外で「大漢族主義を批判した」という。

「牧畜地域のモンゴル人が首府のフフホト市に来ると、モンゴル語が大切にされていない実状をみてがっかりする。モンゴル人と高敬亭は話してモンゴル語学習に力を入れていた。当然、彼の母国語重視の政策も罪となっている。モンゴル人の故郷に闖入してきた中国人が、先住民の母国語に敬意を払おうとしなかったことの証拠である。

内モンゴル自治区の社会主義教育運動（四清）の前線では熾烈な闘争が繰り広げられていた。中国全土では「政治と経済、思想と組織の四つの領域を清理する」運動であっても、内モンゴル自治区ではウラーンフーの指示で「政治と経済、思想と組織の四つの領域における大漢族主義の思想を清理する」形式で進行中だった。中国人たちはウラーンフーに抵抗し、モンゴル人たちは逆に強力に進めて限られた自治権を死守しようとしていた。高敬亭が奇琳花というモンゴル人女性を「四清工作団委員」に抜擢した政策に誰を任命するかも死活の問題だった。従って、「四清工作団」の幹部も、中国人の恨みを買っていた。

この奇琳花という女は封建的な王公貴族の末裔で、公主だ。彼女の兄はわれわれの偉大な領袖の毛沢東主席を暗殺しようと企てた暴漢で、既に処刑されている。彼女の夫はウラーンフーの従兄弟で、悪名高き叛国の大盗賊の雲北峰だ。このような女スパイが高敬亭に選ばれていた。

奇琳花が「王公貴族の公主」で、雲北峰の夫人である以外はすべて中国人がでっちあげた嘘である。このような嘘がモンゴル人ジェノサイドの正当な理由となっていたのである。

粗野な「美」と「修正主義の汚点」

「まず、われわれの偉大な領袖毛沢東主席の長寿を祈ろう。そして、林彪副主席の健康を祈ろう」

毛主席は最も赤い、最も赤い（最紅最紅的）太陽である。

モンゴル人を「封建社会の王公貴族」だと批判しながら、自分たちもまるで歴代の王朝の臣民のように個人の健康と万歳を祈願してから、中国人の攻撃の対象は自治区の各業界へと拡大していった。次のターゲットは電力業界の自治区党員会の幹部だった。トゥメト出身のモンゴル人で、電力関係の責任者だった（楊 2015a, 597-612）。前章では自治区党員会の幹部たちが彼を批判していたのを紹介したが、一般の群衆も同様な行動を取った。

「電力工業は国民経済の動脈で、工業の命である」と中国人たちはまず位置づけてから、この重要な業界の最高責任者に寒峰がウラーンフーに任命された「謀略と罪を暴露」している。寒峰は「経済的な側面からウラーンフーの反党叛国の民族分裂主義的活動を支えてきた」と中国人は指摘する。具体的な「事実」として、自治区西部のウダ地区と東部ジョーウダ盟の電気を隣接の寧夏回族自治区や東北各省に供給しようとしなかったことが挙げられている。また、ウラーンフーの故郷トゥメト地域に投資を増やして、電力網を整備したのも、「分裂活動の拠点を充実させる為だった」、と批判する。「先進的な中国人の経験を学ぼうとせずに、ひたすらソ連修正主義者の技術を盲信した」のも、大罪となっている。

周知のように、中国人は近代衛生に無関心を盲信した」のも、大罪となっている。が主としてトイレの劣悪、ごみの散乱と唾を吐く行為に代表されているのは、汚い行為を美とする価値観を有する。世界に知られている事実である（楊 2013c, 108-137）。文化大革命中はこうした世界と逆行する行為は「プロレタリアートの美」として称賛されていた。当然、モンゴル人の寒峰が「電力工場で清掃活動を重視した取り組みはソ連修正主義者の方法だ」として貶された。このように、政治的な思想と信念だけでなく、日常の美意識に至るまで、モンゴル人と中国人はまったく異なる価値観を有していたのである。

民族問題の現れ方と断罪の仕方

内モンゴル自治区は一九四七年五月一日に成立した内モンゴル自治政府から発展してきている。この自治区は

一九六七年で「二〇歳」になる予定だったし、創立者のウラーンフーも一九六六年で還暦に達していた。彼は自分自身と自治区の節目の年に記念活動をおこなって自治の成功を標榜すると同時に、中国人によって奪われた権益を獲得しようと努力していた（楊 2012a,84）。その為、ウラーンフーの指揮下のモンゴル人たちは一九六五年一一月二三日に「自治区成立二〇周年記念準備委員会」を組織して、祝賀活動を用意しはじめていた。祝賀行事の舞台はすべて「自治区成立二〇周年に合わせてクーデターを起こす陰謀」とされた（楊 2015a,613-617）。中国人からなる「フフホト市政府機関東方紅縦隊」は一九六七年九月二〇日に「内モンゴル自治区党委員会・自治区成立二〇周年記念準備委員会の大事記」という資料をまとめて、陳炳宇市長の「罪」を時系列に並べた。

中国人はまず陳炳宇の履歴を暴露している。それによると、陳炳宇は一九三四年に国民党が設置した中央政治学校モンゴル・チベット分校に入り、国民党員となっていた。一九三七年に「日本国主義者たちが中国に侵略してくると、陳炳宇はまた大蒙奸の徳王の蒙疆政権に参加して、匪賊どもの軍隊に任官した」。その後は共産党の延安に赴くものの、「革命の根拠地で専ら女を追っかけていた」、「男女関係にルーズで、日本のスパイやモンゴル人民共和国のスパイどもと関係していた女と親しかった」、と批判する。いざ、政治的な問題が発覚すると、「不純な」異性関係も絶対に暴露されるのは中国の特徴である。

「大事記」によると、記念行事の集会は三〇〇〇人～三五〇〇人からなる予定で、参加者には「モンゴル・ナイフ」を配ることになっていた。準備活動の一環として一九六六年一月から『ウーシンジョー』や『草原の民兵』といった映画を作成したが、「モンゴル的な情緒を強調した、民族分裂主義の毒草だ」という。そのうちの『ウーシンジョー』は、ウラーンフーが創設した社会主義のモデルのことである。オルドス高原のウーシン旗にある人民公社で、牧草を植えて沙漠化の防止に成功したというモデルである。毛沢東が推進してきた「農業大寨」と並んで、全国的に知られていた模範であるが、牧畜と沙漠化防止を強調していた性質から、中国人が理想とす

る農耕化政策に反対する為の策略ではないか、と疑われていた面がある（楊 2012a,87-90;2013b,147-150）。陳炳宇ら が撮影させた『ウーシンジョー』も当然、同じような理由で包頭鉄鋼コンビナートには不向きだ」

「モンゴルは立ち遅れた民族で、先進的な労働者には不向きだ」と中国人はモンゴル人を差別していた。その為、包頭鉄鋼コンビナートも地元のモンゴル人を採用せずに山西省などから中国人を連れてきて工場に就職させていた。ウラーンフーはこうしたやり方を批判し、「包頭鉄鋼コンビナートの人たち」（包鋼人）という映画を作らせて人々に問題の所在を認識させようと教育に力を入れていた（楊 2011a,58-59）。陳炳宇市長も一九六六年三月二九日から市の幹部らを集めて討論させ、最終的に五月二日に『包頭鉄鋼コンビナートの人たち』を端的に『民族問題』と改名させた。民族問題は、労働者にモンゴル人と中国人のどちらを採用するかという形で現れる、という趣旨の作品だった。勿論、この改名行為も「民族分裂主義的な活動」の証拠とされたのである。

陳炳宇の「罪」はまだある。一九六八年七月一九日と八月一日に『聯合戦報』は「陳炳宇はウラーンフーの決死隊員だ」との批判文を二回に分けて載せた（楊 2015a,618-619）。書き手はフフホト市人民委員会の「東方紅縦隊」だ。ここでは、「（モンゴル人の）陳炳宇は修正主義分子にして民族分裂主義者で、しかも、蔣介石の忠実な家来だ」と認定されている。

陳炳宇は李貴と曹文玉、雲治安と張露らと「結託して、猛烈な勢いで反大漢族主義を進め、フフホト市でもモンゴル人幹部は漢族に排斥されている、と話した」という。陳炳宇の能力を高く評価していたウラーンフーは後継者として育てる予定だったという。このように、ウラーンフーだろうが、彼の部下のモンゴル人だろうが、反大漢族主義を唱えただけで、中国人に目の仇とされていたことが分かる。「大漢族主義と地方民族主義の双方に反対する」と毛沢東らがもっともらしい政策を標榜していても、それはあくまでもジェスチャーに過ぎなかったのである。

東部出身の延安派の運命

ウラーンという女性がいた。彼女は南モンゴル東部ハラチン地域の出身であるが、満洲国で暮らすことなく、後に延安に赴いて「抗日陣営」に加わった。南モンゴル西部トゥメト出身者と結婚し、珍しい「東部出身の延安派」だったから、ユニークな存在だったのである。彼女は中国共産党の幹部として東モンゴルに派遣された時は、苛烈な「平和的な土地改革」を実施した。「対日協力者」とされるモンゴル人たちを容赦なく処刑して中国共産党への忠誠を示していた。そのような彼女にも中国人は免罪符を与えなかった。

ウラーンは一九六七年四月から北京に避難し、一〇歳になる子どもと一緒にひっそりと暮らしていた。紅衛兵たちは内偵を続け、ついに彼女の住所を突きとめ、一九六七年六月七日に「逮捕」し、翌朝六時一八分にフフホト市駅に護送してきた。

「ウラーンが投降しなければ、彼女を滅亡させよう」と中国人は彼女に暴力を加えた。一九六七年七月九日、内モンゴル自治区軽工業化工系統の造反派中国人たちは『井崗山』（図10）という新聞に「打倒女魔王――ウラーン」という批判文を掲載して、彼女に政治的な死刑判決を下した（楊 2015a,638）。彼女は自治区軽工業庁の副庁長だったからである。『井崗山』はまた一枚の写真を載せている。首に「女魔王、烏蘭」という看板を吊るされたウラーンは、二人の凛々しい女の紅衛兵に抑えられて、腰を曲げて立っている（写真39）。彼女はその後、長期間の強制労働を命じられ、言葉で言い表せないほどの虐待を受けた（前出写真23・二五六頁）結局、文化大革命中に受けた虐待が原因で、一九八七年に亡くなった。彼女の親友で、ウラーンフーの妹の雲清（写真40）は、次のように回想する（阿木蘭 2004,265-277）。

一九八六年四月に、私は北京の首都病院に入院中のウラーンを見舞った。彼女はとても強い女性で、簡単には泣かない人だった。私が病室に入るなり、彼女は私をぎゅっと抱きしめて、涙がこぼれた。「あなたと会うのも、これが最後だろう」と話した。彼女は足の骨がガンに犯されていた。文化大革命中に殴られた足である。……

図10 軽工業界の造反派が発行していた『井崗山』紙。井崗山とは毛沢東の率いた紅軍が一時割拠していた地である。

　一年後、彼女は亡くなった。
　ウラーンのように、モンゴルの東部に生まれ、日本の統治に不満だったモンゴル人の何人かは共産党の延安を目指していた。そのような人たちは「抗日の英雄」を自認し、同郷の「日本刀を吊るしたモンゴル人」を軽蔑し、中国人に協力した。それでも、最終的には民族分裂主義者として暴力を受け、亡くなったのである。民族分裂主義者とされるのは、この時代のモンゴル人が必然的に辿らなければならない運命だからである。西部の「延安派」だろうが、東部の「偽満洲国の日本刀を吊るした奴ら」だろうが、モンゴル人に生き残る路は用意されていなかった。
　では、「日本刀を吊るした奴ら」はまた、どのように批判され、断頭台に追いやられていったのだろうか。

写真 39　紅衛兵から暴力を受けるウラーン。

写真 40　雲清（右）とウラーン。

第三部 「対日協力」の清算

第六章　「二つの顔を持つ連中」（双面料）

社会主義国家にとって、文藝はプロパガンダの道具である。共産党の正統性を謳歌する為にだけ、文藝作品は作られる。中国と内モンゴル自治区も例外ではない。一九四七年五月に内モンゴル自治政府が成立して以来、さまざまな文藝作品が舞台に運ばれた（写真41）。二年半後に中国人の中華人民共和国が現れると、どちらも社会主義制度を称賛した文藝作品であっても、モンゴル人と中国人との間に大きな溝が横たわり、次第に衝突していった。文化大革命期に入ると、モンゴル人の文藝作品への批判と断罪は、大量虐殺の環境づくりの一環と化していった。

一　「遊牧民の息子」は反革命的

「二つの顔を持つ連中」（双面料）
自治区が成立した後、文藝戦線をリードしてきたのは日本的近代教育を受けた、東部と中部出身の知的なモンゴル人だった。西部出身者は、トゥメトの雲照光くらいだった。東部の出身であっても、自らの「偽満洲国」時代とそれ以降の民族自決の歴史を事実に即して描くことは決して許されなかった。満洲国時代にモンゴル人は平和に暮らしていたこと、自治を実践しながらも常に中国からの独立の機会をうかがっていたこと、そして日本が撤退した後は千載一遇のチャンスだとみてモンゴル人民共和国との統一合併を求めたことなど、民族自決の歴史は闇に葬られていた。否

写真 41 共産党を熱愛するパフォーマンスをするモンゴル人児童たち。このような運動は今日においても、強制され続けている。著者蔵。

定された東部の民族自決史に代わって正統史となったのは、西部のウラーンフー一派による中国領内での自治史である。内モンゴルの革命をリードしてきたのは西のトゥメト出身者で、中国を熱愛し、中国人との共存を選んだとの嘘である。しかし、筆が取れるのは東部出身者だけである。ここから、東部出身のモンゴル人が不本意ながらも西部の「正統革命史」を描き、宿敵の中国と中国人を愛したという虚偽と偽善に満ちた文藝作品が量産されることとなった。

東部出身のモンゴル人知識人が西部出身者と中国人の中国革命を宣伝する。このアンビバレンスに活かされたモンゴル人たちは文化大革命前後では、「二つの顔を持つ連中」(双面料)と呼ばれていた。知識人もいれば、政治家もいた。

一九六七年八月、内モンゴル大学の「井崗山八・五戦団」と自治区文化芸術聯合会の「翻江倒海縱隊」が合同で『文藝戦鼓』という雑誌を創刊した (楊 2015a,641-659)。ここから、「二つの顔を持つ連中」への批判の怒涛が上がった。雑誌はまず内モンゴル自治区における京劇作品を批判し、「ウラーンフー反党叛国集団」と「民族分裂主義的活動」を進める為の道具は例外なく「独立王国」だった、と断罪された。

『文藝戦鼓』誌はいう。「毛主席の好い学生にして京劇革命の旗手である江青同志は、偉大な領袖毛主席の指示に従って、京劇革命の旗を

掲げて、大勢の京劇関係者たちを率いて封建的な堡塁に突撃していった。しかし、内モンゴル自治区の京劇界は頑迷に抵抗し、相変わらずウラーンフーの民族分裂主義的活動の為の世論づくりに徹した」。

ウラーンフーはある座談会で話した。（京劇の脚本は）モンゴルと漢族との紛争を取りあげるかどうか。私は取りあげなければならないと思う。紛争の話がなければ、中身も面白くないからだ。……こうした指示の下で、『巴林怒火（バーリンガンスメ）』と『哈拉嘎廟の戦闘（ハーラガンスメ）』がモンゴル人の革命を指導するという内容が入っていなかったのが問題とされた。『気壮山河』は、中国人の革命家の王若飛とウラーンフーとの友情をテーマにしている。勿論、ウラーンフーは実名ではなく、ダンセンという名で登場する。中国人であっても、王若飛は「モンゴル人が中国人に抑圧されている」と認識し、民族自決を唱えていた。民族自決を標榜した「中華ソヴィエト政府の対内モンゴル人民宣言書」（三五宣言）に即して民族問題を解決すべきだと唱えていた。ウラーンフーが王若飛と自分の化身ダンセンを京劇として演じさせたのは、『三五宣言』内の「モンゴル人とウイグル人、それにチベット人は独立する権限を有し、あるいは中華民主連邦を構成する」との内容を宣伝しようとしている、と中国人に映ったのである。このように、中国人が最も危惧していたのは、過去に共産党自身が民族自決の理論を振りかざしていたことである。

「遊牧民の息子」

「二つの顔を持つ連中」の代表格は、自治区東部のハラチン出身の作家マルチンフー（一九三〇〜・前出写真4）である。「遊牧民の子」を意味するマルチンフーとのペンネームには、社会主義の内モンゴル自治区の文壇を代表する人物だ、との意味合いが含蓄されていた。「遊牧民の息子（マルチンフー）」の指導の下で民族自治を獲得して幸せに暮らしている、という理想的な自治区像が描かれてきたのである。勿論、前提は中国人が「無知蒙昧なモンゴル人の革命を指導して、多民族の幸せな大家庭に迎え入れたこと」だった。この創られた、フィクションと装飾だらけの

「遊牧民の息子」と「赤い息子」の合作を中国人は建国後一七年間経ってから、容赦なく地面に叩きつけて、政治的な死刑判決を下した。

マルチンフーの代表作は『茫々たる草原』である（前出図6）。「『茫々たる草原』は、ウラーンフーの民族分裂主義路線を標榜する為のモニュメントだ」、と『文藝戦鼓』は批判する（楊 2015a,650-657）。批判文の内容に入る前に、まずマルチンフー自身が『茫々たる草原』の創作過程をどのように振り返っているかを紹介しておこう。二〇〇四年から中国の権威ある出版社、人民文学出版社は一九五〇年代の「著名な小説」の復刻をはじめ、その中に『茫々たる草原』も入っている。復刻版の「あとがき」に、マルチンフーは次のように書いている。『茫々たる草原』は自身が内モンゴル自治区のチャハル草原のある旗につとめていた頃の一九五四年から執筆を開始したものである。創作は順調で、一九五七年に上巻が出版された時は、「新中国の最初のモンゴル人民の解放を描いた作品」と評価され、自治区成立一〇周年の文藝賞を授けられた。一九五九年秋には三二万字からなる下巻も完成したが、不運にもマルチンフーは右派とされ、著作も「民族分裂主義を鼓吹した修正主義の大毒草」とされた。文化大革命が勃発した後、マルチンフーは「内モンゴル文藝界のナンバー・ツーの敵人」とされ、下巻の原稿も没収されて紛失した。ジェノサイドの嵐が過ぎ去った後に再び創作をはじめ、一九七九年五月に下巻を書き終える（瑪拉沁夫 2005,383-386）。

二〇〇五年に『茫々たる草原』は上下二巻の形で再度読者たちの前に並べられたが、モンゴル人はやはり上巻のほうを好む。中国政府と中国人にさんざん批判されたし、批判されたところに真実が含まれていたからである。たとえその真実も既に共産党の宣伝部門と検閲機関の厳しいチェックを経て、「先進的な中国人が後進的なモンゴル人の革命を指導する」と変質してしまったとしても、好きである。

解放戦争の初期に、茫々たるチャハル草原に住む千万ものモンゴル人たちは屈辱と貧困のどん底で喘いでいた。（国民党の）反動的な統治を受けていたモンゴル人は民族解放の路を探し求めていた。本書は、チャハル草

上は『茫々たる草原』の上巻の「内容紹介」である（瑪拉沁夫 1980(1958)）。物語よりも共産党の宣伝を突出させた作品であるが、それでも中国人は不満だった。

中国人の不満

「私の本は、モンゴル民族が茫々たる草原で民族解放の路を探し求めてさまよい、誰についていくべきかの問題を描いている」

とマルチンフーは話していた。作家のこの発言が問題だ、と中国人は『文藝戦鼓』で主張する。「誰についていくかの問題」とは、モンゴル人民共和国との民族の統一合併か、中国人の中国に留まるかの選択である。日本が一九四五年八月にモンゴル草原から撤退した後の現代史の展開を指している。小説『茫々たる草原』の主人公はチャハルのモンゴル人青年ティムールで、漠然とモンゴル復興の夢を抱いていたが、革命の最終的な目標が分からなかった。そこへ、女性共産党員のソロンが登場し、「帝国主義と大漢族主義、それに封建主義という三つの勢力を追い払ってはじめて、真の民族解放が実現できる」と諭す。小説の主人公の名はチンギス・ハーンの本名テムージンと、その後継者でティムール帝国を築きあげた男を思わせる。モンゴル人の好きな名前だが、中国人の耳には心地よく響かない。モンゴル人の主人公が反大漢族主義を革命の目標に設定しているからである。共産党も最初は「国民党の反動的な大漢族主義に反対する」のには寛容的だったが、内心は不愉快だった。「立ち遅れた少数民族」に「先進的な漢族」は反対されたくなかった。更に、共産党の化身であるソロンがモンゴル人だったのも、従来から堅く守られてきた「中国人が少数民族の革命を指導する」という図式から逸脱している。では何故、このような描き方をマルチンフーは取ったのだろうか。批判文は分析している（楊 2015a,654）。

『茫々たる草原』がこんなに大胆にも内モンゴルの民主革命の性質を歪曲しているのは、偶然ではない。早くも一九四五年に内モンゴル自治運動聯合会が成立した頃、賊ウラーンフーたちは祖先の名誉の為に戦い、民族解放を獲得しよう」と叫びかけていた。「チンギス・ハーンの旗の下で結束しよう」と叫んでいた。賊ウラーンフーはこのように民族分裂主義的活動を推進し、一九四七年五月に自治政府を建立してから、将来は自由連邦の一構成員またその民族分裂主義的活動の推進に犬馬の労を尽くした。……賊ウラーンフーの民族自決の思想である。マルチンフー批判の真意も彼段階に分けていた。自治運動期から始まり、自治政府期を経て自由連邦期に入る、というビジョンだった。

このように、中国人が問題視しているのは、ウラーンフーの民族自決を否定し封殺する為である。この批判から、ウラーンフーは自らの革命的活動を自治運動と位置づけ、モンゴル民族全体の自決運動を三つの個人に対するものではなく、モンゴル民族全体の自決運動を三つのとなる自決像を描いていたことが分かる。

「モンゴルのショーロホフ」

マルチンフーの『茫々たる草原』は中国全国の「六〇冊の大毒草の一つ」に選ばれた。中国人たちは以下のようにモンゴル人の文藝思想を完全に抹殺してみせた（内蒙古哲里木盟 1968,38-39）。

（小説の中で、搾取階級の）大牧主のチムドの台詞である。「青いモンゴルは必ず復興する。私たちも祖先のように、われわれの馬蹄をアジアに轟かせよう」。このような目的から、彼らは「純モンゴル人の軍隊」を創り、漢人(チャイニーズ)の支配を受けようとしなかった。

このように、文化大革命期の中国人たちは素直に本音を吐露していた。少数民族が独自の軍隊を擁してはいけないし、必ず中国人の支配を受けなければならない。自治とか自決は便宜的な嘘だった、という真実である。「このマルチンフーという奴は、誰かの政治思想を敵視すると、必ずその背景を掘りだそうと中国人は努力する。

ショーロホフの奴隷で、ウラーンフーのペットだ」、と中国人は批判する。一九六七年一一月二九日付の『呼三司』は「『静かなドン』と『茫々たる草原』」という批判文を掲載して、「国際的な視野に立って」、モンゴル人の作家を侮辱した。その主旨は以下の通りである（楊　2015a,661-662）。

　『静かなドン』はソ連の十月革命前後のドン河沿いのコサックの生活を描いている。ショーロホフはタタール人の村を搾取と抑圧のない極楽世界のように描写している。彼はこのように武装闘争で政権を建てたソヴィエトを貶した。

……

　『茫々たる草原』も「帝国主義と大漢族主義、それに封建主義」に反対する為の民族解放の闘争を謳歌し、偉大な中国革命がチャハル草原の平穏な生活を破壊した、と共産党を悪意で以て攻撃している。……マルチンフーもモンゴル人の集落を搾取と抑圧のない世界として描写している。彼の小説の中の反動的な搾取階級もみな牧畜民に優しい人物として登場する。モンゴル人同士は階級を超えて相思相愛し、中国人の紅軍には何ら愛情を示さない。

　ショーロホフは「コサック独立自治」という反動的な政治原理を訴えていたし、マルチンフーもまた「モンゴル復興」を自らの主人公たちに叫ばせている。……マルチンフーはこのような反革命の小説を書いて、ウラーンフーがチンギス・ハーンのような大モンゴル帝国を創るのに貢献したのである。

　以上のような本音を中国人たちが表出したのを決して過去の文化大革命期のことだけだと理解してはいけない。他民族に強烈な不信の視線を浴びせ、文化的活動を「民族分裂主義的」だと理解するのは中国人の基本的な思考パターンである。

罪証となる映画の台詞

マルチンフーの災難はまだ終わらない。一九六八年夏の七月一五日に、中国人たちは『マルチンフーのブラック・スピーチを批判せよ』という本を印刷して配布した。「文藝戦線」における各種の群衆組織が合同で出したもので、マルチンフーが話したことの日記、それに小説とエッセイ内の台詞を本人の罪証としているのである。この断罪方法は異常な威力を発揮した（楊2015a, 706-725）。

マルチンフーは中国のフルシチョフたる劉少奇と、現代の殿様たるウラーンフーの文藝界における喇叭手だ。ウラーンフーの息子ブヘをボスとする内モンゴル文藝界の反党叛国集団の急先鋒だ。彼は内モンゴルのショーロホフで、正真正銘の反革命修正主義者にして民族分裂主義者である。……彼はブヘとジュランチクク、詩人のナ・サインチョクト、それに劇作家のチョクトナランらと結託して叛国の作品をでっちあげ、ソ連とモンゴル修正主義者国家と接触し、毛沢東思想を悪意で以て攻撃した。

では、具体的に例示されている「罪証」をみてみよう。

「雲澤同志、早くお目にかかりたい」（一九四八年の日記）
「モンゴル人の中にも悪人はいるが、どちらかというと、漢人のほうが悪人は多い」（文化大革命中の発言）
「おれはモンゴル人だ。モンゴル人が以前のように、羊のように他人に好き勝手に殺されてたまるか。モンゴルは復興しなければならない」（小説『茫々たる草原』内の台詞）
「私はモンゴル人だ。銃を手にして立ち上がったのは、モンゴル統一の為だ」（小説『茫々たる草原』内の台詞）
「私はモンゴル人だ。草原から絶対に出て行かない」（小説『茫々たる草原』内の台詞）
「父は馬を放牧していた。モンゴル人がガーダーメイリンと共に立ちあがって草原の開墾に反対し、一緒に戦死した。父が戦死した後、乗っていた斑模様の馬が帰ってきた」（エッセイ集『春色に満ちた草原』内の一文）

図11 ウラーンフーとツェデンバルが結託し合い、反華活動と反大漢族主義を展開したとする漫画。

以上のように、日常的な会話を小説やエッセイ内の文と故意に同列に扱って、断罪している。要するに、モンゴル人の口から出たとされるすべての言葉が罪とされていたのである。

一九六四年に新疆ウイグル自治区のある作家が「ソ連修正主義国家へ逃亡した」。にも関わらず、マルチンフーはなんとソ連のウズベキスタン共和国の首都タシケントを称賛していた。「彼はタシケントの葡萄のほうが新疆のよりも美味しいと話した」、と断罪する。このように、イデオロギーの面でも、中国はモンゴル人やウイグル人に絶対的な忠誠を強制しようとしてきたのである。

母国語で同胞と語らい合った「罪」

「内モンゴルのショーロホフであるマルチンフーを打倒せよ」と自治区宣伝部の群衆が編集する『新文化』は一九六八年七月一九日に「革命の大批判文」を載せた（楊 2015a, 726）。マルチンフーは自治区の最高責任者のウラーンフーとモンゴル人民共和国の指導者ツェデンバルが進める「内外モンゴルの統一合併の陰謀」に文藝界から協力したとされる（図11）。その「罪証」は以下のようになっている。

マルチンフーは文藝界におけるウラーンフーの密使として、何回もモンゴル修正主義国家のスパイ文人たちと接触し、内外モンゴルの統一合併について謀略的な活動をおこなった。

229　第六章　「二つの顔を持つ連中」（双面料）

一九五七年にモンゴル修正主義国家を訪問した時、彼は同国の中央委員候補で、作家協会の書記ダ・センゲと結託した。その時、センゲは次のように話した。「内モンゴルの詩人」ナ・サインチョクの戦前の作品はモンゴルに帰る火薬の匂いを帯びていたし、モンゴル人民共和国で暮らしていた頃の作品には愛がこめられていた。内モンゴルに帰った後の作品には火薬の匂いも愛もない」。センゲはナ・サインチョクに火薬の匂いを帯びた詩を書かせて偉大な中国を攻撃させようとしている。だから、ナ・サインチョクは内外モンゴルの統一合併を美化した『ウランバートル讃歌』や『自由』のような詩を創作した。……

一九五八年にマルチンフーは（ソ連の）タシケントで開かれた会議に参加した。そこで彼とナ・サインチョクはモンゴル修正主義国家の文人ツェ・ダムディンスレンが主催したレセプションに出席し、ソ連修正主義のブリヤート・モンゴルの作家やカルムイク・モンゴルの作家たちとモンゴル語で一晩中話し合った。彼らは中華人民共和国を転覆しようとしていた。……

モンゴル修正主義国家の作家協会の書記センゲが一九五七年にわが国の青島に来た時、マルチンフーはきっちりで一緒に行動した。マルチンフーはその際に新疆ウイグル自治区のモンゴル族自治州の州長ドルジをセンゲに引き合わせた。ドルジ州長は新疆に戻ってからまもなく修正主義国家へ逃亡した。

このように、モンゴル人の作家が同胞たちと母国語で語らいあったことが批判されている。現在においても、右で例示したような批判は決して文化大革命期特有の現象ではない。ひとりでも中国人がいれば、モンゴル人同士でも絶対に中国語で話さないと、民族分裂主義的な思想を持っていると疑われる。他民族を信用せず謀略の目でみるのが中国人の特徴である。

二　剥奪された「騎士の栄誉」

批判すべき「民族分裂主義の文藝作品」は他にもある。ウラーンフーの息子ブヘへが指導して制作したオペラ『青山の烈火』も否定された。青山とは、フフホト市の北部、トゥメト地域の東を走る陰山山脈の東端である。ウラーンフーとその部下たちはこの青山を根拠地に赤馬に跨ってゲリラを組織して抗日活動を展開した、という物語である。しかし、このオペラは「中国人の先進性」と中国共産党による「正しい指導」を描かなかったことで批判された。「ウラーンフーは以前からこの青山を盟友とみなしただけで、共産党の指導を受け入れようとしなかった。こうしたウラーンフーの実際の姿をオペラは現している」、と批判者は書いている。「ウラーンフーはフルシチョフのような野心家だ。彼はずっと大モンゴル帝国を復活したかった」、と中国人は指摘する。

「民族分裂的活動」を着実に進め、自身が大ハーンになりたがった」、と中国人は指摘する。「ウラーンフーはその黒い手先を軍隊にも伸ばしていた。彼が軍隊内に射こんだ毒矢は、映画『騎士の栄誉』だ」、と今度は別の作品が受難した。作家のオドセルが創作した『騎士の栄誉』である。

『騎士の栄誉』も社会主義中国のイデオロギーを忠実に具現化したプロパガンダ作品である。モンゴル人からなる騎兵連隊の連隊長イデルは「ただモンゴル族と漢族（チャイニーズ）の違いだけは知っていたが、共産党と国民党を区別できない、粗野な人物だった」。そのような「思想を持たないイデルはもっぱら大漢族主義に反対し、民族の独立を夢みていた」。そこへ、中国人の陳勇という八路軍の幹部がやってきて啓蒙活動をおこない、みごとにイデルと彼の指揮する騎士団を共産主義の思想で武装された「革命の軍隊」に改編する、という話である。それでも、中国人は映画の中の「民族主義的な台詞」や「階級闘争のない、平和な草原」に不満だった。中国人は次のように怒号を発している（楊2015a, 698）。

　　何が民族独立だ。何がモンゴルの為だ。すべてウラーンフーが進める民族分裂的活動の為ではないか。

このように、かつては「国民党の反動的な大漢族主義には反対」してもよかったが、もはやそのようなジェスチャー

富士山を賛美した親日反漢の詩人

マルチンフーが受難していたのとほぼ同じ時期に、もうひとりのモンゴル人詩人も中国人たちからの攻撃に曝されていた。ナ・サインチョクトである。「ウラーンフーの反党集団のメンバーから『内モンゴルの民族詩人』と讃えられていたナ・サインチョクトという奴は何ぞや！」という鋭い批判文が一九六七年十一月十五日に『呼三司』に載った。文の中で、中国人はモンゴルの「民族詩人」を徹底的に侮辱してみせた（楊 2015a, 727-728）。

ナ・サインチョクトは日寇の奴隷だ。……一九三七年、ナ・サインチョクトは沸騰するほどの民族熱と「素晴らしいモンゴル語の語学力」からチャハルの封建的な王公に見いだされて日本留学に送りだされた。その時から、彼の親日反漢にして祖国を裏切る反動的な生涯は始まった。日本にいる間は、彼は極めて反動的な作品、『沙漠の故郷』と『心の友』（心侶）などを発表して日本帝国主義の文化と衛生を謳歌し、中国人を殺害する日本のファシズムの軍隊を称賛した。彼は日本の悪魔ども（日本鬼子）の武士道精神のシンボルである富士山を賛美し、徳王と日本の悪魔どもが提唱する「大モンゴル主義」に賛同して、「チンギス・ハーンから受け継いだ血が沸いている」と書いた。日本帝国主義と封建的な王公が支配するチャハル草原を幸せで、極楽世界のように美化した。……

このようなナ・サインチョクトはすぐさま日本の悪魔どもに重用された。一九四一年に彼は日本の陸軍に呼ばれて、直接的に反ソ、反共、中国侵略に加担した。反革命の宣伝工作をする為に、東京帝国大学教授の服部四郎の通訳となり、陸軍の宣伝誌『フロント』をモンゴル語に訳し、「皇軍不敗」を宣伝した。これは、中国人が驚くほどの情報収集の能力を持っていた中国人が右で例示したことは、ほぼすべて事実である。

ことの証拠でもある。ナ・サインチョクトが実際に陸軍の『フロント』をモンゴル語に翻訳していたことは、島根県立大学の井上治教授によって解明されている（井上 2005,11-34）。中国人たちは、政府档案館内の極秘資料を用いて、モンゴル人ジェノサイドに利用していたのである。

批判文の続きをみてみよう。

一九四五年前後になると、日本の悪魔どもの失敗がみえてきて、徳王の偽蒙彊政権も揺らぎはじめた。ナ・サインチョクトも反革命的なモンゴル民族の復興の為に周到な準備をした。一九四五年七月、ナ・サインチョクトは徳王に追随しながらも、別の反革命組織の「モンゴル青年党」を組織した。既に逮捕したブレンサイン（第二章参照）と日本のスパイであるデレゲルチョクト、徳王の秘書でアメリカに逃亡したゴンブジャブら二〇数名の命知らずの連中と共にスニト右旗で秘密集会を開いた。彼らは「希望は外モンゴルにあり、内外モンゴルの統一合併の為に戦おう」と計画し、モンゴル軍を迎える準備をしていた。……ナ・サインチョクトはその後実際にチャハル盟まで行って、モンゴル軍を出迎えて、祖国の裏切り者となった。彼は各地を走り回って、ドロン・ノールに駐屯するモンゴル軍側の代表ラハムジャブを訪ねて、媚びを売った。……そして、『私たちは救われた』という詩を書いてモンゴル軍を褒め称えた。……九月になって、徳王の役人から新しい主人の家来となった。徳王政権の役人たちラハムジャブを掻き集めて代表団を作って、モンゴル軍に帰したのである。彼のこのようにして抗日戦争の勝利権をモンゴル軍に帰したのである。彼の「内外モンゴル合併」の幻想も破れたので、ラハムジャブを頼ってウランバートルに逃げ、完全に裏切り者となったのである。

では、中国と中国人のどんな詩作が問題だったのだろうか。中国人は次の詩文を「罪証」にしている。

南と北

あらゆるモンゴル人に知られている

このように、「モンゴル人の首都ウランバートル」との表現が気に入らなかった。ナ・サインチョクトはその後一九四七年十一月に自治政府が成立した南モンゴルに戻り、ウラーンフーの下で、ウラーンホト市にあった『内モンゴル日報』社につとめ、「民族分裂主義者のテムールバガナとエルデニトクトフらと結託し、モンゴル修正主義国家に情報を提供し続けた」という。

ナ・サインチョクトはまたその「黒い手先」を言語界にも伸ばして、中国語からの外来語の借用に反対した。具体的には「祖国」を意味するモンゴル語を eke orun とし、どうしても eke ulus を使おうとしなかった。eke orun は元々「故国」や「故郷」を指し、モンゴル人民共和国で定着した表現である。一方、中国では一九六三年からソ連とモンゴル人民共和国を修正主義国家だと批判しだしたことで、「母国」を意味する eke ulus を使うよう強制された。eke ulus を用いることで、モンゴル人の「祖国」はあくまでも中国だとの思想を叩きこもうとしていた。eke orun は国家を凌駕した概念で、モンゴリア全土をカバーする言葉である。モンゴル人の領土 eke orun が二つの国家に分断されていても、モンゴル人は一つの不可分の民族である、との哲学が含蓄された言葉である。ここに、中国人たちは噛みついたのである。ここでも、私は再度、強調しておきたい。上で示したモンゴル人と中国人との対立は決して一九六〇年代特有のものではない。現在も続く闘争である。

江青夫人の講話に基づく断罪

図12　左から毛沢東の「好い学生の江青夫人、親密な戦友林彪」、毛沢東、陳伯達、康生、周恩来。

内モンゴル自治区文藝界の群衆たちが結成した「ウラーンフーを批判闘争する連絡センター」は一九六七年冬の一二月に『大批判』雑誌に「内モンゴルの反動的な文藝作品を批判する特集」を組んだ（楊2015a, 663-705）。『大批判』の編集者はまず毛沢東が一九四二年に発表した「延安の文藝座談会における講話」を抜粋して巻頭に載せ、それから江青夫人が一九六四年と一九六五年に音楽関係者に出した指示を掲載している。目的ははっきりしている。「内モンゴルの文藝界は毛主席とその好い学生である江青夫人の指示を無視してきた」、と断罪する為である（図12）。

「われわれは文藝問題においても、二つの路線間の闘争をしなければならない」

と毛主席は強調していたが、工農兵の大衆はその通りにしてこなかった、と江青夫人はいう。彼女は楽器の弾き方から始まって、革命的な京劇の創作方針に至るまで、実に全般的に文藝前線において、いかに階級闘争を展開すべきかを詳しく伝授している。毛と江青夫人の思想を基準とするならば、モンゴル人のウラーンフーたちは「滔天の罪を犯した」、と中国人は論じている。ウラーンフーの長男の夫人ジュランチチクをはじめ、マルチンフーとオドセル（写真42）らの作品をターゲットにしている。

大野心家のウラーンフーは文藝についてはまったく無知であ

写真42　作家オドセル。敖徳斯爾著『歳月』内蒙古人民出版社、二〇〇三年より。

る。しかし、文藝界が重要な世論形成の陣地であることを彼は知っている。反革命のクーデターを起こすのに、文藝界で世論工作をしなければならないからである。……ウラーンフーに宣告しよう。お前の罪悪に満ちた目的は実現しない！毛沢東思想で武装した工農兵は目を光らせているし、心底から分かっているからだ。お前の民族分裂主義の思想を!!　右はある中国人の解放軍兵士が書いた批判文である。次の批判の相手はジュランチクである。中国人は彼女を「内モンゴル文藝界の女の魔王」だとし、彼女が創った映画を例外なく民族分裂主義的とする一方で、その私生活も「腐敗しきっていた」と断じる。「ジュランチクは地主階級の臭いお嬢様だ。現代の殿様たるウラーンフーの息子ブへの懐に転がりこんだ時から、反共産党的な活動を展開してきた」、と中国人は指摘する。ほぼ同じような批判文は、ウラーンフーの夫人雲麗文に対しても使われていた（楊2011a,45-47）。失脚した政治家の夫人が「腐敗しきっていた」以外に、中国人は何も発見できないのである。

聖地をめぐる民族間紛争

　内モンゴル大学の「峥嶸歳月戦闘隊」と「人民の為に奉仕する戦闘隊」は合同でマルチンフーとジュランチクを結びつけて批判した。二人が制作した映画『草原の晨曲』は「ウラーンフー王朝の反動的な代

表作だ」と断じられた（楊　2015a,685-691）。

『草原の晨曲』は今までに批判されたことのない毒草だ。この作品は修正主義と民族分裂主義の思想を広げ、文藝界におけるウラーンフーのブルジョア民族政策を進め、毛主席の民族政策と対抗した。

『草原の晨曲』はバヤン・オボー鉱山の開発を題材にしている。日本統治時代にモンゴルと漢族の人民は鉱山を守り通した。人民政権が成立してから開発しようとした時、鉱山は誰のものかという問題にぶつかった。……憲法に書いてあるではないか。西のヒマラヤから東の大興安嶺まで、南の海南島から北のゴビ沙漠まですべて中華民族のものだ。しかし、『草原の晨曲』はモンゴル人の口を借りて、「バヤン・オボーは我たちのものだ」とか、「私たちの聖山だ」とばかり強調している。……この問題に関して、ウラーンフーも単刀直入に「バヤン・オボーは私たちのものだ」とか、「私たちの聖山だ」とばかり強調している。……この問題に関して、彼こそが、民族分裂主義の禍根である。

映画『草原の晨曲』は社会主義中国が樹立した後、遊牧民のモンゴル人がいかに「先進的な労働者階級」に脱皮していくかを描いている。その過程で、開発の対象とされた包頭市郊外のバヤン・オボー鉱山の所属をめぐって、モンゴル人と中国人は激しく対立した。バヤン・オボーとは「豊かな聖地」との意で、モンゴル人が古くから祭ってきた聖なる場所だった。日本統治時代もその周辺の鉱物を掘ろうとしたが、抵抗されて実現しなかった。中華人民共和国になってから、土地と鉱山は公有化されて「国家のもの」、「中華民族全体のもの」と位置づけられたが、モンゴル人の目には「国家」や「中華民族」は中国人即ち漢族にみえる。こうした実際に存在した民族間の紛争を映画は取りあげ、「日本統治時代に教育を受けたモンゴル人は悪者」、「新中国の誕生後に労働者となったモンゴル人は進歩的な青年」という善悪二分法の構図で物語を織りなしている。いわば、典型的なプロパガンダ作品で、中国人は例外なく「先進的な文明人」として登場する。それでも、中国人は不満だったことが、上で例示した文章に現れている。

「草原の晨曲」が描いているウラーンチャブ草原には階級間の闘争がみられない」

と中国人は問題視し、モンゴル社会を美化し過ぎたと批判する。平和なウラーンチャブ草原に中国人たちは入植してくる。

「どっと一気に何万人もの漢人（チャイニーズ）がやってきて、私たちの放牧地を占拠したので、聖なる山の神様も怒っている」と、このような台詞が映画の中にあったことも、民族分裂主義的思想の反映だという。映画とはいえ、『草原の晨曲』内の登場人物たちは中国に占領された地域に暮らすモンゴル人の気持ちを素直に代弁していても、最終的には中国共産党に説得されて、「民族分裂主義的思想を放棄して祖国中国を愛し、民族団結を支持する人物に成長していく」というストーリーである。それでも、モンゴル人が最初からもろ手を挙げて中国人の侵略を称賛し、涙を流して歓迎していれば満足しただろう。

キリング・フィールドと化した文藝界

詩人の次は作曲家だ。『新文化』は一九六八年五月一〇日にトンプーというダウール・モンゴル人を批判の断頭台に追いあげた（楊 2015a,729-731）。

トンプーは日本帝国主義の犬のような奴隷だ。彼はウラーンフーの反党叛国集団の作曲家で、民族分裂の活動をおこない、統一党を組織して祖国を分裂させようとしていた。中国政府がモンゴル人を大量虐殺する為に、事前準備の一環として「統一党」とは架空のものである。トンプーはその「ボス」だとされていた（楊 2009b,xxviii;2009c,62-64）。トンプーの仲間として「モンゴル人からなる分裂主義集団」で、『新文化』では自治区党委員会宣伝部副部長の一九六四年に摘発した「モンゴル人からなる分裂主義集団」では自治区党委員会宣伝部副部長のトグスをはじめ、知識人のオセル、バトドルジ、ダムリン、ダワー、アルス、エンヘセン、ゴンボドルジ、金紹良らが疑われていた。作曲家の音楽界だけでなく、「美術陣地」もまた「ウラーンフーの反党叛国集団に占領された」、と中国人は主張する。モンゴルには、チンギス・ハーンの母親が五人の息子たちを集めて、それぞれ一本ずつ矢を渡して折らせたとい

図13　内モンゴル博物館館内の展示を批判する為に公刊された『批展戦報』紙。「民族問題もつまるところ、階級闘争である」との毛語録を最上部に飾っている。

う物語がある。一本の矢は簡単に折れたが、束ねられた五本の矢は折れなかった、という話を画家たちは描いた。「この絵はモンゴル人同士を団結させて、狭隘な民族分裂主義的思想を強固にしてから偉大な中国共産党と対立させる為だ」、と断罪された。また、白い駿馬が狼と戦う『自衛』という絵画も「反漢排外」だと解釈された。草原で狼と遭遇した馬は果敢に立ち向かう、という子ども向けの民話はモンゴルの各地にある。恐らく、モンゴル人は誰も狼を漢族に譬えなかったものの、中国人は実に変幻自在に解釈して、モンゴル人たちをキリング・フィールドに駆り立てていったのである。

ウラーンフーの意図を汲んだ内モンゴル博物館の文浩副館長は各地を歩き回ってモンゴル最後の大ハーン、リクダン・ハーンをはじめ、ジュンガル・ハーン国のガルダン・ハーン、近現代に入ってからのダムディンスレンとガーダーメイリン、シニ・ラマ（ウルジージャラガル）、ワンダンニマらに関する文物を集めてきて、博物館内で展示した。そのような展示の内容に中国人は不満だった（図13）。

シニ・ラマは内モンゴル人民革命党のボスで、封建社会の上層階級のラマだ。……ワンダンニマも内モンゴル人民革命党の党員だ。トクトフは裏切り者だし、ダムディンスレンは野心家にして陰謀に長けている。ガーダーメイリンは封建的な王公の

239　第六章　「二つの顔を持つ連中」（双面料）

奴隷だ。こんな悪人どもに関する文化財を文浩は集めてきたのである。……文浩はウラーンフーと王再天の指示で、一九六四年になんとオルドスのウーシン旗にあるガルート・スメ寺を自治区の文化財に認定した。この寺はシニ・ラマとワンダンニマ、それに文浩らが民族分裂主義的活動を展開させた拠点である。批判されずに残るモンゴル人はひとりもおらず、否定されないモンゴル文化は一つもない。ジェノサイドの環境はこのように確実に整えられていったのである。「一九六七年一月以来、既に二二二名もの走資派と叛徒、スパイ、それに民族分裂主義者どもを揪（つま）みだした」、という「戦果」である。

昨年一一月一二日に江青同志が発表した講話は、文藝界における階級の敵人に対する総攻撃を命じる号令である。自治区文藝界の革命的な群衆たちも江青同志の講話に励まされて戦馬を駆って突進し、ウラーンフーの反革命の文藝界における反革命の勢力とその社会的な基盤を一掃した。……歌舞団のボインバトとデブシフー、ミンタイと賈作光、ウルナーとトンプー、ハジャブとボインデレゲル、京劇団のドンライ、電影（映画）学校の張西と図書館の任以恵と白瑩、オペラ団のエンヘセンとゴンボドルジ、新華書店の杜国璋、文化局の金起先と席宣政など、全員民族分裂主義者である。『新文化』は最後に「自治区文藝界における輝かしい戦果」を誇示してみせた。

このように、「ウラーンフーのブラック・ラインを抉りだして、その毒害を一掃する運動は勝利の新段階に入った」、と中国人は自信満々にジェノサイドを推進していたのである。「敵どもから目を離すな！彼らとの闘争はこれからだ」と右で示したように文藝界のモンゴル人の息子ジュランチクは反省文を書こうとせずに、「首を斬られても、私は罪を認めない」と抵抗していた。「他に作家のマルチンフーとオドセル、ジャラガーフー、劇作家のチョクトナランなど、まだそ

の反動的な雑誌『花の原野』と『草原』を陣地に、反革命的な破壊活動をしようとしている」、と中国人も闘志満々である。かくして、モンゴル人の文藝作品は例外なくすべて否定された。ここまで徹底的にモンゴル人の作品を断罪している事実から考えると、中国人たちは中国からモンゴルとその文化を根こそぎ一掃しようとしていた狙いがはっきりとみえてくる。モンゴル人なき内モンゴル自治区を中国人は実現させたかったのである。血腥い殺戮と同時並行していたのは、文化的ジェノサイドである。

三 「二つの顔を持つ」政治家たち

中国人たちはずっと「協力的なモンゴル人」を探し求めていた。「モンゴル人協力者」もしばらく利用された後は簡単に捨てられた。「夷を以て夷を制す」謀略の一環である。「モンゴル人協力者」もまた「二つの顔を持つ連中」の中から選ばれた。自治区党委員会書記処書記の王再天（ナムジャルスレン）と宣伝部副部長のトグスである。

揪みだされたモンゴル人政治家

王再天には前門飯店会議で東部出身者を優遇したウラーンフーを猛烈に批判した功績」があった（啓之 2010,107）。それでも、彼は「西部のトゥメト地域出身者を優遇したウラーンフーを猛烈に批判」中国人の信頼を得られず、一九六七年一一月一日に自治区革命委員会が成立した時も、革命委員会のメンバーにはなれなかった（図14）。トグスは文化大革命前から「反ウラーンフー的」だと中国人に認められ、宣伝部門の造反派組織「魯迅兵団」の顧問に任命されていた。彼は毛沢東の直々の許可によって、革命委員会の委員に名を連ねていた（高樹華　程鉄軍　2007,290; 楊　2009b,154-160）。二人のモンゴル人政治家のうち、トグスは一九六七年一一月二四日の夜に「揪みだされた」。まもなく王再天も「革命の陣営に最も深く潜伏していた敵」として、一九六八年一月二八日に摘発された。ここから、モンゴル人ジェノサイドは一つの

図14 内モンゴル自治区革命委員会の成立を祝うポスター。

ピークを迎えた。

トグスと王再天が逮捕されたことで、南モンゴル東部出身者たち、即ち「内モンゴル人民革命党の指導者ハーフンガの一派」の受難が正式に始まったことを意味している（高樹華 程鉄軍 2007, 299, 331）。ここから、「ウラーンフーの黒いラインに属する者たちと内モンゴル人民革命党員たちは実は同じ組織で、どちらの最高責任者もウラーンフーだ」との断罪がスタートした。西部も東部も、モンゴル人だったら、全員が中国政府と中国人にとっては「民族分裂主義者」となったのである。

矛先は内モンゴル人民革命党へ

第一次資料は語る。早くも一九六七年一〇月一五日の段階で、まだ自治区革命委員会が成立していなかった時期に、内モンゴル農牧学院の「革命烈火紅衛兵」と「東方紅紅衛兵」、それに「東方紅戦闘隊」が連名で「王再天同志は党と人民と対立するのか」というビラを配布して批判の先陣を張っていた（楊 2015a, 733-736）。この農牧学院には王再天の息子も在学していた。

「王再天は敵と味方を混同しているのではないか」と紅衛兵たちは鋭い。ウラーンフーの息子ブへを庇った発言が引き金となっている。「ブへは大人しい人だ。彼は共産党に抵抗していない」、と王再天は以前に話したことがある。このように、モンゴル人の政治

家が別のモンゴル人に対して正当評価しただけで、「同じ一味」だとされる社会の実態である。事前に綿密な計画を練りあげて、周到な世論を作ってから、相手のモンゴル人たちを撲滅する。王再天を逮捕する時も例外ではなかった。彼が捕まる一〇日前の一九六八年一月一八日に、呼三司グループに属する内モンゴル医学院の大学生からなる「東方紅紅衛兵総部」は「反動的な内モンゴル人民革命党を庇う王再天の罪は万死に値する」との批判文を掲示した（楊2015a,737-743）。「モンゴル人反革命分子を庇う」と同類とされるが、「反動的な内モンゴル人民革命党を庇護した」となると、本人もその一員とされるのは時間の問題だった。批判文はいう。

かつての一時期に目立っていた内モンゴル人民革命党は今や犬の糞よりも臭い存在となった。これは、毛沢東思想の勝利である。

臭い組織の内モンゴル人民革命党は古参の民族分裂主義者のハーフンガとトグスらが創った、反党にして反人民で、内外モンゴルの統一合併を鼓吹する民族分裂主義の反革命団体である。この党は一九四六年二月に解散したことになっているが、共産党と人民を敵視する思想を放棄していなかった。……一九四六年四月三日以降、ハーフンガとトグスらは「現代の殿様」たるウラーンフーによって共産党内に迎え入れられた。ここから、彼らは共産党の外套をまといながらも内モンゴル人民革命党がプロレタリアート専制と共産党と国家による制裁を受けていなかった長い間、内モンゴル人民革命党の未完成の目標を実現させようと分裂活動を展開した。王再天によって守られていたからである。

王再天は自治区公安部長、公安庁長、自治区政府副主席兼党書記処書記といった重要なポストを歴任していたので、権力で以て民族分裂主義の活動を翳から支えてきた、と中国人たちはみている。

虐殺の為の世論の早期形成

紅衛兵の批判文は続いてトグスを討伐する。トグスは一九五七年に言語学者のエルデニトクトフらと共に「内外モンゴル名詞術語統一委員会」（四三人委員会ともいう）を組織して、「われわれの首都はウランバートル」だとの「反動的な思想を広げた」という。内モンゴル医学院の学院長のムレンと衛生庁の副庁長のイダガスレン、内モンゴル自治区人民委員会副秘書長のガルブセンゲ、内モンゴル賓館（ゲスト・ハウス）のボインブヘなども「みな民族分裂主義者にしてモンゴル修正主義国家のスパイ」だとされた。そして、「民族分裂主義者政党の内モンゴル人民革命党の黒幕はほかでもない王再天だ」、と紅衛兵は結論を出している。

内モンゴル自治区革命委員会は一九六八年四月二六日に毛沢東と共産党中央委員会に「内モンゴル人民革命党の叛国事件」を報告し、七月には自治区革命委員会第三回拡大会議を開いて内モンゴル人民革命党の性質について議論し合った。そして、七月二〇日には正式に「内モンゴル人民革命党に関する処理意見」が採択されて、大量虐殺も正当化されたのである（楊 2010a）。こうしたその後の経緯と照らし合わせてみると、モンゴル人ジェノサイドの世論作りは早くも一九六八年一月から始まっていた、と断定できる。この一月の段階での断罪方式は、七月二〇日に出された政府公文書の内容と完全に一致しているからである。モンゴル人の王再天を批判するか否かは、単なる一個人の問題ではない。中国人たちは王再天をめぐる攻防を次のように定義した。

一九六六年は普通の年ではない。一九六六年は、世界の革命的人民の導師の毛主席が世界を震撼させる文化大革命を発動した年である。……あなたは革命派か、反革命派か。ならば、毛主席がおっしゃる通りに、「恐れずに皇帝を馬から引きずり下ろせ」との精神でウラーンフー反党叛国集団を打ちのめそう。お前がもし反革命派ならば、王再天のようにウラーンフーに従うだろう。

このように、中華思想に基づいて毛沢東を「世界の革命的な人民の導師」だと自己称賛する中国人は、モンゴル人同士がお互いに連携するのを防ごうとしていたのである。

写真43　批判闘争される王再天とイダガスレン。

草原に響く「殺せ」の怒号

王再天を「揪みだす」のに、急先鋒を演じたのは呼三司系統に属す内モンゴル医学院の「東方紅公社」と「東方紅紅衛兵総部」である。この二つの組織は一九六八年一月一八日に『内モンゴルの陶鋳たる王再天を打倒せよ』との本を印刷して配布した。本の表紙では王再天の再天という字を逆さまに書いて、打倒した実態を紙面上においても演じてみせている（楊 2015a,744-790）。資料は流麗な文章から始まる。

「千里の草原を駿馬は疾駆し、青山の麓から殺せとの怒号が聞こえてくる」

と医学院の中国人たちは「モンゴル人を殺せ」との声明文を発表した。医学院の紅衛兵は一月一八日の夜に王再天とその夫人で、医学院の党書記になっていた張暉を逮捕して監禁した。医学院が熱心だったのは、夫人張暉がこの大学につとめていたからである。翌一九日には夫婦を批判闘争大会に連行して立たせた。今日の私たちに伝わる「王再天を批判闘争する写真」もその時の様子を記録したものである（写真43）。王再天は「大悪人にして大牧主、そして大軍閥だ」と断罪された。「王再天は北京の前門飯店会議でちょっとだけウラーンフーを批判する振りをみせたが、実際に奎壁を揪みだしたら、モンゴル人ばかりがやられている、と発言していた」。では、王再天とは、いかなる「悪人」だ

ろうか。紅衛兵たちが暴露した真相は以下の通りである。

王再天はまたの名を王興山や王雲武、ナムジャルスレンという。一九〇七年に遼寧省の遼源県鄭家屯の大地主の家、犬が棲むような洞穴の中に生まれた。祖父母と共に一五〇〇畝もの土地を擁し、一〇〇〇頭以上もの家畜を持っていた。祖父母の王府の役人の娘だった。……彼は七歳の時から反動軍閥の教育を受けて育ち、一七歳になると、国民党が東北で作った訓導処に入って、反革命分子の蒋介石の胸に飛びこんだ。

王再天は一九三六年に共産党員になり、ウラーンフーの指導下で王爺廟に創立された内モンゴル自治政府の公安部長のポストについた。一九四六年から「平和的な土地改革」が始まると、王再天の家族も「地主」に認定されて、「人民による制裁は免れた」という。しかし、公安部長だった王再天に守られて、「土地」などの財産も没収され、家族も漏れなく闘争された。

売国の「罪証」

長い間、公安と検察、それに対外交流機関を管轄し、自治区政府常務副主席兼共産党政法委員会書記のポストに就いていた「王再天は権力を乱用して数々の民族分裂主義の活動者たちを庇ってきた」という。中国人は具体的な例として挙げている。

まず、一九五七年に王再天はウラーンフーとトグスらと共に、「内外モンゴル名詞術語統一委員会」（四三人委員会）を組織し、「ソ連修正主義国家のキリル文字を内モンゴルに導入した」。一九六三年には、内モンゴル自治区外事弁公室副主任で、「民族分裂主義国家にして内モンゴル人民革命党の党員であるガルブセンゲが勝手に三万頭もの家畜を放牧できる草原をモンゴル修正主義国家に割譲した」。中国と外国との領土の確定作業において、「無原則にモンゴル修正主義国家に譲歩したガルブセンゲを王再天は庇い続けた」。一九六二年一一月一日の夜、シリーンゴル盟軍分区副司令

写真44　毛沢東への忠誠を強制されたモンゴルの子どもたち。猛烈な勢いで同化させられている。著者蔵。

官のトクトと副盟長ソンドゥイ、それに裁判所副所長ナムジャルポンスクらが「秘密の集会」を開いた。三人は「モンゴル人は同化されて、子どもたちはモンゴル語も話せなくなった」とか、「スターリンさえいなければ、内外モンゴルは統一されている」とかのように、「反革命の言論を繰り広げた」（写真44）。しかし、王再天は「彼らは考えていることを話しただけで、実際に政治団体を作ったわけではない」として見逃した。このシリーンゴル盟で摘発された「秘密集会」は三人の名前の頭文字を取って「ト・ナ・ソン事件」ともいい、後にモンゴル人大量虐殺運動の口実となる。

「王再天はウラーンフー反党叛国集団の番頭だ」と中国人たちはそう断じて「証拠」を示す（楊 2015a, 761-782）。ウラーンフーはモンゴル語の学習を強調していたが、王再天も「モンゴル語教育を強化して、民族の文化を復興させよう」と話したことがある。中国語から新しい言葉を借りようとせずに、「モンゴル修正主義国家のウラン・ティアタルという表現を愛した」。ウラン・ティアタルとは「赤い劇場」との意味である。同胞の国からの、同胞と同じ言葉を愛する行為はすべて「毛主席に抵抗した罪」となっている。

文明間の衝突を演じた原罪

王再天はまたウラーンフー同様に牧畜地域に暮らすモンゴル人社会

では階層を区分する必要もないとして、階級闘争論を学ぼうとしなかった。彼は党中央が一九六二年六月にフルンボイル盟の嶺北草原を開墾するのに「頑迷に抵抗した」。

俺はモンゴル人だ。フルンボイル盟の嶺北草原は確かに黒土に覆われている。分厚くみえるかもしれないが、開墾したら、翌年にはもう沙漠になる。これを国家農耕部は知らないかもしれないが、われわれモンゴル人は知っている。以前に日本の悪魔どももあそこを開墾しようとしたが、モンゴル人に反対されてできなかった。この経緯については、ボインマンダフ老とハーフンガ主席も知っているはずだ。

「民族分裂主義的活動」の中味もいろいろあるが、何よりも先鋭化していたのはやはり、草原開墾である。中国人は草原を荒地だとみて開墾して農耕を広げ、「立ち遅れた蒙古人を文明的な農民に改造しよう」とする。これに対し、モンゴル人は沙漠化を防止しようとして伝統と環境を守ろうとする。この文明間の衝突が民族間紛争の形で現れ、ジェノサイドの発動原因となったのである。王再天もウラーンフーもこのような壮大な文明間の衝突の主人公たちだったのである。この文明間の衝突は未解決のまま今日まで続いているし、今後も続くに違いない。

王再天はウラーンフーに重用され、抜擢され続けてきた。一九四七年五月に成立した内モンゴル自治政府の公安部長に任命されたのを起点に、その後は内モンゴル軍区の副司令官となり、一時は司令官ウラーンフーの後継者と目された。ウラーンフーと同じく、延安派たちの庭に住み、延安派たちの嫉妬を買っていた。そのような王再天は一九六六年五月の北京前門飯店会議で「あなた（即ちウラーンフー）が今日、こんなひどい目に遭わされたのも、私たちのいうことを聞かなかったからではないかと恨み節を披露した」、と中国人は批判する。中国人からすれば、南モンゴル東部出身の王再天は確かに「延安派よりもウラーンフーに忠誠を尽くした、二つの顔を持つ連中（双面料）」であろう。

四　否定された民族自決の歴史

内モンゴル人民革命党への切りこみ

「王再天は内モンゴル人民革命党の黒幕だ」

「王再天は内モンゴル人民の歴史に斬りこむ。個人を粛清しただけでは満足せずに、その「社会的な基盤」の破壊こそが最終的な目標である。その為、「一九四六年二月に解散したはずの内モンゴル人民革命党も実際には地下に潜伏して活動を続けてきたし、そのボスのハーフンガとトグスらを共産党に無理矢理に入れたのもウラーンフーと王再天だ」、と紅衛兵は分析している（楊 2015a,770-771）。

日本が敗退した後、内モンゴル自治区公安庁は過去を清算する為に、『内モンゴルにおける党派と日本のスパイ組織に関する資料』を編集したことがある。林立していた各種の団体の性質を分析し、日本統治時代の影響を一掃する為である。ウラーンフーと王再天は、「モンゴル人は自民族を愛するために無原則に日本帝国主義に協力したわけではない」、と結論づけていた。こうした結論に中国人は当然、不満だった。「さまざまな団体に入ったモンゴル人はみな民族分裂主義者だし、彼らを王再天が共産党に入れたのも引き続き分裂活動をする為だ」、と解釈された。例えば、本書の第三章で取りあげたオルドスのイケジョー盟の書記ボインバトのようなひとりだとされている。「ボインバトは反動的な内モンゴル人民革命党の中堅で、日本のスパイで、古参の民族分裂主義者だ。しかし、このような人物を王再天は庇い続けてきた」、という（楊 2015a,778）。

モンゴル人エリートの全滅

「内モンゴルの文化大革命はハーフンガとトグス、それに王再天たちを揪みだしたことで勝利を得た」と一九六八年一月二四日、内モンゴル大学などからなる二六の紅衛兵団体が合同で「ウラーンフー反党叛国集団の中堅たる王再天を打倒する声明」を発表した（楊 2015a,791-792）。大学生たちの燃える闘志に比べると、内モンゴル人民委員会弁公室の「紅旗」グループはもっと円熟した戦略を駆使して王再天を大量虐殺運動に利用した。人民委員会

弁公室の「紅旗」が一九六八年一月二七日に公にした「反革命修正主義分子の王再天を打倒せよ」という冊子は、政治に慣れた中国人の老練な文章からなっている（楊 2015a,793-800）。

現在、内モンゴル自治区は全国と同じように素晴らしい情勢下にある。プロレタリアートと革命的な群衆は毛主席の偉大な戦略に従って、ウラーンフーの残党どもと戦っている。人民の戦争により、反革命修正主義分子のトグスとムレン（医学院長）、ガルブセンゲ（自治区人民委員会副秘書長、外事弁公室副主任）らとその背後の黒幕である王再天を揪みだした。これは、毛沢東思想の勝利である！

上で示した文章は単なる政治的なスローガンではない。毛沢東の直接的な指示により、人海戦術でモンゴル人のエリートたちが出身地域と関係なくその最高指導者のウラーンフーと共に一網打尽にされた結果が示された文である。批判文は「証拠」として、王再天をトップとするモンゴル人「反革命分子たちの組織図」を挙げている。公安庁のビリクバートルと雲世英、潘啓哲、最高裁判所のテムールバガナと王一民、最高検察院の張如崗と王建奎、人民委員会弁公室の魯志浩とガルブセンゲ、民政庁のウリートなどである。「証拠」に依拠してジェノサイドを組織的に推進していた事実を物語る資料である。

モンゴル人は目にみえる形で粛清されていった。世間でも「モンゴル人ばかりがやられている」（尽打蒙古人）という見方が広がっていった。中国人はそのような大衆からの批判に反論する為に、「革命家（フビスガルト）」というペンネームで〈モンゴル人ばかりがやられている〉説は、謬論である」との文を一九六八年二月三日に『呼三司』に載せた（楊 2015a,801-803）。

しかし、彼らはモンゴル民族の中の悪人どもで、あらゆる民族の敵人である。

「モンゴル人ばかりがやられている」との見解が人々の間で広まりつつあったとしても、中国人は怖くない。モ

「モンゴル人はどんなモンゴル人か！どんな少数民族の幹部か。彼らはハーフンガに代表される古参の民族分裂主義者たちではないか。彼らも確かにモンゴル人だが、

250

ゴル人の抵抗よりも、「王再天のような革命の陣営内に潜りこんで、裏から民族分裂主義者たちを庇護する敵をみつけよう」と引き続き虐殺運動をいっそう推進していった。ウラーンフーが打倒されたら、必ず「ウラーンフーをボスとする反党叛国集団」も受難するし、王再天が「揪みだされたら」、絶対に彼の「各界に分布する家来ども」も逃げられなくなる。これは、中国という国家における政治闘争の一般的な展開方式である。

共産主義思想に反対した「チンギス・ハーン」

内モンゴル自治区教育庁の「険峰」と「硬骨頭」、それに「紅色風暴」といった群衆組織は一九六八年二月一五日に『教育戦鼓』に王再天批判の文を載せた（楊 2015a,804）。「険峰」とは、毛沢東の漢詩「無限の風光、険峰に在り」から取ったものである。

王再天はウラーンフー反党叛国集団の中堅で、大軍閥で、大蒙奸である。彼は資本主義を復活させようとして、内モンゴルを合併させる為に、内外モンゴルの悪行をはたらいてきた。ウラーンフーと共に文化教育界で数々の悪行をはたらいてきた。祖国を分裂させる為に、ウラーンフーと王再天らは一九五四年に甘粛省からチンギス・ハーン陵を帰還させる際に、王再天らは自ら主任となって、三〇数人からなる代表団を作ってチンギス・ハーン陵を運んできた。……その後、オルドスのチンギス・ハーン陵に高さ二・七六メートル、広さ一・九五メートルのチンギス・ハーン像を建てて、まわりに壁画を描いた。「チンギス・ハーンが諸民族と諸部族を統合し、一致団結して狩猟と遊牧を改良して先進的な技術を導入して、外敵の侵略を撃退した」、という内容である。……同志諸君、みてみなさい。ウラーンフーと王再天らはこのようにチンギス・ハーンの屍体を使って、八〇〇年も前の思想で以て共産主義に抵抗しようとしている。これは、彼らも大モンゴル帝国を再建しようとしていることの証拠である。……

王再天はまたハーフンガと共に、ことあるごとに「蒙漢兼通」を強調して、モンゴル語教育を強化しようとした。彼はなんと、「交通を管轄する警察もモンゴル語を学びなさい。みんなモンゴル語を勉強すれば、一〇年後の自治区はジュネーブのような多言語社会になる」と話していた。……王再天はまた「モンゴル語専科学校には五〇〇万人ものモンゴル人たちの共産主義文化を発展させる義務がある」と演説した。同志諸君、内モンゴルの一三〇〇万人の人民の中のモンゴル人は二〇〇万人で、全世界のモンゴル人口が五〇〇万人になる。王再天が五〇〇万人云々と話すのは、「チンギス・ハーンのモンゴル」を復活させたいからだ。

このように、モンゴル人の政治家が母国語教育を重視したこと、民族の開祖を祭ったことが「祖国を分裂させた証拠」とされている。このことは、中国人はモンゴル人に「祖国は中国で、モンゴル人の開祖もチンギス・ハーンではない」という理念を強制しようとしていた事実の現れである。大量虐殺と同時に、熾烈な文化的ジェノサイドも進行していたのである。

「奴らは反大漢族主義を進め、中国の権益を無視して、大モンゴル帝国を復活させようとしている」と中国人の怒号が冬のフフホト市の空に鳴り響いていた（楊 2015a,805-812）。一九六八年二月六日のことである。フフホト市革命造反聯絡総部が発行する『聯合戦報』によると、「民族分裂主義者王再天の反革命修正主義の罪を暴露する大会」がこの日、内モンゴル自治区政府人民委員会の大ホールで開かれたという。大会には王再天と夫人の張暉の他にトグスとムレン医学院長、衛生庁副庁長のイダガスレンら「馬鹿な連中（混蛋）」が揪みだされていた。モンゴル人を暴力的に闘争する様子はラジオ放送を用いて全自治区に伝えられた（写真45）。

ジェノサイドの推進力

日本が一九四五年八月以降に南モンゴルから撤退した後、満洲国とモンゴル自治邦のモンゴル人エリートたちの一部がモンゴル人民共和国の諜報員になった（伊河 烏雲 納日松 2007,193-195）。当時、内外モンゴルは統一合併さ

写真45　医学院長ムレン（左）と王再天の夫人張輝を暴力的に闘争する風景。著者蔵。

れる、と南北モンゴルの人たちは誰もがそう信じて疑わなかったので、喜んで世界革命の一環としてモンゴル人民共和国軍に協力した。『ヤルタ協定』により、モンゴル人の領土の一部が中国に占領されたものの、内モンゴルのモンゴル人とモンゴル人民共和国との緊密な行き来はまだ続いていた。例えば、国民党政府軍からの攻撃を受けたウラーンフーと王再天らは一九四六年秋に家族をモンゴル人民共和国に避難させていた。一九四七年一〇月には、ウラーンフーと王再天らがハーフンガの忠実な部下である郝永芳に守られて大興安嶺南麓のアルシャンからモンゴル人民共和国に入国している。モンゴル人民共和国はさまざまな形で同胞たちの対国民党の闘争を支援していたし、中国共産党もそれを活用していた人たちは例外なく「民族分裂主義者」とされた。『聯合戦報』も一九五七年にウラーンチャブ盟の副盟長のワンチンがまだモンゴル人民共和国の公安関係者と接触していたと批判する。また、一九五〇年代にモンゴル人民共和国側が二〇〇名あまりの「逃亡犯」を中国に強制送還してきたが、「自治区側は彼らを制裁せずに辺境地帯に住わせた」。これらもすべて王再天が庇っていたからだという。いわゆる「逃亡犯」たちとは、内外モンゴルの統一合併がソ連によって阻止された後に、中国の一部になるのを拒絶してモンゴル人民共和国に亡命した人びとのことである。

図15 造反派の『聯合戦報』紙。いつも毛沢東の写真と書が紙面を飾っていた。

『聯合戦報』はまた「内モンゴル自治区の革命的人民に告げる書」との宣言文を掲載した。宣言書は「またもやこの王再天が」（這個王再天、還是這個王再天）との言葉を繰り返し使い、殺気に充ちた批判文をモンゴル人に浴びせた。

この王再天が、権力を乱用して反大漢族主義の運動を進めた。
この王再天が、民族分裂主義の活動を展開した。
この王再天が、祖国を転覆しようとしている。
ウラーンフーは既に打倒されて地面に転がっているので、この王再天の死期も近い！

鋭利な文章はジェノサイド推進の駆動力となる。このような文章を熟読した中国人たちはモンゴル人の故郷をキリング・フィールドに変えていったのである。『聯合戦報』（図15）は更に王再天がウラーンフーやモンゴル人民共和国の指導者ツェデンバルらと共に撮った写真を何枚も証拠として掲載して、「修正主義国家に媚びを売り、反党叛国集団を結成した事実」を示した。「私たちは档案館内の資料に依拠して反革命分子たちを批判している」、と中国人は宣言している。中国人の世論作りの為の行動も政府の指示の下で推進されていたのである。中国では政府の認可がない限り、档案館に入ることすらできないからである。

簒奪されたモンゴル人の歴史

254

『聯合戦報』は一九六八年三月一四日にも前号に続いて王再天をやり玉にあげた。王再天の問題は彼個人に留まらずに、南モンゴルのモンゴル人の近代革命の性質をどのように位置づけるかに関わっている。中国人は次のように主張する（楊 2015a,814-816）。

内モンゴル自治区は偉大な中華人民共和国の不可分の神聖な領土である。内モンゴル人民の歴史も、国内外の階級の敵と闘った、階級闘争の歴史である。

南モンゴルが中国領とされたのは、一九四五年に大国同士で結ばれた『ヤルタ協定』の結果に過ぎない。モンゴル人は誰ひとりとして、ヤルタの密室会談に参加していなかった。モンゴル人が一九世紀後半から実現しようとして奮闘してきた歴史、即ち草原を破壊する中国人を長城以南に帰して、中国から独立しようという理念に基づく歴史が、階級闘争の歴史に置き換えられた。百歩譲って、たとえ、モンゴル人の歴史が階級闘争であったとしても、モンゴル草原を開墾して、モンゴル人を貧困のどん底に追いこんだのは中国人である。中国人がモンゴル人の民族を搾取し、抑圧してきたという階級闘争の歴史である。共産主義に憧れていたウラーンフーのようなモンゴル人の民族主義者たちも民族の衰退の原因は中国人による植民地支配にあると認識し、「階級闘争もつまるところ民族間の闘争である」と主張した（楊 2013b）。毛沢東はこれと反対に「民族問題もつまるところ、階級闘争だ」と唱えていたので、モンゴル人と中国人との対立は避けられなかったのである。それは、革命の性質をめぐる対立だったからである。

王再天はモンゴル人民共和国を一九五一年七月に訪問した時に、モンゴル服を贈られたので、それを纏って写真を撮ったことがある。中国人はその写真を一九六八年三月二一日付の『聯合戦報』に掲載して、×印を付けた。そして、李旭昇という人物を登場させて、王再天がいかに中国人を排斥してきたかを立証しようとしている（楊 2015a,817）。

「共産党の延安の精神ではなく、偽満洲国の精神に王再天は憧れていた」、と批判する。

「王再天の最大の罪は、内モンゴル人民革命党を庇ったことだ」

と紅衛兵の『呼三司』は一九六八年三月一三日にこのように断罪した。「解放した初期において、わが内モンゴル自治

区の東部において、日本と偽満洲国の勢力が強かった。ソ連とモンゴル人民共和国のスパイどもと民族分裂主義者たちが結託し合って、内外モンゴルの合併を進めた」、と『呼三司』は論評する。ここに至って、中国政府と中国人の目的は達成できた。「根本から紅い延安派」を粛清したし、「東部出身でありながらも、延安派に追随した、二つの顔を持つ連中」も打倒できた。虐殺の矛先はいよいよ東部の「日本刀を吊るした奴ら」に向けられるようになった。「民族分裂主義者集団はトグスとテムールバガナ、ウリートとドグルジャブ、ウルジーナランとゴーシンサイ、ウルジーオチルらからなる」、と具体的な名前も網羅された。次章では、「日本刀を吊るした奴ら」がいかにジェノサイドのギロチン台に追いやられたかが主題となってくる。

第七章 「日本刀を吊るした偽満洲国の奴ら」

モンゴル人を大量虐殺する運動はついに南モンゴル東部出身者たちを呑みこむまでに発展してきた。「日本刀を吊るした奴ら」を一掃するキャンペーンである。東部出身者たちの失脚は一九六七年一一月二四日夜に、自治区党委員会宣伝部副部長にして、造反派の魯迅兵団の顧問であるトグスが「揪みだされた」ことからスタートしている。

一　ナンバー・スリーの重要性

法網から漏れた大物の民族分裂主義者

トグスが打倒されて三日後の一一月二七日に、内モンゴル言語工作委員会（略して語委）の『東方紅』誌が「トグスを討つ特集号・一」を出した。「トグスはハーフンガの決死隊員にして、法網から漏れたウラーンフーの反党叛国集団の一員で、反革命修正主義分子にして民族分裂主義者だ」と断罪された（楊2015a,821）。以下はその具体的な「罪状」である。

一九四五年八月一五日以降に、ハーフンガが蒙奸と日本のスパイども、王公と牧主、地主と匪賊のボスたちを糾合して「内モンゴル人民革命党」の黒い旗を立てた。この党は徹底的に反動的な民族分裂主義者集団で、叛国組織だ。この党は中国共産党の指導を完全に拒否し、内モンゴルを祖国の大家庭から分裂させて、外モンゴ

ルと統一させようとするものだ。トグスは、この党の青年部部長と内モンゴル青年同盟の総編集長などを歴任した。「内モンゴル人民革命党」の臨時綱領と青年同盟の総編集長の指導を否定し、モンゴル修正主義者たちを謳歌し、機関新聞盟の歌も中国共産党の指導を否定し、モンゴル修正主義者たちを謳歌し、民族分裂主義を求める署名運動も彼が創作したものだ。青年同進め、一〇月末にはハーフンガが代表団を率いてモンゴル人民共和国に入って叛国活動をおこなった。一九四六年二月、モンゴル人民共和国から帰ったハーフンガは王爺廟で署名運動を陣頭指揮していたのは、トグスである。一九四六年二月、モンゴル人民共和国から帰ったハーフンガは王爺廟で「東モンゴル人民自治政府」を建てようとして、国民党の支持を得ようと画策した。大物のスパイであるアチンガーの紹介により、ハーフンガは二月に長春で国民党東北行営副主任の董彦平と国民党興安省省長の呉煥章に会ったが、彼らの傍には常にトグスがいて、政治的な取引に参加していた。……その後、トグスはまたモンゴル人民共和国へ逃亡しようとして、ハイラルでわが方に拘留された。

一九四七年五月一日、内モンゴル自治政府が成立した際に新しい主人のウラーンフーに追随するようになった。結末を先に述べておくが、この時期からトグスの「民族分裂主義的な活動」に関する多くの「罪状」が暴露されるが、基本的に右で述べた軸を中心に広がっていく。中国政府と中国人は「打倒ウラーンフーとハーフンガ、トグス」（打倒烏・哈・特）をモンゴル人粛清運動の主戦場とするが、彼ら三人の「決死隊員の罪」もまたほぼ上で示した活動と連動するようになる。

近代的な語彙の問題と同化政策

「トグスを討つ特集号・二」は同じ日に発行されているので、『東方紅』に属す中国人たちの強烈な憤怒を感じることができる。特集号はまたトグスの名前を逆さまに書いて侮辱した。

「特集号・二」は主として一九五七年以降の「罪状」を列挙している。具体的には一九五七年に「内モンゴル歴史

258

言語研究所」を組織して議論した際に、無原則に「反革命分子ども」を集めたこと、モンゴル人民共和国と「名詞術語統一委員会」を組織して議論した際に、無原則に「モンゴル修正主義国家に従ったこと」などが挙げられている（楊　2015a,823-824）。

一九五九年、トグスの画策により、第二回モンゴル語工作会議が開かれた。この会議は党中央が一九五八年に全国少数民族言語文学討論会と出版会を開催した時の決定を無視した。党中央は既に、「民族の言語と文学の名を借りて漢族に反対したり、漢族を排斥したりしてはいけないと呼びかけていた。また、「一に発掘、二に創作、三に借用」との内モンゴルの政策に対しても批判的だった。トグスは叛国分子どもと妖怪変化どもを結集して共産党を攻撃した。

モンゴル語やウイグル語などに新時代に相応しい新しい語彙がない時には、第一に古典から発掘し、次には創作する。それでも適切な言葉がみつからない場合は、モンゴル人とウイグル人が発音しやすいヨーロッパ系の諸言語から借用したいとモンゴル人は考えていた。近代化は西洋に淵源しているからである。しかし、中国人は自分たちの言葉と文化が最も優れていると盲信していたので、モンゴル人にもそれを強要してきたのである。ここから、両者の衝突は始まったのである（楊　2013b,112-114）。

一一月二八日の「トグスを討つ特集号・三」は引き続き彼とそのカウンターパートナーで、言語学者のエルデニトクトフを批判した（楊　2015a,825-826）。

一九六二年、民族言語と文学、それに民族教育会議が開かれた。トグスはここでエルデニトクトフと結託して『言語文学工作条例』と『名詞術語の実施方法』、それに『モンゴル語を学習し使用する方法』などをでっちあげた。モンゴル語の使用の面で、頑迷にウラーンフーの反革命修正主義と民族分裂主義の路線を進めた。モンゴル語を学ぶ者に対して物質の面で奨励し、内外モンゴルが合併して大モンゴル共和国を創るのに言語の面から支援した。この会議の席上で、トグスとエルデニトクトフは中国語から借用していた「公社〈グンシェ〉」をネグデルに

図16 トグスの打倒を呼びかけた冊子の表紙。

変え、「幹部（ガンブー）」をカートルに改編した。モンゴル人はみんなネグデルとカートルの方が好きだと話し、実に悪意に満ちたスピーチだった。

右の批判から分かるのは、中国政府と中国人は中国語の語彙を大量に他民族の言語に注ぎこんで、同化させようとしていた事実である。もし、同胞たちと同じような、しかも発音しやすいヨーロッパ系の言葉を選んだら、もう既に「民族分裂主義的な証拠」だとされていた。自らの言語を学び、発展させることが「民族分裂主義的」だと断罪されている以上、残された路は同化以外に何もない。これが、中国政府と中国人が標榜する自治の実態である。

「モンゴル人の口」の意義

一九六七年暮れの一二月に、「フフホト市黒い手先を専門的に揪みだす連絡センター」と「内モンゴルの叛国集団を揪みだす連絡センター」が合同で『反革命修正主義分子にして民族分裂主義者のトグスを批判闘争する大会の特集』を印刷して配布した。筋骨隆々の中国人の紅衛兵が『毛沢東選集』を片手に、モンゴル人のトグスを拳で叩き倒すシーンを表紙に描いた冊子内（図16）には、鋭い文章が並んでいる（楊2015a,827-854）。

冊子によると、一九六七年一一月二五日と一二月二日に、二度にわ

260

たってフフホト市内で「反革命修正主義分子にして民族分裂主義者のトグスを批判闘争する大会」が開催されたという。主催者は呼三司系統の紅衛兵で、メイン会場は内モンゴル人民委員会礼堂（ホール）で、分会場は紅色劇場と東方紅影院、人民劇場、工人文化宮、内モンゴル党委員会礼堂、『内モンゴル日報』礼堂、それに内モンゴル体育館などに設けられた。大会の参加者は二万二〇〇〇人で、会議の様子はラジオ中継で全自治区に伝えられた。「閻魔大王のトグス」を真中に、「ウラーンフーの代理人の王逸倫と王鐸」、「日本とモンゴル修正主義者のスパイにして民族分裂主義者であるハーフンガ」、「現代の殿様ウラーンフーの犬のような息子のブヘとその臭い妻のジュランチケ」、「民族分裂主義者で、言語学者のエルデニトクトフと医学院長のムレン」らも彼のまわりに立たせた。一同はみな首から「罪」が書かれた看板をぶら下げていた。

賢い中国人たちは、「中国人がモンゴル人を迫害している」との事実を隠蔽する為に、積極的にモンゴル人を利用した。モンゴル人の口から他のモンゴル人を批判する言葉を吐かせて、いざ後日に問題になっても、「モンゴル人同士の内紛」だとする為である。このような方法を伝授したのは、中国政府の情報機関の最高責任者である康生（楊2009a,41）。トグスたちを批判闘争する大会でも「モンゴル人がモンゴル人を批判する」一幕が演じられた。ラシという人物は以下のように原稿を読みあげた。彼はまず、「われわれ各民族が敬愛する最も偉大で、最も紅い、最も紅い（最紅最紅的）、太陽のような毛主席の万寿無疆を祈ろう。毛主席万歳！」と叫んでいる。これは当時、形式化したスローガンである。

トグスの父親は李青龍だ。日本帝国主義がわが東北を占領していた一四年の間、李青龍は日本人の悪魔どもとハーフン（チャイニーズ）らと共にモンゴルと漢族の人民を搾取していた。トグスの一家は罪を犯したので、ホルチン左翼中旗の貧しいモンゴル人と漢族は彼らを恨んでいた。トグスの伯父の李天覇には女性をレイプした罪があり、貧下中農の各民族の人民は錐を使って彼を刺し殺した。しかし、李青龍はトグスに守られて、土地改革から逃れた。

右の文章は一つの事実を現している。中国共産党が満洲など南モンゴルの東部地域を占領してから、モンゴル人のエリートたちに「対日協力者」とのレッテルを貼り付けて処刑した。放牧地を持つモンゴル人を例外なく「搾取階級の地主」だと認定してからその草原を奪って侵略者の中国人農民に分け与えた。残忍な方法でモンゴル人を殺害して、恐怖による統治を敷いたのである（楊 2009b,261-263;フスレ 2006,32）。ラシは中国人の指令を鸚鵡返ししている。

トグスは一九四二年に父親の李青龍とハーフンガ、それに日本の悪魔どもに選ばれて偽満洲国の建国大学に入り、「いっそうの研鑽」を期待された。偽満洲国の建国大学は日本帝国主義がファシズムの徒党を育成する為の教育機関で、その学長は売国奴の漢奸にして戦犯であり、偽満洲国国務院総理の張景恵である。トグスもハーフンガや日本の悪魔どもからの期待を裏切らなかった。彼は在学中から「興蒙党」を組織していた。この時期の内モンゴル西部にはまた「チンギス・ハーン党」が現れていた。どちらも「チンギス・ハーンの子孫は連携し、モンゴルを復興させ、モンゴルを統一させよう」と叫んでいた。「内外モンゴルを統一合併し、モンゴルを復興させよう」とは反動的なスローガンである。

日本帝国主義が投降した後、「内モンゴル人民革命党は地下に潜伏せよ」とのモンゴル修正主義者の指令を受けたトグスとハーフンガらは新たに別の「新内モンゴル人民革命党」を組織した。この「新内モンゴル人民革命党」の綱領もトグスがモンゴル語で書いたもので、彼自身がまたそれを中国語に翻訳している。この黒い綱領の中で、彼らは公然と内外モンゴルの合併を求め、偉大な中国共産党と偉大な領袖毛主席の指導を拒否している。彼らはモンゴル修正主義国家の人民革命党の指導こそ受け入れるものの、「内モンゴルにはプロレタリアートがないから、中国共産党の指導も受け入れられない」と頑迷に抵抗した。

ラシに語らせている中国人は大きな嘘をついている。共産党を組織できないし、中国共産党の指導も受け入れられないとは反動的なスローガンで、しかもそれは満洲事変後のことである。一九六八年七月二〇日に内モンゴル自治区革命委員会は公文書を出して、一九四七年の内モンゴル自治政府成立後に「地下活動」を開始したとされる内モンゴル人民革命党を「新内モン

262

ゴル人民革命党」だと再解釈するようになるが、実際は一九二五年に成立時の党員と、日本敗戦後の党員たちをいっしょくたにして粛清していた。ラシの口から出た右の言葉には、中国人の本音が現れている。

「中国人」を自称させられるという侮辱

トグスは一九四七年に自治政府ができた前後からハーフンガを離れて、「新しい主人のウラーンフーに鞍替えした」と中国人は分析している（楊 2015a,831）。この時から、「ウラーンフーとハーフンガ、それにトグスのような汚い連中は結託し、自治を実現し、自決を獲得しよう」との「反動的なスローガン」を掲げるようになった、と中国政府と中国人は断じている。

トグスという馬鹿は、ウラーンフーに紹介されて共産党に入った。共産党員になっても、この馬鹿は中国を祖国だと認めようとしなかった。彼はある日、ウラーンホトの街の中を歩いていたら、「おい、お前は何人だ」と人に聞かれた。トグスはなかなか答えられなかった。しばらくしてから、自分はもう共産党員だから、仕方なく「中国」と返事した。

モンゴル人にとって、自分を「中国人」だと言わされるほど侮辱的なことはない（ハンギン 1977,18-19）。現在においても、南モンゴルのモンゴル人たちは「国籍は中国だが、自分はモンゴル人だ」との信念を有している。トグスも例外ではなかった。しかし、こうした認識は、中国人からすると、民族分裂主義的な思想のようにみえる。

「先進的な漢族」に反対した「罪」

モンゴル人が自らを中国人だと思わないのは「民族分裂主義的な思想」だが、中国と中国人の「先進性」を認めようとしないところは、「大罪」である。中国人は引き続きラシの口を借りている（楊 2015a,830）。

一九五七年九月、周恩来総理は青島会議で少数民族の言語政策について、重要な指示を出した。トグスらは、

263　第七章「日本刀を吊るした偽満洲国の奴ら」

表向きは周総理の指示に従うふりをしながらも、裏では抵抗していた。キリル文字でモンゴル語を表記することこそ中止したものの、外来語の借用の面では相変わらず謀略を繰り広げた。党中央は「中国語から新しい言葉を借用することは、少数民族の言語が発展していく必然的な趨勢である」と公文書で通達していたにも関わらず、トグスとエルデニトクトフらは公然と抵抗していた。……彼らは一に発掘、二に創作、三に借用との反動的な政策を制定して、モンゴル語の古い言葉を利用するものの、中国語の古い言葉を使おうとしない。モンゴル語の単語を借りるものの、新たに創作はするものの、中国語がとにかく言おうとしない。

みてみなさい。偉大な祖国を分裂させ、先進的な漢族（チャイニーズ）の兄貴に反対する罪はここまで来ている。中国人は無原則に「先進的な漢族（チャイニーズ）」である。

中国政府と中国人がとにかく言いたかったのは、「偉大な政府と先進的な漢族（チャイニーズ）」である。中国人は無原則に「先進的な人」だから、「無知蒙昧」なモンゴル人に反対されるのは、それ自体が反動的だとの論理である。

トグスが副部長をつとめる宣伝部は以前に雑誌の発行を管轄していた。『モンゴル語文と歴史』誌はモンゴル人民共和国で出版された『わが国における新しい外来語の解釈』という本の内容を紹介したことがある。その際に、モンゴル人民共和国は「わが国」の範囲を「南は万里の長城に至り、北はバイカル湖まで。東は黒龍江から始まり、西は青海高原に到達する」と定義していた。中国政府と中国人はこの「わが国」の定義は「モンゴルは古くから中国とは別の国家だとの理論」や「満蒙はシナではない」という日本の理論と同じだ、と批判する。

トグスに統率された宣伝部がマルチンフーの小説『茫々たる草原』などを出版したのも民族分裂主義の思想の現れだとし、学術論文にもそうした「反動的な思想」が満ち溢れていたという。例えば、一九五九年にイドヘシグと黄方敬の二人が書いた「中国の旧民主主義時期におけるモンゴル人民の反帝国反封建主義運動」との論文は、「漢族はモンゴル人を殺害していた。その漢族は中国の支配民族であるので、反帝国反封建主義の闘争も常に反漢の形で噴出していた」と著述したのが問題だと批判する。たとえそれが「旧民主主義期」の闘争であっても、「漢族がモンゴル人を殺した」とか、「モンゴル人は反漢した」とかは禁句でなければならなかったのである。こうした断罪方式に沿って、

『人民の英雄マクサルジャブの略伝』や『ガーダーメイリンの物語』、『トクトフの事績』、ひいては『元朝秘史』の出版まで、「全部祖国を分裂させ、内外モンゴルを合併させようとする世論工作だ」と完全に否定された。一言で総括すると、一九四七年五月に内モンゴル自治政府が成立してからの政策と実践がすべて、中国と中国人に対しては何をしてもいいという風潮が定着し、大量虐殺していたこととされたのである。ここまで来ると、モンゴル人に対しては何をしてもいいという風潮が定着し、大量虐殺の大義名分も成立したことになる。

それでも、中国人は満足しない。「トグス治下の『内モンゴル日報』は、モンゴル人と中国人は言語が異なるので、別々に軍隊を作るべきだと主張し、中国人がモンゴル人の草原を占領した為に、災難をもたらしたと書いた」ことが発見された。『内モンゴル日報』が丑年即ち一九一三年に中国軍が南モンゴルに侵入して各地で虐殺を働いた事実を紹介したことと、ウランバートルを称賛する詩を掲載した事例も、「凶悪な犯罪」として挙げられている。上で示した「凶悪な犯罪」が発生しても、トグスはなんと「モンゴル人民共和国は内モンゴルより早く革命を成功させているし、われわれは同じ民族だから、モンゴル人民共和国に憧れるのも当然のことだ」と話したそうだ。「修正主義のモンゴル人民共和国を批判せずに、逆にひたすら漢族（チャイニーズ）がモンゴル人を抑圧してきた歴史を大げさに強調した」トグスを中国政府と中国人は許せなかったのである。

嫌悪感の醸成

前出のラシに続いて、「花の原野」誌をぶち壊す連絡センター」の代表、張志成も発言した。張志成はまずトグスの部下である作家のオドセルが一九六一年にオペラ『ダナバル』を書いて、内モンゴル人民革命党の騎馬軍を賛美した「罪」を挙げている。内モンゴル人民革命党の騎馬軍は日本帝国主義に協力したファシズムの軍隊で、褒め称えるに値するものではない、と中国人は断じる。そして、張志成はモンゴル語の雑誌『花の原野』に掲載されたオドセルの詩歌「ねじ」の「反動的な内容」を示している。

元々兄弟だったツェデンバルとウラーンフーは
最後のねじを回しこんだ。
幸せな太陽は昇り
私たちの友情は鋼のように強固になった。

このように「犬のようなツェデンバルと現代の殿様たるウラーンフーをあたかも二つの国家の元首のように並べて謳歌した」のが罪となっている。
「勇猛な鷹は、草原の栄誉である」
との一句がオドセルの詩、『黄金の鷹の讃歌』にあった。この詩句を指して、「何が草原の栄誉だ?」とすこぶる感情的な嫌悪感を中国人は発散している。粗野で、単純な嫌悪感を醸しだすことで、モンゴル民族全体が中国人に嫌われているという雰囲気を作りだしている。嫌悪感に包まれた中で、大量虐殺は進行する。

西部から東部へ広がる「毒汁」

内モンゴル大学の「井岡山・八一戦闘隊」の張忠の批判は重要である。彼が一九六七年十二月二〇日の時点でトグスとウラーンフー、それにハーフンがらを断罪した内容は、半年後の一九六八年七月二〇日に内モンゴル自治区革命委員会から出された「内モンゴル人民革命党に関する処理意見」と完全に一致しているからである。言い換えれば、中国政府と中国人は既に早くも一九六七年末の段階で内モンゴル人民革命党こそモンゴル人の「民族分裂主義の組織」だと明確に認識していたのである。ここから、既に大量虐殺の準備は開始されていたのである。張忠のスピーチである(楊 2015a, 845)。

一年間にわたる文化大革命の猛烈な衝撃により、ウラーンフーの反革命修正主義と民族分裂主義の黒い文化路線は既に瓦解し、崩壊した。ブへとジュランチク、それにマルチンフーのような文藝界の悪人どもは揃み

だされた。これは、プロレタリアートの革命派と若き紅衛兵たちの偉大な勝利だし、無敵の毛沢東思想の勝利である。

内モンゴルの文藝界はウラーンフーとブへの部下たちだけから形成されたものではない。もう一つの黒い集団がある。……この黒い集団は闇のグループ（黒人馬、暗班子）を形成しており、マルクス・レーニン主義の外套をまとって、共産党員の看板を掲げているが、彼らは実は反革命活動をおこなう内モンゴル人民革命党員の決死隊員で、トグスだ。彼らのボスは民族分裂主義分子のハーフンガの決死隊員で、トグスだ。

張忠はこのように中国政府の方針に従って、中国人の関心を西部の延安派から東部のものからなる内モンゴル人民革命党の故郷トゥメトから東部のハーフンガとトグスの草原へと導いている。西部出身の延安派から東部のものからなる内モンゴル人民革命党員へと矛先を変えている。張忠は続いて「共産党内に潜りこんだ民族分裂主義者たち」の名を挙げている。

内モンゴル大学の副学長：バト
内モンゴル師範学院の学院長兼書記：テムールバガナ
内モンゴル医学院長：ムレン
内モンゴル農牧学院長：ゴンガー
内モンゴル工学院教授：アチンガー
内モンゴル自治区衛生庁副庁長：イダガスレン
内モンゴル自治区ラジオ放送局長：ナンルブ（写真46）
内モンゴル言語文学研究所所長：エルデニトクトフ
内モンゴル歴史学会副主席：詩人ナ・サインチョクト
内モンゴル文化芸術聯合会：イドヘシグ
内モンゴル歌舞芸術院：賈作光

写真46　『内モンゴル日報』社のマーニジャブと師範学院長テムールバガナらと共に打倒されたナンルブ（左端）。

内モンゴル人民出版社社長：ソドナム
内モンゴル美術協会：ゴンブ
内モンゴル博物館副館長：文浩

以上、賈作光ひとりだけが中国人で、他は全員モンゴル人である。賈作光は満洲国で芸術を学び、ウラーンフーに重用されていた（図17）。このような「反革命の民族分裂主義分子」たちにコントロールされた文藝界からは良い作品は一つも創作されていないという。

内モンゴルの文藝界からプロレタリアートに奉仕する作品が生まれるわけがない。工農兵へ奉仕する社会主義の芸術作品が誕生するわけがない。あるのは、ソ連修正主義国家のショーロホフの『静かなドン』の丸写しであるマルチンフーの『茫々たる草原』ではないか。あるいは、日本とモンゴル修正主義国家の二重のスパイであるナ・サインチョクトの『富士山讃歌』と『ウランバートル讃歌』ではないか。

このような反革命の民族分裂主義的な作品により、「内モンゴルの草原には毒草が生い茂り、大地には毒汁が染みこんでいる」と中国政府と中国人は断罪する。トグスとハーフンガの内モンゴル人民革命党、それにウラーンフーの反党叛国集団を一掃しない限り、「偉大な祖国は危険な状態から脱出できない」、と煽っている。

図17　日本の満洲国時代の芸術を広げたとされる賈作光。彼が改編した「オルドスの舞踊」や「日本刀の舞」などが「毒草」だと批判されている。『新文化』、1968,8,22。

「叛国事件」の再清算

中国人たちは最後に師範学院附属中学校のテゲシェというモンゴル人を利用して、トグスが具体的にいかに「叛国分子を庇ってきたのか」について、実例を出して断罪した（楊2015a,852-853）。

わが師範学院附属中学校の一九六二年に卒業予定の学生マンドグチは、一九六二年六月二四日に師範学院物理学部のひとりの学生と共に祖国を裏切って敵国に投降しようとした。二人がシリーンゴル盟の東ウジムチン旗サマイ公社まで逃亡し、中国とモンゴル人民共和国との国境まで五〇キロくらいのところで人民解放軍に逮捕された。……しかし、この事件は反革命修正主義分子にして民族分裂主義者のトグスによって不問にされた。

マンドグチと一緒に逃亡しようとしたのは、内モンゴル人民革命党の指導者テムールバガナの息子ブレンバトと、師範学院物理学部のウネンボインら四人だった。トグスは内モンゴルとモンゴル人民共和国との統一合併が絶望的になった直後の一九四六年に自分が「ハイラル経由で逃亡」しようとした過去を思いだして、学生たちをなだめた。そして、「叛国事件」としてではなく、単なる思想的な問題として穏便に処理した。中国では一度「政治的な誤りを犯したら」、二度と正常な生活が送れなくなるほどの厳しい処罰制度がある。トグスは中国の慣例を破って温和な措置を取った為に、学生たちもその後大学に進学して

いった。文化大革命が勃発すると、学生たちとトグスは再び罰せられる対象となった。既に吉林大学に入っていたブレンバトは内モンゴルに連れ戻され、睾丸が破壊されるなどの暴行を受けて殺害された（楊 2009b, 147-149）。「トグスはモンゴルと漢族人民の敵だ」、と批判者たちは最後に締めくくった。

二 ペンを持った「民族分裂主義者」

トグスを批判闘争する特集号は二冊からなる。二冊目は四篇の論文から構成されている。まず『内モンゴル日報』の呉先覚は一九四〇年代にトグスが主催していた二つの新聞、『群衆報』と『自治報』を詳細に分析して、その「罪」を暴いている（楊 2015a, 855-880）。「銃を持った敵人がわれわれに消滅された後も、銃を持たない敵人はまだ存在する」との毛沢東語録を冒頭に掲げてから、「トグスはまさに銃を持たない、ペンを手にした民族分裂主義者だ」、と位置づけている。

反右派闘争時の原罪

「トグスとハーフンガは内モンゴル人民革命党内の左派を自認して、一九四六年あたりからウラーンフーに投降した」

と批判文は語りだす。この内モンゴル人民革命党はトグスの指導の下で、『群衆報』と『自治報』で「無数の反動的な文章」を書いて広げた。彼らは中国共産党の指導を受け入れようとせずに、単なる「連携の対象」とみなした。内モンゴル人民革命党が憧れていたのは修正主義国家のモンゴル人民革命党とソ連で、なんと「私たちは外モンゴルの路を歩み、最終的には統一されたモンゴル人民共和国を実現させる為に戦う」、との文章まで掲載した」、と過去に一九四六年一一月一九日に発行した新聞を問題視している。偉大な領袖毛沢東を先生ばわりして、敬意を払わなかった」。内モンゴル人民革命党

270

一九四六年一一月一九日の新聞には「内モンゴル人民革命青年同盟から東モンゴルの青年たちに告げる書」を掲載していた。青年同盟が成立一周年を迎えた時期で、民族自決の文章を載せるのは、トグスの責務だった。トグスが書いた文章の中に「われわれはチンギス・ハーンの子孫で、チョイバルサン元帥の兄弟である」との一句があった。これは、「封建社会のチンギス・ハーンを持ちだし、修正主義国家の指導者チョイバルサンを兄弟だと称した罪だ」と断じられたのである。

トグスの経歴と歴史に対する清算は更に進む。内モンゴル大学の「井崗山・八一戦闘隊」の張忠は一九五七年から発動された反右派闘争中のトグスの「反革命の言動」を列挙している（楊 2015a, 862-867）。「妖怪変化どもはどんなに華麗な外套をまとっても、革命の大きな潮流の中で絶対にその原形は暴かれる」、と張忠は冒頭で論じてから、トグスの「罪」を詳しく述べている。以下は張忠の発言の要約である。

内モンゴル自治区においても、毛沢東が知識界に向かって「意見があれば出しなさい」と呼びかけたのを受けて、「右派どもと民族分裂主義者たちは狂ったように反大漢族主義を唱えだした」という。まず、一九五七年三月に『内モンゴル日報』の記者チンダマニが「政府はもっとモンゴルの民族的な特徴に考慮するよう」と発言したのをトグスは擁護した。その後、五月一一日に「モンゴル語文工作組」会議が招集され、自治区の最高責任者のウラーンフーも出席した会場で内モンゴル人民出版社社長のトブシンが自治区における言語使用の実態について発言した。ウラーンフーはトブシンの発言を聞いてから、「われわれは以前から大漢族主義の同化に反対してきたし、今日においても反対するし、今後も引き続き反対した」と力強く支持した（写真 47）。

モンゴル人は、中国人が少数民族を未開人として扱うのを大漢族主義の現れだと理解していた。例えば、師範学院の中国人は壁新聞でモンゴル人の足を牛やラクダの蹄の形で描写し、「遊牧民のモンゴル人は家畜だ」と表現して侮辱していた。モンゴル人は数々の実例を挙げて大漢族主義は実際に横行しており、反右派闘争も自治区では反大漢族主義を軸に展開すべきだと主張した。中国政府は自治を標榜しながらも実際は少数民族側が少しでも正当な意見を述

写真47 自治区成立一〇周年を迎えた一九五七年の内モンゴルに集まった諸民族の代表たち。当時から内モンゴルは模範自治区と称賛されていた。写真提供：トブシン。

べただけですぐさま「狭隘な民族主義」として弾圧してきた、とトグスも当時主張していた。「自治区の権力はすべて中国人の書記に握られている」とか、「共産党は漢族（チャイニーズ）の党だ」とかのように、モンゴル人は発言していた。このような意見に対して、反右派闘争が勃発した当初は、自治区最高責任者のウラーンフーも党宣伝部副部長のトグスも耳を傾け、改善する姿勢を見せていたのである。しかし、すべては毛沢東の「陽謀」だった。意見を話した者は党と政府の転覆を企んだ右派だと政府によって認定されると、自治区でもチンダマニとトブシンらは極右とされた（楊2009b,82-166;2011b,73-119）。トグスの「罪」は、毛沢東の北京政府から右派どもを一掃せよとの命令が出された後に、チンダマニとトブシンを「表面上は軽く批判しただけで、実際には守り通した」ことだ、と張忠ら中国人は見抜いていた。

中国が嫌いなのは草原の息吹と「北」という方角

既に触れたように、ウラーンフー指導下の内モンゴル自治区は新しい事象を表す外来語を「一に発掘、二に創作、三に借用」との原則で創出していた。党宣伝部副部長のトグスと部下で言語学者のエルデニトクトフらが先頭に立ち、新生自治区の新事実をソ連とモンゴル人民共和国の基準で表現していた。中国政府と中国人はそれが気に入らなかった。

内モンゴル言語工作委員会のチュハは新しい事実を披露している。一九六四年、ウラーンフーは北京からトグスに電話をかけた。人民公社の「公社」と「幹部」という二つの言葉をそれぞれネグデルとカートルから「公社」（グンシェ）と「幹部」（ガンブー）に変えるようにとの指示だった。北京当局からの圧力にウラーンフーも屈していたのである。しかし、トグスは「中国語からの借用は言語の実践と合わない」との理由を挙げて、『毛沢東選集』内の表現のみを改編して、「モンゴル語の新聞では引き続きソ連修正主義者のロシア語とモンゴル修正主義者の言葉を使った」のである（楊 2015a,870）。

「彼らの反党叛国の道具は反動的な雑誌の『モンゴル言語文学と歴史』、『花の原野』、それに旧『内モンゴル日報』だ」

と程道宏は話す。詩人のナ・サインチョクトはまた「ウ・チョルモン」とのペンネームを使っていた。「ウ・チョルモン」とは、「ウランバートルの一番星（チョルモン）」との意味で、彼は自分を中国人だと思っていなかった」と断罪する。モンゴル人が中国人ではないのは自明のことであるし、実際、ナ・サインチョクトもモンゴル人民共和国を祖国だと認識していた。

バイガルという作家は『孤独な白い仔ラクダ』という物語を書いた。「白い仔ラクダは沙漠を越え、ゴビを歩き、山々を過ぎて北へ走り、母ラクダを探し求めた」との表現がバイガルの物語の中にあった。

「北はどこだ？母親はいずこにいる？修正主義国家ではないか」と中国人は目を光らせて批判した。バイガルだけでなく、作家のオドセルの『アルマスの歌』の中にも主人公が北に向かって走るシーンがあったが、それも「民族分裂主義的」とされた。このように、同胞の国が北にあっただけで、北

という方角まで大量虐殺の口実となったのである。

「モンゴル人は幸せに暮らしていたが、悪魔によって切断され、南北二つに分断された」との台詞がバヤンノール盟の歌舞団が演じる『ハリブーの伝説』というオペラにあった。当然、こちらも「民族分裂主義の確証」とされた。トグスの宣伝部はまた一九五七年と一九六二年に二度にわたって英雄叙事詩『チンギス・ハーンの二頭の駿馬』を出版した。叙事詩は、主人公である二頭の駿馬がアルタイ山地からモンゴル人民共和国の西部にあるだけで、「修正主義国家に逃亡して自由気ままに暮らそうとしている」と歪曲された。モンゴルの文藝作品はすべてトグスのような「民族分裂主義者たちの反革命活動の道具」とされたである。

暴力の自慢

文藝作品だけではない。内モンゴル医学院の「東方紅公社」の堯喜樹は「医学界にはトグスとイダガスレン、それにムレンからなる反革命集団がある」と題する批判文を寄せた。三人とも一九四六年三月一日に結成された「新内モンゴル人民革命党の幹部」で、モンゴル修正主義国家に投降する活動をしてきたという。というのは、「(自治区)衛生庁の副庁長の) イダガスレンは偉大な中国共産党に恨みを持っているからだ」という（楊 2015a, 877）。

悪魔のような地主階級出身のイダガスレンは共産党と毛主席に恨みを持っている。土地改革の時に彼の家族二人をわが共産党が処刑したし、他の家族五人も怒りに満ちた人民が殺したからだ。「共産党が大衆運動を発動しなければ、わが家があんなに多くの家族を失うこともない」、とイダガスレンは話していた。中国人にはモンゴル人を大量虐殺する権利が政府によって付与されているが、モンゴル人にはそれに対する不満を吐露する権利が与えられていない。これが、自治区の実態である。そうした実態を改善しようと努力してきたが、その努力がまた新しい罪となったわけである。

素直な中国人はこのように自らの暴力を自慢している。

トグスに対する批判は内モンゴル自治区の各界へと広がっていく。一九六七年十二月一五日、造反した労働者が発行する『工人風雷』は極めて戦略的な記事で紙面を飾った。トグス個人の経歴を「内モンゴル人民革命党の醜悪の歴史」と結び付けて両者の「罪」を断罪した（楊 2015a,881-884）。

内モンゴル自治区革命委員会の成立は、わが自治区におけるプロレタリアート文化大革命が新たな段階に達したことを意味している。中国のフルシチョフたる劉少奇の内モンゴルにおける代理人であるウラーンフーの政権は倒され、毛主席を指導者とする無産階級の司令部が設置された。

トグスは当初、「新生の紅色政権」の革命委員会に近い人物とされていたが、最終的には「左派陣営に潜りこんだ黒い手先」とされて、「揪みだされた」。「トグスは共産党内に二〇数年間も潜伏していた修正主義分子にして民族分裂主義者で、ウラーンフーとハーフンガの決死隊員だ」と、「フフホト市革命造反派からなる黒い手先を揪みだす連絡センター」は『工人風雷』で論じている。

民族全体を抹消する為の世論形成

労働者たちはトグスの「罪」を「言語」と「出版」、それに「新聞雑誌」という三つの分野に分けて断じている。こうした「罪に満ちた活動」ができたのは、トグス個人の力ではなく、背後に「醜悪な内モンゴル人民革命党」が存在するからだ、と打倒すべき対象をモンゴル人の組織へと拡大していっている。『工人風雷』は論ずる（図18）。

内モンゴル人民革命党の前身は内モンゴル国民党だ。内モンゴル国民党は一九二五年一〇月に張家口で成立し、その指導者はバヤンタイとメルセイ（郭道甫）だ。この党は封建的な大地主と牧主、それに王公貴族からなり、反革命の雑煮のような組織だ。党首のバヤンタイは蔣介石の忠実な走狗で、人民と敵対する国民党の決死隊員だ。一九二七年に蔣介石が反革命のクーデターを起こした際にバヤンタイも見初められて国民党の中央委員になった。同年、内モンゴル国民党がウランバートルで第二回党大会を開き、党名を内モンゴル人民革命党

図18 造反した労働者の新聞『工人風雷』。

に変えた。内モンゴルにプロレタリアートは存在しないとして、中国共産党の指導も受け入れないし、モンゴル人民共和国の政権党であるモンゴル人民革命党との一致を優先して改名したのだ。

「内モンゴル人民革命党の醜悪な歴史」はこのように始まる。右で示した文章のポイントは、トグスらが「内モンゴルにプロレタリアートは存在しない」として、共産党の指導も受け入れないし、モンゴル人民共和国の政権党であるモンゴル人民革命党との一致」を強調していた三点の「罪」にある。『工人風雷』もこの三点に注視している。

無数の事実から分かるのは、内モンゴル人民革命党は、実際はモンゴル人民革命党がわが国の北部に置いた一支部である。この党の唯一の目標と全活動は中国共産党に反対し、内モンゴルを祖国の大家庭から分裂される謀略を進め、内外モンゴルを合併させることである。

繰り返し強調しておくが、中国政府が正式に内モンゴル人民革命党に関する公式な見解を出して、その性質を「民族分裂主義的」だと断じたのは一九六八年七月二〇日である。半年も前の『工人風雷』が政府からの正式な判断の前奏曲となっている事実から、中国人は着実に大量虐殺を組織的に進める為の世論形成を推進していたことが分かる。大量虐殺のターゲットも個々人ではなく、組織としての内モンゴル人

民革命党へと広げていったのである。そういう意味で、『工人風雷』に掲載された「内モンゴル人民革命党の醜悪な歴史」は、モンゴル人ジェノサイドの発動に大きな役割を果たした論文だといえよう。

内モンゴル人民革命党は「日本のスパイどもとモンゴル修正主義国家の特務どもからなっていた」が、一九四七年四月三日に熱河省の承徳において、ウラーンフーの率いていた内モンゴル自治運動聯合会とハーフンガが会談した際に、「東西の悪人どもが合流して一つになった」、と中国人は分析する。それ以来、「民族分裂主義者集団のボスはウラーンフーとなり、引き続き反漢の目標に即して活動してきた」、と断定されている。証拠は内モンゴル人民革命党が配布してきた公文書の中にある。例えば、一九四五年八月一八日に内モンゴル人民革命党は『内モンゴル人民解放宣言』を公布していた。その中の文言である。

内モンゴルは、内モンゴル人民革命党の指示に従い、ソ連とモンゴル人民共和国の指導を受け入れてモンゴル人民共和国の一部となってはじめて、解放が実現したことになる。

右の宣言だけではなく、一九四五年九月一四日にも「わが内モンゴル人民革命党はソ連とモンゴル人民革命党の指導を受けてきたし、今内モンゴルの二〇〇万人もの人民群衆はモンゴル人民共和国への合併を求めており、われわれも積極的に努力する」、と対外関係における政策を披露していた。これらはすべて「分裂活動をおこなってきた確固たる罪証」とされたのである。

社会主義制度をめぐる対立

粛清すべき内モンゴル人民革命党の主要な党員たちの罪行を詳しく例示する必要が出てきた。その為、内モンゴル大学のキャンパス内の第一一号棟に編集部を置く『呼三司』は一九六七年一二月一六日に「トグスを揪（つま）みだして大衆にみせつけよう」と題する文を載せた（楊 2015a,885-886）。「トグスはウラーンフー反党叛国集団の中堅で、ハーフンガの決死隊員でもあり、反革命分子にして民族分裂主義者だ」、と認定している。トグス個人を攻撃すれば、必然的

に西部出身のウラーンフーと東部のハーフンガの二人を連結できる。内モンゴル自治運動聯合会を率いてきたウラーンフーと内モンゴル人民革命党指導者のハーフンガが「結託」していたら、モンゴル人のあらゆる民族自決の組織を一網打尽に処すことも可能となるし、エリート階層の全滅も実現できるからである。一九四七年五月頃からハーフンガを離れてウラーンフーに追随するようになったトグスの背中には、全モンゴル人の「分裂主義的な罪」という重い荷物が載せられた。「小さい時から日本のファシズム流教育を受けて育ったトグスには六つの大罪」があった、と『呼三司』は指摘する。

一、民族分裂を進める為の世論を作った。例えば、毛主席は「民族問題もつまるところ階級闘争だ」と論じたのに対し、トグスは「民族問題と階級問題は関連性があっても、別々の課題だと話して偉大な領袖の理論を否定していた」。

二、ソ連とモンゴル修正主義国家を称賛した。「われわれモンゴルは同じ民族だ。モンゴル人民共和国の方が先に社会主義国家を創成したのだから、向こうに憧れるのは当然だ」とトグスは演説していた。

三、ソ連が「反革活動」を展開していた一九六一年前後に、トグスも人民公社制度を「批判」した。大規模な公有化制度で人民の生活レベルが悪化したとして不満だった。

四、多数の「反漢（チャイニーズ）」にして民族分裂の文藝作品」を刊行した。一七世紀の年代記『蒙古源流』と一九世紀末の小説家インジャーナシの『青史演義』をはじめ、「分裂主義の匂いがぷんぷんする」モンゴルの小説と詩歌を出版した。

五、小中学校で使う教科書も一九六三年まで「モンゴル修正主義国家」のものを無批判的に導入してきた。内モンゴルの学生をなんと「修正主義国家の山や河の名をわが国のものだと間違って覚えてしまった」と分析している。

六、毛主席の階級闘争の理論を否定し、牧畜地域において、階級の区分を画定しなかった。

このように、自治区の最高指導者のウラーンフーだけでなく、トグスのような党宣伝部副部長のような幹部に至るまで、モンゴル人の知識人はあらゆる面で中国人が目指す社会主義制度と理論的に対立していたことが分かる。共産主義の大本営のモスクワで学んでいたことと、日本語によるマルクス・レーニンの著作を熟読していたモンゴル人知

278

三　トグスの背後のウラーンフーとハーフンガ

周恩来に叱咤されたウラーンフーとハーフンガ

トグスは「揪みだされる」前に造反派の魯迅兵団の顧問をつとめていた。一九六七年一二月一八日、魯迅兵団に属する教育庁の中国人たちは『ウラーンフー王朝は青少年を迫害する閻魔殿だ』と題する冊子を印刷して広げた（楊2015a, 887-908）。この冊子は、中国人のターゲットがトグスからハーフンガに変わった事実を示す記録である。内モンゴル自治区で発動されたジェノサイドについて、中国側も多くの公的な資料を残した。その中で内モンゴル人民革命党の「第二のボスであるハーフンガ」に関する資料は入手が困難である。私も粛清されたモンゴル人に関する資料を持続的に収集し、ウラーンフーをめぐる資料集は二冊公開した（楊 2011a, 2012）。しかし、ハーフンガを取りあげたものはなぜかみつからない。従って、主としてハーフンガを批判しながら、同時にトグスの「罪」を並べた『ウラーンフー王朝は青少年を迫害する閻魔殿だ』は、貴重な資料である。

一九四七年五月一日に内モンゴル自治政府は成立した。（その後）ウラーンフーは自治区人民政府の主席の要職を簒奪し、古参の民族分裂主義者にして日本とモンゴル修正主義国家のスパイ、内モンゴル人民革命党の党首であるハーフンガは自治区人民政府の副主席のポストに就いた。

批判文はこのように始まる。文章が伝えようとしているのは、西部出身のウラーンフーの延安派も東部のハーフンガの内モンゴル人民革命党も実は一つの組織で、共に「民族分裂主義者集団」だったということである。どちらも純粋にモンゴル人からなっていたので、モンゴル民族全体が打倒の対象となっているのは、自明のことである。『ウラーンフー王朝は青少年を迫害する閻魔殿だ』は一〇のパーツからなる。以下は「一〇大罪状」の中味である。

一、ブルジョアジーの旧教育体制を維持した。政治に無関心で、ひたすら勉強する生徒を育成した。

二、ソ連修正主義国家の教育制度を導入し推進した。自治区政府は何回も調査団をハルピンなどロシア人の多い都市に派遣して、ソ連人の学校での教育経験を導入した。ソ連の制度を無批判に導入して定着させ、モンゴル人民共和国の教育方針に従った。

三、民族分裂主義者からなる内モンゴル人民革命党の党員たちを大量に教育界に就職させた。文史研究会にはサンジェイジャブと「偽満洲国」駐日大使館員のウユンダライと役人のリンチンメデグを入れた。モンゴル語研究室にはエルデニトクトフとバビリグ、アサラトを就職させた。ハイラル市第一中学校にはアチンガーを就職したし、ジャランアイル（扎蘭屯）師範学校の教導主任に金雲橋を任じ、ウラーンホト市第二中学校はナムサライを副校長に任命した、という。粛清すべきモンゴル人のエリートたちは首府のフフホト市だけではなく、地方都市へと確実に拡大していっている実態が反映されている。

四、内外モンゴルで使用する文字を統一させた陰謀がある。早くも一九四八年からウラーンフーとハーフンガの二人は「モンゴル修正主義国家のスパイ」であるエルデニトクトフとチチハル市でキリル文字モンゴル語研究室を組織して反革命の活動をおこなった」という。二人は「キリル文字は反封建社会で、革命者の文字だ」と称賛していた。その後、中華人民共和国が成立した後に、モンゴル人たちは異なる国家に暮らしていても、言語の面で統一しよう、とウラーンフーとハーフンガは結託し、「綿密な謀略」を立てて、キリル文字を自治区に導入した。一九五五年から自治区の教育庁が率先して「キリル文字訓練班」を組織して教師たちに「修正主義国家の文字を教えた」。一九五六年上半期になると、なんと四七三人もの教師たちが研修を終えていたという。ウラーンフーとハーフンガはまたソ連の言語学者たちを招いて講座を開き講演させた。最後には、一九五七年夏に「周恩来総理が青島でウラーンフーとハーフンガを厳しく叱咤した後に、二人はやっと不承不承にキリル文字を進める罪悪に満ちた活動を止めた」という。キリル文字の教育を受けたモンゴル人はその後、ほぼ全員が「モンゴル修正主義国家のスパイ」とされて粛清されるので

ある。

五、自治区の教育界を「修正主義の本店ウランバートルの支店に変えた」。「大野心家のウラーンフー」は早くも一九四六年に、「私たちはモンゴル文化を発展させる為にモンゴル語教育を普及させる。外モンゴルの先進的な文化を導入し、その書籍を翻訳する」と話していた。ハーフンガも一九五一年にモンゴル人民共和国に就職させた。チョイジンジャブを呼び戻して教科書編纂委員会に就職させた。「モンゴル修正主義国家」から帰ってきたナムジンセワン、詩人のナ・サインチョクト、内モンゴル大学のブレンサイン、「日本のスパイであるダランタイ」らが一緒になって「無数の修正主義国家の毒草を翻訳して導入し、青少年に有毒な教育を実施した」。その結果、内モンゴル人民共和国に遠く及ばないとの反革命的な思想」を抱くようになったという。

六、「叛国的な文化交流」をおこなった。ウラーンフーとハーフンガが、それにトグスの三人は一九五一年に二〇人の留学生を「モンゴル修正主義国家」に派遣した。その後も持続的に若者たちを留学させた。

派遣した留学生はみな狭隘な民族主義者たちだ。一九五七年にチョイバルサン大学に留学していた女は、右派の妹だ。彼女はなんと不遜にも「私はチョイバルサンを熱愛しているが、毛沢東には何の感情もない」と話す、反動的な思想の持主だった。彼女はモンゴル人民共和国の男と勝手に恋愛した。モンゴル人が同胞同士で恋愛し合うのも、叛国行為とされている。嘘でも中国を祖国だと「熱愛」し、日常生活の中でも中国（シナ）人を愛さなければならないという強制である。

七、共産党の対知識人の政策を実施しなかった。征服し虐殺しようとする民族の女性の性をコントロールしようという植民地支配の思想である。

八、ウラーンフーとハーフンガは「少数民族の自治区は特殊だ」と主張し、中国の内地との差異をことさらに強調し、共産党の政策を実行に移そうとしなかった。「蒙漢兼通」という「反動的な政策」を打ちだし、モンゴル語教育を

重視した。トグスはウラーンフーとハーフンガ二人の「民族分裂主義的政策」を具体的に全自治区で実施した。

九、ソ連修正主義の教育政策を無批判に導入し、知識偏重型の学校を設置した。

一〇、劉少奇の教育政策を実施した。

右で列挙した「一〇点の罪行」は重複している部分もあるが、最大のポイントはモンゴル人民共和国との交流を進め、キリル文字を共有するなど、「文化の面での統一を計ろうとした」ことである。同じ民族が国境を凌駕して行き来するのを、中国政府も中国人は喜ばなかったのである。

狙われた「社会的な基盤」と民族文学

中国政府の情報機関のトップ、康生は一九六七年一〇月二八日に一つの指示を出していた、と『新文化』は一二月一九日に伝えている。康生の言葉は以下の通りである。

ウラーンフーに対する内モンゴルの闘争はまだ不十分だ。ウラーンフーの罪を系統的に暴露していないし、彼はまだ快適に暮らしている。政治と経済、思想と理論の面からウラーンフーを徹底的に、不名誉になるまでやっつけよう（搞臭）。警戒しなさい。内モンゴルにはソ連とモンゴル修正主義国家のスパイと漢奸、日本のスパイと傳作義の家来どもがいる。ウラーンフーの部下もいる。複雑だ。

『新文化』紙は康生の指示を最上段に掲げて、その下に「トグスを打倒し、不名誉になるまで批判せよ（闘臭闘倒特古斯）」との社説を載せた（楊 2015a, 909-911）。

トグスの反党叛国の経歴ははっきりしている。抗日戦争中に彼は日本の悪魔どもが作った建国大学に入って反革命の技を学んだ。一九四五年には内モンゴル人民革命党に参加し、この悪党集団の執行委員、青年部長、青年同盟の書記を歴任した。内モンゴルを祖国から分裂させようと活動し、共産党の指導に反対した。内モンゴルが解放された後はまたウラーンフーの陣営に鞍替えをした。……トグスは揪(つま)みだされたが、まだ彼の名誉を

282

剥奪していない。トグスの指導下にあったウラーンフーの文藝界における部下たちもまだ粛清していない。『新文化』の社説は直截的にウラーンフーとトグスの「社会的な基盤」を「抉りだして粛清しよう」と呼びかけている。「社会的な基盤」とは、モンゴル民族全体を指している。殺気立った社説を読んだ中国人たちは強烈な憎しみを無辜な先住民のモンゴル人に向けて発散していくのである。

一二月一九日付の『新文化』はまた「トグスと彼の叛国文学」と「みよ！トグスの支配下のウランバートル分社という二篇の論文を載せた。論文は以下のように批判する。

モンゴル修正主義国家から『アジア各国名作選』という本がでた。この本の中で、モンゴル修正主義者はなんとナ・サインチョクトの国籍を「内モンゴル」とし、他のわが国の作家たちの所属を「中国」と表現した。これは、内モンゴルを独立国家として扱っている実例だ。「みよ！トグスの支配下のウランバートル分社」はまた内モンゴル自治区から出された『民間の口頭文学』という本の中の民謡を分析している。民謡の歌詞は以下のようになっている。

昇った太陽は草原の燈籠（ちょうちん）だ
毛沢東同志はわれわれ大衆の燈籠だ
紅い太陽は山野を照らす燈籠だ
ウラーンフー主席は私たち（モンゴル人）の燈籠だ

右の歌詞は「偉大な毛主席を単に同志と呼ばわりし、賊ウラーンフーを主席と呼んだ」のが大罪となったのである。チンギス・ハーンに関する著書と論文の出版、年代記『蒙古源流（エルデニ・トプチ）』の再版、仏教の説話『シディトフール物語』の整理など、すべては「内モンゴルがモンゴル修正主義国家を模倣した罪」とされている。「統計によると、内モンゴルの出版社は二五〇種の外国の図書を刊行したが、そのうちモンゴル修正主義国家のものが一四〇種で、ソ連修正主義者

のものが九七種だ」と具体的な数字で「罪証」を挙げている。

自治区の各種群衆組織と内モンゴル軍区の解放軍が合同でトグスを批判する大会を冬に何回も開催した、と一九六七年一二月二〇日付の『呼三司』は報道している。「注意しなさい。これからは隠れている民族分裂主義者どもとハーフンガの残党を一掃せよ」と会議の主催者は呼びかけている。「隠れている民族分裂主義者ども」が「社会基盤」の中にいるのは、中国人にとって分かりきった事実である。全モンゴル人を虐殺の対象とする世論作りはこのようなプロセスを経て、できあがったのである。

中国人にモンゴル語学習を強制した「罪」

「蒙漢兼通は反革命修正主義思想に基づく教育方針だ」と一九六七年一二月二三日に自治区教育庁の造反派組織が批判文を書いて公開した（楊 2015a,913-916）。中国政府も中国人もモンゴル語は「立ち遅れた野蛮人の言語」で、学ぶに値しない言葉だと理解している。しかし、「反革命分子のウラーンフーとハーフンガ、それにトグスはなんと蒙漢兼通こそが人民に奉仕する唯一の道だ」として、中国人にモンゴル語学習を強制した。この点が、強烈な反発を買ったのである。何の根拠もなく自らを世界で最も優秀な民族で、自文化を世界最高のものと盲信する中国人に少数民族の言語を学ばせたことは、ただ単に単純な反感を招いていた。賢い中国人は単純な反感を隠して、ひたすらマルクス・レーニン主義の言葉でモンゴル人を断罪した。批判文は続く。

蒙漢兼通も何にも新しい現象ではない。ウラーンフーが掲げる他の反革命の看板と同様に、帝国主義国家、それに反革命陣営から拾ってきた道具に過ぎない。大蒙奸の徳王も、ハーフンガも、封建社会の生き残りのボインマンダフもみんな封建社会の民族主義の文人インジャーナシを持ちあげて、蒙漢兼通のモデ

として称賛していたではないか。トグスが蒙漢兼通の政策を進めたのも、ウラーンフーとハーフンガの民族分裂活動を推進し、後継者を育てるためだ。

蒙漢兼通の政策は内モンゴル自治区で二〇年間にわたって施行されてきたので、大勢の民族分裂主義者が育成された、と中国人の批判者たちはみている。これも、モンゴル人全員を粛清する為の世論作りである。

ハーフンガと民族分裂主義のブラック・ライン

「内モンゴル自治区には一本のブラック・ラインがある。それは、ウラーンフーからハーフンガへ、そしてトグスにまで繋がる黒い路線だ」

と教育界の造反派が出している『教育戦鼓』は一九六七年一二月二五日にそう断じた（楊2015a,917-919）。

ウラーンフーの反革命の王朝内で、トグスは教育界に蟠踞する大将だ。トグスとウラーンフーの他にもうひとりの元帥がいる。それは国賊にして蒙奸で、スパイにして古参の民族分裂主義者で、悪名高いハーフンガだ。

ウラーンフーからハーフンガへ、そしてトグスに至るという民族分裂主義のブラック・ラインだ。ブラック・ラインに属するモンゴル人は師範学院書記のテムールバガナと医学院長のムレン、内モンゴル大学副学長バト、それに農牧学院の幹部グンガー、言語学者のエルデニトクトフ、『内モンゴル日報』社のマーニジャブ、作家のナ・サインチョクト、人民出版社社長ソドナムと体育委員会主任のボインなどだという。

では、ブラック・ラインをどのように殲滅すればいいのか。まずは「ハーフンガをみせしめにしよう」と『教育戦鼓』は主張している。『教育戦鼓』によると、ハーフンガは既にこの時点で北京からフフホト市に連れもどされて、「批判闘争を受けて三カ月以上も経つ」という。他の批判文と同様に、批判文はハーフンガの経歴を示して断罪している。その内容は以下の通りである。

「ハーフンガの父は滕海山といい、悪徳の搾取階級だ」。「搾取階級の家庭」に生まれたハーフンガは一九二九年、旗

の支配者であるダルハン親王の推薦で瀋陽にある蒙旗師範学校に入り、「親日分子のメルセイ（郭道甫）の高弟」となった。ここから、「ハーフンガは日本帝国主義が宣伝するパン・モンゴリズムの毒汁を吸うようになった」。一九三一年には「日本の走狗であるガンジョールジャブや韓色旺、包善一らと共に、関東軍の直接的な指令と援助を受けてモンゴル独立を画策し、モンゴル自治軍を組織した」。その後は更に「偽満洲国駐日大使館訓練部長」などを歴任し、数々の「罪」を犯した。日本が撤退した後はモンゴル人民共和国との統一合併を「夢想」し、「民族分裂主義的活動」をずっと進めてきた、という。ほとんどが事実ではあるが、モンゴル人にとっては民族自決史であるが、中国政府と中国人からは「偉大な祖国を裏切った行為だ」と批判されている。

中華人民共和国が成立した後に、実権を剥奪されたハーフンガは閑職についていた。一九五四年にウラーンフーがモンゴル人民共和国の党大会に参加して帰国し、自治区においてもキリル文字を普及させようとの政策を出すと、「二人は急速に結託するようになった」と内モンゴル言語工作委員会と内モンゴル哲学社会科学研究所の「東方紅」が批判する。批判者は一九五六年一月一七日にハーフンガから言語学者のチンゲルタイに出した以下のような手紙を証拠としている。

チンゲルタイ同志へ…

指導者たちと責任ある同志たちおよび言語学者たちの間で、なるべく早くモンゴル語を統一させようとの意見が出されている、と聞いた。これはいいことだ。最高指導者（ウラーンフー）もハルハ方言を基礎にモンゴル語を統一させようと考えているらしいが、貴殿もその点を把握してください。

モンゴル民族は全国で一五〇万人しかいないし、モンゴル人民共和国と合わせてもたった二五〇万人だ。従って、可能な限り、言語の統一を急がなければならない。では、どこの方言を基礎に標準語を作るべきか。東部をベースにしたら、西部は反対するだろう。逆も同じだろう。やはり、（中央部）ハルハ方言を基礎に標準語としよう。数年も経てば、内外モンゴルの統一した言語は形成される。……全モンゴル民族の言語統一を考え

る際に、何があっても、モンゴル人民共和国が私たち（内モンゴル自治区）に従う必要はない。この手紙から分かるように、ハーフンガはウラーンフーの言語統一の政策を支持し、実行に移そうとした。その際、モンゴル人民共和国の中央部で話されているハルハ方言を標準語とする案にも賛成し、言語学者らが無用な論争をしないようにと指示していたのである。言語の統一により、交流もスムーズに進むと、「民族分裂主義的活動の危険度も高まる」とみた中国政府と中国人は当然、モンゴル人の自治政策に反対した。尚、言語学者のチンゲルタイについては、第八章で取りあげる。

一僕二主のトグスの存在価値

造反派の「魯迅兵団」は一九六七年二月二七日に再びトグスを批判する冊子を印刷して人民大衆に配った（楊 2015a, 920-935）。新しい事実はないが、批判の口調は強まる一方である。

「反革命修正主義分子にして、民族分裂主義者のトグスはウラーンフー反党叛国集団の忠実な一員であるだけでない。彼はまた反動的な内モンゴル人民革命党のボス、ハーフンガの決死隊員で、一僕二主の人物だ」と造反派はいう。ハーフンガが一〇数年間にわたって自治区教育庁の庁長をつとめていた時代に、トグスはその助手を担当し、後にウラーンフーの陣営に「鞍替え」した。トグスが「光栄にも」ナンバー・スリーの「重犯」に「昇進」できたのは、彼を攻撃対象とすれば、西部のウラーンフーと東部のハーフンガという「二主」を結びつけることができるし、全モンゴル人のさまざまな自決団体をひとまとめにして「ウラーンフーの反党叛国集団即ち反動的な内モンゴル人民革命党」と断定できるからである。この点に、一僕二主のトグスの存在価値が認められる。そして、教育界を執拗に攻めれば、「古参の民族分裂主義者が育成した後継者も抉りだされる」し、全モンゴル人を殲滅できるからである。ここに、中国政府と中国人の巧妙な謀略が隠されていたのである。

「ハーフンガの罪悪史を通して、その反動的な本質を見抜こう」

との文を教育庁の「ブラック・ラインをぶっ壊す連絡センター」は一九六七年一二月二八日に発行した『教育風雷』第八期に掲載した（楊 2015a,936-940）。文中には「一僕二主」の「主」のひとり、ハーフンガの経歴が整理されているが、中国人は論理的にモンゴル人の政治家たちの過去を掘り起こしている。「国民党がどんな政党かを知りたければ、その過去をみれば現在が分かる。その現在をみれば、将来が分かる」。日本のスパイにして大蒙奸で、古参の反革命修正主義者、民族分裂主義者のハーフンガは一九四七年から一九六一年まで長く内モンゴル自治区の文教部長と教育庁長をつとめてきた。彼はそのボスのウラーンフーの指示に従って、反毛沢東思想と反共、反人民の罪に満ちた活動をしてきた。

右の文はハーフンガの「過去が分かれば、彼の現在と将来も分かる」との方式で断罪している。では、ハーフンガの「過去」とは如何なるものだったのだろうか。

日本のスパイにして大蒙奸で、反革命修正主義分子、民族分裂主義者のハーフンガはまたの名を滕継文といい、ジェリム盟ホルチン左翼中旗の悪徳の大牧主の家庭に生まれた。彼の父親滕海山も罪が大きく、北覇天と称されるほど人民を抑圧していた。一九三三年にハーフンガがモンゴル自治軍を組織した際に、父親の滕海山は自治軍の旅団長だった。村人の李忠魁を日本のスパイだとして銃殺した。……一九四八年に土地改革が始まり、共産党の赤い太陽が内モンゴル草原を照らすようになると、滕海山は怖くなって外モンゴルへ逃げようとした。

批判文は続いてモンゴル自治軍は瀋陽にあった蒙旗師範学校の生徒たちと「日本の走狗にして戦犯であるガンジョールジャブとジョンジョールジャブ兄弟、それに日本に留学して、日本のスパイになったモンゴル人からなる反革命の軍隊だ」と解釈している。この「反革命の軍は大勢の中国人人民を殺害した」と煽っている。ハーフンガは一九三二年から興安南省の王爺廟に駐屯する関東軍特務機関長の金川耕作と親しくなり、まもなく「偽

満洲国駐日大使館」に転出した。ある時、ハーフンガとコミンテルンやモンゴル人民共和国との関係が日本側に知れたが、それも金川耕作の斡旋で不問にされた。「日本に恩義を感じたハーフンガは日本帝国主義の忠実な走狗に変身した」、と中国人は説いている。

一九三九年のノモンハン戦争を経て、翌年には満洲国とモンゴル人民共和国が国境線を引き直した。この時、ハーフンガは満洲国の主席代表のひとりとして交渉にあたり、モンゴル人民共和国に有利になるように進めた。その為、モンゴル人民共和国から信頼されたハーフンガは一九四三年にも「修正主義者たちと接触し、緊密に結託しあった」。日本が去った後、ハーフンガは「以前にもましてモンゴル人民共和国に媚びを売って統一合併を求めた」。「統一合併が失敗に終わると、彼はまたソ連のような連邦制を中国で実施しようとした」。客観的にみて、中国政府と中国人の指摘は事実に近い。事実だからこそ、モンゴル人が現在と将来にまた「民族分裂主義的な活動」を展開するのを阻止しようとして、大量虐殺が断行されたのである。虐殺は正義なる革命だと中国人たちは政府を信じて行動していたのである。

四　刀を手に、馬を駆ってでる紅衛兵

赤い太陽が照らす内モンゴル

紅い太陽が照らす内モンゴル草原に赤旗がはためいている。……偉大な領袖毛沢東の指示に従い、プロレタリアートの革命派たちは馬を駆って、刀を手にしてウラーンフーの反党叛国集団の陣営に斬りこんだ。呼三司の革命的な若将軍たちは一騎当千し、文藝界におけるウラーンフーとハーフンガの決死隊員トグスを揪(つま)みだした。

右は一九六七年の暮れの『教育革命』誌の巻頭を飾った有名な論評である。「一僕二主」の主人たるウラーンフーと

ハーフンガが完全に打倒された後に、トグスの「罪」をいちだんと摘発しようとして、フフホト市教育革命連絡センターに属する諸団体が合同で刊行した雑誌である（楊 2015a,941-963）。『教育革命』誌は六篇の批判文からなる特集を組んだ。

特集は自治区の各地から聞こえてくる「文化大革命は少数民族出身の幹部ばかり狙って排除している」との声を押さえこもうとしている。その為に、再三にわたってトグスをウラーンフーとハーフンガに結びつけて、過去の民族自決史を攻撃する。攻撃する度に、「罪の度合い」も深刻となっていく。論評は、一九四六年四月三日にウラーンフーの自治運動聯合会とハーフンガの東モンゴル人民自治政府が熱河省の承徳において開催した「四・三会議」を「民族分裂主義的活動の目標を定めた会合で、実質的には自由連邦運動を開始した」、と批判する。ハーフンガがモンゴル人民共和国との統一合併を理想としていたのに対し、ウラーンフーは中華民主連邦の建立を目指していたが、どちらも民族分裂主義的だと断じられたのである。

「トグスは、教育界におけるウラーンフーの反革命修正主義と民族分裂主義思想の制定者であり、推進者だ」と特集号に文を寄せた東暁と方剛はいう。これは、自治区の「反革命修正主義と民族分裂主義者集団のボスはウラーンフー」だが、各界にはその「子分」がいる、との論法である。教育界においても、階級闘争は存在する、と毛沢東は主張したのに対し、ウラーンフーとトグスはそれを否定してモンゴル語教育だけに力を入れたという。各種の学校にも党委員会があって、思想教育の強化にあたっていたが、ウラーンフーとトグスはそうした制度に熱心ではなかった。一九六一年から中ソ対立が激しくなっても、ウラーンフーとトグスはソ連を批判しようとしなかった。「モンゴル人は親ソ派だ」、と中国人に映っていた事実が現れている。

内モンゴルのモンゴル人をどのように位置づけるのか。これは、現在も未解決の問題である。師範学院の東方紅縦隊に属す内モンゴル教育出版社の中国人は以下のようにモンゴル人の心情を分析している（楊 2015a,952）。

内モンゴルのモンゴル族はモンゴル人民共和国のモンゴル族とは、確かに同じ民族だ。内モンゴルのモンゴ

ル族は偉大な領袖毛主席と偉大な中国共産党の指導により、全国人民と共に反米と反日、そして反蒋介石の革命闘争に勝ち、全国人民と運命共同体を築いたのである。

さすがに同じ民族であるという史実は否定されていない。否定していないから、モンゴル人が同胞の国に憧れ、同胞の国から先進的な文化を学ぼうとした行動もすべて民族分裂主義的な活動とされている。ウラーンフーとトグスが「大量にモンゴル修正主義国家の教科書をそのまま導入して使ったこと」と、「キリル文字を導入し、名詞と術語の統一を図ったことが鉄の如き反革命の証拠だ」と中国人は気焔をあげる。モンゴル人民共和国の経験を導入したことだけでなく、現場の実態に即した教育の実践なども「反革命の民族分裂主義的活動」だと論じられている（楊 2015a,964-969）。

とどめを刺された内モンゴル人民革命党

ウラーンフーとトグスがさまざまな場で発言した言葉じりを捉えて歪曲しても、限界がある。中国政府と中国人はもっと体系的にモンゴル民族全体にとどめを刺したいのである。その為には、モンゴル人の組織を狙わなければならない。内モンゴル人民革命党である。内モンゴル人民革命党がウラーンフーとトグスを動かしている、と『教育革命』は断じている（楊 2015a,959-963）。

「内モンゴル人民革命党は蒙奸と日本のスパイからなる」と中国人は書く。この「醜悪な組織」をウラーンフーとトグスはずっと庇ってきた。一九五六年七月、二人は「内モンゴル人民革命党の情況について」との公文書を配布した。公文書は、内モンゴル人民革命党の反漢(チャイニーズ)と排漢の「罪悪」を「反民族間の抑圧」に変えて、その「民族分裂主義的な活動を隠蔽した」という。攻撃の手法をみていると、やがて一九六八年七月二〇日からの「内モンゴル人民革命党員を抉りだして粛清する運動」の発動が避けられなかった惨禍であることは一目瞭然である。

写真48　一九七〇年一一月末に中国人に殺害されたハーフンガの遺体。遺族によると、体中に人糞が塗られていたという。これが中国に編入されたモンゴル人の運命である。莫爾根著『我的阿爸　哈豊阿』より。

内モンゴル人民革命党に及んだ場合、必然的にその創始者のひとりのハーフンガが巻きこまれる（写真48）。『新文化』は一九六八年一月八日に火薬の匂いがぷんぷんとする文章、「ハーフンガとはどんな奴か」を掲載した（楊 2015a,970）。

このハーフンガは、一九二九年に瀋陽にあった蒙旗師範学校に入り、日本の走狗にして大民族分裂主義者であるメルセイ（郭道甫）の弟子となった。……

このハーフンガは、一九三一年に日本帝国主義者どもがわが国の東北を占領した際に、親日分子で大戦犯であるガンジョルジャブと共に、関東軍の画策に従って、モンゴル自治軍を作った。……

このハーフンガは、一九四五年に日本帝国主義が崩壊した後に、新内モンゴル人民革命党を組織した。

やはりこのハーフンガが、一九四六年にウラーンフーらによって共産党に入れられ、以前にもまして民族分裂主義的な活動を押し進めるようになった。

ここでまず注目しなければならないのは、中国政府と中国人の攻撃方法である。繰り返し「このハーフンガは」とのクリシェを用いて憎しみを喚起しているのである。

記録として残る強制的な自白

中国政府と中国人のモンゴル人を侮辱する方法は豊富多彩である。例えば、労働者の新聞『工人風雷』は一九六八年一月一五日と一七日に、二回連続して「トグスがトグス自身を論じる」という長文を掲載した（楊 2015a, 971-973）。この文章はトグスの強制的な自白からなる。編集者の内モンゴル語文委員会「東方紅」は次のように書いている。

　最近、われわれは複数回にわたってトグスに自白させた。その自白文を編集し、「トグスがトグス自身を論じる」とのタイトルをつけた。われわれは一字一句もオリジナルを変えていない。

では、トグスはどのように自分の「罪」を自白させられたのだろうか。

　私は一九四七年三月からウラーンフーを崇拝するようになった。彼は共産党の中央委員候補であるだけでなく、モンゴル人民共和国とも繋がっているし、コミンテルンの活動家でもあるからだ。建国後には国家民族事務委員会主任になったし、彼の話していることも国の民族政策になっていた。……いくつかの少数民族地域では問題が発生したが、内モンゴルだけは平穏で何も起こっていないので、私はウラーンフーの政策が正しいと思った。

　私はまたモンゴル人民共和国の政策は先進的だと思った。ソ連の先進的な政策を自国の民族文化と結びつけたところが進んでいる。内外モンゴルは同じ民族だから、モンゴル人民共和国の文化を学び、導入するのは当然のことだと思い、向こうの教科書を使った。これも、わが自治区にプラスになるからだ。一九五七年に私が自治区党委員会の宣伝部に赴任してから、ウラーンフーが推進していたモンゴル人民共和国との間で名詞と術語を統一しようとの政策に賛同した。……

「モンゴル人自身がその罪を認めた」と右のような強制的な自白を新聞に掲載すると、「罪」の信憑性も強まるし、一般的な中国人群衆の憎しみも増大する。粛清すべきモンゴル人への攻撃もいちだんと苛烈になる。

「孫悟空」からの暴力と江青夫人の激励

　トグスの元上司のハーフンガは長く教育庁につとめていた。その為、中国政府と中国人は今度は一九六八年二月二日にトグスの宣伝部とハーフンガの教育庁の間に「ブラック・ライン」が存在すると批判しだした（楊2015a,974-981）。毛沢東は当時、造反派の暴力行為を「天宮で暴れた孫悟空」に譬えていた。「モンゴル語は、ソ連の先進的な経験を学ぶ便利な道具だ」、とハーフンガとトグスらがモンゴル人に暴力の棍棒を振り下ろした。「モンゴル語は、ソ連の先進的な経験を世界で最も先進的だと信じこんでいる中国人は、他人に先進性があるとは絶対に認めたがらないので、暴力の行使に繋がる。モンゴル人が自らの自治区において、「学校の民族化」と「教師の民族化」、「教育の民族化」を求めた政策はすべて「毛沢東思想に反対し、封建的な地主と牧主、王公貴族の為のものだ」と断罪された。こうした批判には、モンゴル人が最初から母国語を放棄して、完全に「先進的な中国語を学んで同化していれば」、中国政府も安心し、中国人も喜んでいたとの本音が現れている。自治なんか、所詮は看板に過ぎなかったのに、それを本気で信じたモンゴル人はやはり、純朴過ぎたのである。大量虐殺を招いた原因もここにある。

　毛沢東の中国政府が奨励する「孫悟空のように造反した」中国人たちは一九六八年一月にモンゴル人の出版界に突入した。出版界は無数のモンゴル語の出版物を公開して、民族全体の分裂主義的な活動を煽動している巣窟であるからだ。内モンゴル大学の「井崗山」と内モンゴル人民出版社の「一〇一総部」などは「内モンゴル出版界における大批判連絡センター」を組織し、合同で『出版戦線』を刊行した。この『出版戦線』も「トグスを討つ特集号」を組んだ（楊2015a,982-1016）。特集はまず江青夫人が一九六七年一一月九日と一二日の夜におこなった重要な講話を掲げた。

　一部の地方は乱れているが、淀んでいる水のように静かなところもある。……乱れた方がいい。敵に対しては、一心不乱に、適確に、猛烈に打撃を与えよう。敵を混乱させよう。敵を混乱させよう!!敵に対しては、一心不乱に、適確に、猛烈に打撃を与えよう。

江青夫人の講話に励まされた出版界の中国人は次のように応じた。

内モンゴルの文化界は革命の嵐を引き起こしている。これは内モンゴルにおけるプロレタリアート革命の発展であり、ウラーンフーの反党叛国集団からの第三次の総攻撃である。今回の総攻撃は、江青同志が最近、北京でおこなった講話の精神に鼓舞されたものだ。敵を混乱させよう！敵を混乱させよう!!ウラーンフーによって革命の隊伍の中に全員、揪（つま）みだそう。トグスのようなウラーンフーの残党を徹底的に駆除しよう！

右の文章は、モンゴル人大量虐殺運動が決してひとりやふたりの中国人、あるいは特定の団体が暴走した結果ではない事実を雄弁に物語っている。毛沢東の指示を江青夫人は分かりやすく説明し、そして中国人が組織的に、業界ごとにモンゴル人を「徹底的に駆除」していったプロセスを証明している文書である。

出版界に植えた毒草

「毛沢東思想の偉大な赤旗は永遠に内モンゴルのあらゆる領土を占領する」と中国政府と中国人は宣言してから、具体的な事実の発見に入っている（楊 2015a,989）。

「内モンゴル人民出版社は成立して以来、二億冊もの本を出したが、毛主席の宝のような著作（宝書（パオシュ））は全体の一パーセントにも達していない。ウラーンフーの文章はすべて出版されている」と中国政府と中国人は問題視している。中国では、出版社は現在までずっと党委員会宣伝部の管轄下に置かれてきた。トグスが自治区の宣伝部副部長だった為に、「偉大な領袖毛沢東の著作」を排斥する結果となった、と批判者たちは唱えている。

モンゴル人を粛清するのに、中国政府と中国人は一九六二年に北京で起こった「反党事件」を利用した。陝西省北部出身の革命家劉志丹の弟の夫人で、作家の李建彤は小説『劉志丹』を仕上げた。しかし、まだ公開もしていなかっ

た段階で、毛沢東ら党中央委員会の注意を引いた。一九六二年九月に開かれた共産党第八回総会議第一〇回全体会議の席上で、「小説を利用して反党活動を展開するのは、新しい発明だ」と毛沢東は発言した。ここから、かろうじて残っていた陝西省北部派の習仲勲（現党書記の習近平の父）らも軒並み失脚していった（李建彤 2007）。内モンゴルの出版界の中国人もまず、右の毛沢東の語録を利用して、トグスの主導で出版した数々のモンゴル語出版物に照準を定めた。具体的には以下の通りである。

「モンゴル修正主義国家のボス」のツェデンバルの『モンゴル人民革命党三〇年史』と『チョイバルサンの偉業と生活』

「モンゴルの修正主義分子」ジャラガルジャブの『民族問題に関するマルクス・レーニン主義のいくつかの問題』

「モンゴル修正主義分子たち」の『ダムディンスレン伝』、『トクトフ伝』、『マクサルジャブ伝』、『ウイグル簡史』、ツェ・ダムディンスレン著『モンゴル語の改革に関する問題』と『モンゴル語辞典』、『新しいモンゴル語正字法』などである。

右はすべて「修正主義の毒草」であるにも関わらず、トグスは次のように「自慢していた」という。

過去一〇数年の間で、私たちはモンゴルの古典文学と民間の文学的作品三五種類を整理して、二二四万四〇〇〇冊出版した。以前はなかなか出版できなくて、手写本の形で伝わっていた民話や口頭伝承も活字となった。民族文化を発展させ、保護しようとする政策は「毒草を植えた行動だ」と解釈された。証拠は当然、小説や伝奇類の中にある。

大毒草の『剛毅な英雄（ダムディンスレン）』の文をみろ。「内モンゴルを漢人の植民地から解放しよう。血肉を分かち合った外モンゴルと合併させて、統一国家を創ろう」と白い紙に黒いインクで書いているではないか。

すでに本書第二章で述べたように、モンゴル人民共和国の指導者チョイバルサン元帥らが執筆し、内モンゴル自治

296

政府が一九四八年から持続的に刊行してきた五冊の本、『先鋒英雄ダムディンスレン』などは「『中国』の植民地支配から内モンゴルを解放しよう」と訴えていた。少数民族に対して植民地統治を敷いたとの見方は、絶対に中国政府と中国人に受け入れられない学説である。

チンギス・ハーンの歴史は「反革命の歴史」

トグスの受難はまだ終わらない。まもなく中国政府と中国人は内モンゴルの歴史学界に攻めこんだ。

内モンゴルの歴史学界も、彼らが反革命修正主義と民族分裂主義思想を醸成する重要な陣地である。叛徒とスパイどもを決死隊員として集めて学界を占領し、モンゴル史を研究する名目で祖国を分裂させようとする歴史観を作った。

中国において、歴史観は政治的なイデオロギーそのものを指す。内モンゴルの歴史上、民族間の紛争が絶えなかったので、大漢族主義の抑圧からの解放をモンゴル人は一九世紀末から追い求めてきた、とウラーンフーは主張した。その為、内モンゴルの歴史学界もまた「ウラーンフーとハーフンガの反動的な歴史観に基づいて、全モンゴル民族の連携と統一、そして独立という反革命的歴史研究（を続けてきた）」、と中国人は怒る。「内モンゴルは清朝の植民地だった、モンゴル人と漢人との矛盾こそが主要な社会問題だった」とするウラーンフーとハーフンガの見解がモンゴルの歴史学界を動かしていた、と批判する。

トグスは一九四六年から『内モンゴル自治報』や『群衆報』といった新聞紙上で「ソ連とモンゴル修正主義国家の大毒草で、パン・モンゴリズムの歴史観を具現した『モンゴル人民共和国通史』を印刷して配布した」、という。中華

⑿ 正確には『先鋒英雄ダムディンスレン』、『人民の剛毅なる英雄マクサルジャブ』である。

人民共和国が成立してからも、「内モンゴルは中国の古くからの領土ではなくて、一六四四年に清朝に征服されてからのことに過ぎないと鼓吹していた」。そして、彼がことあるごとにチンギス・ハーンを称賛したのも罪となっている。

一九六二年はチンギス・ハーン生誕八〇〇周年にあたる。内モンゴル自治区もモンゴル人民共和国も盛大な記念行事を催す準備をしていたが、ソ連の圧力を受けて、ウランバートルの政治家たちは屈服せざるを得なかった。中ソ対立の時期だったので、中国政府と中国人は逆にこれをソ連への反撃のチャンスと捉えて、ウランフーが何の記念行事もなかったのに対し、内モンゴル自治区はオルドス高原にあるチンギス・ハーンから誘拐した。ウランバートルでは何の記念行事もなかったのに対し、内モンゴル自治区はオルドス高原にあるチンギス・ハーンの祭殿で集会を開き、フフホト市で歴史学界主催のシンポジウムも開催された。北京の中国人が一三世紀のチンギス・ハーンを愛していたのではなく、モスクワのロシア人を嫌がらせる為だった。

文化大革命になると、中国政府と中国人は掌を変えたように、「モンゴル人は一九六二年からチンギス・ハーンを称賛して、民族分裂の道を歩もうとした」、と批判する。その時々の政治状況に併せて、何とでも歴史を変幻自在に解釈できるのは、中国人の得意の技である。

古代史に留まらず、「現代史はもっと反革命的だ」とされた。ハーフンガが一九五八年に余元盦に書かせた『内モンゴル歴史概要』は「パン・モンゴリズム史観を宣伝し、近代に入ってから、帝国主義者と結託した活動をすべて自治や独立だと改竄している」、と批判する。トグスの宣伝部が審査して一九六二年に出版を許可した『トクトフ伝』も「トクトフがいかに反漢の活動を進めたかに重点を置いている」と問題視している。

「同志の皆様、これだけの反革命史観の本が出版されている。何という恐ろしい光景だろう」

と最後に批判文は中国人読者の憎しみを喚起して、いっそうの暴力を促している。三番目の「重犯トグス」を中国政府と中国人は上で例示したように批判して、ウランフーとハーフンガに次いで、大量虐殺の世論を形成していった。読者には注意していただきたいが、こうした批判と断罪は決して文化大革命中に

だけ発生した特異な現象ではない。現在においても、モンゴル人が少しでも独自の歴史観を示したり、生来の自治権を主張したりすると、たちまち一九六〇年代とまったく同じようなレッテルを貼られ、逮捕されているのである。そういう意味で、文化大革命は少数民族地域から収束していないのが事実である。

第八章　モンゴル人の祖国はどこ？

満洲国時代に近代教育を受けたモンゴル人たちは「日本刀を吊るして、日本帝国主義者に媚びを売っただけでなく、中国を祖国としてみなさなかった」、と中国人は問題視している。では、モンゴル人には祖国はないのだろうか。あるとすれば、祖国はどこだろうか。これは、未だに解決されていない問題である。

一　「一三世紀のミイラ」たるチンギス・ハーン

「日本とモンゴル修正主義国家の二重のスパイ」

前章では「罪悪に充ちた活動をするトグス」の歴史について紹介した。中国政府は、トグスには忠実な「決死隊員（死党）」たちがいたと判断していた。言語学者のエルデニトクトフと内モンゴル人民出版社社長のソドナム（楊 2015a,1014-1015）。エルデニトクトフは「日本帝国主義が設置した興安学院を卒業し、日本の忠実な奴隷になった者だ」。彼は「大東亜優秀青年」に選ばれて、三回も日本を訪問し、「日本人のように振る舞っていた」ことが、中国人に嫌われていたのである。

では、ソドナムはいかなる人物で、どのような「民族分裂主義的な活動」をおこなってきたのだろうか（写真49）。「内モンゴル人民出版社一〇一総部」に属し「海燕」と「前哨」という二つの団体が一九六八年四月一日に編集して刊行した

『打倒ソドナム』(打倒索特納木) に詳細な情報がある (楊 2015a, 1018-1040)。

写真49 内モンゴル人民出版社社長だったソドナムジャムソ。巴義爾著『蒙古写意』(二) より。

内モンゴル文化局党委員会のメンバーで、文化局副局長、内モンゴル人民出版社社長のソドナムジャムソ (以下ソドナムと略す) は、わたしたちの党と政府内に潜りこんだブルジョアジーの代表で、反革命修正主義分子にして民族分裂主義者で、日本帝国主義の忠実な走狗にしてソ連とモンゴル修正主義国家のスパイである。彼はウラーンフー反党叛国集団内の猛将のひとりだ。

ソドナムは「図書を出版して民族分裂主義的な活動を進めた」、と中国政府と中国人は端的に論破する。批判者らによると、ソドナムはチャハル盟ミンガン旗の「搾取階級の家庭」に生まれ、北京のモンゴル・チベット (蒙蔵) 学校で学んだ後に、「日本帝国主義の懐に身を投じた」。徳王の蒙疆政権の行政院長をつとめたジョドバジャブや呉鶴齢の秘書を担当していたが、「日本帝国主義に見初められて」、早稲田大学で一年間学んだ。帰国後にはミンガン旗の総務課長のポストに就き、やがて旗長の病死にともない、旗長代理になった。ちなみに、呉鶴齢はハラチン右旗出身のラマジャブ (呉鳳鳴) の長男である。清朝末期にモンゴル人を大量虐殺する中国人の金丹道の乱の時に、ラマジャブは軍を組織してハラチンの半分を守り通したことで、モンゴル人に絶大な人気を誇っていた。呉鶴齢もその父親の精神を受け継ぎ、二〇世紀

前半の民族自決運動に参加した（札奇斯欽 1985:25）。ソドナムは日本の支持の下で、一九四二年に「反動的な蒙奸からなるチャハル盟モンゴル青年同盟」を組織した。この組織は「チンギス・ハーンの子孫たちが日本の援助を受けて、一致団結してモンゴルを復興させようとの目標を掲げていたが、実質上は日本のスパイ組織興亜同盟の一支部だった」、と断じられている。

日本が南モンゴルから撤退した後、ソドナムは「日本とモンゴル修正主義国家のスパイ」や詩人のナ・サインチョクトと共にドロン・ノールに駐屯するソ連・モンゴル人民共和国のスパイに変身し、諜報活動を一九六七年まで続けていた。このような「多重のスパイ」をウラーンフーは一九四五年一一月から重用し、内モンゴル自治運動聯合会執行委員会の常務委員兼青年部長に任命した。「ソドナムの奴は、ウラーンフーに抜擢されて、出世街道を走り続けた」、と中国人は批判する。

「ソドナムはまた一九六一年に民族分裂主義者のウラーンフーとハーフンガ、ブレンサイン、トンプー、エルデニビリグらと共に、反革命の秘密組織の民族統一党を作った」と批判文はいう。この「民族統一党」はまた「統一党」と略称され、文化大革命の予行演習であるが、数百人の知識人が逮捕されていた（楊 2009b,xxvii）。

文化大革命が発動される前に摘発された「民族分裂主義の組織」の一つとされる。ここに至って、統一党にウラーンフーとハーフンガも入っていたという断罪は、モンゴル民族全体が中国政府と中国人の敵だ、と宣言したような性質を持つ。

「解放」された内モンゴルに自治は必要ない！

もう少し具体的にソドナム社長の「民族分裂主義的な活動」を例示してみよう。

まず、内モンゴル人民出版社は二億冊もの本を印刷したが、「偉大な領袖毛沢東の雄大な著作は一九五八年までにたった三万二九〇〇冊しか出していない。それなのに、統一党のメンバーのひとりバボードルジが整理した民間の

302

詩人モーオヒンの作品まで出版された」、という。

ソドナム社長の内モンゴル人民出版社とモンゴル人民共和国の人的往来と文化交流も「スパイ同士の結託」だと解釈された。一九五六年に、モンゴル人民共和国の学者ツェ・ダムディンスレンがフフホト市を訪れて、「モンゴル語の改革について」とのタイトルで講演会を開いた。その際に、「なんとダムディンスレンは現代モンゴル語をハルハ方言に基づいて統一させようと話していた」と中国人は不満である。ダムディンスレンはオルドスにあるチンギス・ハーンの祭殿に参拝し、「多くの文化財を盗んだ」。それもまたソドナムが「盗ませた」という。実際は、モンゴル人がチンギス・ハーン祭祀に関する手写本を研究者に提供しただけのことであった。

一九五七年にモンゴル人民共和国の舞踏家ドーラムソロンがフフホト市を訪問し、詩人のナ・サインチョクトとソドナムは宴会を開いて迎えた。酒が進み、話が盛りあがって感涙を流した。それもまた「祖国を売り渡す為の涙だ」とソドナムを批判する。ソドナムはまた「ソ連修正主義分子の作家コングロフ」の作品、『黄金の草原（アルタン・タラ）』や『アンガラ河の砦』、『草原の歌手』を出版した。英雄叙事詩『ハーン・ハラングイ』を整理して公開し「封建社会の残滓を広げた」。帝国主義と大漢族主義がモンゴル人を抑圧し、モンゴル人の資源を略奪し、植民地統治を進めてきた」

「内モンゴルは植民地だ」

と内モンゴル自治区の最高指導者のウラーンフーは一九四八年七月に話していた。ソドナムはウラーンフーのこの「反革命の講話」に沿って、「内モンゴルは中国の一部ではなく、内モンゴルのモンゴル人も中国の一民族ではない」という反動的な思想を持つ本を出版し続けてきた。「内モンゴルのモンゴル人は中国の一民族に過ぎないにも関わらず、偉大な中国共産党が内モンゴルを解放した歴史を無視した」、と中国政府と中国人は書いている。「ソドナムは専らソ連とモンゴル人民共和国の軍隊による解放を謳歌している」、「内モンゴルは既に中国共産党によって解放されたので、何の為に自治する必要があるのか」、と中国人は自決を否定しようとし、さらに中国政府と中国人は最低限の歴史的な事実、即ちソ連とモンゴル人民共和国連合軍が内モンゴルを解放したという基本的な事実まで抹消しようとしている。

303　第八章　モンゴル人の祖国はどこ？

そして、中国人即ち漢族がモンゴル人を解放したのだから、自治なんか必要ないと主張している。ここに、中国政府と中国人の本音がある。中国政府と中国人から突き付けられた嘘をモンゴル人は拒否したので、ジェノサイドが発動されたのである。

チンギス・ハーンなんか、一三世紀の僵屍（ミイラ）に過ぎない。ウラーンフーと彼の支配下の内モンゴル自治区政府はチンギス・ハーンというミイラを活用して、大モンゴル帝国を復活させようとしてきた。中国政府と中国人はこのように話して、ソドナムが主導して出版させた『元朝秘史』や小説『青史演義』、叙事詩『チンギス・ハーンの二頭の駿馬』、年代記『水晶鑑（ボロル・トリ）』の内容を批判する。小説『青史演義』には性の描写もあった。「あまりにも露骨に青年男女の性生活を描いているので、社会主義の出版社から出すには不適切な小説だ」、と中国人は書いている。あたかも中国人は性の営みと無関係な高貴な人種のような振る舞いである。

警句の内容を自覚した中国人

それだけではない。一九五六年にナ・サインチョクトとエルデニトクトフが編集して出した『モンゴルの諺』も受難した。

「自由のない幸福よりも、自由のある不幸がいい」
「自らの意思で飲んだ水は、他人の意思で飲まされたバターよりも美味しい」
「笑って頭を撫でてくる人は、あなたの首を狙っている」

以上のような諺や警句が問題視された。中国には自由がある、モンゴル人民共和国にはある、モンゴル人民共和国にはある、モンゴル人民共和国にはある、中国には自由がなく、モンゴル人民共和国に満面の笑みを湛えて草原に現れたが、実はモンゴル人を殺してその故郷を占領したい」、との事実を風刺したのではないか、と中国人は疑う。「中国人は満面の笑みを湛えて草原に現れたが、実はモンゴル人を殺してその故郷を占領したい」、との事実を風刺したのではないか、と中国人は理解している。こうした警戒は、中国人がモンゴル人の故郷を植民地にし、モンゴル人に何ら自治権が与えられていない現実を中国人自身も把握していることを表している。利口

304

写真50 モンゴルの教育の近代化に貢献したガワー。彼は『元朝秘史』研究の専門家でもあった。巴義爾著『蒙古写意』（二）より。

な中国人はモンゴル人側に不満があってもそれを吐露させたくはなかったし、ましてや問題を解決しようという意図もなかったのである。これが、中国政府と中国人の少数民族観である。

モンゴル人の祖国はどこ？

一九六八年一月二八日、『教育戦鼓』はガワーを批判する記事を掲載した（写真50・図19）。一九五七年の反右派闘争時には無難で、社会主義教育運動の後半から吊るしあげられていた男である（第一、二章参照）。「ガワーは王再天と共にウラーンフーの残党だ」と新聞は冒頭の社説で論じる（楊 2015a,1041-1043）。

ウラーンフーの残党どもを殲滅する戦いは始まった。公安と検察、それに法律界における走資派のトップで、反革命修正主義分子の王再天と、教育界におけるウラーンフーの代理人であるガワーが揪みだされた。ガワーは民族分裂主義の急先鋒だ。

中国人はここでも王再天を「二つの顔を持つ連中」（双面料）と表現している。そして、「ウラーンフーの反革命陣営は西部トゥメト出身者の嫡系である奎壁やジャヤータイ、ブへとチョルモンと、抗日戦争の勝利後に受け入れた東部のハーフンガとトグスに代表される内モンゴル人民革命党員からなる。王再天はこの二つのグループの双方とも結びついている、二つの顔を持つ連中だ」、という。

図19 王再天とガワーらウラーンフーの残党を打倒せよと呼びかける造反派の新聞『教育戦鼓』。

『教育戦鼓』に文章を載せた内モンゴル師範学院「東方紅縦隊」によると、ガワーは「搾取階級の出身」で、日本統治時代には興蒙党に参加し、「日本帝国主義の力で大モンゴル帝国の復興を夢みていた」。一九五七年に「ハーフンガの後継者」として教育庁の副庁長と党委員会副書記に就任している。それ以来、ガワーは「ウラーンフー王朝の教育大臣として民族分裂主義的な活動を展開してきた」。反右派闘争の時、ガワーは「自治区に何の自治権もないと話して、偉大な共産党の民族政策を貶した」。そして、ガワーは一九五七年二月一七日に次のように師範学院の学院長テムールバガナに「放言」した。

おれは今モンゴル人民共和国に行けなくても、定年したら絶対に行く。定年しても行かせてもらえないなら、死んだら遺骨だけでもモンゴル人民共和国へ運んでもらう。

このように、ガワーもまた国籍は中国であっても、モンゴル人の祖国はモンゴル人民共和国だと固く信じていた人物である。

「民族分裂主義の基地」のあり方

ガワー指導下の教育界には「ウラーンフーの民族分裂主義的思想を押し進める黒い基地」があった。モンゴル語専門学校(略して蒙専)である。

教育庁副庁長だったガワーが誰よりも熱心にモンゴル語専門学校の充実化に取り組んだのも、「大勢の民族分裂主義者を育成する為

だ」、と批判する。その断罪の方式は以下の通りである（楊 2015a, 1044）。

まず、モンゴル語専門学校の歴代の校長はすべて内モンゴル人民革命党党員だった。初代学長は「古参の民族分裂主義者のトグス」で、二代目は崔宝で、三代目は「内モンゴル人民革命青年団員にして日本とモンゴル修正主義国家のスパイであるサインウルジー」で、四代目は「チンギス・ハーン党の党員で、内外モンゴルの合併を求める署名運動の推進者で、後に自殺したフチュン」だった。

次に、「教師陣も全員反党叛国の分子だ」。モンゴル修正主義国家のスパイたるナ・サインチョクト、右派アサラト、民族分裂主義者のロブサンとナドムド、反動的な学術権威のチンゲルタイ、蒙奸徳王の息子ガルスン、ハーフンガの息子チョイジンジャブなどである。

第三に、ガワーはモンゴル語専門学校を利用して、反大漢族主義の世論を形成した。一九五七年にモンゴル語専門学校の「右派ども」が内外モンゴルの合併を求める発言をした時、ガワーは教育庁副庁長として阻止しなかった。一九六二年、ガワーはなんと、「フフホト市のモンゴル人は同化されており、モンゴル人と漢人は分かれて居住すべきだ」と主張していた。

中国人たちは一月二四日に内モンゴル党委員会の大ホールで教育庁副庁長のガワーを批判闘争する大会を開いて、右で例示した「罪」を認めるよう怒号を上げ、暴力を存分に振るった。中国政府と中国人からすれば、モンゴル人が独自の教育機関を持つこと自体が許せない現象だったのである。

「チンギス・ハーンの亡霊にすがった」罪

「宜将剰勇追窮寇、不可沽名学覇王」は毛沢東の漢詩である。内モンゴル教育出版社の中国人たちは毛の漢詩内の字句を取って、「追窮寇戦闘隊」という造反派組織を結成した（図20）。「追窮寇戦闘隊」は一九六八年四月九日に「教育出版社におけるガワーの反革命修正主義と民族分裂主義の罪行を暴く」という断罪の本を印刷して配布した（楊

2015a,1045-1055)。

内モンゴル教育出版社は一九六〇年に創立して以来、「教育大綱」や教科書、課外教材などの出版物を通して、ウラーンフーが進める資本主義の復活と民族分裂主義的な活動に尽力した。社会主義の教育の陣地をウラーンフーの反党叛国の黒い基地に作り変えた。その黒い基地の指揮者はガワーだ。

ガワーはまず、「教育大綱」にウラーンフーが提唱していた「蒙漢兼通」政策を書きこんだ。それから、教科書内に多数の「修正主義のモンゴル人民共和国の文学作品」を入れた。一九六三年から中ソが激しく対立し、「モンゴル修正主義国家の作品が掲載できなくなると、ガワーは祖先の亡霊にすがった」。「チンギス・ハーンと封建社会の文人インジャーナシという亡霊」である。

ガワーが選んだ教材はとんでもない内容だ。例を挙げてみよう。『元朝秘史』には「アルンゴワ母の教え」という話がある。アルンゴワ母の息子たちは互いに仲が悪かった。ある日、アルンゴワ母は彼らに一本ずつ矢を渡して折らせた。簡単に折れた。今度は矢を五本ずつ渡してまた折らせたが、誰も折れなかった。そこで、アルンゴワ母は息子たちを諭した。「あなたたちはみな私のお腹から生まれた。ひとりずつバラバラだったら、敵にやられてしまう。みんなで団結していれば、誰にも負けない」。モ

図20　モンゴル人のウラーンフーを窮寇とするポスター。この種のポスターは、暴力を喚起する力を持っていた。

図21 『元朝秘史』内のアルンゴワ母の「五本の矢の物語」を描いた思沁の絵。思沁・絵画『蒙古秘史』一九九四年より。

ンゴルの古い説話だが、ガワーはこれを使って、モンゴル人は共通の祖先から生まれ、分離できない、ということを言わんとしている。ガワーは封建社会の遺訓を使って、チンギス・ハーンの子孫たちの団結を呼びかけ、内外モンゴルの合併を促そうとしている。

『元朝秘史』内の「五本の矢の教え」は、モンゴル人に人気のある話である（図21）。ガワーがそれを教科書に書きこむよう指示するのも庁長としては当然のことである。たとえ古い年代記の中の話であっても、モンゴル人がそれについて語らいあったりすると、「民族分裂主義的だ」と断罪される。もし「内モンゴルのモンゴル人とモンゴル人民共和国のモンゴル人は異なる民族で、別々のチンギス・ハーンを祖先としている」と嘘をついて中国政府に尻尾を振っていれば、中国人も大喜びをしたにちがいない。問題は、歴史を改竄してまで中国に媚びなかったので、大規模なジェノサイドが実施されたのである。これが、大量虐殺の歴史的原因の一つである。

公文書と日記

自治区の首府フフホト市の教職員代表大会は一九六八年六月一七日に『教育戦鼓』に「ガワーを討つ特集号」を組んだ（楊 2015a,1056-1063）。特集はまず「ウラーンフー王朝（図22）の教育大臣ガワーを打

図22 ウラーンフー王朝を打倒せよ、と暴力を呼びかけるポスター。

倒し、その名誉が地に落ちるまで批判せよ」（批倒批臭）と呼びかけてから、一九五七年二月一七日から一九六四年八月末までの「罪行」を時系列的に詳しく列挙している。批判文は八頁に及び、政府公文書と師範学院の学院長テムールバガナの日記を証拠として使っている。公文書は、政府の許可がない限り閲覧できない。テムールバガナは既に中国人に打倒されていたので、その日記も没収されていた。公文書と日記を併用することで、「真実」性を強調している。一九五七年五月五日のテムールバガナの日記である。

みんな酒を飲んで、相当に酔っぱらった。ガワーと私はモンゴル人民共和国からの専門家の部屋に行き、しばらく話しこんだ。私は数日前にスレンジャブの詩を朗誦した時の心情が甦り、専門家の方も同感だという。われわれモンゴル人は共通の心情を抱いている。

独立と合併が失敗し、中国の奴隷のような立場に堕ちたモンゴル人に何の自治権もない現実を、ガワーとテムールバガナ、それにモンゴル人民共和国からの専門家たちは共有していた事実が記録されている。当然、それは許されることではない、と中国人は怒る。反右派闘争も毛沢東と政府の謀略だと分かり、出版社社長のトブシンや記者チンダマニのような大勢の同志を失った一九五八年二月三日、ガワー副庁長はまたテムールバガナ学院長と会い、悲しみを語らい合った。この時、

310

ガワーはすっかり自信喪失していた、とテムールバガナの日記は伝えている。

「ガワーは修正主義のモンゴル人民共和国を称賛した罪を犯した」と中国人はいう。一九五八年十二月一〇日から翌年の一月二日まで、ガワー副庁長はウランバートルを訪問し、教育状況を視察した。彼は帰郷後にウランフーにでの礼遇ぶりや同国の青少年が近代的な洗練された環境の中で勉強し、すくすくと育っている現状を報告した。それが、「修正主義を礼賛し、わが国を貶した行為だ」と認定された。このように、中国人は他人や他国が自分たちよりちよっと優れているという現実を素直に受け入れることのできない人々であることが分かる。他人や他国を正当評価する人物は常に政治的に断罪される危険性が中国にある。今日においても、その点は変わらない。

再び問われるモンゴル人の祖国の問題

中国国内の政治情勢は厳しくなるにも関らず、ガワーの「反革命の言論」は逆に「猖獗」してくる。一九六三年八月十三日、ガワー副庁長は中学と高校、それに師範学校のモンゴル語教師陣を集めた研修会で次のように発言した。

モンゴル人の祖国は一つか、それとも二つか。歴史的には大モンゴル帝国は今日のモンゴル人民共和国から勃興しているし、モンゴルはずっと統一された民族であった。

共産党は漢人（チャイニーズ）の政党に過ぎない。日本人が去ってから、共産党がやってきたが、姑が変わったようなものだ。内外モンゴルが合併されていたらどんなに良かったか。自治は独立に遠く及ばない。自治区と国との関係はどのようにあるべきか。今の自治は形式的なもので、大漢族主義の支配下にある。内モンゴルは歴史上にあったモンゴル人の領土の極一部だ。中国は自治区を作ったが、それは分割統治の為だ。中国は漢人（チャイニーズ）の祖国で、モンゴル人民共和国こそわれわれの祖国だ。今、中ソ対立により、中国はモンゴル人民共和国を批判しているが、私たちモンゴル人はこうした批判で傷ついている。モンゴル語は大切にされていないし、モンゴル人も同化されている。

ガワーが話した内容はどれも事実であるが、中国においては、すべて「れっきとした民族分裂主義の罪証」となる。彼は上でガワーが示したように講演する前の七月二七日に自治区の最高指導者のウラーンフーに呼ばれていた。ウラーンフーはその時にガワーにモンゴル語教育の強化を指示していた。当然、ガワーの発言はウラーンフーに支持された行動だと中国政府と中国人は理解した（楊 2015a, 1061-1064)。

二　チンギス・ハーンと毛沢東の間

「古参の民族分裂主義分子」の殺害

一九六九年一月五日、ひとりのモンゴル人が中国人に殺害された。ガルブセンゲである。彼の死について、文化大革命研究者のアルタンデレヘイは次のように伝えている（阿拉騰徳力海 1999, 109-110)。

「抉りだして粛清する戦士」（挖粛戦士）の臧海賢と呉春舫ら一〇数人はガルブセンゲを内モンゴル人民革命党の中央執行委員兼秘書長だとみて、一一日間に一二三回暴力を振るった。腰を曲げさせてから殴る蹴るの方法で虐待し、髪の毛をむしりとり、ビンタを繰り返した。食べ物と水を一切与えず、「地面に倒してから、更に足で踏みつけよう」、という毛沢東の語録通りにリンチし続けた。ガルブセンゲを凌辱していた人たちの中には二人の漢人（チャイニーズ）の女も加わっていた。ガルブセンゲは結局、全身から出血し、意識不明となった。それでも解放軍の軍事管理小組のメンバーたちは軍靴で彼の胸を蹴ったり、棍棒を口の中に入れたりした。

これが、ガルブセンゲが殺害された経緯である。では、何故、中国人はモンゴル人のガルブセンゲを重犯として扱い、殺したのだろうか。内モンゴル人民委員会機関の「叛国集団を揪みだす連絡センター」（揪叛国集団聯絡站・図23）が一九六八年一月に編集して印刷した本に彼の「罪状」が詳しく並べられている（楊 2015a, 1065-1092)。ガルブセ

図23 「黒い手先を揪みだす連絡センター」が発行していた新聞。王再天の打倒を呼びかけている。

ンゲが中国人に殺害される一年前に作られた資料である。本のタイトルは『古参の民族分裂主義分子で、日本とソ連、それにモンゴル修正主義国家のスパイであるガルブセンゲを批判闘争する大会における発言集』である。本の「まえがき」は以下のようになっている。

　ガルブセンゲとはどんな奴か？彼は日本帝国主義の忠実な走狗だ。彼は内モンゴル人民革命党の中堅にして、日本とソ連、それにモンゴル修正主義国家のスパイだ。無数の罪を犯したこいつをウラーンフーと王再天らは庇い続けてきたので、人民による裁判を今日までに受けていない。それどころか、出世して内モンゴル人民委員会副秘書長兼外弁公室副主任、語文委員会副主任の要職に就いた。彼は二〇数年間にわたって毛沢東思想に反対し、ウラーンフーが進める祖国を分裂させる活動に参加して、党と人民に多大な罪を犯した。……
　ガルブセンゲは日本帝国主義の時代に出世していたし、ハーフンガの東モンゴル人民自治政府の時代にも偉くなっていた。そして、ウラーンフーの王朝内でも昇進していた。……
　一九六八年一月二四日に内モンゴル人民委員会機関の「叛国集団を揪（つま）みだす連絡センター」と計画委員会の「黒い手先を揪（つま）みだす連絡センター」が合同で古参の民族分裂主義分子にして

図24　中国全国に名を轟かせていた内モンゴルの紅衛兵新聞『呼三司』。

このように、モンゴル人エリートに冠されていた「罪」は多く、「日本とソ連、それにモンゴル修正主義国家のスパイだ」という多重のレッテルが貼られている。

日本とソ連、それにモンゴル修正主義国家のスパイであるガルブセンゲを批判闘争する大会を開いた。これは素晴らしい大会で、プロレタリアートの威風を高め、敵の勢いを圧倒した。

「日本鬼子に恭順だった」スパイ

中国の政府档案の公文書によると、ガルブセンゲは「封建的な地主の家庭」に生まれ、一九三六年九月に満洲国陸軍興安軍官学校に入ったという。「ガルブセンゲは日本の特務である日高清と志岐らの門下生となり、日本人の主人たちに恭順だったので、日本の悪魔ども（日本鬼子）に可愛がられていた」。

紅衛兵の機関紙『呼三司』（図24）も一九六八年八月二四日に長い批判文を載せてガルブセンゲを断罪した（楊　2015a,1093-1108）。一一頁に及ぶ批判文は政府が厳密に保管していた档案を活用して書かれたものである。資料は語る。

賊ガルブセンゲは、一九一九年に吉林省双遼県柳条溝屯の大地主の家庭に生まれた。祖先三代にわたって地主で、四〇〇畝余の土地と、群を成す家畜を所有していた。雇人も常時二〇

〜三〇人はいたし、私兵も養って、人民を搾取していた。……

興安軍官学校を一九四〇年七月に出た後、賊ガルブセンゲは通遼の銭家店に駐屯する興安軍騎兵団で見習をし、機関銃中隊の中尉小隊長となった。そして、一九四二年一〇月に日本軍の一七七部隊に入って、三カ月間ファシズムの訓練を受けた。

賊ガルブセンゲは金川耕作特務機関長に見初められて、一九四二年に日本に送られている。神奈川県にある陸軍士官学校の留日満生隊にいた頃は日本人に媚びを売り、可愛がられていた。一九四三年には留日満生隊の中隊長で、スパイでもある江波少佐の支持の下で、一六名からなる勇士団というスパイ組織を作り、八月には富士山の麓で訓練をした。

日本にいる間のガルブセンゲは満洲国駐日大使館につとめていたハーフンガと「結託して興蒙団を作って、民族主義の勢力を拡大した。日本の陸軍士官学校もそれを知っていたが、特に取り締まることはなかった」。

一九四四年春、賊ガルブセンゲは優秀な成績で陸軍士官学校を卒業した。ここで彼は日本の昭和天皇から恩賜として懐中時計を与えられた。彼は以前に満洲国の傀儡皇帝溥儀からも恩賜の時計を与えられていた。溥儀と昭和天皇の恩義を彼は忘れずに、一九六六年に文化大革命が始まるまで、ずっとその二つの懐中時計を肌身離さず愛用していた。「世界には訳のない愛なんてない。愛にはそれなりの理屈がある」と毛主席はおっしゃった。中国人民の鮮血で両の手を染めた溥儀と昭和天皇から与えられた時計をガルブセンゲが愛用していた事実は、彼が売国奴であることの鉄の如き証明だ。

ガルブセンゲは一九四四年四月に帰国して長春に戻り、母校の興安軍官学校の中尉区隊長として任官した。「興安軍官学校では、彼は日高清と張ニマ、ドグルジャブらと結託していた」という。ドグルジャブと日高清は校附室につとめ、張ニマは少年科第三連の上尉連長だった（満洲国軍刊行委員会 1970,792; 楊 2014b,80-81）。「ガルブセンゲは頻繁に王爺廟に駐屯する五三部隊の松浦部隊長と部隊付の志岐、張ニ

マとドグルジャブらと反ソの秘密集会を開いていた」、と批判者はいう。すべては政府の公文書から書き写してきた証拠である。

「中国人民に対して罪を犯した」対外活動

「日本が撤退した後、ガルブセンゲは毛主席が指導してきた中国人民の抗日の果実を盗んだ」と中国人は書く。内モンゴル人民革命党員のハーフンガとアスガン、張ニマとドグルジャブ、それにガルブセンゲらは「祖国の統一を破壊し、民族を分裂させようとして内外モンゴルの合併を進めた」、「祖国の分裂を図ったことは、人民に対する二度目の犯罪だ」、と断罪されている。

中国人の批判文は「賊ガルブセンゲ」が一貫して情報畑を歩いてきた経歴を問題視している。彼は情報関係者だったネットワークを活用してモンゴル人民共和国の諜報員であるバンザラクチと緊密に連絡し合い、一九四五年冬にハーフンがらがウランバートルを訪問した際も同行していた。「嗅覚の鋭いガルブセンゲ」は、内外モンゴルの統一合併が不可能だと知ると、一九四六年九月に中国共産党に潜りこみ、翌一九四七年五月一日あたりから「一僕二主」の立場を取るようになった。「旧主のハーフンガを離れてウラーンフーの下僕になった」。

最初は日本のスパイで、国際情勢の変化に従い、次にはモンゴル人民共和国とソ連のスパイとなり、一九六六年まで活動してきた、と中国人は判断している。日本側とモンゴル人民共和国、それにソ連側のカウンターパートナーたちの名前もすべて具体的に示されているので、政府の檔案とガルブセンゲ本人の自白に依拠して作成されたとみてよかろう。実際、二〇世紀のモンゴル人は中国からの独立を獲得しようとして日本やロシアの力を借りようとした。日本が敗退した後は、ソ連が唯一の後ろ盾となった。同胞の国、モンゴル人民共和国との統一は不可能だとスターリンのソ連に宣告された後は、共産主義者を標榜する中国人を信じるしかなかった。しかし、日本を利用した歴史も、ソ連やモンゴル人民共和国と共闘した過去も断罪されてしまうと、もはや逃げる道は残されていなかった。俎上の魚と

316

なって、中国政府と中国人によって好き勝手に解体される運命しかなかったのである。ガルブセンゲの一生は、モンゴル民族全体の縮図である。

中華人民共和国になっても、ガルブセンゲの「毛沢東思想戦闘隊」は、対外活動におけるガルブセンゲの「罪行」を例示した（楊 2015a,1073-1077）。内モンゴル人民委員会の外事弁公室の「一九五六年から一九六四年に至るまでの八年間で、ガルブセンゲは日本とソ連、それにモンゴル修正主義国家のスパイとして対外活動で罪を犯した」。以下は具体的な「証拠」である。

一九五六年に「ソ連のスパイが学者だと称して」内モンゴル自治区に来た時に、外事弁公室副主任のガルブセンゲは彼に一〇〇冊もの本を贈呈して、「情報を漏らした」。同じ年にある「日本人のスパイ」がやってきた際も、彼をハーフンに会見させるなどして便宜を図った。批判する中国人たちは「日本人スパイ」の名前を示していない。

チンギス・ハーンと賊ガルブセンゲ

モンゴル人民共和国は一九五九年二月に総領事館を内モンゴルの東部から首府のフフホト市に移転した。「内モンゴル自治区人民委員会の外事処処長だったガルブセンゲは総領事館の館員たちと結託し、内外モンゴルの統一合併を進める為の謀略活動を展開した」、と中国人は指摘する。総領事館の館員は漢族（チャイニーズ）に冷淡で、モンゴル人には親切だったことが証拠だとされている。

モンゴル人民共和国の総領事ダシはシリーンゴル盟を視察してから、モンゴル人が中国に同化されていると発言し、外交官の自分が中国の公安関係者に監視されているのにも不満を表明した。この時、ガルブセンゲはダシ総領事を擁護した。

一九五七年六月にガルブセンゲはダシ総領事と共にオルドス高原にあるチンギス・ハーンの祭殿を訪れて参拝した。二人は一緒に供物を献上し、「チンギス・ハーンはわがモンゴル民族の共通の祖先だ」と話していた。こうした行為␡

みた中国政府と中国人は、「共産党員として、大奴隷主にして大封建主義分子のチンギス・ハーンを共通の祖先とみなすことは論外だ」、と論じる。中国政府と中国人は、モンゴル人が異なる国家に暮らしていても、チンギス・ハーンを民族の共通の祖先と認識することに危機感を抱いてきたことが分かる。この点は、現在も変わらない。内モンゴル自治区人民委員会の「文教弁公室の紅旗戦闘隊」もガルブセンゲがチンギス・ハーンを崇拝していたと批判する（楊 2015a, 1087-1091）。チンギス・ハーン祭殿内の壁画を賞賛した行為が「罪」だという。中国人は以下のように分析している。

壁画はチンギス・ハーンによる統一を称賛している。チンギス・ハーン時代のモンゴル人たちは幸せだった、と謳歌する内容だ。チンギス・ハーンを礼賛することで、偉大な社会主義者たちと大差ない。……昔のチンギス・ハーンは即ち今日のウラーンフーだろう。ウラーンフーも「チンギス・ハーンの子孫たちは団結しよう」と話していた。ウラーンフーは実際にチョイバルサンと団結していた。チンギス・ハーンがモンゴルを統一させた功績こそが、ウラーンフーの夢だったのではないか。

客観的にみて、中国政府と中国人の見解は正しいといえよう。ナショナリストたちはみな栄光の歴史を復活させようと努力する（アンダーソン 2012, vi, 131）。ガルブセンゲのようなモンゴル人エリートたちの思想も世界の民族主義者たちと大差ない。大国同士の謀略による産物、「ヤルタ協定」でモンゴル民族の統一合併こそ失敗したものの、チョイバルサンが内モンゴル自治区をそれぞれにリードしていても、共通の祖先と共通の歴史を共有するという思想は消えない。消えないから、中国政府と中国人に敵視され、大量虐殺の口実とされたのである。

中国人の太陽神を攻撃したモンゴル人

文化大革命前の一九六四年から社会主義教育運動（四清）が始まっていた。ガルブセンゲはフルンボイル盟の西シン

バルガ旗と東シンバルガ旗の「四清前線」にいた。

「彼は毛主席の階級闘争論を宣伝しないで、終始にわたって現地の民族分裂主義者たちを庇い続けた」と内モンゴル人民委員会の「ブラック・ラインを抉りだして粛清する紅旗弁公室」の中国人たちは報告している。モンゴル社会には階級が存在しないので、搾取階級を暴力的に闘争したり、彼らの財産を没収したりしてはいけない、とウラーンフーは「三不両利政策」を出していた。ガルブセンゲもまた忠実にウラーンフーの政策を執行していただけである。

「ガルブセンゲは、中国人民が心から崇める偉大な紅い太陽の毛主席を攻撃した」と断罪されている。

一九六二年、毛主席は北戴河で会議を招集し、天才的に、創造的に新しい理論を出した。資本主義から共産主義への過渡期においては、プロレタリアートとブルジョアジーとの階級闘争が存在するし、社会主義と資本主義との路線闘争も存続する、との理論だ。これは、マルクス・レーニン主義に対する毛主席の偉大な貢献だ。ガルブセンゲはなんと悪意から「北戴河会議は国際情勢を見誤っている」と自治区の局長級会議で発言して、毛主席を侮辱した。……われわれの心の中の最も紅い、最も紅い太陽（最紅最紅的紅太陽）である毛主席を攻撃する奴は、万死に値する。

「最も紅い」と二度も繰り返して謳歌されている毛沢東はまるで中国人の太陽神のようである。「太陽神」を侮辱したことも一因となり、モンゴル人のガルブセンゲは中国人に惨殺されたのである。

三 日本の「奴隷」たち

日本が育てた医学者

写真 51 ホルチンビリク

一九六八年一月一五日、内モンゴル自治区政府の宣伝と教育機関の配下にあった「直属機関魯迅兵団」と「内モンゴル衛生庁三一八兵団」が合同で「三反分子のホルチンを打倒せよ」との冊子を印刷した（楊　2015a,1109-1126）。冊子の「まえがき」である。

わが自治区の衛生戦線の革命派は毛沢東思想の偉大な紅旗を高く掲げて、現代の殿様たるウラーンフーの忠実な部下で、衛生部門における走資派のホルチンを揪（つま）みだした。これは、毛沢東思想の勝利だ。

では、ホルチンとはいかなる人物なのか。「ホルチン、男、モンゴル人で、五二歳。一九一六年にウラーンチャブ盟ウラト西公旗のメルゲン・スメ寺の出身で、一八歳から反動的な生涯を歩んできた」、と中国人はいう。彼の名は正式にはホルチンビリク（写真51・図25）である。メルゲン・スメ寺は全モンゴルにその名を知られた名刹である。ほとんどの寺院の僧侶がチベット語で経典を読むのに対して、メルゲン・スメ寺だけがチベット語の経典を積極的にモンゴル語に翻訳して、モンゴル語で読誦してきた歴史を有する。モンゴル語で読まない限り、モンゴル人信者も仏教の神髄は分からないとみて、仏教のモンゴル化に貢献した伽藍である。当然、メルゲン・スメ寺の僧侶たちもモンゴル人から尊敬されていた。ホルチンは、このような文明的な風土が濃厚な草原に生まれ育ったのである。

図25　衛生界の階級闘争の動向を注視せよと呼びかける『新文化』紙。

批判文によると、ホルチンは一九三四年八月に三公小学校を卒業して、包頭に置かれていた国民党中央政治学校包頭分校に入った。この政治学校の校長は「罪深い蔣介石」だったので、「ホルチンは蔣介石の寵児となった」。

包頭をはじめ南モンゴルの西部は後に徳王のモンゴル自治邦（蒙疆政権）の治下にあった。ホルチンは政治学校を卒業してからは、徳王政権がベーレン・スメ寺（百霊廟）に設置した学院で教え、徳王の信頼を得ていたので、一九三七年四月に選ばれて日本に留学した。日本では善隣高商特設予科で一年間日本語を学んでから陸軍士官学校を志望したが、途中で意思が変わって、医学を勉強した。一九四二年九月に帰国した時に、「ホルチンは既に完全に日本のファシズムを身に付けて、日本の奴隷になっていた」、と中国人は断じている。

日本滞在中のホルチンは、「大蒙奸のハーフンガが作った反動組織の留日同郷会に加わり、日本のスパイで、鉄血団分子のデレゲルチョクトと結託していた」。一九四五年五月、ホルチンは「デレゲルチョクトをボスとする内モンゴル青年革命党」の党員となった。「内モンゴル青年革命党」の武装部長は日本の陸軍士官学校を出たゴンブという尉官だった。「解放後、ホルチンは日本のスパイであるデレゲルチョクトを庇い続け、中医研究所のモンゴル医学の通訳に任命した」、という。ホルチンは特に「日本帝国主義者から学んだ医術を使って、蒙奸と

日本人に奉仕していた」、一九四三年には日本が作った『チンギス・ハーン』という映画の通訳を担当し、同年五月には「偽蒙疆政権の医学代表団を引率して東京に行き、東亜医学会に参加して、反革命の活動を展開した」、「ホルチンは医者の白衣をまとって、徳王と日本の為に反革命の活動を進めてきた」、と中国人は断罪する。

日本語の本を読む民族分裂主義者

日本の撤退が始まった一九四五年八月、ホルチンは先頭に立って、モンゴル自治邦高等法院（裁判所）院長のボインダライと駐日大使のテゲシブヤン（王宗絡）、交通部長のムゲデンボー、経済部長のジャラガルらと共に「内モンゴル民族解放委員会」を組織した。九月二九日、「内モンゴル民族解放委員会」は徳王の宮殿が置かれていたウンドゥル・スメで内モンゴル人民共和国臨時政府の樹立を宣言した。ホルチンは臨時政府の執行委員兼内政部副部長となった。モンゴル人が民族自決を目指して設置した臨時政府を中国政府と中国人は「徳王のいない徳王政権で、実質上は日本のスパイと蒙奸からなる反革命政府だ」、と位置づけている。

内モンゴル人民共和国臨時政府もハーフンガの内モンゴル人民革命党政権と同様に、同胞の国、モンゴル人民共和国との統一合併を熱望していた。しかし、大国同士で勝手に結んだ「ヤルタ協定」で統一が阻止されると、南下して内モンゴルを解放したモンゴル人民共和国軍のある中校（中佐）から別れを告げられると、ホルチンは「私もモンゴル人民共和国に近い北部国境付近で活動する」と約束した。二人はその後、無線で連絡し合っていた。一九五八年、モンゴル人民共和国の国会代表団の秘書長ジンバがホルチンと会い、「チョイバルサン元帥にはまだ内外モンゴルを統一する意思がある」と伝えていた。

ホルチンは一九五九年から自治区の衛生庁の庁長兼党委員会書記となり、包正やイダガスレンら日本統治時代に育った知識人を大量に医学界に採用して、「ウラーンフー王朝の衛生大臣として、忠実に民族分裂主義の活動を進めた」、「人間は、ふだんからどんな本を読んでいるかをみれば、その性格も分かる。ホルチンはいつも日本語の『蒙古

踏破記』や『蒙古と青藏』を読んでおり、その反革命の本性も分かるだろう」と中国人は怒っている。

「もはや我慢も限界だ、ホルチンに死を」

と批判文は最後に締めくくる。私が別の医学者から聞いた証言によると、ホルチンは中国人からリンチされていた時期には既にひどい気管支炎と肺炎を患っていた。それでも、長期間にわたって暴力を振るわれて殺害された。亡くなった後、中国人は「ホルチンは毒を仰いで自殺した」とのデマを広げた（楊 2009b,186）。

「落水狗のモンゴル人」

「知識界の牙城は大学だ」

と判断した中国人は自治区の各大学につとめるモンゴル人に猛攻撃の照準をあてた。一九六七年一二月二三日、各大学の中国人教職員と学生らを中心に、師範学院の副学院長兼書記のテムールバガナ、内モンゴル大学副学長のバト、農牧学院のゴンガー、医学院の院長のムレンと教師のサインウルジーらを凌辱する大会を開いた。大会後の一二月三一日に、自治区教育庁の「ブラック・ラインを打ち壊す連絡センター」（砸黒線聯絡站）は『教育風雷』誌の第九期に「水に落ちた犬（落水狗）、テムールバガナを痛打せよ」との特集を組んだ。モンゴルを代表する知識人は「水に落ちた犬」とされたのである（楊 2015a,1127-1132）。

元内モンゴル師範学院党委員会書記兼教育庁副庁長で、古参の民族分裂主義者のテムールバガナは早くも一九六四年から革命的な群衆たちから問題視されていた。彼はウラーンフーをボスとする反党叛国集団のトグスらに守られて、何ら処分を受けずに今日に至った。

右の批判文から読み取れるのは、モンゴルの知識人たちは文化大革命前の一九六四年あたりから少しずつ粛清されていたという事実である。批判文内の記述はモンゴル人がいうところの、「文化大革命的な政治手法は一九六四年か

ら」との見解と一致する（楊 2009b,230-232）。特集記事によると、中国人はテムールバガナの日記を没収して、その「民族分裂主義的な内容」を分析していたという。テムールバガナの日記が教育庁副庁長ガワーの断罪にも使われていたことは、上で述べた。

テムールバガナは次のように抵抗していた。

私は民族分裂主義的な活動をしたことはない。私の日記の中の誤った記述やふだんの仕事の中で犯したミスを利用して、事実を歪曲して政治的に断罪している。何の根拠もなく、私に反党と反社会主義の民族分裂主義分子のレッテルを貼っている。

「証拠」はある、と中国人は反論する。日記の中には、モンゴル人民共和国をモンゴル民族の祖国とみなす記述があるではないか。また、「私はモンゴル人であることを誇りに思う。歴史を誇りに思うと同時に、現状を悲しんでいる」と書いている。「ある民族が他国において、どんなに平等な地位を与えられたとしても、独立国には及ばない」ともあった。どれも、「確固たる民族分裂主義的な思想だ」と認定された。

文化大革命の嵐が内モンゴル自治区を席巻した歴史を語る時に、内モンゴル大学のバト副学長の遭遇を書かざるを得ない。バト副学長は一九六八年四月から自由を失っていた。内モンゴル軍区政治部副主任のボインジャブが四月二四日から連続一八時間にわたって拷問にかけられて、バトら三〇数人を「民族分裂主義者のメンバー」として自白した からである（図們 祝東力 1995,141）。夏の七月二二日に、内モンゴル大学「八一戦闘隊」は「バトとジェブのグループに警告を発した」との批判文を配布した（楊 2015a,1143-1144）。

内モンゴル大学の創立以来の一〇年の歴史は、階級闘争の歴史である。二つの階級間の闘争は非常に激烈である。早くも創立当初から、ウラーンフーとハーフンガ、それにトグスらは大学を反党叛国の基地にしようとしてバトとトブシンのような奴らを配置した。

内モンゴル大学は一九五七年に創設され、ウラーンフー自身が学長を兼ねていたが、実務はバトやトブシンら東部

324

出身の知識人たちに任せていた。東西の地域間の対立を凌駕して自治区を発展させようとした布陣である。そのことが、中国政府と中国人の目には、「ウラーンフーには明暗二つの陣営、即ち西の延安派と東の偽満洲国の内モンゴル人民革命党員たちだ」と映ったのである。どちらも実質上のボスはウラーンフーだとされたのである。

「ウラーンフーとハーフンガ、それにトグスの決死隊員であるバトを揪みだして見世物にせよ」と内モンゴル大学の「井崗山八一戦闘隊」は一九六八年一月一〇日に『教育戦鼓』紙上でそう呼びかける（楊2015a,1133）。バトの「罪」は以下の通りである。

ゴルロス前旗に生まれたバトは、一九四二年に日本が作った「偽満洲国」の新京工業大学に入った。彼はその時から「日本の走狗にして大蒙奸ハーフンガに追随して、モンゴル復興という反動的なスローガンを掲げて、トグスと共に日本のスパイとなった」。日本が満洲から去った後、バトはハーフンガから指示されて、内外モンゴルを合併させようと活動した。「ヤルタ協定」で統一の情勢が不利だと分かると、モンゴル人民共和国の軍人たちに示唆されたバトは、「トグスと共に悪名高い統一を求める署名運動を展開し、民族分裂主義的活動の先頭に立っていた」。

中華人民共和国になった後、トグスらは、内モンゴル大学は重要な世論形成の陣地だと分かり、バトを副学長兼党委員会副書記に任命した。バトは「民族分裂主義者にしてモンゴル修正主義国家のスパイ」であるブレンサインを副学長兼講師として採用した。また、彼が教えた学生のプルブーは一九六二年にフルンボイル草原から外国へ逃亡した。一九六四年になると、バトは更に作家のオドセルとマルチンフー、詩人のナ・サインチョクトらを庇って、社会主義教育運動を乗り切った」。マルチンフーの名作『茫々たる草原』を絶賛していたのも、バトの「罪」だと中国人という。批判文は以下のように位置づけている。

テムールバガナとバト、ゴンガーとムレン、サインウルジーと呼群らを批判闘争した大会の開催により、われわれは運動をウラーンフーとハーフンガ、それにトグスからなるブラック・ライン（黒線）を打ち壊す運動と結合できた。テムールバガナとバト、ゴンガーとムレン、サインウルジーとフチュンらがいかにウラーンフー

とハーフンガ、それにトグスから具体的な指示を受けていたかの事実が明らかになった。彼らが協同して進めてきた反革命修正主義と民族分裂主義的な活動の実態も解明できた。部下にリンチを加えれば、その上司の「罪」を吐く。上司の「罪」が確定すれば、「落水した走狗」どもの運命も決まる。すべて中国独自の断罪方式である。もはや、モンゴル人に逃げる道は用意されていなかったのである。

鮮血の代償と歴史の真相

内モンゴル大学の造反派組織で、「ブラック・ラインに属す者を抉りだして粛清する連絡センター」は「バト専案組」を作った。専案組とは、「反党叛国の案件を専門的に取り調べる組」グループの略称である(楊 2015a,1134-1140)。「バト専案組」は一九六八年三月八日、即ち国際婦人デーに「バトとハーフンガの醜悪な関係史」という文を公開した。ハーフンガとバトを内モンゴル人民革命党に入党させたのは、ほかでもない同党の最高責任者のハーフンガだった。トグスは一九四二年から若きバトを知っていたが、バトがそのずば抜けた能力を発揮したのは一九四五年八月一五日の直後だった。批判文はいう。

バトらは内モンゴルを祖国の大家庭から分裂させようと企んでいた。モンゴル人民共和国の軍隊が内モンゴルに入ったと聞くや否や、彼は早速、韓国盛と共にジャラン・アイル(扎蘭屯)からハイラルに行き、モンゴル軍の中校(中佐)と会い、内外モンゴルの統一合併を要請した。モンゴル軍の中校から指示を受けたバトはただちにウラーンホト(王爺廟)に走り、ハーフンガに会った。「内外モンゴルの統一は民意にかかっている」というモンゴル軍側の意図をハーフンガに伝えた。

「あなたは実に良いニュースを持ってきた」、とハーフンガは大いに喜び、そこから「悪名高い内外モンゴルの統一合併を求める署名運動を開始した」。その後、バトはまたハーフンガの命令に従って故郷ゴルロス前旗

戻り、反動的な上層人員のトテケチらと結託して反革命の武装勢力を作った。同年十二月、バトはハーフンガに追随して長春に入り、ソ連軍の少校（少佐）であるサンジェイに会った。サンジェイはブリヤート・モンゴル人で、内外モンゴルの統一合併を強く支持する人物だった。一九五七年に至るまで、サンジェイはまだハーフンガと結託していた。

日本が敗退した後の内外モンゴルの統一合併を目指す運動にバトが深く関与していた事実が暴露されている。繰り返し指摘するが、こうした歴史は文化大革命発動までは極秘とされていた。あたかもモンゴル人は最初から中国を熱愛し、中国人の支配を選んだ無能な輩のように教科書やメディアは宣伝していた。ここに至って、実は別の真相があったと明るみになっている。これも、政府が保管していた極秘の档案類を造反派の中国人に提供しない限りは、日の目をみることは絶対にできない真相である。モンゴル人は中国政府と中国人に断罪され、大量虐殺されるという鮮血の代償を払って、歴史の真相に接することができたのである。

同胞を中国人に売り渡す

内モンゴル大学の受難は続く。「（同大学講師で、言語学者の）チンゲルタイを揪（つま）みだせ」、と内モンゴル大学「井岡山」という造反組織は一九六八年六月二四日に『全無敵』誌に批判文を載せた。チンゲルタイは「人類の害虫」だとされている（楊 2015a,1141-1142）。

チンゲルタイはウラーンフー反党叛国集団の青写真を作った人物のひとりで、クーデターの推進者だ。……彼はまず徳王に追随して日本のファシストたちに跪拝した。それからまた大蒙奸のハーフンガに一時従い、最終的には現代の殿様のウラーンフーの陣営に加わり、親日反漢（チャイニーズ）、反党叛国の大モンゴル帝国の復活を目指して活動してきた。……このようなチンゲルタイがもし死んだふりをするならば、遠慮せずに極楽浄土へと彼を送ってやろう！

「極楽浄土へと彼を送ってやろう！」と右の文章は暴力を喚起している。チンゲルタイはウラーンフーが進めてきた「内外モンゴルの言語の面での統一政策」の立案者のひとりとされた。ここから、内モンゴル大学のモンゴル語科の出番が求められた。モンゴル人大学生たちに「政治的な立場を示せ」との利剣が首に突きつけられたのである。もし、父祖たちの思想に共鳴したら、たちまち粛清される運命にあった。内モンゴル大学モンゴル語科の学生は以下のような文を書かされた。

チンゲルタイは一六歳から蒙奸の徳王の傘下に入り、呉鶴齢の保護下で日本に留学した。抗日戦争に参加せずに日本に行ったのである。日本ではまた「モンゴル同郷会」に参加し、帰国後には裏切り者の孔飛の紹介で革命の隊伍に潜りこんで、ウラーンフーの私設秘書となった。ウラーンフーがキリル文字を内モンゴルに導入した際に彼はハーフンガと共に「文字改革委員会」の副主任になった。彼はその時からウラーンフーとあばた顔のエルデニトクトフ、それにハーフンガと結託して内外モンゴルの文字統一の為に犬馬の労を尽くしてきた。内モンゴルとモンゴル人民共和国は同じ民族で、同胞同士である。同胞同士で近代化の道を歩もうとして名詞と術語を統一させようとしていた事実が、モンゴル人の口から批判されたことになる。モンゴル人の「反党叛国の罪」はモンゴル人の口で暴露される、という中国政府と中国人の政治的な手法である。これによって、中国政府と中国人は正義の行動をしている、と演出しているのである。

文化財を共有した罪

中国人は実に細かい事例を発掘して、モンゴル人の罪証だと認定した。事実に即して民族分裂主義者たちを一掃している、との姿勢である。一九六八年五月二三日、『新文化』紙は「テムールダシ事件と『アルタン・ハン伝』紛失事件からエルデニトクトフの反党叛国の罪行をみよう」との文を公表した（楊 2015a,1145）。以下はその一部である。

一九五六年、国際的に修正主義思想が氾濫していた頃に、ひとりの神妙な人物がモンゴル修正主義国家からこっそりと祖国の北部辺境の内モンゴル自治区に潜伏してきた。テムールダシだ。このテムールダシは、元々はチャハル盟鑲黄旗の出身で、徳王に追随して日本帝国主義の走狗になり、偽蒙彊政権の印刷廠の廠長をつとめていた。日本のファシズム制度が崩壊すると、彼は人民の制裁を畏れてモンゴル修正主義国家に逃亡したが、今度またモンゴル修正主義国家の指令で潜りこんできた。……このテムールダシはモンゴル修正主義国家のスパイだ。

内モンゴル自治区に帰ってきたテムールダシを言語学者で、言語工作委員会の責任者だったエルデニトクトフは臨時の職員として採用し、モンゴル語の古典や写本類の整理を依頼した。テムールダシは駐フフホト市のモンゴル人民共和国の総領事館の外交官らと接触し、一九五九年にモンゴル人民共和国の著名な学者のナチュクドルジが内モンゴルを訪問した際に、年代記の『アルタン・ハン伝』や『白史』などを渡したという。これが、「わが国の文化財の紛失事件」である。研究者同士が行き来し、モンゴル民族として共有してきた年代記を閲覧したことが、「中国の文化財を盗んだ」と批判されたのである。モンゴル民族の文化財が中国に略奪されただけでなく、研究者の研究活動までスパイ行為だと歪曲されたのである。

政府の陰謀に抵抗したダウール人

モンゴルはその内部にさまざまなサブ・グループを抱え、多様性に富んだ民族である。ダウール・モンゴルと称していたが、後に中国政府によって独自の民族に作りあげられた。内モンゴル人民革命党創始者のメルセイをはじめ、大勢の民族主義者たちがダウール・モンゴルを単独の民族に認定し、モンゴルを分断させた。こうした政府の陰謀に抵抗していた人たちがいた。文化大革命になると、既に「ダウール族」になっていた人たちも

たモンゴル人と共に粛清され、虐殺された。安自治もそのようなひとりである。

一九六八年三月一八日、内モンゴル文化局の「毛沢東思想学習小組」と「一部の革命的な群衆」たちは「安自治を打倒せよ」との冊子を刷って、公布した（楊 2015a,1146-1165）。「ウラーンフーのブラック・ラインに属す者どもを抉りだし、その毒害を一掃する運動の中で、内モンゴル文化局の革命的な群衆たちは古参の民族分裂主義者の安自治を揃みだした。これは、素晴らしい革命的な行動である」、と批判文は始まる。

安自治はダウール族だ。一九二九年に生まれ、偽満洲国の興安軍官学校で日本帝国主義の訓練を受けていた。日本が投降した後は、一九四五年一一月に大蒙奸にして大物スパイのハーフンガらに追随して、王爺廟ことウラーンホトの内防隊に入った。一九四六年にはフラルキという地において内モンゴル自衛軍第五師団の教導団に入隊し、戦士から小隊長を経て、ウラーンフーが校長兼政治委員をつとめる内モンゴル軍政大学に入学した。区隊長と隊長を歴任し、内モンゴル人民革命青年団のフルンボイル盟書記となり、一九五四年から「中ソ友好協会」の副秘書長兼「抗米援朝分会」副秘書長となった。一九五五年からは内モンゴル党委員会国際活動指導委員会副秘書長と対外交際処副処長になり、三回も外国を訪問し、ウラーンフーとハーフンガの為に反党叛国の活動を繰り広げた。ウラーンフーが一九六五年からクーデターの準備をはじめた時には彼を内モンゴル芸術院院長兼書記に任命し、ウラーンフーとハーフンガの世論陣地のボスとして、党の文藝、財政、文化の権力を簒奪した。

安自治は一九五〇年に内モンゴル人民革命青年団の団員でもある。……

以上が安自治の「反革命的な略歴」である。

安自治は他のモンゴル人と同じように、「悪意で以て共産党の対少数民族政策を攻撃した」という。例えば、一九五七年二月一五日には「内モンゴルには民族問題が存在し、少数民族は大事にされていない。中国語ができないモンゴル人には何の仕事も回ってこないし、同化されている」と発言し、中国人を内モンゴルに移民させる政策にも反対して

写真52　一九五〇年代後半のモリン・ダワー・ダウール族自治旗。著者蔵。

いた。

一九五五年から共産党中央がダウール・モンゴル人の居住地に調査団を派遣して単独の民族として認定しようとしたが、安自治はこれに反対した。安自治らの抵抗も無駄に終わり、党中央は一九五六年に正式に内モンゴル自治区東部のフルンボイル盟の中で、「モリン・ダワール・ダウール族の自治旗」を設置した（写真52）。

ところが、いざ自治旗の範囲を画定しようとした際に、「安自治は大ダウール族自治州」を作ろうとした。自治州は自治旗よりも範囲が大きいからだ。「安自治は狭い自治旗という設定に不満で、ウラーンフーらと結託して、フルンボイル盟と隣接する黒龍江省の広大な領土を略奪して内モンゴルに併合し、大モンゴル自治区東部の版図を拡大しようとした」（図26）。ダウール人は内モンゴル自治区東部のフルンボイル盟だけでなく、隣接の黒龍江省にも分布していた。政府が新たにダウールを一つの民族として認定するならば、小さな自治旗ではなく、民族全体をカバーした、より大きい自治州のほうがいいと安自治は主張した。ダウールは元々モンゴルの中の一サブ・グループであるので、自治州も当然内モンゴル自治区の管轄下に入るべきである。このような正当な主張が、「大モンゴル帝国の版図開拓」の罪とされたのである。

ダウール人も日本とソ連のスパイ

図26 犬のように描かれたウラーンフーは隣接する省から領土をもぎとった、と風刺する漫画。

「安自治も日本のスパイだ」と中国人は断罪する。「早くも一九四一年の偽満洲国時代に、大蒙奸たちは民族と祖国を裏切り、黒龍江省のダウール人をフルンボイルのモリン・ダワー地域へ移住させようとしていた。これは、反動的な移民だ」、とダウール人の移住を日本統治時代の政策と結びつける。一九四五年に日本が撤退した後には「ソ連修正主義者と内モンゴル人民革命党がまた五つの旗からなる聯合自治州を作った。ダウール族の共和国を設置してから、最終的には内外モンゴルを合併させようとした運動だった」、と批判する。「民族と祖国を裏切る行動」に安自治は関与していた。このように、モンゴル内部のサブ・グループが日本統治時代とその後に取った独自の民族自決の行動がすべて「祖国を裏切った罪」だと歪曲されている。

安自治は「(ら)立場を悪用して、ソ連修正主義者に情報を提供し続けてきた」とされる。例えば、一九五六年にモスクワ大学地理学部の教授が内モンゴル自治区を訪れた際に、安自治はハーフンガの指示に従い、地図と人口調査の結果、民族の構成と公有化の進捗状況に関するデータを「媚びるような笑顔をして渡した」。一九六五年十二月にフフホト市で「ダウール族言語文化研究会」が開催された際にも、「ソ連のスパイであるトダイェワを招待し、民族分裂主義的な活動を進めた」と断じている。中ソ関係の悪化が、モンゴル人粛清の口実に利用

されていたのである。というのも、同胞の国、モンゴル人民共和国はソ連と特別な関係にあったからである。安自治は右で挙げたさまざまな「罪」を冠されて、一九六九年に中国人に殺害された。三九歳だった。

図27 李貴を批判した冊子の表紙。「貴」という字をわざわざ逆さまに書いて、侮辱している。李貴は漢人であるが、それでも彼に冠された罪は「民族分裂主義」であるので、内モンゴルの文化大革命がジェノサイドであった性質を物語っている。

「漢奸」裁判

中国人でありながら、先住民のモンゴル人に敬意を示し、政府の対少数民族政策を着実に進めようとした人がいた。李貴である。モンゴル人は李貴を「星群の中の月」(odun daturakhi sar-a) と呼ぶ。ひとりしかいないとの意である。

中国政府と中国人は李貴を「モンゴル人に媚びた漢奸」だと批判する。では、李貴とは中国人はどんな人物で、どのように「漢奸として民族分裂主義的な活動」を繰り広げたのだろうか。

一九六八年七月二三日、「フフホト市革命委員会大会戦指揮部」が「反革命修正主義にして民族分裂主義分子の李貴の罪行に関する資料選」を印刷して公布した（楊 2015a, 1218-1231・図27）。資料選によると、李貴は一九一五年一一月にウラーンチャブ盟固陽県の地主階級の家庭の四男として生まれた。父親は「反動的な国民党軍の軍官」だった。一九三一年、小学校五年生だった李貴は「犬よりも質の悪い蒋介石の国民党に入り」、後に一九三七年八月には傅作義の第七集団軍の軍

333　第八章　モンゴル人の祖国はどこ？

写真 53 天幕の前で毛沢東の著作を学ぶふりをするモンゴル人児童たち。著者蔵。

政処で訓練を受けた。「一九三八年には共産党員となったが、相変わらずマージャンに興じたり、買春したりしていた」。一九四七年から中国共産党は各地で地主階級を殺害する土地改革を実施していたが、李貴は「搾取階級に同情していた」という。

社会主義時代になると、一九五七年から李貴はウラーンフーによって自治区林業管理局の書記兼局長に抜擢された。彼はこの時期から「その主人のウラーンフーの為に反革命の民族分裂主義の政策を押し進めた」。一九六四年八月になると、ウラーンフーは李貴の才能を高く評価し、足元のフフホト市党委員会の第一書記に任命し、モンゴル人陳炳宇市長と共に民族政策が着実に執行されるよう指示した。ウラーンフーの政策に理解を示した李貴はモンゴル人幹部を抜擢し、「元国民党員」も含めた幹部四二名を連れてフフホト市に転勤してきた。彼は何よりもモンゴル語の学習を重視した。「李貴はなんと、自治区であるいじょう、みなモンゴル語を話すのは必要最低限の条件だとして、幹部たちにモンゴル語の習得を強制した」のである。それだけではない。「小学生たちにも週に二〜三時間のモンゴル語の授業を設けて、毛主席の著作を学ぶ機会が奪われた」（写真53）。

「モンゴル人に媚びる漢人は万死に値する」

中国政府は一九六五年八月から社会主義教育運動を発動し、階級間

334

の闘争を強調していた。ウラーンフーは自治区における対少数民族政策が順調に進まないのは、中国人が大漢族主義的な思想を持っているからだ、と認識していた。その為、「反大漢族主義」こそが自治区における社会主義教育運動の主な任務だと決定した。かくして、「党中央の政策がウラーンフーによって歪曲された」が、李貴はウラーンフーの指示に従い、以下のように発言していた。

　私たちのフフホト市は二、三〇〇年も前からモンゴル人の土地だ。今、ここに漢族がいるのも後から入ってきただけだ。私たち漢人は他所から来たに過ぎないし、私たちの祖先もモンゴル人に敬意を示さなかったので、モンゴル人たちもみな逃げてしまった。例えば、トゥメト旗は歴史上モンゴル人と漢人との紛争が激しかった地である。漢人が政権を握ってきたので、少数民族は抑圧されてきた。……
　漢人は少数民族を理解しなければならない。これは、感情の問題だ。男が女を理解するのは難しいだろうが、女が男を理解するのもまた困難なものだろう。だから、少数民族の人たちも漢族は理解しにくいと思っている。共産党の対少数民族政策もどんなものなのか、まだモンゴル人は躊躇してみている。

このように、李貴は分かりやすい比喩を使って、先住民には敬意を払い、少数民族政策を堅実的に進めようと中国人に呼びかけていた。このような行動が「民族分裂の罪証」となったのである。「野蛮人にして立ち遅れた少数民族の言語」を学ぶなんて、中国人の人生哲学にはない概念である。その為、「李貴は狂ったように毛沢東思想に反対したので、万死に値する」、と中国人に断罪されたのである（楊 2015a,1232）。

内モンゴル自治区における文化大革命中の大量虐殺はジェノサイドである、とモンゴル人は理解している。極少数だが、中国人も殺害された主張は、「大量虐殺の被害者の中に中国人即ち漢族がいなかった」ことを意味しない。上で紹介した李貴のような中国人に冠された罪も「民族分裂主義者」だという事実を社会主義流の言葉で表現したことであることである。これは、「漢人でありながら漢族を裏切った漢奸だ」という事実を社会主義流の言葉で表現したことである。注意しなければならないのは、上で紹介した李貴のような中国人に冠された罪も「民族分裂主義者」だということである。これは、「漢人でありながら漢族を裏切った漢奸だ」という事実を社会主義流の言葉で表現したことである。他民族の自決権に理解を示せば、漢奸即ち民族分裂主義者とされる危険性が常にある事実と真実を物語った実例である。

335　第八章　モンゴル人の祖国はどこ？

である。内モンゴル自治区において、何人かの中国人も批判され、殺害された。ただ、そのような極少数の中国人の死亡の性質が万里の長城以南の中国人とは根本的に違うことを読者は認識しなければならない。さもなければ、「内モンゴル自治区でも、中国人もモンゴル人と同様に林彪と四人組からの被害を受けた」とすり替えられて、ジェノサイドの性質を隠蔽してしまう危険性がある。

勝利の女神は中国の味方

中国政府は全国の文化大革命を推進する為に、「反修正主義の前哨基地」である内モンゴル自治区における辺境防衛を固める必要があった。背後の地に異民族が陣取っていては安心できない。その異民族の一部は「革命根拠地」の延安に滞留していたとはいえ、ボスのウラーンフーはモスクワで訓練を受けているので、中国人よりも自身を真正な国際共産主義者だとみていたし、彼の同胞であるモンゴル人も同様な認識を有していた。しかも、延安派は毛沢東ら南国出身者が追放した陝西省北部出身の「高崗反党集団」と「結託していた」。南方組が北方組の根拠地を乗っ取っただけでなく、その指導者も殺害したという不名誉な歴史を封じこむ為に、延安派の避難地たるオルドス高原から粛清の号砲を打ちあげたのである。

延安派は「根本から紅い」と自負しても、人は「偽満洲国」出身者が圧倒的な多数を占める。「日本帝国主義の走狗」だったモンゴル人たちはウラーンフーに「懐柔」されていた。東部出身でありながら、西部のウラーンフーの下に結集した「二つの顔を持つ連中」が次のターゲットにされたのである。そして、最終的には「日本刀を吊るした奴ら」からなる東部のエリートたちも倒されていく。文化大革命が終了を宣言されると、モンゴル人が歴史的に住み続いてきた地域にはもはや自己主張できる人材は残されていなかった。良識ある中国人「漢奸」も完全に消された。モンゴル人を敵視し、差別する中国人だけが正統な支配者として残ったのである。こうして、内モンゴル自治区における民族問題には永遠に解決できない政治的構造が固定されてしまったのである。そして、モンゴル人の祖国はどこな

のか、との問題もまた、未解決のまま残っているのである。

終章　内モンゴルの中国文化大革命の現代史的意義

毛沢東の死去に伴い、文化大革命は一九七六年に幕を閉じた、と中国政府は宣言した（写真54）。しかし、文化大革命的な統治手法は少数民族地域からいっこうに立ち去らない。国際社会との紛争も文化大革命期の対外干渉を彷彿とさせる今日である。文化大革命発動五〇周年にあたる二〇一六年現在、あらためてモンゴル人の民族自決と中国流の「対日清算」の意義について思考する必要があろう。

一　不名誉な「名誉回復」

「帽子を取り外す」という軽薄な「名誉回復」

一〇年間も暴力と混乱が続いた後の中国は一九七七年一二月二〇日に「第二回漢字簡略化案」を公開した。幇という字を邦に、街を丁に、部を卩に、舞を午のように簡略化する案である。長期間にわたって教育らしい教育を実施せずにひたすら政治闘争に明け暮れた結果、元々文盲率の高かった中国人がいっそう字が読めなくなった現実への対策である。社会主義は人類の最も素晴らしい制度であると鼓吹してきたにも関らず、文化と教育の水準は一九四九年以前よりも後退していたことが自明の事実となった。そこで、政府は書写と判読が難しいとされる漢字を簡略化して漢族人民の教育レベルをアップしようと改革に踏み切ったのである。

写真 54　毛沢東の死去を弔うオルドス高原のモンゴル人。

こうした背景の下、「中央组织口（部）・中央宣传口・中央统战口・公安口・民政口」が合同で一通の報告を一九七八年八月二五日にウラーンフーに提出した（楊 2016a,867-882）。この時、モンゴル人のウラーンフーは既に部分的に復活し、一九七七年六月二日に中共中央統一戦線部部長に任命されていた（王樹盛 2007,539）。報告書のタイトルは「右派分子の帽子をすべて取り外すことに関する党中央の実施法案」である。まもなく、この報告書は中共中央文件として、「中発一九七八・五五号文件」として全国に配布された。

「右派の帽子」とは、知識人に突き付けられた「罪」や「証拠」の比喩である。政治運動を発動して他人を断罪し、人生を左右した「罪なる証拠」を軽薄に帽子に譬えているところに、中国共産党の人権無視と人命軽視の本質が現れている。少なくとも一八〇万人もの被害者が出たのに、あたかもこれほどの知識人とゲームでも楽しんでいるかのような感覚で、その名誉回復のことを「帽子を取り外す」と表現している。使われている簡略文字が下品なだけでなく、政治姿勢そのものが軽薄である。文件はいう。

一九五七年に偉大な領袖と導師である毛沢東主席自らが発動し、リードした反右派闘争は、政治戦線と思想戦線における偉大な社会主義革命だった。毛主席も「この戦いを制しなければ、社会主義建設は成功しない」、とおっしゃった。反右派闘争の偉

大な勝利により、無産階級の政権は強化され、わが国の社会主義革命と社会主義建設の事業も促進された。このように、反右派闘争そのものは正しかったと位置づけてから、「右派たちの帽子を取り外す」と決定している。右派の「帽子」をもっと早く「取り外す」べきだったが、「反革命集団の四人組に阻害されたので、遅々として進まなかった」と嘘をついている。実際は、毛沢東の死後に最高権力者の座に就いた鄧小平が名誉回復に反対していたからである。一九五七年の反右派闘争も鄧小平が毛沢東の指令に従って推進していたのである（劉賓雁 2007,75-76）。

「右派の帽子を取り外す」措置と証拠隠滅

党中央からの「五五号文件」が届いたのを受けて、内モンゴル自治区党委員会も一一月末に会議を開いて右派の名誉回復に関する意見をまとめた。「民族右派」も普通の右派もすべて党中央の規定に沿って名誉回復すると強調されている。一二月三日、自治区党委員会書記に昇進した中国人の王鐸が「重要な講話」を発表した。王鐸も「まず毛沢東主席自らが発動し、リードした反右派闘争には偉大な意義があった」と繰り返し強調している。その上で、「わが自治区には三〇〇〇あまりの右派がいたが、既に二〇〇〇人くらいの帽子を取り外した」と進捗状況を示している。一二月二〇日、自治区党委員会は正式に「党発・一九七八・一一八号文件」を各地に通達した（楊 2016a,883-91）。

一一八号文件によると、内モンゴル自治区で一九五七年に合計三九三四人が右派として打倒されたという。その後は文化大革命期に入り、名誉回復作業は一九五九年から一九六四年の間に、一九六〇人に対して名誉回復を実施した。文化大革命が終息してから、党中央の指示に従って、残り一九七四人の「帽子」も完全に取り外したという。文件はまた一九五七年に知識人たちを右派として断じた際の内幕を暴露している。例えば、「林彪と四人組」によって阻害されて中断した。強制的に動員させられて「党に心底のことを話した（向党交心）者」も右派に認定された事実もあった。また、単にフルシチョフのソ連と中国やユーゴスラビアとの国際関係について意見を述べた者も右派とされた。

内モンゴル自治区はまた「帽子を取り外す事務室（摘帽子弁公室）」を設けて善後措置を講じた。名誉回復、という非

常に責任重大な政治的な決断を担当する部署の名称にもまた俗称の「帽子を取り外す」という表現を使っていることから、中国共産党にまったく誠意がない事実が示されている。一九七九年二月一五日に、「自治区帽子を取り外す事務室」も二号文件を配布し、右派とされた人物たちに対する名誉回復作業の具体的な対応を示している（楊 2016a,912-917）。右派とされた者の給料を遡って支給することなどの内容である。

注目しなければならないのは、この文件が第一四項で「右派の档案をすべて廃棄する」と決めていることである。これは、中国共産党が一貫して堅持してきた「優良伝統」の一つである。「档案の廃棄」は証拠隠滅を指す。内モンゴル自治区だけでも、後に文化大革命中にジェノサイドが発生したのを受けて、政府は大量虐殺に関する「資料を残してはいけない」と繰り返し命令を出していた（楊 2009a,60-61）。実際、後日になって被害者が政府に陳情し、加害者を法的に処罰するよう求めた際は、すべて「証拠不十分」で何ら措置が取られなかった。加害者の政府が「档案を廃棄」しているのだから、証拠があるわけがない。

自治区末端の右派たちの実態

内モンゴル自治区の末端の行政組織はまたどのように右派とされた人たちの名誉回復を実施しただろうか。

一九七九年四月二三日、「自治区の帽子を取り外す事務室」は四四号文件を配布して、「生活が困難な者に対する補助金」の額について決定している（楊 2016a,942-944）。「（最も困難な者に支払う）補助金の最大額は本人の給料の三カ月分相当」と細かい数字を示している。また、農村に追放されて都市戸籍を失った右派は、その都市戸籍の復活が認められている。自治区政府の一連の「帽子を取り外す」作業に着手した。トゥメト左旗は一九七八年一一月一四日に通知を旗内の各人民公社に出して、右派たちの「帽子を取り外す」作業に着手した。トゥメト左旗革命委員会が残した記録では、同旗の右派は三七人に上ると書いてある（楊 2016a,945-948）。そのうち、沙高営人民公社には馬烈武、ビケチ（畢克斉）人民公社には張耀恒などのような右派がいた。馬烈武は一九七九年五月二一日に旗の責任者「梁同志と郝同志」宛に

写真 55　紅小兵と呼ばれていた少年たちからなる政治集会。ここでもモンゴル人批判の怒号が発せられた。著者蔵。

手紙を送って、名誉回復を訴えた（楊 2016a,950-952）。自分がわけも分からず「右派」と「流氓」にされた経験を綴っている。

一九七九年一〇月六日、張国政という人物がトゥメト左旗文教局の指導者たちに書簡を送付し、父親の張耀恒と自身の被害について報告している。張国政によると、父親の張耀恒は一九五八年二月に「右派も俺の友達だ」と発言しただけで「思想的に反動的な右派」とされたという。父親が右派とされると、チャースチ中学校の学生だった張国政も教師が主催する批判闘争大会で吊るしあげられたという（写真55）。まもなく奨学金の支給も停止し、退学してフフホト市建設局に就職する。しかし、建設局でも父親の「右派問題」が発覚した為に、郊外に追放されて強制労働に従事させられた。このように、未成年者も右派に連座して被害を受けていた実態が報告されている。

大学も地方に追放されていた知識人たちを呼び戻そうと動いた。一九七九年二月二〇日、内モンゴル大学党委員会はトゥメト左旗文教局に書簡を送り、一九五八年にトゥメト左旗に追放した「魯藝生同志の名誉回復」を伝えた。これを受けて、トゥメト左旗も三月一五日に魯藝生の「帽子を取り外した」（楊 2016a,949）。このように、一九五七年に右派とされた知識人たちは二二年の歳月を経て、漸く名誉が回復されたのである。実際には名誉が回復された後でも、日常的には「帽子を外された右派」（戴帽子右派）と人々に呼ばれていた。私が一九八〇

年代初めにオルドスの高校に通っていた時、教師陣の大半は大都市から追放されてきた「帽子を外された右派ども」だったことを覚えている。

虐殺と自治権の剥奪

「右派の帽子を取り外した」後に、大量虐殺を経て生き残ったモンゴル人に対する政府主導の限定的な「名誉回復」も実施された。一九七八年からのことである。中国政府は内モンゴル自治区で展開されたモンゴル人ジェノサイドの全責任を毛沢東の未亡人をトップとする「四人組」と林彪将軍に帰して清算した。実際、江青夫人も林彪将軍も内モンゴルの民族問題とはほとんど無関係である。

虐殺すべきモンゴル人のリストを作成したのもモンゴル人の作家、ウラーンバガナだとでっちあげられ、その作家はスケープゴートにされた。ウラーンバガナは反右派闘争期には積極的に意見を陳述していたし、文化大革命中も政府寄りの立場を取った。選ばれた作家ウラーンバガナは「ジェノサイドの犯人」として被告席に立たされたが、中国政府と中国人の責任は一度も問われることはなかった。中国人によるモンゴル人ジェノサイドは「モンゴル人同士の内紛劇」にすり替えられ、虐殺の先鋒をつとめた中国人も道徳的な調停役に変わった。国内諸民族の不満を抑えきれなくなったので、名誉回復と同時にベトナムに侵攻し、「打倒民族分裂主義者」のスローガンも「打倒ベトナム」に変更した。これが、中国流のジェノサイドに対する善後措置だった。私は以前に二冊の「被害者報告書」を公開し、それぞれ人民公社の一般農民と内モンゴル軍区の将校たちの受難の実態を明らかにした（楊 2013a,2014a）。人民公社の農民はウラーンフーの故郷である西部のトゥメト地域に住み、解放軍の将校たちは旧満洲国の邦政権内のモンゴル人からなる。共産党が「解放区」と称賛する西部と、「偽満洲国」や「偽蒙疆政権」などと蔑称する中東部にそれぞれ暮らすモンゴル人は、どちらも悲惨な運命を辿った。中国政府と中国人が推進する大量虐殺を経て、モンゴル人は先祖代々から住んできた土地を失い、侵略者の中国人に占領された。モンゴル人将校は軍権を永遠

に喪失し、独自の軍隊も解散された。中国政府と中国人がどんなにモンゴル人を虐待し、抑圧しても、同胞を暴力から守る武装勢力がなくなったのである。ここから、あらゆる権利を喪失した有名無実な「区域自治」が定着して今日に至る。

二　ジェノサイドのインターナショナルな背景

世界に知られなかった大量虐殺

大規模なジェノサイドが断行されていた事実を同時代の世界は知らなかった。日本に限っていうならば、内モンゴルの文化大革命について報道した唯一の記事は中国政府の対日プロパガンダ誌『人民中国』（日本語版）一九六八年三月号の「赤い太陽は内蒙古草原を照らす！」だった。既に前年一九六七年一一月に内モンゴル自治区革命委員会が成立し、北京から派遣されてきた毛沢東の側近、滕海清将軍が解放軍を指揮して殺戮を各地で開始していた時期である。記事は「広びろとした美しい牧場」と「無辺の荒野と砂漠」で「歴史に前例のないプロレタリア文化大革命の嵐」が「反修正主義の前哨である内蒙古」に「大きな変化」をもたらしていると伝えていた。このような資料を参考にした大林洋五は、中国の「模範的な自治区内モンゴル」の指導者層は「親日の傀儡政権」の旧役人か、「ブルジョアもしくは農奴主」であったために「勤労人民」に打倒された、と理解している。「少数民族に対しては、革命後初期は甘い政策をとっているが、だんだん辛くなって大民族中心主義になる」という言葉がソ連側からいわれ、中国も段々そうなってきているという解釈がある。しかし、「文化大革命は何よりも官僚支配の打破を目的としており」、少数民族の政府に対する求心力もますます強くなってくるだろう、と天真爛漫な空論を展開している（大林1969,18-29）。それでも、大林が中国の民族問題はソ連と連動していると考えていた点は評価できよう。「生半可な中国通の日本人は、モンゴルに対する誤解を増幅さ内モンゴルの文化大革命を無条件で礼賛した現象を

せることになってしまう」、と研究者は論じる。ここでいう「誤解」とは、「中国の少数民族問題について、それを問題として捉える目差しや認識枠組みの欠如」を指す（馬場 2014,4,240-241）。文化大革命を称賛することによって、近代日本の歴史を批判しようとした精神は、戦後日本の進歩的知識人に共通する病理の一つであった。ついでに指摘しておくが、同時代の台湾の研究者は、中国辺境で文化大革命に起因する動乱が生じ、かつてない規模で中国人の植民が推進され、同化が強制されていると分析していた（楊 2011a,6-9）。台湾の資料を活用した欧米の研究者も同様の結論を下している（Heaton 1971, pp.2-34）。しかし、国民党政権を「反動的」だとみて中国共産党に心酔する日本の多くの研究者はそうした客観的な論考を意図的に無視し続けてきたのである。

では、中国政府と中国人は何故、モンゴル人をジェノサイドの対象にしたのだろうか。世界に隠蔽され続けてきたモンゴル人大量虐殺事件を研究する現代史的な意義はどこにあるのだろうか。世界の文化大革命研究はまだ北京や上海といった大都市での展開形式に注目する形で進められているし、中国人の営為からすれば辺境とされる少数民族の故郷で展開された文化大革命の国際的な背景を概説する。その上で、本書は最後に、中華からすれば辺境とされる少数民族の故郷で展開された文化大革命の国際的な焦点が集まっている。本書は最後に、北京からの文化大革命が国境を越えて「インターナショナル革命」の変奏曲として広

⑬　文化大革命研究の重点が政治の中枢である北京に置かれ、中国人即ち漢民族についての記述に終始している事例を端的に示すのが、最近のロデリック・マクファーカーの『毛沢東　最後の革命』(*Mao's Last Revolution*, 2006, 日本語版は朝倉和子訳、2010）であろう。同種の著作の出版は、世界とりわけ欧米の研究者がまだ北京から世界に波及していった文化大革命の性質を完全に理解しきれていない現状を現しているといえよう。日本の研究者は独特な対中配慮から文化大革命探求とりわけ少数民族の文化大革命に冷淡である。アメリカでは近年チベットの文化大革命に関する著作も現れてきたので、私はそれを日本に紹介している（ゴールドスタイン著・山口周子訳・楊海英監訳『チベットの文化大革命』2012）。

がっていった側面についても分析を加える。

民族自決運動の奔流

モンゴル人が中国政府と中国人の暴力の犠牲となったことで国際的な背景は二つある。一つは二〇世紀初頭からアジアで奔流となった民族自決運動にモンゴル人も自発的に加わったことで、もう一つは一九六〇年代から激化した社会主義陣営内部の思想的対立である。この二つの現代史が重なって中国を巻きこみ、ついにはジェノサイドの発動という最も破滅的な災禍がモンゴル人に降りかかったのである。

近代日本に淵源する大アジア主義的思想は西洋列強の駆逐を目標に掲げていたが、モンゴルとチベット、それにウイグルの三民族は他の諸民族と異なっていた。この三民族は西洋列強よりも、アジアの古い帝国シナからの独立こそが民族自決の手段と目標であるとして闘争を開始した[14]。それは、歴史学者の岡田英弘が指摘しているように、一九一二年までの東アジア大陸の覇者は満洲人の清朝であって、中国人が夢想するところのシナ（China）ではなかったからである（岡田 2014,1-3）。満洲人とその同盟者のモンゴル人が中国人の民族革命の対象とされ、「駆逐すべき韃虜」と認識されるようになる[15]（楊 2015b,1-7）。それは、諸民族が古くからシナ（Janagh）と呼称してきた帝国もおのずから民族革命の対象と なる、中国人が当初から中国人の民族国家の建立を声高に唱えていたし、その後もあることに中国人への同化を強制してきたからである（楊 2013b,c）。

モンゴル人は日露戦争が自分たちの故郷で繰り広げられた時からロシアと日本という二つの近代国家に遭遇した。そして、西と南東から現れた二大帝国こそが自分たちの推進する中国からの独立を獲得する最大の支持者だと理解し、積極的にロシア人と日本人の力を利用しようとした（札奇斯欽 1985,42-43）。モンゴル人は大勢の青年を日本に留学させたし、ロシア人の学校にも入った。一九三一年に満洲事変が起こるまで、日本人もモンゴル人に「蒙古独立」を

346

約束していたし、「蒙古人」もそれを疑わなかった。日本に留学していたモンゴル人青年らが組織したのは「蒙古独立軍」だったが、満洲国が誕生すると、その軍隊の名称も直ちに「蒙古自治軍」に改められた（正珠爾札布 1990,131-133）。満洲国は清朝の支配民族だった「満洲人」の国ではなく、五族協和の看板を掲げていたが、それでもモンゴル人の居心地は悪くなかった。伝統的な遊牧生活を維持しながら、大興安嶺の名が冠された興安四省において、独自の軍隊を擁しての高度の自治が保障されたからである。何よりも、民族革命の目標としていた中国人との決別が部分的に実現できていたからである。

チンギス・ハーンの直系子孫である徳王が一九四二年八月に建てたモンゴル自治邦も同様だった。徳王は次のようにモンゴルと中国との関係を位置づけていた。「モンゴルは征服された民族ではない。モンゴル人と満洲人との関係も同盟に過ぎない。満洲人の清朝を中華民国が継承しようとするならば、この歴史をも受け継がなければならない。当然、モンゴル人は自治を求めていく」（札奇斯欽 1985,98）。

サムライたちをモンゴルの草原から一九四五年八月に追い払ったのはロシア人と、彼らの援助で独立を果たして

---

(14) モンゴル学者のリ・ナランゴアらは大アジア主義思想とモンゴルとの関連について論じた時に、モンゴルと他の諸民族との違いについて述べている（Li Narangoa, and Robert Cribb, 2003,1-22. リ・ナランゴア、二〇一三、一四六―一六三頁）。私は同様な指摘はチベットとウイグルにも当てはまると主張したい。

(15) 岡田英弘は次のようにシナについて定義している。「もともと、英語の〈チャイナ China〉に対応する日本語の〈シナ（支那）〉だった。ところが、第二次世界大戦後、日本を占領下においてGHQの命令と、日本人自身の過剰な自己規制により、すべて〈中国〉に言い換えてしまったために、その後、嘘が拡大して今日に至った」（岡田 2014:2）。私が一九七〇年代に中学校で習った中国の教科書でも、文豪魯迅も支那と表現していた。中国をシナと呼ぶモンゴル人の考え方と魯迅の見方は同じだとみて良かろう。

いたモンゴル人民共和国のモンゴル人だった。これでようやく民族の統一が実現できる、と全モンゴル人が信じて疑わなかった。モンゴル人民共和国の指導者は「同胞の南モンゴル人を解放し、独立できた」と確信していた（Choibalsan 1953, 437）。南モンゴルの革命家たちも一九二五年一〇月に一度結成された民族主義の政党、内モンゴル人民革命党を復活させた。同胞の国との統一を求める署名運動を実施し、日本統治時代から組織された準国家体制を整えて、北のウランバートルへ帰順しようとした（楊 2010a,575-616）。しかし、対日敗戦処理の一環として結ばれた「ヤルタ協定」はモンゴル人の自決を葬りさった。密談が交わされたヤルタにはモンゴル人はひとりも参加していなかったにも関らず、他民族を勝手に分断する政策が大国同士の都合で決定されたのである。「近代のモンゴルは中国と日本の二重の植民地である」、と認識してきたモンゴルの知識人や政治家にとって、日本の敗戦と中国による南モンゴル占領は、片方の宗主国を追い払っただけで、もう片方の宗主国を永遠に残したことになる（楊 2013b,c）。

清朝が崩壊した以上、シナとは同盟以上の関係にならない。こうした見解に「南モンゴルは中国と日本の二重の植民地だ」との民族観も重なって、モンゴル人は自主的に日本を選んだ。「日本の方がよりましな奴隷主だ」と認識していたからである（楊 2009a,13）。しかし、戦後になって、中国人も日本人も意図的に「モンゴル人の対日協力」を誇張した。「モンゴル人は仕方なく日本帝国主義者に追随した」と中国人は「寛大な」微笑を見せて支配下のモンゴル人を宥めた。日本人もまた中国に対して反省するために、「モンゴル人を悪用した」と「責任」を認めた（札奇斯欽 1985,1-2）。恰もモンゴル人は最初から「シナの家来」であったかのような日本の無責任な豹変ぶりは、本当に反省すべき対象を見誤った行為であるというよりも、新たに形成された国際秩序への無節操な恭順を示すものであろう。

かくして、戦後体制の形成により中国の支配下に入れられたモンゴル人には二つの「原罪」が負わされることになった。満洲国時代の自決運動は「漢奸として対日協力した罪」となり、日本人が去った後の民族統一の運動も「祖国を分裂させた行為」と認定された（楊 2010a）。モンゴル人は中国人ではないにも関わらず、「漢奸」とのレッテルが貼

348

写真56　排外主義の思想で武装していた義和団を演じた寸劇。反清滅洋との旗印を掲げていた。著者蔵。

られて断罪されてきた事実をみれば、「漢(チャイナ)を裏切った対日協力と民族分裂主義」行為を中国政府と中国人は問題視していたことが分かる。部分的に獲得できた民族自決と中国人の結晶、即ちモンゴル人民共和国の独立についても、中国政府と中国人は今でもそれを「ロシアの陰謀」だと説く(『内蒙古革命史』編輯委員会 1978,12)。モンゴルの民族自決運動は最初からロシアや日本との連携により、古い帝国シナからの解放を目標としていた性質にその国際的な背景が内包されている。民族自決運動は二〇世紀を代表する奔流であったし、モンゴルのそれも例外ではなかった。

国際共産主義陣営内の対立と衝突

中国は古代から近現代へと不完全ながら脱皮しようとした際に、「反韃子(ダーツ)主義」と「反外国主義」という二つのナショナリズムを孕んできた(佐藤 2015)。韃子に代表されるシナ周縁の諸民族が満洲人の傘下に入って清朝の同盟者になっても、中国人は心底に排外主義を隠してきた。近代に入って海上から新たに出現した「紅毛碧眼の韃子」が大清帝国の玄関を叩いた時に、「無能」に映った満洲人は西洋列強と共に一掃される対象となった(写真56)。こうした中国人の排外的ナショナリズムは社会主義制度が確立した後も変わらなかったし、近年に発生した反日暴動もその延長である。中国人はモンゴル人や満洲人が万里

の長城を突破して南進した歴史を「夷狄侵華」だと位置づけるが、逆に自身がモンゴル草原に侵入したり、東トルキスタンに入植したりする行為を「正義に基づく国土開拓」だと呼ぶ（阿拉騰徳力海 2011,364）。歴史の相関性を否定し、極端な排外主義に代表される中国政府と中国人のナショナリズムこそ、一九六六年までのソ連と北京当局との国際関係を形作っていたのではないか。換言すれば、中国の排外主義政策と中国人の対外侵略が民族問題を国際化している（茂敖海 2003,2004）。

「インド反動派」と「匈奴の右腕」

中国政府と中国人の対外侵略が引き起こした最初の深刻な国際紛争は、建国直後からのチベット占領である。モンゴルと同様に清朝の崩壊後に独立を宣言していたチベットに対して国際社会は最初、熱心に承認する動きをみせなかった。イギリスとロシアとの駆け引きの結末である。その後、毛沢東政権が人民解放軍の侵攻を命じて、「チベットは祖国の懐に戻った」と宣言されると、アメリカをはじめとする国際社会はもはや打つ手もなくなっていた。一九五八年から中国政府は「土地改革」という美しいスローガンを掲げてチベット人の故郷を略奪して中国人農民に分け与えた。ダライ・ラマ法王は一〇数万人の国民を率いてインドに亡命した（楊 2014c）。以来、インドはソ連との関係を強化して、少し前まで謳歌していた非同盟の原則を放置してみせた。中国人はヒマラヤ山脈を越えて南下する勢いをみせ、ついには一九六二年に「インド反動派」に対する「自衛戦争」が勃発した（楊 2012b,346）。このように、チベットが中国に編入されていく過程は、インドの神経を刺激し、南アジア諸国との緊張を生んだのである。

東トルキスタンに住むウイグル人とカザフ人、それにモンゴル高原の「右翼の屏風」と歴史的に位置づけてきたモンゴル人民共和国のチョイバルサン政権も「三区革命」と一体化して中央ユーラシアとの横の連携を強化しようとしていた。し

東トルキスタンをモンゴル高原の「右翼の屏風」と歴史的に位置づけてきたモンゴル人民共和国のチョイバルサン政権も「三区革命」と一体化して中央ユーラシアとの横の連携を強化しようとしていた。加入を目標に掲げていた。東トルキスタンに住むウイグル人とカザフ人、それにモンゴル人民共和国のチョイバルサン政権も「三区革命」は独立あるいはソ連邦への

かし、スターリンは東トルキスタンを中国に占領させて、トルコ系の諸民族がほぼ全員ソ連邦に加入するのを拒んだ。中国はスターリンの「好意」を受けて東トルキスタンに生産兵団を送りこんでオアシス都市を掌握した。紀元前の漢王朝が恐怖分子（テロリスト）を都市国家群に度々派遣しては「匈奴の右腕を絶つ」政策で西域を占領した歴史を、共産主義者の中国人も再度演出したのである。中国に新疆ウイグル自治区が設立されたことにより、「右腕」を失ったチョイバルサンは、小さなモンゴル高原の運営に集中しなければならなかった。

東トルキスタンが独立の機会を奪われて新疆ウイグル自治区になった時から、北京とモスクワとの対立の種は既に植えこまれていた。北京はモスクワの「兄貴」を最初から信用していなかったし、何よりも反韃子主義の思想を胸中に抱く中国人共産主義者たちは生産兵団で以てウイグル人とカザフ人の分離傾向を押さえこもうとした。その結果、一九六二年には七万人ものウイグル人とカザフ人の「越境逃亡するイリ・タルバガタイ事件」が発生した。北京当局は「イリとタルバガタイに住むウイグル人やカザフ人はソ連のスパイに煽動された」と声高に非難したが、その根底にある中国人の侵略が現地住民の移動を駆り立てたという性質には触れなかったし、責任を認めようとの姿勢もなかった。

スターリンの死去に伴うフルシチョフの秘密報告やソ連邦における大量粛清の内情暴露で中ソ間のイデオロギー上の対立は更に激化した（楊奎松　1997,646-660；沈志華　2007,146-161）。現代中国の研究者らもソ連当局の「中国への過度の干渉」は強調するものの、中国人による東トルキスタンへの熾烈な侵略に対しては沈黙している。ウイグル人に「中国人」という意識はまったくなく、むしろユーラシアに分布する「トルコ系諸民族の一員」とのアイデンティティが強いという事実にも目をつぶっている。人類は民族や人種の枠組みを超えてインターナショナル革命を実現すると標榜するソ連も当時はウイグル人と中国人との相性が悪いのを分かっていながらも、あえてそのナショナリズム的な柔らかい脇腹を突き破ろうとしなかった。

かくして、北京は西部辺境の「野蛮な西戎と突厥」たちの反乱を一通り平定した。「ヨーロッパの中世よりも暗黒

な統治」をしていたダライ・ラマ法王はインドに「放逐」されたし、ウイグル人も一九五八年の「反右派」闘争と一九六二年の「ソ連領への逃亡」事件で知識人階層を完全に失い（呉啓訥 2006, 526-540）、組織的な民族間紛争を発動できる力が削がれた。文化大革命期になると、「少数民族とその風習や習慣並びに信仰に対して過激な攻撃が加えられたという報告はわずかだが、そうした不行跡が新疆の広範な非漢民族の神経を刺激し、ソ連に干渉の好機を与えるような気配が表れた時には北京が造反派を抑えこんだようである」（マクミラン 1983, 153）。このように、世界の文化大革命研究者たちには東トルキスタンに関する情報が入っていなかったようだ。唯一といっていいくらいのマクミランも新疆の中国人生産兵団の造反派について述べているが、ウイグル人に関する言及はない。「全国人民の魂に触れる革命」の主役にウイグル人がなれなかったのは、彼らが既に一九六六年の時点で自らの故郷において、あらゆる政治的な権利を後から来た中国人に奪われていたことを意味しているのではなかろうか（楊 2016c）。

モスクワと繋がる「北狄」

中国にとって、残った唯一の不安材料はモンゴル人となった。冷静になって北京の北口玄関に住む「北狄」を眺めると、毛沢東は大いなる脅威に気づいた。モンゴル人の指導者ウラーンフーは国務院副総理にして政治局候補委員、国家民族事務委員会主任、「二三大軍区」の一つ内モンゴル軍区司令官兼政治委員を担っていた。しかも、ウラーンフーには共産主義の大本営モスクワで学んだ輝かしい経歴があり、ことあるごとに民族理論をめぐって、毛沢東と異なる見解を示していた。ソ連がいざ攻めてきた時に、ウラーンフーが率いた「蒙古族人民」は果たしてどちら側に付くかは死活の問題となってきた。前例は二つある。第一、モンゴル人たちは二〇世紀に入った時よりシナからの独立を夢みていた。独立獲得の為にロシア人とも日本人とも「結託」した。第二、「抗日戦争が勝利」した時もモンゴル人は中国人を愛さずに、モンゴル人民共和国に住む同胞との統一を実現させようとして「離反」した。もしソ連が「モンゴル民族を中国人の支配から解放して、統一を促そう」との旗印の下で一九四五年八月の道を再び南下してきたら、

政権転覆になりかねないと毛沢東の党中央は判断した。かくして、事前に不穏の根を絶とうとしてモンゴル人ジェノサイドは発動された。これが、モンゴル人が中国人のジェノサイドの対象にされた原因である、と「民族の集団的な記憶」は形成された（楊 2009a:2013b）。

モンゴル人の「民族の集団的な記憶」を補強する中国政府の公文書も大量に残っている。中国政府はモンゴル人民共和国との国境地帯に住むモンゴル人を内地へ強制移住させて、代わりに中国人農民の入植を推奨した。大量虐殺が一段落した後も、「北京を信用し、モスクワを疑いなさい」と宣伝していた（楊 2010a,47-51）。中ソのイデオロギーの対立がモンゴル人ジェノサイドの引き金ともなったし、モンゴル人虐殺事件は更に中ソのいっそうの対立を生んだ。後の中ソ国境紛争である。

このように、中国政府が辺境を占領して「国土開拓」しようとした政策は民族問題をひき起こし、その民族問題の激化がまたイデオロギー上の対立に拍車をかけた。チベットとウイグル、それにモンゴルだけではない。間島こと延辺に住む朝鮮族にも毛と金日成のどちらを選ぶのかとの選択肢が迫られた。「南朝鮮」こと大韓民国がまだ「アメリカ帝国主義の統治下で喘いでいた」時代である。

三　輸出された革命とモンゴル人の立場

一九六〇年代になると、「中国の社会主義は、あらゆる政治的主張や傾向に幻滅した西洋人にとって、二重写しの投影となった」、と文化大革命が欧米に及ぼした影響について研究するウォーリンは指摘する。それは、毛沢東の農民革命が世界に「成功したモデル」として示されたのと、ソ連の「暴挙」に失望したからである。欧米の左翼知識人にとって、極東の毛の革命はあくまでも遠い憧憬であって、「現実の汚い中国」はどうでもよかった（ウォーリン 2014,13,132-133）。

中国による革命の輸出

上記のウォーリンの見解は一九六〇年代の動向に偏重しているが、アメリカで活動する中国人研究者の程映紅は、毛沢東が一九五〇年代から世界各国の内政に干渉してきた歴史を整理している。程によると、一九五六年末に反全体主義の「ハンガリー事件」が勃発した直後から、毛は東欧諸国の政治に介入した。ソ連による武力弾圧を声高に非難しながら、実際はモスクワの軍事侵攻を裏で要請していた。東欧の異変が自国に波及しないよう、知識人を「穴倉から誘い出す陽謀」作戦を発動した。有名な反右派闘争である。世界革命のセンターがモスクワかそれとも北京かと争われる中で、毛は近場の東南アジア各国の左翼系ゲリラを支持しただけでなく、遥か南米のセンデロ・ルミノソやカリブ海のカストロ議長のキューバにも「援助の手」を差し伸べた（程映紅　2007,58-84:2008）。

「わが華僑は今、全世界に三〇〇〇万人はいる。そのうちの一〇〇分の一を動員しただけでも二〇〇万人になる。この二〇万人がゲリラになるのを考えてみよう」

とこのように一九六六年九月一三日に語ったのは日本に生まれ育ち、早稲田大学で学んだ中国人政治家廖承志である（『無産階級文化大革命資料滙編』第二集 1967,83）。「プロレタリアートは全世界を解放して初めて自らを解放できる」、と『人民日報』は一九六七年五月一日に対外干渉の正当性を謳歌する社説を出した（写真57）。北京に支持された東南アジア各国のゲリラ組織は忠実に毛の「農村から都市を包囲する路線」を掲げて武装闘争したが、政権獲得には至らなかった。一時的に権力を手中にしたポルポト派は自国民を対象に大量虐殺を働いた。南米コロンビアのゲリラも資金源としていた麻薬の栽培と販売に夢中となり、「人類の理想」たる共産主義の実現はますます幻影と化してしまった（程映紅　2007,58-84:2008）。

「中国は世界革命の中心である。世界人口のおよそ三分の二はいまだ解放されておらず、地獄のような生活に喘いでいる」、との中国人共産主義者の理念の下で、北京は在外公館を通して『毛語録』を配布した。ある研究によると、

写真57　毛沢東思想を称賛する日本の「山口県の人民たち」。

一九六六年一〇月から翌年の五月にかけて、たったの八カ月間に中国は一一七カ国に一四種もの外国語からなる『毛語録』を配布した。国内の発行部数も含めると、計五〇億冊に達していた。当時の世界人口は三〇億あまりだったので、平均してひとりあたり一・五倍の『毛語録』を所持していたことになり、名実共に「二〇世紀における最大のベストセラー」だったのである（馬継森　2003, 134-135）。

「中国恐怖症」とイデオロギー的歴史論争

東南アジア諸国や南米で中国に呼応する暴力革命のゲリラ組織が活動していたのと対照的に、北隣のモンゴル人民共和国では北京を好意的にみる勢力は皆無だった。モンゴル人の民族革命の対象そのものがシナであり、シナからの自立こそが反植民地闘争の勝利であると国民も政治家も共通した認識を抱いていたからである。シナが侵略と入植の古い鎧を脱ぎ捨てて「社会主義の兄弟たる中国」に変身しても、モンゴル人の精神世界の底流を成す「シナ恐怖症」と「シナ人不信」を拭い消すことはできなかった (Billé 2015)。実際、毛沢東が内モンゴルを占領しただけで満足せずに、モンゴル人民共和国まで呑みこもうと虎視眈々と狙っている政治的野望もウランバートルに伝わっていた。一九五四年にフルシチョフ書記が北京を訪問した際に、毛に「中華人民共和国管轄下での内外モンゴルの統一」を打診された。フルシチョ

フは「それはモンゴル政府に関する問題だ」として拒否して、モンゴル人を安心させた（バトバヤル 2002,69）。中ソ対立が激化するにつれ、中国は執拗にモンゴル人民共和国を自らの陣営に招き入れようとして、「ウランバートルもアルバニアのように独立すべきだ」と提案していた。中国共産党は九回にわたってソ連共産党に対する公開の書簡を送る形で批判を展開した。そのうちの第七回は「ソ連を分裂主義者」だと罵倒し、諸国の共産党の中でも、アルバニアだけは中国の「友」であると認識していた（人民日報編輯部・紅旗雑誌編輯部 1964）。こうした文化大革命前の思想的状況を整理した丸山昇は次のように論じている。中国はフルシチョフの「スターリン批判」そのものを「修正主義的野心」に還元して理論的に反撃したが、毛沢東への個人崇拝を強化したことが逆に中共の思想的弱点となった（丸山 2001,269）。しかし、モンゴル人はモスクワを選び、長城以南の漢土に傾斜する政策を取らなかった。中国への接近は独立国家の地位を失いかねないと本能的に分かっていたからである（バトバヤル 2002,74-76）。

中ソ対立は単にイデオロギー上の問題にとどまらず、民族の開祖たるチンギス・ハーンにまで飛び火した。一九六二年はチンギス・ハーン生誕八〇〇周年にあたる節目の年で、ウランバートルは盛大な記念行事を用意していた。しかし、チンギス・ハーンをモンゴルによる支配（いわゆる「タタールの軛」）がロシアの停滞をもたらしたと主張するソ連の指導部はモンゴル人に記念活動の中止を要請した（Boldbaatar 1999, 237-246）。ソ連のロシア人指導者たちは「チンギス・ハーン」がパン・モンゴリズムと共に復活するのを懸念していた。そして、いわゆるパン・モンゴリズムの背後には常に日本の影があると認識していた（Soni 2002,63-66）。ウランバートルは結局、モスクワの意向に従ったが、それをチャンスだとみた毛は支配下の内モンゴルで大規模な祝賀行事を行い、「チンギス・ハーンは中華民族の英雄」で、「先進的な中華文明を欧州へ伝えた人物」だとモンゴル人からその祖先を「誘拐」した（Boldbaatar 1999,237-246;Bulag・2010b,52-53;楊 2013b,124-125）。モンゴル人民共和国の指導者たちは祖先チンギス・ハーンを中国人から取り戻す勇気はなかったが、一九六三年一二月に「中国共産党指導者の世界共産主義運動分裂への企み」を非難する声明を発し、モスクワ寄りの立場をいっそう鮮明にした。

二〇一二年冬、モンゴル国は大統領の主催でチンギス・ハーン生誕八五〇周年祭を盛大に実施した。一方、中国では「成吉思汗」は禁句とされ、一切の記念活動が禁じられた。一九六二年とは対照的な政治政策が導入されたのである（楊 2013d,75-76）。

北京とモスクワの狭間

中ソ対立も中モ対立も、内モンゴルのモンゴル人の政治家ウラーンフーに深刻な問題をもたらした。自治区の最高指導者はモスクワで訓練を受けたウラーンフーであるし、彼は誰よりもモンゴル人民共和国の指導者たちと親交を重ねてきた。モンゴル人は異なる国家に暮らしていても、共に社会主義の民族自決の理念を実現できると信じこんでいたウラーンフーは同胞たちとの統一よりも、中国での自治を選んだ。もっとも、中華人民共和国が成立する前までのウラーンフーが確信していたのはソ連型の自決だった。諸民族が自治共和国を形成して、独自の軍隊を擁して中華連邦内の一員となる夢だった。ウラーンフーがモスクワで学んだ民族自決の思想に毛沢東は興味がなく、諸民族に与えられたのは中国人主導の区域自治だった（楊 2013b,46-48）。

文化大革命は、毛沢東がモンゴル人の政治家ウラーンフーを打倒した時から本格的にスタートした。ウラーンフーが一九六六年五月一日から北京に呼ばれて幽閉されるようになった頃から、彼に従って区域自治の制度内で暮らしていたモンゴル人たちはキリング・フィールドに駆り立てられていた（楊 2009a,b）。至極当然のように、同胞の国も巻きこまれた。中国駐ウランバートル大使館は華僑学校を「毛沢東思想の宣伝陣地」だと呼んでいたし、中国人労働者たちが働く工事現場でも毛沢東の塑像を建立しようとした。モンゴル人民共和国側が抗議すると、中国人労働者は『インターナショナル』を唄って抵抗した（程映紅 2007,76）。耐えかねたモンゴル人民共和国政府は一九六七年五月二七日に中国の外交官が内政干渉していると非難した。これに対し、北京の中国人たちもモンゴル人民共和国からの外交官が毛沢東の肖像画を踏んだとの理由で暴行を加えて、八月一〇日に本国へ追放した（馬継森 2003,147）。

そもそも二〇世紀初頭から始まったモンゴル人の社会主義運動は最初から民族主義的な色彩を帯びていたし、常に中国とロシア（ソ連）の間で動揺していた側面がある（Ewing 1980）。「北京とモスクワのどちらに忠誠を尽くすか」との疑念を持たれていた自治区の指導者ウラーンフーである。北京は社会主義教育運動を推進し、そのウラーンフーを粛清しようとする北京当局の準備は遅くとも一九六四年から進められていた。しかし、モンゴル人の政治家は逆に北京からの「東風」を利用して、反大漢族主義のキャンペーンを実施した。大漢族主義と地方民族主義の双方に反対する、と毛沢東も表面的には主張していたが、本格的に「辺境の野蛮人」から「反対」される「寛容な本心」はなかった。ウラーンフーは更に「民族間の闘争も実質的には階級間のウラーンフー流の実践化は、内モンゴル自治区において、モンゴル人はこと中国人に搾取されているとの事実に関する権威ある解釈となった。それだけでなく、モスクワで学んだウラーンフーの方が湖南省の小知識人よりもマルクス・レーニン主義思想が分かる、とのイメージをも作り上げた（楊 2011a;2012b）。もはや、ウラーンフー対毛、モンゴル人対中国人との政治的な対立は避けられなくなった。

文明の衝突と植民地統治の継続

中国政府と中国人はまず「ウラーンフーをボスとする反党叛国集団」の摘発から着手し、続いて一九二五年一〇月に成立した内モンゴル人民革命党を「分裂主義の政党」だと認定した（図28）。まもなく、この二つのグループのボスがどちらもウラーンフーだと決めつけてから、ジェノサイドを各地で断行した。「ウラーンフー反党叛国集団」は自治区西部出身者が多く、彼らは中国領内での自治に関心があった。一方、内モンゴル人民革命党は東部出身者をリーダーに、内モンゴル各地の青年からなっていた。二つの「分裂主義者集団」を発見したことで、モンゴル人のエリート層は一網打尽にされた。大量虐殺から逃れようとして、モンゴル人は大挙して北へと越境していった。彼らは同胞

図 28　ウラーンフー反党叛国集団を群醜として描いた政治漫画。

の国を安住の地だと理解していたからだ。同胞の国もまた逃亡者たちを受け入れて定住させた（楊　2010b,342-361）。同じ民族が分断された場合の対応策である。

一九六九年春の五月になると、「祖国の北部辺境に存在する一大弊害」たるモンゴル人を完全に除去した、と中国政府は勝利裏に宣言した。同胞の国へ逃げることに失敗したモンゴル人たちが北京に被害状況を訴えに来ると、中国人の高官から「モスクワに陳情に行きなさい」と皮肉を云われた。そして、「ソ連とモンゴル修正主義者の軍隊が攻めてくる」として自治区は軍事管制下に置かれた（楊　2010a,49-62）。このように、対ソ連と対モンゴル人民共和国、そして「対日協力者粛清」という国際的、近代史的な背景の下で、モンゴル人は鮮血の代償を払わされたのである。

本章ではモンゴル人ジェノサイドが発動された国際的な背景の整理に重点を置いたが、最後に国内的要因についても、再度指摘しておこう。中国共産党は一九四七年から「平和的な土地改革」でモンゴル人の草原を略奪して入植者の中国人に分け与えた。牧畜経済は破滅的な打撃を受けたものの、伝統的な牧畜生活と草原を守ろうとするウラーンフーの抵抗にも遭った。「立ち遅れた遊牧」を完全に抹消し、「文明人の農耕」を定着させ、「野蛮な遊牧民」を「開化した農民」に改造する目的も兼ねて、大量虐殺が実施された（Hyer and Heaton 1968, 114-

119. 楊 2009a, 8-38)。こうした暴力的な政策により、一九世紀末からずっと占領したかったモンゴルの「無人の草原」は中国人の農耕地に改造されたのである。草原を農耕地に変えただけでは、北京は満足しなかった。やがてウラーンフーによって統一された内モンゴル自治区も一九六九年七月二九日に分割された。旧満洲国領だったモンゴル人の固有の領土は中国人の東北三省に割譲された。一〇年後にウラーンフーの復活と共に領土が再びモンゴル人に返還された際には、そこに入植した無数の中国人農民も付随して自治区の住民とされたことで、内モンゴルの人口比率はさらに北京による植民地統治を有利にした(楊 2010a, 57-58)。中国共産党は、「モスクワのモンゴル人民共和国に強いていた植民地支配を堅牢にしていった。遊牧文明を守ろうとしたモンゴル人はシナ風の農耕文明を広げようとした中国政府と中国人の前で完全に退却しなければならなかったのである。

モンゴル人の不満がモスクワに利用されないように、毛の共産党中央はダマンスキー(珍宝島)で一九六九年三月にソ連軍に向けて引き金を引いた。そして、北京や天津に住む中国人青年たちを集めて生産兵団を組織し、ソ連とモンゴル人民共和国との国境地帯に配備した。「祖国の辺境を防衛し、開発する」との使命を与えられた中国人は大挙して移住し、先住民の割合はいっそう低下していった。国内の不平不満を国際社会へ転換させる手法は毛沢東の後継者である華国鋒にも受け継がれた。一九七九年三月、ジェノサイドの犠牲者たちに対して限定的な「名誉回復」が実現した際に北京は「ベトナムを懲罰する戦争」を同時進行で進めていた。悲しみに暮れるモンゴル人たちは「名誉回復」の会場で「打倒ベトナム」と叫ばなければならなかった(楊 2013a, 30)。

未完の民族自決

内モンゴル自治区のモンゴル人が文化大革命中に大量虐殺の犠牲者とされた原因はすべて国際社会と連動する近現代史にある。シナからの独立運動とそれを確実に実現するための「対日協力」が中国政府と中国人から「不義」だと

解釈されたからである。

　モンゴル人に「民族の不幸」をもたらしたのは対日戦後処理の「ヤルタ協定」である。この秘密の「ヤルタ協定」の見直しがなければ、分断された民族の不平と不満を解消することも不可能であろう。二〇一四年三月、ロシアは「象徴の地」ヤルタのあるクリミア半島を自国に併合して戦後の国際秩序を打破した。モンゴルを分断させ、大量虐殺の時限爆弾を埋めこんだ対日戦後処理の体制であるが、それをソ連の後継者たるロシアが自らの手で再編した意義は大きい。

　それだけではない。そもそもソ連邦の憲法には諸民族に分離独立の権利があると明記していたので、最初から民族自決はある程度、実現できていた。ソ連と異なり、少数民族に分離独立権を与えない中華人民共和国は建国当初から民族自決権を否定し続けてきた。諸民族が、世界の植民地支配体制は一九六〇年代に終結したのではなく、中国による植民地支配は現在もなお健在であると認識している以上、民族自決を求め続ける潮流も止まらないだろう（楊 2013c）。特に中国の対日歴史認識が未解決の問題として機能している以上、「ヤルタ協定」の正統性も当分は否定されないだろう。「ヤルタ協定」を守ろうとする既得利益者と、その犠牲者との相克が今後の国際関係を左右するだろう。中国の文化大革命が諸民族を席巻していったのも、国際関係における世界史の一幕だったに過ぎない。

　「毛沢東は、文化大革命を中国版パリ・コミューンと考えていた。……現代におけるパリ・コミューン派としての〈紅衛兵〉は、ブルジョア国家装置を粉砕し確固たる思想基盤の上に中国の共産主義を再構築しようとした。……毛沢東思想は、矛盾の塊とは言わないまでも、思想でも何でもなかったのである」

　「毛沢東」とサルトルらフランスの知識界を狂わせた政治運動について、ウォーリンはこのように総括した（ウォーリン 2014, 119-120）。中国人の紅衛兵が万里の長城の南側で「赤色」テロを働いていた頃に、彼らの暴力行為の根底に思想や哲学があったかどうかは、論争の的となっている。万里の長城の北側のステップでは、「対日協力者」や「民族分裂主義者」とされたモンゴル人の前にはフランス革命時のようなブルジョアジーを殺害した際の「裁判用の机」と「正

義の裁判官」（フーコー 1999,306-312）はなかった。無学の中国人農民が北京政府の命令に呼応して、全モンゴル人を殺してその草原を奪おうとした、民族浄化のジェノサイドだった（楊 2009a,8-38）。日本の進歩的知識人たちも文化大革命の「正義の一面」を礼賛して近代日本を批判してきた。文化大革命称賛には先の大戦中の侵略に対する反省の念も含蓄されていたかもしれない。しかし、それは中国のみに対する反省であって、日本によって植民地化され、そして日本の進出が一因となってシナからの独立を阻止された モンゴル人や満洲人に対する意思表示ではない。中国にだけ反省の態度を示せば、「対日協力」をしたモンゴル人の理解も得られると考えるならば、それは時代錯誤である。レーニンの言葉を借りるならば、日本の知識人は「共産主義における左翼小児病」（レーニン 1946,262）に憑りつかれていたにすぎなる。独自の政策も階級意識もない妄想だけである。

文化大革命が終わってからも自治権を否定し続けてきた中国統治下の状況を「文化的ジェノサイドの継続である」、とモンゴル人とチベット人、それにウイグル人は認識している（Bulag 2010a,426; 楊 2014b,46, 楊 2016b,1-10; 楊 2016c,199-230）。東西ドイツは冷戦の終結後に統一された。南北朝鮮（韓）も対話を続けている。では、世界はこのまま内外モンゴルの分断と内モンゴルの「植民地的・文化的ジェノサイド的な状況」（楊 2013c）を無視し続けるのだろうか。日本と中国の植民地支配と文化大革命に起因するモンゴル人ジェノサイドであるが、二つの宗主国同士の対話に真の植民地解放の将来を期待したいものである。

備考：

本書は著者が二〇〇九年から今年にかけて、毎年一冊のペースで刊行してきた『モンゴル人ジェノサイドに関する基礎資料――内モンゴル自治区の文化大革命』（風響社）のうち、第七冊『民族自決と民族問題』と第八冊『反右派闘争から文化大革命へ』内の公文書（档案）類に依拠して書きあげたものである。終章の一部文章は今年一月に岩波書店『思想』（第一一〇一号）に掲載されたものを書き直したものである。本書は科研費「社会主義中国におけるエスニッ

ク・ジェノサイドに関する実証研究」（研究代表：大野旭＝楊海英　課題番号：22520818）と「ウイグル族・朝鮮族・チワン族の文化大革命に関する実証研究」（研究代表：大野旭＝楊海英　課題番号：15k03036）の成果である。記して関係各位に深謝を申しあげる。出版状況が厳しい中で、拙著の出版を引き受けて下さった集広舎の川端幸夫社長と編集担当の麻生晴一郎氏・水緒氏にも御礼を申しあげる。

あとがき

日本に来て二七年間経つが、いつも奇妙な現象に出逢わされる。中国の人権弾圧や民主化阻止、そして少数民族弾圧の問題の事実を示すと、「反中」や「反共」、「客観的ではない」とみなされる。実際に中国で生まれ育ち、かの地で長く暮らしてきた人びとが事実を語っても、個別的な事案だろうと認めようとしない。多くの公的な資料を並べても、「私はみていない」と言い張る。要するに、中国政府と中国共産党は神聖な存在で、批判してはいけない対象だと思っているらしい。このように、中国の実態を直視しようとしない人たちはいつも髪の毛はぼさぼさで、しわくちゃな服を着て、うす汚いリュックを背負い、そして決して論理的ではない政治的なスローガンを高い声で張りあげる。私は最初、彼らは中国共産党日本支部の党員か、さもなければ共産主義陣営においての流氓無産階級ではないかと思っていたが、そうではなくて、左派、あるいは進歩的知識人だと分かったのはしばらく過ぎてからだ。

彼ら曰く、中国よりも日本はもっとひどいという。そして、中国を批判すると、右翼に利用されるともいう。

右翼は何に利用するのか。利用してどこが悪いのか。

左派・進歩的知識人はけっして論理明晰に列挙できない。そんなに左が良くて、右は悪いのか。右は反中、反共だとしよう。人類の普遍的な価値である人権を蹂躙し、民主化運動を弾圧し、少数民族の権利主張をすべて力で跳ね返す中国に反対してはいけないのか。二〇世紀の人類に言葉で言い尽くせないほどの災禍をもたらした共産主義に反対してはいけないのか。もし、そのような中国政府と共産主義に反対してはいけないならば、同罪ではなかろうか。そして、そもそも何故、中国の独裁政治を日本人の左派・進歩的知識人たちは賛美するのだろうか。どうして彼らはかくも被抑圧者に冷淡なのか。

もっとも、右翼に「利用」されるようなシンプルな人間はどこにもいない。かつて中国人の孫文やインド人のチャンドラ・ボース、モンゴル人の徳王とジョンジョールジャブなどもすべて右翼とも左翼とも親交を重ねていた（楊海英『日本陸軍とモンゴル』、中公新書）。植民地支配からの解放運動に賛助してくれるならば、どなたでもいい。はっきり言って、私たちは日本国内の狭隘な「翼」にはまったく興味がないと断言していい。ただ、中国政府と中共を礼賛する者とは、友達にはならない、と断言してもいい。

かつては限られた日中友好人士たちが北京に招待されて、茅台酒（マオタイ）という高級酒で乾杯させられて酩酊して中国の実情に触れる機会がなかったと理解してあげよう。しかし、今や情報化の時代なので、左翼の運動家や進歩的知識人も自由に中国を旅行できるはずで、であるならば発言してはどうだろう。

昔の左翼と進歩的文化人には少なくともまだ浪漫と正義感があった。人類最高の理想である共産主義社会を実現させようという浪漫と、ソ連が弱小の東欧諸国に侵攻するとキャンキャンと抗議する正義感だった。残念ながら共産主義はマルクスの予想通りに幽霊でしかなくなったので、せめて北京当局の人権弾圧と民主化阻止、そして少数民族抑圧に抗議してほしいものの、そのような声はついぞ聞かない。どうも、浪漫と正義感は右翼の専売特許になったらしい。

無論、左翼や進歩的知識人の中から覚醒した人もいないわけではない。正義感に基づいて中国からやってきた民主化陣営内の人たちや、事実上亡命しているウイグル人やチベット人、そしてモンゴル人の声にも耳を傾けようという良識ある左翼や進歩的知識人も少数ながらいる。しかし、大勢の左翼や進歩的知識人たちはそのような内部の少数派に対して、あの手この手で圧力をかける。こうした圧力こそ、言論弾圧ではなかろうか。彼らのこのような行動はまさにその元祖のソ連と中国が得意とする政治手段である。彼らの跳梁跋扈をみていると、やはり日本は共産主義に染まらなくて良かったと思う。彼らは機会を窺い、「内ゲバ」と「総括」を発動しようとしている。共産主義は絶対悪であるが、その絶対悪を礼賛する左派・進歩的知識人は悪よりも質が悪い。悪には善の対向としての存在価値が認め

られるが、悪を称賛する者は悪よりも悪質である。日本国民は、このような左翼と進歩的知識人の言動に目を光らせなければならない。

それでも、死滅寸前の左翼と進歩的知識人たちに最後のチャンスを与えよう。

ぜひ、ウイグル人が毎月のように射殺されている新疆ウイグル自治区に行って、どれほどの自治権が下賜されているのかを調べてきてください。

ぜひ、寺院が破壊し尽くされて、厳重な監視下のチベットに行って、チベット人の現状をみてきてください（今は特別な許可が必要らしいが、日中友好教の信者だといえばいい）。

ぜひ、内モンゴル自治区に行って、沙漠と農耕地をご覧になってきてください。遊牧民や「モンゴル草原」とかは死語になったし、同化させられてモンゴル語も話せなくなったモンゴル人が死に絶える前の方がいい。良くも悪くも、日本の植民地だったので、現地に行って謝罪するのも大歓迎だ。

そして、ぜひ、無数の下放青年たちが放逐されていた広大な中国農村に赴き、仕切りのないチャイナ・トイレを楽しみながら、習近平体制が目指す「中国の夢」を現地の農民たちと語らい合ってください。

左翼や進歩的知識人の神様であある毛沢東はかつて「調査しない者には発言権はない」と話したことがある。教祖の指示に従い、調査に行ってらっしゃい！

あとがき

Heaton, William,1971, "Inner Mongolia, 'Local Nationalism' and the Cultural Revolution", *The Mongolia Society Bulletin*, Vol. X, No. 2, pp.3-34.

Jamsürüng,2009 *Mongɣol-un Čaɣaychin Γaqai Jil-un Qubisɣal,* Öbür Mongyol-un Soyul-un Keblel-ün Qoriy-a.

Jankowiak, William,1988 "The Last Hurraah? Political Protest in Inner Mongolia". *The Australian Journal of Chinese Affairs*, 19/20,pp. 269-288.

Načuɣdorji,2009 *Manglai Baɣatur Damdinsürüng*, Öbür Mongyol-un Soyul-un Keblel-ün Qoriy-a.

Navangnamjil,2009 *Joriɣtu Baɣatur Toɣtuqu-yin Tobči Namtar*, Öbür Mongyol-un Soyul-un Keblel-ün Qoriy-a.

Narangoa, Li,and Robert Cribb 2003 *Imperial Japan and National Identities in Asia*, 1895-1945, London and New York, Routledge Curzon.

Nayiraɣulqu Komis,2010 *Erdenitoɣtaqu, nigedüger*, Öbür Mongyol-un Soyul-un Keblel-ün Qoriy-a.

Sirabjamsu, Gha,2006 *Sirabjamsu-yin Jokiyal-un Sungɣumal*, a Private edition.

Sneath, David,1994 "The Impact of the Chinese Cultural Revolution in China on the Mongolians of Inner Mongolia". *Modern Asian Studies*, 28,pp. 409-430.

Soni, Sharad,2002, *Mongolia- Russia Relations*, Kiakhta to Vladivostok, Kolkata, Maulana Abul Kalam Azad Institute of Asian Studies.

学位申請論文) 東京外国語大学・地域文化研究科。

――2015『現代中国の民族政策と民族問題――辺境としての内モンゴル』集広舎。

李志綏 1994『毛沢東の私生活』(上・下) 文藝春秋。

レヴィ＝ストロース 1970『人種と歴史』(荒川幾男訳) みすず書房。

【欧文・モンゴル語文献】

Billé, Franck,2015, *Sinophobia, Anxiety, Violence, and the making of Mongolian Identity*, Hawai, University of Hawai'i Press.

Boludbaɣatur,2009 *Čing Jitgültü Göng Qayišan,* Öbür Mongɣol-un Soyul-un Keblel-ün Qoriy-a.

Boldbaatar, J,1999, "The Eight-hundredth Anniversary of Chinggis Khan, The Revival and Suppression of Mongolian National Consciousness", S. Kotkin and B. Elleman eds, *Mongolia in the Twentieth Century*, Landlocked Cosmopolitan, Armonk, New York, M.E. Sharpe, pp.237-246.

Bulag E, Uradyn,2010a, "Twentieth Century China, Ethnic Assimilation and Intergroup Violence", Donald Bloxhan and A. Dirk Moses eds, *The Oxford Handbook of Genocide Studies*, New York, Oxford University, pp.426-443.

――2010b, *Collaborative Nationalism, The Politics of Friendship on China's Mongolian Frontier*, Ner York, Rowman & Littlefield Publishers, INC.

Čilaɣu,2007 *Bürinsayin-u Jokiyal-un Čiɣulɣan(degedü)*, Öbür Mongɣol-un Arad-un Keblel-ün Qoriy-a.

Čindamuni,2013 *Čindamuni-yin Jokiyal-un Ügülel-ün Tegübüri*, Öbür Mongɣol-un Arad-un Keblel-ün Qoriy-a.

Čoyibalsang,2009 *Arad-un Qatan Baɣatur Maysarjab*, Öbür Mongɣol-un Soyul-un Keblel-ün Qoriy-a.

Choibalsan,1953, *Choibalsan, Iltgel ba Ügüüllüd*, Ulaanbaatar, Ulsin Hebleh Üildber.

Ewing, Thomas,1980, *Between the Hammer and the Anvil? Chinese and Russian Policies in Outer Mongolia, 1911-1921*, Bloomington, Research Institute for Inner Asian Studies, Indiana University.

Hyer, Paul and Heaton, William,1968, "The Cultural Revolution in Inner Mongolia", *The China Quarterly*, Oct-Dec, pp. 114-128.

――2013b『中国とモンゴルのはざまで――ウラーンフーの実らなかった民族自決の夢』岩波書店。
――2013c『植民地としてのモンゴル――中国の官制ナショナリズムと革命思想』勉誠出版。
――2013d「彙報　国際シンポジウム〈チンギス・ハーンとグローバリゼーション〉」『日本モンゴル学会紀要』第 43 号。
――2014a『モンゴル人ジェノサイドに関する基礎資料 6――被害者報告書 2』風響社。
――2014b『ジェノサイドと文化大革命――内モンゴルの民族問題』勉誠出版。
――2014c『チベットに舞う日本刀――モンゴル騎兵の現代史』文藝春秋。
――2014d『モンゴルとイスラーム的中国』文藝春秋。
――2015a『モンゴル人ジェノサイドに関する基礎資料 7――民族自決と民族問題』風響社。
――2015b「交感・コラボレーション・忘却・歴史――汝はアジアをどのように語るか」楊海英編『交感するアジアと日本』(『アジア研究・別冊 3』) 静岡大学人文社会科学部・アジア研究センター。
――2015c『日本陸軍とモンゴル――興安軍官学校の知られざる戦い』中央公論新社。
――2016a『モンゴル人ジェノサイドに関する基礎資料 8――反右派闘争から文化大革命へ』風響社。
――2016b「なぜいま、中国文化大革命と世界との関係について考えるのか」楊海英編『中国文化大革命と国際社会――50 年後の省察と展望』(『アジア研究・別冊 4』) 静岡大学人文社会科学部・アジア研究センター。
――2016c「ウイグル人の中国文化大革命」(『アジア研究・別冊 4』) 静岡大学人文社会科学部・アジア研究センター。
吉越弘泰 2005『威風と頽唐――中国文化大革命の政治言語』太田出版。
ラナ・ミッター 2012『五四運動の残響――20 世紀中国と近代世界』(吉澤誠一郎訳) 岩波書店。
リ・ナランゴア 2013「モンゴル人が描いた東アジア共同体」松浦正孝編『アジア主義は何を語るのか――記憶・権力・価値』ミネルヴァ書房。
レーニン 1946『共産主義における「左翼」小児病』彰考書院。
リンチン・ボルジギン 2007「反右派闘争におけるモンゴル人〈民族右派〉批判」『アジア経済』第 48 巻第 8 号。
――2009『中国共産党のモンゴル民族統合政策の研究 (1949 ～ 1966)――内モンゴルにおける社会主義イデオロギーの強化と経済的統合』(博士

沢東　最後の革命』(上・下、朝倉和子訳)青灯社。
　マクミラン・D. H1983「新疆における文化大革命」甲賀美智子訳・加々美光行監修『文化大革命と現代中国Ⅱ——資料と解題』アジア研究所、No.57-2。
　満洲国軍刊行委員会1970『満洲国軍』蘭星会。
　毛澤東文献資料研究会1970『毛沢東集』(第五巻)北望社。
　矢吹晋2007『文化大革命』講談社。
　楊海英1995『チンギス・ハーンの末裔——現代中国を生きた王女スチンカンル』(新間聡と共著)草思社。
　——2001『草原と馬とモンゴル人』(NHKブックス)日本放送出版協会。
　——2004「モンゴルにおける王朝交替観に関する一資料——〈遠太子と真太子の物語〉を中心に」、『人文論集』(静岡大学人文学部)54.2。
　——2005a『モンゴル草原の文人たち——手写本が語る民族誌』平凡社。
　——2005b『チンギス・ハーン祭祀——試みとしての歴史人類学的再構成』風響社。
　——2009a『モンゴル人ジェノサイドに関する基礎資料(1)——滕海清将軍の講話を中心に』(内モンゴル自治区の文化大革命1)風響社。
　——2009b『墓標なき草原——内モンゴルにおける文化大革命・虐殺の記録』(上)岩波書店。
　——2009c『墓標なき草原——内モンゴルにおける文化大革命・虐殺の記録』(下)岩波書店。
　——2010a『モンゴル人ジェノサイドに関する基礎資料(2)——内モンゴル人民革命党粛清事件』(内モンゴル自治区の文化大革命2)風響社。
　——2010b「〈民族分裂主義者〉と〈中華民族〉——〈中国人〉とされたモンゴル人の現代史」塚田誠之編『中国国境地帯の移動と交流』有志舎。
　——2011a『モンゴル人ジェノサイドに関する基礎資料(3)——打倒ウラーンフー(烏蘭夫)』(内モンゴル自治区の文化大革命3)風響社。
　——2011b『続　墓標なき草原—内モンゴルにおける文化大革命・虐殺の記録』岩波書店。
　——2012a『モンゴル人ジェノサイドに関する基礎資料4——毒草とされた民族自決の理論』風響社。
　——2012b「監訳者解説：強盗の理論〈奴隷〉の視点からよむ——『チベットの文化大革命』の背景と性質」ゴールドスタイン著・山口周子訳・楊海英監訳『チベットの文化大革命』風響社。
　——2013a『モンゴル人ジェノサイドに関する基礎資料5——被害者報告書1』風響社。

私家版。
——1988『一人の「ブリヤートモンゴル人」と日本青年の出合い・続編』私家版。
小長谷有紀 2013「チンギス・ハーン崇拝の近代的起源——日本とモンゴルの応答関係」『国立民族学博物館研究報告』37 巻 4 号。
呉迪 2006「モンゴル族を襲った空前の災禍——〈内人党〉大虐殺の顛末」宋永毅編『毛沢東の文革大虐殺』(松田州二訳)原書房。
佐藤公彦 2015『中国の反外国主義とナショナリズム——アヘン戦争から朝鮮戦争まで』集広舎。
司馬遼太郎 1995『草原の記』新潮社。
ジョン・バイロン　ロバート・パック 2011『龍のかぎ爪——康生』(上・下)岩波書店。
ドムチョクドンロプ 1994『徳王自伝——モンゴル再興の夢と挫折』(森久男訳)岩波書店。
ハンギン・ゴムボジャブ 1977「日本の敗戦と徳王」『月刊　シルクロード』7 月号。
バルダンギン・ツェベクマ 1999『星の草原に帰らん』(鯉渕信一構成・翻訳)日本放送出版協会。
馬場公彦 2010『戦後日本人の中国像』新曜社。
——2014『現代日本人の中国像』新曜社。
バトバヤル・Ts 2002『モンゴル現代史』(芦村京、田中克彦訳)明石書店。
フーコー・ミシェル 1999『ミシェル・フーコー思考集Ⅳ ,1971 〜 1973 規範　社会』筑摩書房。
フスレ・ボルジギン 2006「内モンゴルにおける土地政策の変遷について (1946-49)——〈土地改革〉の展開を中心に」『学苑』第 791。
——2008「内モンゴルにおける文化大革命直前の政治状況—内モンゴル大学における〈民族分裂分子〉批判運動を中心に」『学苑』第 811。
——2011『中国共産党・国民党の対内モンゴル政策 (1945 〜 49 年)』風響社。
フフバートル
——2015a「非漢字圏の言語であるモンゴル語の近代語彙受容」『国語国文』第 84 巻 5 号。
——2015b「内モンゴルにとっての 1945 年 8 月——特殊な政治的環境における独自の終戦史」『学苑』898 号。
ボヤント 2015『内モンゴルから見た中国現代史』集広舎。
丸山昇 2001『文化大革命に到る道——思想政策と知識人群像』岩波書店。
マクファーカー・ロデリック　＆　シェーンハルス・マイケル 2010『毛

呉啓訥 2006『新疆：民族認同、国際競争与中国革命』国立台湾大学歴史学研究所。
邢同義 2004『恍若隔世——回眸夾辺溝』蘭州大学出版社。
亜歴山大・潘佐夫 (Alexander V. Pantsov) 2015『毛沢東——真実的故事』聯経。
楊継縄 2008『墓碑——中国六十年代大飢荒紀実』(上) 香港天地出版社。
楊顕恵 2003『告別夾辺溝』上海文藝出版社。
楊奎松 1997『中共与莫斯科的関係』台北東大図書公司。
伊河　烏雲　納日松 2007『往事如煙——都固爾扎布回憶録』内蒙古大学出版社。
『中央関於処理内蒙問題的有関文件和中央負責同志講話滙編』1967　呼和浩特革命造反聯絡総部。
札奇斯欽 1985『我所知道的徳王和当時的内蒙古』(一) 東京外国語大学アジア・アフリカ言語文化研究所。
——1993『我所知道的徳王和当時的内蒙古』(二) 東京外国語大学アジア・アフリカ言語文化研究所。
章詒和 2004『往事並不如煙』人民文学出版社。
——2006『伶人往事』湖南文藝出版社。
正珠爾扎布 1990「我的半生回憶」『内蒙古文史資料』(第四十輯)。
中共中央統戦部 1991『民族問題文献滙編』中共中央党校出版社。
朱正 2002『両家争鳴——反右派闘争』台北允晨叢刊。
——2004『反右派闘争始末』(上・下) 香港明報出版社。
——2013『反右派闘争全史』(上・下) 台北秀威資訊科技出版社。

【日本語文献】

アンダーソン・ベネディクト 2012『三つの旗のもとに——アナーキズムと反植民地主義的想像力』NTT出版。
飯塚浩二 1976『飯塚浩二著作集 (10) 満蒙紀行』平凡社。
井上治 2005「『FRONT』モンゴル語版をめぐって」江口真理子編『戦時下、対東アジア戦略と広告宣伝』科研報告書。
ウォーリン・リチャード 2014『1968　パリに吹いた「東風」——フランス知識人と文化大革命』(福岡愛子訳) 岩波書店。
大林洋五 1969「中国プロレタリア文化大革命と少数民族」『アジア研究旬報』。
岡田英弘 2014『岡田英弘著作集IV　シナ (チャイナ) とは何か』藤原書店。
岡本俊雄 1979「一人の「ブリヤートモンゴル人」と日本青年の出合い」

納・賽音朝克図　1957「涼了心腸的〈老劉〉」『草原』9期。
内蒙古哲里木盟 1968『六十部小説毒在哪里？』内蒙古哲里木第三司令部翻印。
『内蒙古自治区三十年』編写組 1977『内蒙古自治区三十年』内蒙古人民出版社。
内蒙古自治区革命委員会弁公室信訪組 1973『政策文件選編』内蒙古自治区革命委員会弁公室信訪組。
『内蒙古革命史』編輯委員会 1978『内蒙古革命史』内蒙古革命史編委員会弁公室。
聶元梓 2005『聶元梓回憶録』香港時代国際出版有限公司。
斉鳳元 1998『情糸大漠的暴彦巴図』内蒙古人民出版社。
啓之 2010『内蒙文化大革命実録——「民族分裂」与「挖粛」運動』香港天行健出版社。
銭庠理 2008『歴史的変局——従挽救危機到反修防修』香港中文大学出版社。
人民日報編輯部　紅旗雜誌編輯部 1964『蘇共領導是当代最大的分裂主義者——七評蘇共中央的公開信』人民出版社。
沈志華 2008『思考与選択——従知識分子会議到反右派運動』香港中文大学出版社。
——(主編)2007『中蘇関係史網』新華出版社。
宋永毅 2010『中国反右派運動数拠庫——1957』香港中文大学中国研究服務中心。
特古斯 1993「浩劫過後的沈思」『内蒙古档案資料』第四期。
図們　祝東力 1995『康生与内人党冤案』中共中央党校出版社。
王鐸 1992『五十春秋——我做民族工作的経歴』内蒙古人民出版社。
——(主編)『当代内蒙古簡史』当代中国出版社。
王年一 2005『大動乱的年代——「文化大革命十年史」』河南人民出版社。
王樹盛　郝玉峰 (主編)1989『烏蘭夫年譜』(上) 中共党史資料出版社。
王樹盛 2007『烏蘭夫伝』中央文献出版社。
温相 2008『高層恩怨与習仲勲』香港明鏡出版社。
烏蘭夫 1960「不断発展我国各民族的大団結」民族出版社編『十年民族工作成就』民族出版社。
——1960「建国十年来的内蒙古自治区」民族出版社編『十年民族工作成就』民族出版社。
烏力吉図 1987『内蒙古人名録 (社会科学)』内蒙古大学出版社。
『無産階級文化大革命資料滙編』第二集 1967 内蒙古話劇団孺子牛・紅旗戦闘隊。

参考文献

【中国語文献】

阿拉騰徳力海 1999『内蒙古挖粛災難実録』私家版。
阿木蘭 2004『雲清文集』内蒙古人民出版社。
巴義爾 1998『蒙古写意――当代人物・巻一』民族出版社。
――2001『蒙古写意――当代人物・巻二』民族出版社。
暴彦巴図 2006『大漠微踪』中国三峡出版社。
陳大蒙　劉史 2008『落井下石――重審高崗案』香港明鏡出版社。
程映紅 2007「向世界輸出革命――文化大革命在亜非拉的影響初探」宋永毅編『文化大革命：歴史真相和集体記憶（上）』香港田園書屋。
――2008『毛主義革命――二十世紀的中国与世界』香港田園書屋。
丁抒 2006『陽謀――反右派運動始末』香港開放雑誌社。
――（主編）2007『五十年後重評「反右」――中国当代知識分子的命運』香港田園書屋。
高樹華　程鉄軍 2007『内蒙文化大革命風雷――個造反派領袖的口述史』香港明鏡出版社。
国際声援西蔵組織 2013『西蔵文化滅絶六十年』台北雪域出版社。
郝維民（主編）1991『内蒙古自治区史』内蒙古大学出版社。
――2000『百年風雲内蒙古』内蒙古教育出版社。
郝維民　斉木徳道爾吉 2006『内蒙古通史綱要』人民出版社。
『揭露蘇修社会帝国主義的侵略本性』1969 内蒙古軍区政治部。
李建彤 2007『反党小説《劉志丹》案実録』香港星克爾出版有限公司。
李洪林 2010『中国思想運動史』香港天地出版社。
李鋭 2010「総序」宋永毅編『中国反右派運動数拠庫――1957』香港中文大学中国研究服務中心。
劉賓雁 2007「1957, 中国当代史大逆転」丁抒編『五十年後重評「反右」, 中国当代知識份子的命運』香港田園書屋。
瑪拉沁夫 1980(1958)『茫々的草原』（上）人民文学出版社。
――2005『茫々的草原』（上・下）人民文学出版社。
馬畏安 2006『高崗饒漱石事件始末』当代中国出版社。
馬継森 2003『外交部文化大革命実録』香港中文大学出版社。
茂敖海 2003『夢幻人生――回憶録』香港天馬出版社。
――2004『零点問題――関於少数民族人権論文集』私家版。
毛沢東 1992『建国以来毛沢東文稿：1956年1月～12月』中央文献出版社。
木倫 2001『我這大半輩子』私家版。

179,192,202,209,228-230,234,244, 246,247,258,259,261,262,268,273, 274,277-283,291,296,297,300-302, 307,308,313,314,317,325,329,359
モンゴル人民共和国（外モンゴル） 21,38,39,41,47,66,68-74,76-79,90, 92,93,97,99,104,110,143,148,149, 153,157,161,165,166,169,184,193, 202,211,215,221,225,229,230,233, 234,243,244,246,247,251-256,258, 259,262,264,265,269,270,272,274, 276-278,280-282,286-291,293,296, 298,302-304,306-311,316-318,322, 324-329,332,333,348,350,352,353, 355-360
モンゴル青年党　233
モンゴル統一党　148
モンゴル独立軍　91,93
モンゴル文字　38,77
モンゴル聯合自治政府　83

や行

ヤルタ協定　77,92,97,104,253,255, 318,322,325,348,360,361

四人組　336,340,343
豫布衣（楊鴻昇）　48,49,53,55-60
四・三会議　290

ら行

ラマ僧　73,159,163

李貴　109,113,136,137,143,171- 173,205,211,212,216,333-335

陸軍興安軍官学校　73,314,315,330
陸軍士官学校　85,87,315,321
リクダン・ハーン　68,239
李守信　166
李雪峰　65,123,140,152
劉志丹　125,128,130,295
劉少奇　22-24,80,87,125,126,145, 152,188,228,275,282
リュージンソー　42,43
留日満生隊　315
廖承志　354
リンチン　26-28
林彪　58,59,118,213,235,336,340, 343

レアアース　39,202
連邦制　60,112,186,289

廬山会議　64
ロシア　16,38,67,71,73,91,97,202, 264,273,280,298,316,346,347,349, 350,352,356,357,361
ロンシャン（栄祥）　28,34-37

わ行

早稲田大学　42,164,301,354
ワンダンニマ　239,240

※毛沢東、大字報（壁新聞）、民族分裂主義などは多数につき省略。

249
ボインマンダフ　76,77,88,91,248,
284
法政大学（満洲国）　103,120,122
『茫々たる草原』　194,196,224-228,
264,268,325
ポーランド　15,30,111
ボグド・ハーン　68
ホルチンビリク（ホルチン）　320-323
香港　12,13,16,30

ま行

マクミラン　352
マルクス・レーニン主義　20,41,58,
67,142,188,267,284,296,319,358
マルチンフー　32,33,164,194,202,
223-230,232,235,236,240,264,266,
268,325
丸山昇　17,356
満洲建国大学　82,88,103,262,282
満洲国　7,8,21,22,25,31,41,42,49,
72,73,76,79,84-86,91,97,99,101,
103,109,110,120-122,128,129,155,
181,186,194,201,203,204,209,211,
217,218,221,252,255-257,262,268,
269,280,286,289,300,314,315,325,
330,332,336,343,347,348,360
満洲族（人）　37,46,67,68,346,347,
349,362

民族右派　17,19,20,23,25-28,30,34,
40,62,90,93,161,340
民族差別　46
民族自決　7,12,21,60,68,74,85,87,
96,98,99,131,142,150,155,156,164,
203,221-223,226,249,263,271,278,
286,287,290,302,303,322,332,335,
338,346,348,349,357,360-362
「民族統一党」　148,238,302
民族問題　6,7,11,17,19,21,27,28,36,
39,46,48-50,62,65,66,69,83,96,109,
120,128,132,135,142,145,157,164,
166,171,174,180,185,192,205,215,
216,223,239,255,278,296,330,336,
343-345,350,353

ムレン　170,244,250,252,253,261,
267,274,285,323,325

メルゲン・スメ寺　320
メルセイ（郭道甫）　275,286,292,329

蒙漢兼通　252,281,284,285,308
蒙旗師範学校　286,288,292
『蒙古源流』　278
蒙古自治軍　346
蒙古独立軍　346
毛沢東思想　5,58,59,67,77,109,112,
118,126,135,147,151,152,154,156,
159,170,171,173,174,179,181,183,
228,236,243,250,267,288,294,295,
313,317,320,330,335,355,357,361
モスクワ　16,19,65,97,98,149,278,
298,332,336,351-354,356-360
モンゴル語専門学校　150,306,307
モンゴル自治軍　286,288,292
モンゴル自治準備委員会　92
モンゴル自治邦政府（蒙疆政権）　97,
99,203,211,215,233,252,301,321,
322,329,343
モンゴル修正主義国家　160,166,

白漢臣　114,115,126-128
ハダ派　163
服部四郎　232
バト　44,170,204,269,285,323-327
バトバガナ　102,121
馬南邨（鄧拓）　196,197
バヤン・オボー鉱山　38,237
バヤンドルジ　106,107,114
ハラチン・モンゴル　88,91,103,194,217,223,301
パリ・コミューン　178,184,361
ハルハ方言　72,286,287,303
反右派闘争　7,12-17,19-22,24-28,30,33,36,37,40,41,44,48,51,52,60,62,63,70,73,90,93,97,157,158,161,162,185,270-272,305,306,310,339,340,343,354,362
「反革命分子を粛清する運動（粛反）」　13,15,16,42-45,49-53,58,70
「反革命分子を鎮圧する運動（鎮反）」　5,13,15,58
ハンガリー　15,16,30,50,354
反党叛国集団　51,62,98,99,157,171,184,186,192,195,196,199,201,205,208,214,222,228,238,244,247,249,251,254,257,268,273,277,282,287,289,295,301,307,308,323,324,326-328,330,358,359
パン・モンゴリズム　286,297,298,356

東トルキスタン　349-352
東モンゴル人民自治政府　87,104,193,258,290,313
白蓮教　150
百花争鳴　18,31

ビリクバートル　136,153,166,167,250
広島高等師範学校　83
広島文理科大学　83

溥儀　182,315
傅作義　182,201,282,333
富士山　40,232,268,315
フスレ　28,34,89,90,93,262
「二つの顔を持つ連中」（双面料）　221-223,241,248,256,305,336
フフ（厚和）　136,143,170,171
フフホト市　28,32,35,55,65,117,118,123,124,126,131,133,140,144,152,161,169,171-173,175,177,179,182-185,188,191,211-213,215-217,231,252,260,261,275,280,285,290,298,303,307,309,317,329,332-335,342
ブヘ　75,133,137,143,163,164,169,188,189,191-202,205,228,231,236,242,261,266,267,305
ブリヤート・モンゴル　73,79,230,327
フルシチョフ　14-16,65,131,143,207,228,231,275,340,351,355,356
ブルジョア右派　23,26
ブレンサイン　89-93,233,281,302,325
『文藝戦鼓』　207,209,222,224,225
文浩　163,194,239,240,268

ベトナム　5,343,360

ボインダライ　322
ボインバト　102-126,128-132,240,

8

テゲシブヤン（王宗絡）322
テムールダシ　328,329
テムールバガナ　47,50-52,54,55,61,
62,70,76,142,143,157,158,202,234,
250,256,267-269,285,306,310,311,
323-325
デレゲルチョクト　233,321
天皇　61,109,122,315
田万生　114,115,117,119,120,124-
127,129,130

東亜医学会　322
滕海清　96,97,159,187,344
東京工業大学　83
東京高等師範学校　90
東京帝国大学　232
鄧小平　87,152,188,340
東北帝国大学　83
徳王　25,76,83-86,90,92,97,99,150,
163,166,203,215,232,233,284,301,
307,321,322,327-329,343,346,365
トグス　50,72,77,78,157,158,160,
161,180,209,238,241-244,246,249,
250,252,256-279,281-285,287,289-
291,293-298,300,305,307,323-326
トクトフ（黄静涛）66-68,160,164,
234,239,298
ドグルジャブ　86,87,171,256,315,
316
土地改革　20,81,104,109,110,120,
147,154,155,217,246,261,274,288,
334,350,359
ト・ナ・ソン事件　247
トブシン　26,27,38,40,271,272,310,
324
トンプー　163,238,240,302

な行

内外モンゴル名詞術語統一委員会
（四三人委員会）　74,244,246,259
ナ・サインチョクト　34,40,71,163,
202,228,230,232-234,240,267,268,
273,281,283,285,302-304,307,325
ナショナリズム　7,47,349-351
ナチュクドルジ　68,329

日中戦争　5,36,201
日本帝国主義　36,38,40,62,82,83,
91,111,141,142,163,215,232,238,
249,261,262,265,286,289,292,300,
301,306,313,321,329,330,336,348
「日本刀を吊るした奴」　61,86,87,97,
98,100,121,160,186,209,211,218,
256,257,300,336
日本統治時代　73,77,86,88,97,100,
104,109,120,126,155,158,167,168,
237,249,306,322,332,348
「日本の悪魔ども（日本鬼子）」　109,
314
「日本のスパイ」　171,215,233,249,
257,277,281,282,288,291,302,316,
321,322,325,332

は行

ハーフンガ　72,76,77,86,120,122,
157,158,160,161,242,243,248-253,
257,258,261-263,266-268,270,275,
277-282,284-290,292,294,297,298,
302,305-307,313,315-317,321,322,
324-328,330,332
排外主義　349,350

195,200,217,218,241,243,254,257,275,279,284,285,287,294,306,307,326,327,352
ソドナムジャムソ（ソドナム） 268,285,300-304
ソ連 14-17,19-21,39,50,64,65,73,77-79,90,97-99,104,110,125,127,130,149,162,170,178,192,193,200,202,214,227-230,234,246,254,256,268,270,272,273,277,278,280,282,283,289,290,293,294,297,298,301-303,313,314,316,317,327,332,340,344,350-361,365

た行

韃子（韃虜） 47,103,346,349,351
大同学院 88
対日協力 61,101,129,217,262,348,359-362,
大モンゴル主義 232
大モンゴル帝国（大モンゴル共和国）131,196,199,205,227,231,251,252,259,304,306,311,327,331
大躍進 12,24,120
台湾 12,16,17,56,345
ダウール・モンゴル 39,46,137,238,329-332
ダムディンスレン 68,72,77,153,230,239,296,297,303
ダライ・ラマ 350,351
ダリジャヤ王 182

千葉師範学校 86
チベット 7,11,33,48,79,87,115,170,180,201,204,208,215,223,301,320,346,347,350,353,362,365
地方民族主義 26,28,69,82,89,113,132,135,138,140,144,186,217,358
チムドドルジ 27,70,88
中華人民共和国憲法 46,237,361
中華民国 35,37,44,54,97,104,182,184,347
中華民主連邦 21,98,99,223,290
中華民族多元一体論 36
チョイバルサン 38,68,77,271,281,296,318,322,350,351
張景恵 262
張作霖 204,205
長城 80,139,144,149,165,209,255,264,336,349,350,356,361
チョクトナラン 202,228,240
チョルモン 75,133,136,137,143,146,156,157,159-161,173,205,305
チンギス・ハーン 35,103,105,106,109,111,131,156,159,160,189,194,196,197,202,205,208,209,225-227,232,238,251,252,262,271,274,283,297,298,300,302-304,307-309,312,317,318,322,346,356
チンゲルタイ 70,77-79,82,83,88,171,286,287,307,327,328
青島会議（民族工作会議） 26,60,280
チンダマニ 27,39-41,157,271,272,310
陳炳宇 133,136,143,144,169,171,205,211,212,215,216,334

ツェデンバル 110,229,254,266,296

程映紅 353,354,357
丁抒 12-14

司馬遼太郎　90
社会主義改造運動　53
社会主義教育運動（四清運動）　7,11,
12,15,19,28,64,65,69,71,73-75,83,
84,87-89,93,108,133,135,140,141,
144,146,147,165,179,183,185,212,
213,318,325,334,335,358
ジャラガル　103,104,122,149,161,
162,322
周恩来　21,26,39,97,159,190,191,
197,235,263,279,280
周戈　31-34
習近平　8,45,128,132,203,296,366
修正主義　7,22,23,28,64-66,93,98,
110,112,115,117,120,131,140-144,
158,160,161,164,166,170,172,173,
179,180,191,192,197,200-202,204,
209,211,212,214,216,224,228-230,
234,237,243,244,246,247,250,252,
254,257-262,264-266,268-271,273-
275,277-284,287-291,296,297,300-
302,305,307-309,311,313,314,317,
325,326,329,332,333,336,344,356,
359
習仲勲　7,8,125,128,129,131,132,
203,296
朱正　16,17
朱風　85-88
ジュランチチク　137,189,200-202,
228,235,236,240,261,366
ショーロホフ　202,226-229,268
植民地　6,64,67-69,74,84,142,150,
232,255,281,296,297,303,304,345,
348,355,358,360-362,365,366
蒋介石　36,37,61,111,216,246,275,
291,321,333

少数民族　6,8,11,17,19,20,23,27,28,
33,36,42,49,54,55,60,63,79,84,
100,110,113,127,142,144,145,148,
154,155,186,202,203,208,210,225,
226,250,259,263,264,271,281,284,
290,293,297,299,305,330,333,335,
338,344,345,347,351,361,364,365
辛亥革命　68
新京工業大学　325
沈志華　12,15,351
清朝　35,36,67,68,81,91,103,109,
160,182,297,298,301,346-350
親日分子　286
人民解放軍　57,78,97,119,184,190,
236,269,284,312,343,344,350
人民公社　5,15,24,28,106,108,115,
120,130,145,169,216,273,278,341,
343

スターリン　13-16,30,247,316,350,
351,356

生産兵団　350-352,360
『青史演義』　72,194,278,304
整風運動　13,18,19,22,25,32,33,35,
40,41,43,45,46,48,52-55,57,60,80,
158
セードルジ　27,37-40,62
セーラシ　194,196,197
善隣高商特設予科　321

走資派　33,131,188,190,195,197,
201,240,305,320
宋永毅　16,30-32,35,37,42,54
造反派　51,88,118-120,124,126,
129,131,137,178,181,187,190-192,

250,312-319
カルムイク・モンゴル 230
ガワー 45,51-54,56,61,62,70-72, 74,88,164,305-312,324
漢奸 143,171-173,262,282,333, 335,336,348
ガンジョールジャブ 91,93,286, 288,292
韓是今 155,156
関東軍 286,288,292
寒峰 131,153,154,169,214

協和会 122
キョールゲン 31,131,167-169
キリル文字 38,39,43,77,209,246, 264,280,282,286,291,328
金丹道 103,301

区域自治 17,20-23,60,62,99,144, 184,193,344,357

奎璧 161,162,201,205,245,250
ゲレルチョクト 77,78
権星垣 132,134,138
『元朝秘史』 265,304,305,308,309

興安学院 42,82,88,159,300
興安軍 73,315
紅衛兵 59,106,126,129,175-177, 182,183,189,191,192,195,196,201, 202,207,208,217,219,242-246,249, 255,260,261,267,289,314,361
高錦明 121,123,132,134,140,175, 181,182,187
高敬亭 212,213
高岡 124-131,201,203,206,208,336

高樹華 88,124,135,137,187,188, 241,242
工人毛沢東思想宣伝隊 200
江青 200,201,222,235,240,294, 295,343
康生 160,235,261,282
抗日 36,61,82,140,172,217,218, 231,233,282,305,316,328,352
浩帆 113,131,133-137,146,171,205
興蒙会 123
興蒙学院 90
興蒙党 262,306
国民党 16,36,44,54,55,59,86,139, 141,142,181,215,224,225,231,246, 253,258,275,288,321,333,334,345
呼三司 126,191-196,202-205,207, 227,232,243,245,250,255,261,277, 278,284,289,314
呉俊峰 88
胡風 13
コミンテルン 65,98,166,262,289, 293
ゴンボジャブ 102-104,121,122

さ行

サルトル 5,361
三五宣言（中華ソヴィエト政府対内モンゴル人民宣言） 111,112,140-142,156,181,186,223
サンジャイジャブ 42,157
三不両利政策 104,131,172,319

四清工作団 69,71,74,75,82,88,140 145,213
四清前線 69,72,108,145,319

158-161,163-166,170-177,180-183,
185-206,208-216,222-224,226-229,
231,232,234-251,253-255,257-259,
261,263,266-268,270-273,275,277-
293,295,297,298,301-306,308-313,
316,318-320,322-325,327,328,330-
332,334-336,339,343,352,357-360
ウラーンホト市（王爺廟）41,82,86,
88,92,103,159,193,234,246,258,
263,280,288,315,326,330
ウランバートル　77,79,207,230,
233,234,244,265,268,273,275,281,
283,298,311,316,348,355-357
ウルジージャラガル（シニ・ラマ）
204,206-208,239,240
雲志厚　210,211
雲照光　75,82,203-210,221
雲清　217,219
雲世英　133,136,143,169,205,206,
250
雲治安　137,211,212,216
雲北峰　109,110,113,116,131,133,
137,143,164,165,171,213
雲麗文　127,131,136-138,143,150,
151,176,189,201,210,211,236

エベンキ族　157,159
エルデニトクトフ　70-80,82,88,
164,234,244,259,261,264,267,272,
280,285,300,304,328,329
延安派　31,97,98,100-102,105,107,
113-115,117,119-121,124,128-131,
162,188,189,203,208-211,217,218,
248,256,267,279,325,336
延安民族学院　125,127,128,131,
201,203

王逸倫　27,38,119,138,181,182,261
王再天（ナムジャルスレン）77,102,
109,209,240-256,305,306,313
王鐸　26,27,30,38,43,44,119,127,
137,144,175,181,182,261,340
大林洋五　344
岡田英弘　346,347
オドセル　202,235,236,240,265,
266,273,325
『オルドスの嵐』203,204,206-209
オロチョン族　89

か行

ガーダーメイリン　204,228,239,
265
解学恭　65,115,134,137,140,206
階級闘争　12,25,64-66,73,93,101,
115,136,137,140,141,170,172,174,
192,231,235,239,248,255,278,290,
319,321,324,358
郭以青　42,45,50,53-55,133,160
郝維民（オデンビリク）10,24-27,
91,187
郝文広　108,114-121,124-127,129-
132
華国鋒　23,360
賈作光　163,194,240,267-269
金川耕作　86,288,289,315
華北局工作会議（前門飯店会議）75,
100,102,103,106-109,112-114,116-
124,128,130,132,134,135,137,139,
140,142,151,152,183,185,189,206,
241,245,248
ガルブセンゲ　86,87,143,244,246,

索引 （事項・地名・人名ともに五十音順）

あ行

アムールサナの反乱 68
アメリカ 5,16,17,30,233,347,350,353
アユール 37,40
アルタンデレヘイ 312
アルバニア 355,356
アルビンバヤル 106,107,114,115
安自治 330-333
安吉人 42,45,51-55,60-62,70

イギリス 56,350
イケジョー盟 102,105,106,108,110,116,118-121,124,126,129-131,141,207,249
イダガスレン 244,245,252,267,274,322
井上治 233
インジャーナシ 70,72,78,194,278,284,308
インド 79,350,351,365

ウイグル 7,11,38,77,223,229,230,259,296,346,347,350-353,362,365,366
ウォーリン 353,361
内モンゴル軍政大学 330
内モンゴル言語工作委員会 69-71,74,75,80,82,84,88,89,93,257,273,286,329
内モンゴル自衛軍 330
内モンゴル自治運動聯合会 41,226,277,278,290,302
内モンゴル自治政府 21,41,68,92,98,158,193,215,221,226,234,246,248,262,263,265,279,296
内モンゴル師範学院 40-56,60,62,70,93,119,142,143,156-158,160,179,182,188,190,202,205,267-269,271,285,290,306,310,323
内モンゴル人民革命青年同盟 104,120,122,258,271,282
内モンゴル人民革命党 21,33,41,65,76,77,87,91,92,96,98,104,159,160,164,186,187,193,207,208,239,242-244,246,249,255-258,262,263,265-270,274-277,279,280,287,291,292,305,307,312,313,316,322,325,326,329,332,348,358
内モンゴル人民共和国臨時政府 92,322
内モンゴル人民出版社 24,26, 38,191,268,271,285,294,295,300-303
内モンゴル青年革命党 321
内モンゴル大学 42,55,82,89,93,100,160,170,175,177,178,222,236,249,266,267,271,273,277,281,285,294,323-328,342
『内モンゴル日報』 25,27,28,30-32,37,68,72,86,234,261,265,268,270,271,273,285
ウラーン 156,167,217-219,
ウラーンバガナ 31-34,164,343
ウラーンフー 19-25,29-31,33,38,39,45,51,60-62,65,66,68,69,71,72,74,75,77,80-83,85-89,92,94,96,98-117,119-138,140-143,145-154,156,

＊表紙表図版：
搾取階級のモンゴル人を庇ったとされるモンゴル人の政治家ウラーンフー。モンゴル人たちは狼の姿で描かれている。『批展戦報』1967年7月5日より。

＊表紙裏図版：
モンゴル人政治家ウラーンフーを風刺した政治漫画。魯迅兵団『魯迅画刊』1967年6月18日より。

＊扉図版：
官其格画「北京の金色の太陽」。

楊 海英 (Yang Haiying)
1964年中国内モンゴル自治区オルドス生まれ。1989年3月に来日。静岡大学人文社会科学部教授。専攻：文化人類学。

主な著書
『草原と馬とモンゴル人』(日本放送出版協会 2001年)、『チンギス・ハーン祭祀——試みとしての歴史人類学的再構成』(風響社 2004年)、『モンゴル草原の文人たち——手写本が語る民族誌』(平凡社 2005年)、『モンゴルとイスラーム的中国——民族形成をたどる歴史人類学紀行』(風響社 2007年)、『モンゴルのアルジャイ石窟——その興亡の歴史と出土文書』(風響社 2008年)、『墓標なき草原——内モンゴルにおける文化大革命・虐殺の記録』(上・下、岩波書店 2009年)、『続 墓標なき草原——内モンゴルにおける文化大革命・虐殺の記録』(岩波書店 2011年)、『植民地としてのモンゴル——中国の官制ナショナリズムと革命思想』(勉誠出版 2013年)、『中国とモンゴルのはざまで——ウラーンフーの実らなかった民族自決の夢』(岩波書店 2014年)、『チベットに舞う日本刀——モンゴル騎兵の現代史』(文藝春秋 2014年)、『日本陸軍とモンゴル——興安軍官学校の知られざる戦い』(中公新書 2015年)など多数。

受賞歴
2009年度 第14回司馬遼太郎賞/2014年 第十回樫山純三賞/2015年 大同生命地域研究奨励賞/平成28年度 第三回国家基本問題研究所 日本研究賞。

モンゴル人の民族自決と「対日協力」
——いまなお続く中国文化大革命——　定価（本体 2,980 円＋税）

平成 28 年（2016 年）8 月 30 日 初版発行

著者	楊海英
発行者	川端幸夫
発行所	〒812-0035 福岡県博多区中呉服町 5-23 電話：092-271-3767　FAX：092-272-2946 http://www.shukousha.com
装幀	仁川範子
印刷・製本	モリモト印刷株式会社

落丁本、乱丁本はお取替えいたします。

Printed in Japan
© 楊海英 (Yang Haiying) 2016　ISBN 978-4-904213-41-4 C3022

集広舎の本

現代中国の民族政策と民族問題
辺境としての内モンゴル
リンチン（仁欽）著
定価：5,500円＋税

内モンゴルから見た中国現代史
ホルチン左翼後旗の「民族自治」
ボヤント（宝音図）著
定価：6,400円＋税

北京と内モンゴル、そして日本
文化大革命を生き抜いた回族少女の青春記
金佩華 著
定価：2,600円＋税

チベットの焼身抗議
太陽を取り戻すために
中原一博 著
定価：2,200円＋税

殺劫（シャーチエ）チベットの文化大革命
ツェリン・オーセル 著
ツェリン・ドルジェ 写真
藤野彰／劉燕子 訳
定価：4,600円＋税

チベットの秘密
ツェリン・オーセル、王力雄 著
劉燕子 編訳
定価：2,800円＋税

ウイグル十二ムカーム
シルクロードにこだまする愛の歌
萩田麗子 著
定価：2,000円＋税

私の西域、君の東トルキスタン
王力雄 著
馬場裕之 訳／劉燕子 監修・解説
定価：3,320円＋税

中国の反外国主義とナショナリズム
アヘン戦争から朝鮮戦争まで
佐藤公彦 著
定価：3,600円＋税

中国国民性の歴史的変遷
専制主義と名誉意識
張宏傑 著
小林一美／多田狷介／
土屋紀義／藤谷浩悦 訳
小林一美 解題
定価：3,400円＋税

http://www.shukousha.com